insel taschenbuch 5076
James Wilson
Der Schatten des Malers

JAMES WILSON
DER SCHATTEN DES MALERS

Roman

Aus dem Englischen von Rita Seuß
und Thomas Wollermann

INSEL VERLAG

Die englische Originalausgabe erschien 2001 unter dem Titel
The Dark Clue bei Faber and Faber Ltd., London 2001.

Erste Auflage 2024
insel taschenbuch 5076
© der deutschsprachigen Ausgabe Insel Verlag
Anton Kippenberg GmbH & Co. KG, Berlin, 2002
© James Wilson, 2001
Alle Rechte vorbehalten. Wir behalten uns auch eine
Nutzung des Werks für Text und Data Mining
im Sinne von § 44b UrhG vor.
Umschlaggestaltung: Rothfos & Gabler, Hamburg
Umschlagabbildung: William Turner,
Selbstporträt, 1799, Tate Britain, London,
Foto: Heritage-Images/Art Media/akg-images
Abbildung Innenklappe vorne: William Turner,
Sonnenaufgang mit Seemonstern, 1843, Foto: The Picture
Art Collection/Alamy/mauritius images;
Abbildung Innenklappe hinten: William Turner,
Aufgepeitschte Wellen, um 1840,
Foto: Vidimages/Alamy/mauritius images
Druck: CPI books GmbH, Leck
Printed in Germany
ISBN 978-3-458-68376-6

www.insel-verlag.de

Für Paula
und für meine Mutter, Tom und Kit
in Liebe

Limmeridge, Cumberland,
21. Januar 186-

Dieses Buch wurde begonnen, jedoch nicht vollendet.
Ich konnte es nicht zu Ende bringen.

Mehrmals war ich nahe daran, es zu vernichten, weil ich fürchtete, keine Ruhe zu finden, solange es wie ein stiller Vorwurf dalag.
Ich brachte es nicht über mich.

Daher habe ich Anweisungen gegeben, es in einer Kassette zu versiegeln und diese erst zu öffnen, wenn ich, meine Frau Laura, unsere Schwester Marian Halcombe und unsere Kinder nicht mehr am Leben sind.
Während ich diese Worte niederschreibe, hat der Mann, dessen Geschichte ich erzählen wollte, bereits vor dem höchsten Richter Rechenschaft über sein Leben abgelegt. Bevor Sie sie lesen, werde ich ihm dorthin gefolgt sein und mich ebenfalls verantwortet haben.

Wenn Sie über uns urteilen, denken Sie daran, daß auch Sie dereinst vor diesem Richterstuhl stehen werden.

WH

Erstes Buch

I

BRIEF VON WALTER HARTRIGHT AN LAURA HARTRIGHT,
18. JULI 185-

Brompton Grove, Dienstag

Meine innig Geliebte,
ich hoffe, Du sitzt bequem, während Du diese Zeilen liest, denn ich habe merkwürdige Nachrichten. (Aber keine Angst – es sind, glaube ich, *gute* Nachrichten!) Es fehlt mir an Zeit, sie Dir und meinem Tagebuch gleichzeitig anzuvertrauen, hebe diesen Brief daher auf, vielleicht werde ich ihn später noch brauchen.
Zunächst aber möchte ich Dir von einer eigenartigen Begegnung berichten. In gewisser Weise bist Du dafür verantwortlich, so sehr hängt alles mit meiner gestrigen Stimmung nach Eurer Abreise zusammen. Ich war so traurig, als sich Eure lieben Gesichter immer weiter von mir entfernten, daß ich mich kaum davon abhalten konnte, auf den Zug zu springen, und ich muß zugeben, daß ich schließlich sogar weinte. Ich fühlte mich außerstande, einem Droschkenkutscher meine Tränen zu erklären, und so beschloß ich, zu Fuß nach Hause zu gehen.
Als ich mich in westlicher Richtung durch die New Road auf den Weg machte, sah ich die Straße plötzlich so, wie ich sie nie zuvor gesehen habe: als ein einziges Höllenspektakel: das Hufgeklapper; der Gestank des Pferdekots; ein Straßenkehrer, der auf der Kreuzung um ein Haar vom Wagen eines Bürstenmachers überfahren worden wäre; eine Frau, die rief: »Herrliche Apfelsinen!«, aber so freudlos, als hätte sie alle Hoffnung verloren, ihre Handvoll kläglich verhutzelter Früchte noch loszuwerden, um ihrem Kind etwas zum Abendessen kaufen zu können; ein Junge, der sich gegen die Räder eines Fuhrwagens stemmte, gleichzeitig die Männer auf dem Oberdeck eines Omnibusses, die Pennies nach ihm warfen und in schallendes Gelächter ausbrachen, als er in

den Rinnstein fiel. Und über allem ein gelber, erstickender Dunst, daß man sogar mitten am Vormittag nicht mehr als fünfzig Schritte weit sehen konnte. Dazu der Strom unablässig vorbeiratternder Dachdeckerkarren und Rollwagen der Ziegelsteinverkäufer mit Nachschub für die Armeen neuer Häuser, die diesem neuen Babylon täglich immer mehr Wege und Wiesen von Middlesex erobern. Während ich mich freute, daß Du und die Kinder bald reinere Luft atmen und schönere Ansichten genießen würdet, fühlte ich mich allein und gefangen in einer gigantischen Maschinerie, aus der alle Schönheit, alle Freude und Farbe und alles Geheimnis verbannt worden waren.

Dieses Gefühl war so niederschmetternd, daß ich rasch abbog und das Gewirr der Straßen und Gassen westlich der Tottenham Court Road im Zickzack durchquerte. Mein Plan war sehr einfach: Wenn ich eine Zeitlang nach Westen und dann eine Zeitlang nach Süden ging, mußte ich zwangsläufig zur Oxford Street gelangen und konnte mich jedenfalls nicht sonderlich verlaufen. Also überquerte ich den Portland Place (wo vor vielen Jahren mein Weg zu Dir auf so unwahrscheinliche Weise seinen Anfang nahm), trat in einen schäbigen, kleinen Hof, in dem triefend nasse, bereits rußverschmierte Wäsche hing, und stand plötzlich in einer Straße mit hübschen altmodischen Häusern, die mir merkwürdig vertraut vorkam. Es war jedoch nicht die gewohnte Vertrautheit: eher die geisterhafte Klarheit mancher lange verlorenen Kindheitserinnerungen oder eines Bildes, das irgendwann in einem Traum aufgetaucht ist. Ich stand vielleicht zwei Minuten da, begutachtete die dunklen Fensterfronten, die geschwärzten Backsteinfassaden und die schweren Türen mit den Messingklinken. Wann und bei welcher Gelegenheit hatte ich sie schon einmal gesehen? Was war das Urbild, dessen so eindringlicher Nachhall sie waren? So sehr ich mich mühte, ich fand keine Antwort. Ich merkte nur, daß etwas in mir diese Bilder mit einem Gefühl der Ohnmacht und Unterlegenheit und mit einer Art scheuen Respekts in Verbindung brachte.

Nachdenklich setzte ich meinen Weg fort. Ungefähr fünfzig Yard

weiter bemerkte ich einen Jungen von acht oder neun Jahren, der sich im Kellereingang eines der Häuser herumdrückte. Seine Mütze war ihm zu groß, seine Jacke zu klein, und er trug ein ungleiches Paar Stiefel, der eine schwarz, der andere braun. Als ich mich ihm zuwandte, drückte er sich gegen die feuchte Mauer und sah mich mit dem vor Angst erstarrten Blick eines in die Enge getriebenen Tieres an. Um seine Furcht zu beschwichtigen und zugleich meine Neugier zu befriedigen, rief ich ihm zu:
»Wie heißt diese Straße hier?«
»Queen Anne Street«, erwiderte er.
Das half mir auch nicht weiter: Der Name sagte mir zwar etwas, erinnerte mich aber an niemanden, den ich hier jemals gekannt hätte. Ich zog einen Penny heraus und streckte ihm das Geldstück entgegen.
»Danke«, sagte ich.
Er duckte sich wie ein Hund, der hin- und hergerissen ist zwischen der Gier nach einem Brocken Fleisch und der Angst, getreten zu werden.
»Schon gut«, sagte ich. »Ich tu dir nichts.«
Er zögerte einen Augenblick, bevor er die Stufen hochhastete und die Münze nahm. Statt aber jetzt davonzulaufen, wie ich es erwartet hatte, starrte er mich erstaunt an, als ob eine so geringfügige Geste der Freundlichkeit jenseits dessen läge, was er im Leben je erfahren und begriffen hatte. Seine Augen waren unnatürlich groß, und das blasse Gesicht war von tief eingefallenen Wangen gezeichnet, als könne das Alter es gar nicht erwarten, ihm seine Spuren einzuprägen. Und plötzlich dachte ich an den kleinen Walter und an das Entsetzen, das ich spüren würde, wenn ich in *sein* Gesicht blicken und dort ein solches Übermaß an Not, Schmerz und Krankheit entdecken müßte. Ich gab also dem Jungen noch ein Sixpencestück, und er verschwand ohne ein Wort, als fürchtete er, im nächsten Augenblick könne der Bann gebrochen sein und die natürliche Ordnung der Dinge wieder ihr Recht beanspruchen, ich meine Meinung ändern und das Geld zurückfordern.

So viel über meine Begegnung. Ich höre Dich schon sagen: »Walter! Das ist doch keine Begegnung«; aber Du wirst schon verstehen, Liebste, ich verspreche es Dir, wenn Du nur Geduld hast und weiterliest.

Drei Minuten vor zwölf war ich wieder in Brompton Grove. Es war eine traurige Heimkehr. Die kleinen Dinge, die von unserem glücklichen Leben hier erzählten, wirkten bereits fehl am Platz, wie eine Puppe oder eine Mütze, die an einen Strand gespült wurde. In den wenigen kurzen Stunden seit unserem Aufbruch war das Haus von einem fremden Geist in Besitz genommen worden, der dem einstigen Bewohner die Rückkehr übelnahm. In jedem Zimmer, das ich betrat, spürte ich seine Anwesenheit wie einen lautlosen Wind, der mich zur Tür zurücktrieb.
Marian war noch nicht wieder zurück, und nur das ferne Gemurmel der Davidsons in der Küche sagte mir, daß ich nicht ganz allein war. Ich fühlte mich verloren und trübselig wie ein Kind. Ich versuchte zu zeichnen, aber es ging nicht. Nach zehn Minuten legte ich meinen Bleistift beiseite und nahm ein Buch zur Hand, um es zehn Minuten später ebenfalls wegzulegen. Das Glockenzeichen zum Mittagessen versprach eine willkommene Ablenkung. Doch dann saß ich einsam wie ein orientalischer Despot im Speisezimmer, und Davidson drückte sich in meiner Nähe herum, als ob ich jemanden bräuchte, der mir die Gabel zum Mund führt. Ich schickte ihn hinaus, versicherte, ich käme schon allein zurecht und würde läuten, wenn ich etwas benötigte, und dann scheuchte ich den armen Kerl unablässig die Treppe rauf und runter, damit er mir frisches Wasser und noch etwas Senf brachte.
Als ich fertig war, ging ich in den Garten, wo die Arbeiter das Fundament für das neue Atelier abmaßen, und setzte ihnen mit großem Ernst alles Mögliche auseinander – daß ich ein Nordfenster bräuchte, daß der Eingang gegen schlechtes Wetter geschützt werden müsse –, was sie ohnehin bereits aus den Plänen ersehen hatten. Hier fand mich auch Marian, als sie nach

Hause kam, und erlöste die Arbeiter von mir und mich von mir selbst.

»So kannst du auf keinen Fall mitkommen!« waren ihre ersten Worte, in einem so scharfen Ton, daß die drei Arbeiter zusammenfuhren. Aber sie lächelte dabei, und ihre dunklen Augen strahlten. »Du siehst aus, als hättest du halb London durchwandert.«

»Wohin mitkommen?« fragte ich.

»Na, zu Lady Eastlake«, sagte sie leiser und zog mich Richtung Haus. »Sie war heute vormittag in der Ausstellung, und anschließend waren wir zusammen Mittagessen und sprachen von Lauras Abreise heute und daß ich hierbleibe. Dabei kam das Gespräch natürlich auch auf dich.« Sie nahm mich am Arm und führte mich hinein. »Sie hat mich nachdrücklich gebeten, dich heute nachmittag mitzubringen.«

Sofort schoß mir durch den Kopf, ob das nicht etwas mit meiner Malerei zu tun hatte: Schließlich ist Sir Charles Direktor der National Gallery, und ich muß zugeben, daß ich einen kühnen Augenblick lang die Vorstellung hatte, er käme hinter einem Wandschirm im Salon seiner Frau hervor und sagte: »Ah, Hartright, Ihr Bild *Frau und Kinder des Künstlers in Limmeridge, Cumberland* auf der Akademieausstellung dieses Jahr hat mich sehr beeindruckt. Ich möchte es für den Staat ankaufen.« Aber gleich darauf entlarvte ich diese jämmerliche Phantasterei als das, was sie war, und kam zu dem Ergebnis, daß die immer liebe und freundliche Marian mich nur von meinem Abschiedsschmerz ablenken und mit einer ihrer blaustrümpfigen Freundinnen bekannt machen wollte.

Wie sich herausstellen sollte, war der tatsächliche Grund viel aufregender als meine beiden Mutmaßungen.

Hat Dir Marian jemals das Haus der Eastlakes beschrieben? Es ist jetzt hier zu spät, um sie danach zu fragen (Mitternacht ist vorüber, sie wird schlafen) – wenn ja, dann überspringe einfach den folgenden Abschnitt.

Sie wohnen in einem dieser schönen alten Steinhäuser am Fitzroy Square (hie und da sieht man durch den Ruß noch Reste der ursprünglich honiggoldenen Farbe des Steins) mit hohen Fenstern und einer Haustür so groß, daß ein Pferd hindurchpaßt. Bei unserer Ankunft stürmte eine elegant gekleidete Dame mit pelzbesetzter Jacke und einem kleinen, mit Federn geschmückten Hütchen die Treppe herunter (sofern man überhaupt eine Treppe herunterstürmen kann, wenn man von der Taille abwärts in einen überdimensionalen Vogelkäfig eingesperrt ist) und verschwand in einer bereitstehenden Kutsche. Die Wangen zorngerötet, schenkte sie uns kaum Beachtung, als wir an ihr vorbeigingen.
Die Haustür wurde von einem Diener mit grauem Haar und buschigen dunklen Augenbrauen geöffnet. Marian sprach ihn mit einer natürlichen Ungezwungenheit an, die mich überraschte.
»Guten Tag, Stokes. Ist die Herrin zu Hause?«
»Ja, Ma'am.« Er führte uns durch eine weitläufige Empfangshalle mit Marmorbüsten an den Wänden und die Treppe hinauf in einen großen Salon. Er war im modernen Stil eingerichtet, mit einem schweren türkischen Teppich, einer Garnitur geschnitzter Eichenholzstühle und Aquarellen an den grünen Wänden, dichtgedrängt wie die Kutschen am Piccadilly. Über der Bilderleiste hingen japanische Teller (die vermutlich tatsächlich aus Japan und nicht aus Stafford stammten!), und über dem Kamin prangte eine große klassische Landschaft, die ich aufgrund der süßlichen Farben für eines von Sir Charles' eigenen Werken hielt.
Bei unserem Eintreten erhob sich eine überraschend großgewachsene Frau von einer Chaiselongue in der Fensternische. Einen Augenblick war im Abendlicht nur ihre Silhouette zu erkennen, und das einzige, was ich deutlich sah, war ihr Kopf, seltsam zur Seite gereckt wie der eines Vogels. Als sie auf uns zukam, sah ich, daß sie etwa fünfzig Jahre alt sein mochte, ein blaßgrünes, mit Borten besetztes Kleid trug und ihr immer noch dunkles Haar schlicht von einem Netz im Nacken zusammengehalten wurde. Ihr großer, ungleichmäßig geformter Mund zeigte ein aufrichtiges Lächeln, als sie mir die Hand entgegenstreckte.

»Marian«, sagte sie. »Sie müssen Flügelschuhe tragen.« Sie sprach mit leiser, aber klarer Stimme, und ich glaubte, einen fast unmerklichen schottischen Akzent auszumachen. Sie wandte sich an den Diener. »Danke, Stokes. Wenn sonst jemand nach mir verlangt, ich bin nicht zu Hause.« Sie berührte Marians Hand und lächelte mich von der Seite an. »Sagen Sie, mußten Sie ihn fesseln und in eine Kutsche zerren, um ihn herzubringen?« Marian lachte. »Lady Eastlake, das ist mein Bruder – oder besser gesagt, mein Halbschwager – Walter Hartright.«
»Halbschwager«, wiederholte Lady Eastlake und lachte. »Das ist ja hochkompliziert. Ich freue mich, Sie kennenzulernen, Mr. Hartright. Wie geht es Ihnen?« Während wir uns die Hand gaben, blickte sie um sich, als mißfiele ihr plötzlich ihre Umgebung. »Ich glaube, wir haben es gemütlicher in meinem Boudoir« – sie gab dem Wort einen ironischen Beiklang, was Marian zum Lachen brachte –, »wenn Sie die Unordnung entschuldigen.«
Sie durchquerte das Zimmer und öffnete eine Flügeltür. Dahinter lag ein heller, freundlicher und zwanglos wirkender Salon mit einem großen Fenster zum Garten hinaus. Auf den ersten Blick sah er eher wie die Studierstube eines Oxford–Dozenten aus, als wie das Wohnzimmer einer Dame. An den Wänden aufgereiht Bücherschränke, manche mit Büchern vollgestopft, andere offensichtlich nur mit Stapeln Papier. In der Ecke stand ein Schreibpult, unter dessen halb geöffnetem Deckel Notizblätter und Briefe hervorquollen; beiderseits des Kamins befand sich jeweils ein großer Schrank mit Steinen, Muscheln, Porzellanscherben und einem halben etruskischen Kopf, in der Mitte (und das war das Eigentümlichste) aber ein großer Schreibtisch aus Mahagoni, der mit so vielen Photographien übersät war, wie ich noch nie in meinem Leben auf einem Haufen gesehen habe. Unwillkürlich suchten meine Augen nach einem sie verbindenden Sujet oder nach einem mir bekannten Bild. Ersteres ohne Erfolg, denn die Motive schienen so vielgestaltig wie das Leben selbst – Porträts, ein Landhaus, eine große Mühle, eingehüllt vom Rauch,

der aus ihrem schwarzen Schornstein quoll; aber bei Letzterem wurde ich fündig, denn zwischen einem Heuhaufen und einem unscharf abgelichteten Kutschpferd erkannte ich Lady Eastlake.
Sie muß mich beobachtet haben, denn als ich innehielt, um es mir genauer anzusehen, sagte sie unvermittelt:
»Nun, Mr. Hartright, wie ist Ihre Meinung?«
»Die Ähnlichkeit ist recht beachtlich«, versetzte ich vage; denn ich befürchtete, sie wäre, wie so viele, verstimmt, daß die Kamera jeden Fehler und Makel derart schonungslos abbildete, und hätte das Gefühl, ihre Schönheit käme nicht in angemessener Weise zur Geltung.
»Eigentlich wollte ich wissen«, gab sie zurück, »was Sie von der Photographie halten.«
»Nun...«, begann ich. Ich wußte nicht, wie ich fortfahren sollte, denn, um ehrlich zu sein, hatte ich mir kaum je Gedanken darüber gemacht. Aber ich wollte keinen Anstoß erregen, weder indem ich mich allzu gleichgültig zeigte, noch indem ich allzu vehement eine Ansicht äußerte, die ihrer eigenen widersprach. Sie ersparte es mir, indem sie fortfuhr:
»Photographieren Sie selbst?«
»Nein«, antwortete ich. »Ich bevorzuge nach wie vor Bleistift und Pinsel.«
»Und warum, Mr. Hartright?«
Diese inquisitorische Frage überraschte mich derart, daß ich einen Augenblick überlegen mußte.
»Weil ich finde«, erwiderte ich schließlich, »daß die Photographie nur die Fakten wiedergeben kann.«
Sie gewährte mir keine Verschnaufpause. »Während Ihr Bleistift...?«
»Während ein Bleistift – in den richtigen Händen – hoffentlich etwas von der Wahrheit zum Ausdruck bringt. Was vielleicht nicht ganz dasselbe ist.«
Sie fixierte mich mit einem unergründlichen Blick, dem nicht zu entnehmen war, ob sie mich für verrückt, dumm oder faszinie-

rend originell hielt. Dann klappte sie das Schreibpult auf – vorsichtig, damit die vielen daraus hervorquellenden Blätter nicht zu Boden fielen – und entnahm ihm ein kleines Notizheft und einen Bleistift. »Haben Sie etwas dagegen, wenn ich mir das notiere?« fragte sie und fing bereits zu schreiben an. »Ich arbeite nämlich an einem Artikel.«

»Na dann«, meinte Marian mit neckischer Ungezwungenheit, die mich erneut überraschte, »mach dich also darauf gefaßt, deine Worte in der nächsten Ausgabe des *Quarterly Review* zu lesen.«

Lady Eastlake lachte. »Nicht ohne Nennung des Urhebers«, sagte sie. »Was immer ich sein mag, eine Diebin bin ich nicht. Außerdem, wie kommen Sie darauf, daß ich Mr. Hartrights Gedanken als die meinigen ausgeben möchte?«

Sie legte das Notizheft beiseite, setzte sich in einen Sessel neben den Kamin und lud Marian mit einer Handbewegung ein, neben ihr Platz zu nehmen. Sie seufzte, schloß die Augen und lehnte sich mit einem Ausdruck der Erschöpfung zurück. Ich fragte mich, ob das womöglich ebenfalls ein Kommentar zu meiner Äußerung sein sollte, und spürte, wie mir das Blut in die Wangen schoß.

»Verzeihen Sie«, sagte Lady Eastlake. »Ich habe soeben einen Höflichkeitsbesuch von Mrs. Madison über mich ergehen lassen müssen. Sind Sie ihr noch begegnet, als Sie hereinkamen?«

»Es kam gerade eine Dame aus dem Haus«, erwiderte Marian.

»Sie war gewiß nicht länger als eine Viertelstunde da, aber es kam mir vor wie drei Tage. Mein Vorrat an Gesprächsstoff über Kinderkleidung ist schnell erschöpft, fürchte ich. Ich habe versucht, auf das Wetter auszuweichen, aber selbst das überstieg ihre geistigen Fähigkeiten.«

Stokes kam mit einem Teetablett herein. Er stellte es auf einen niedrigen Tisch neben Lady Eastlakes Sessel. Sie sah ihm mit wachsamem Blick und zur Seite geneigtem Kopf nach, bis er verschwunden war; dann fuhr sie in ruhigerem Ton fort:

»Sie gehört zu jenen Frauen, die glauben, unser eigenes Ge-

schlecht dürfe über nichts eine Meinung haben. Und vor allem niemals ein Buch lesen. In diesem Punkt, das muß ich sagen, ist sie mustergültig.«
Marian lachte. Lady Eastlake schenkte Tee aus, dann stellte sie die Kanne ab und legte Marian die Hand auf den Arm. »Darum genieße ich auch so sehr die Gesellschaft Ihrer Schwester, Mr. Hartright. Wir verstehen uns wunderbar. Immer hat sie etwas Erfrischendes und Interessantes zu erzählen, egal, wohin mich mein sprunghafter Geist gerade trägt.«
»Ich weiß, wie sehr sie *Ihre* Freundschaft schätzt, Lady Eastlake«, sagte ich. »Ich fürchte, bei uns zu Hause fehlt ihr oft ein ebenbürtiger Gesprächspartner.«
»Aber das stimmt doch gar nicht, Walter!« protestierte Marian.
»Ihre Schwester erzählt mir da ganz andere Sachen«, sagte Lady Eastlake. »Sie schreiben, nicht wahr, Mr. Hartright?«
Ich hatte Marian soeben eine Tasse gereicht und beugte mich vor, um mir selbst eine zu nehmen. Lady Eastlakes Gesicht war kaum zwei Fuß von dem meinen entfernt, und ich spürte die geballte Kraft ihres festen Blicks. Wieder konnte ich mich des Gefühls nicht erwehren, auf Herz und Nieren geprüft zu werden – zu welchem Zweck, konnte ich mir allerdings nicht vorstellen.
»Ich habe ein Buch geschrieben«, antwortete ich. »Aber es ist nur die Geschichte einer Verschwörung gegen meine Frau, die zu erzählen ich einzig durch meine Verwicklung in die Angelegenheit befähigt war. Vielleicht wäre es daher richtiger, mich einen Chronisten zu nennen, nicht einen Schriftsteller.«
Lady Eastlake nickte.
»Oder vielleicht auch nur einen Herausgeber«, fuhr ich fort. »Denn soweit wie möglich habe ich die Geschichte in den Worten derer erzählt, die mit den Ereignissen am direktesten in Verbindung standen und daher in der Lage waren, einen wahrheitsgetreuen Bericht zu geben. Zu ihnen zählt auch Marian, deren Tagebuch eine Informationsquelle von unschätzbarem Wert darstellte.«
Ich blickte Marian an. Ich erwartete, daß sie mir widersprechen

und sagen würde: *Unsinn, Walter: Du bist viel zu bescheiden.* Aber sie beobachtete mich nur aufmerksam, und ihr dunkler Teint rötete sich vor Aufregung. Als ich mich wieder Lady Eastlake zuwandte, erblickte ich im Augenwinkel den mit Photographien überhäuften Tisch.
»Vielleicht könnte man sagen«, fuhr ich fort, »beim Malen strebe ich nach Kunst. Während ...«
»Während Sie beim Schreiben eher eine Kamera sind?« ergänzte Lady Eastlake.
»Genau«, sagte ich. Mich verblüffte ihr Scharfsinn nicht weniger als die Unhöflichkeit, mir einfach ins Wort zu fallen. Wieder sah ich Marian an. Sie lächelte Lady Eastlake zu, als wolle sie ausdrücken: *Hab ich es nicht gesagt?* Der Gedanke, daß zwischen den beiden Frauen ein geheimes Einverständnis herrschte, dessen ahnungsloses Objekt meine Person war, brachte mich durcheinander.
»Darf ich mir die Frage erlauben«, sagte ich (zugegebenermaßen etwas kühl), »ob das Ganze auf etwas hinausläuft?«
Lady Eastlake antwortete nicht sofort. Sie wechselte erneut einen verstohlenen Blick mit Marian, dann zog sie ein Taschentuch aus dem Ärmel und strich es sorgfältig auf ihrem Schoß glatt. Schließlich räusperte sie sich und sagte:
»Mr. Hartright, würden Sie bitte die Tür schließen?«
Ich tat es.
»Ich erwarte selbstverständlich nicht, daß Sie vor Ihrer Frau etwas geheimhalten«, fuhr sie fort. »Aber ich muß sie zuallererst bitten, über dieses Gespräch mit niemandem sonst zu reden.«
Eine solche Bedingung, das spürte ich ganz deutlich, konnte ich nicht akzeptieren, ohne mehr zu wissen, aber es war schwierig, dies auf höfliche Weise zum Ausdruck zu bringen. Sie muß meine Gedanken erraten haben, denn sie sagte:
»Ach, machen Sie sich keine Sorgen um Ihre Ehre, Mr. Hartright. Ich werde Ihnen keinen Mord gestehen und auch keine Kindesentführung. Die Anwesenheit Ihrer Schwester in diesem Raum sollte Ihnen dafür bürgen.«

Damit hatte sie recht, und ich nickte. Sie fuhr fort:
»Meine Sorge gilt einzig und allein dem Schutz meines Mannes. Seine Stellung – die er weiß Gott nie angestrebt hat – ist ohnehin schon schwierig genug, und keinesfalls möchte ich in der Nähe seines Stuhls in ein Wespennest stechen.«
»Ich verstehe«, sagte ich.
»Danke.« Sie warf einen wachsamen Blick zur Tür und fuhr dann im Flüsterton fort: »Kennen Sie zufällig einen Mann namens Thornbury?«
»Nein«, antwortete ich. »Wer ist das?«
»Ein Journalist«, sagte sie. »Und wie ich fürchte, ein ziemlicher Schurke.«
»Das ist nicht weiter überraschend«, sagte ich. »Ein Zyniker würde sagen, das eine ist gewissermaßen die Voraussetzung für das andere.«
Lady Eastlake lachte. »Ich kenne ihn nicht persönlich«, sagte sie, »aber wie ich von meinen Freunden gehört habe, ist er entschlossen, einen armen und häufig mißverstandenen Toten zu verleumden, dem die Möglichkeit versagt ist, sich zu wehren – aus dem einzigen Grund, das armselige Buch zu verkaufen, an dem er schreibt. Es handelt sich dabei, so fürchte ich, nicht nur um eine schwerwiegende Schändung des Andenkens eines einzelnen Menschen, sondern ganz Englands und der gesamten englischen Kunst. Denn der, über den er schreibt, war meiner Ansicht nach und nach Ansicht vieler anderer das größte Genie unserer Zeit.«
Und da auf einmal trat mir urplötzlich erneut das Bild der Queen Anne Street vor Augen, und im selben Moment wußte ich, warum mir die Straße so bekannt vorgekommen war. Für einen kurzen Augenblick war ich wieder ein achtjähriger Junge und saß in einer Droschke neben meinem armen Vater. Die Winterkälte verdichtete unseren Atem zu Dampf, und ich schmiegte mich an ihn, der mir in seinem dicken Mantel Wärme und Geborgenheit gab. Als wir an einem hohen Haus mit schmutzigen Fenstern und einer schweren Eingangstür vorbeirumpelten, legte mein Vater seine behandschuhte Hand auf die meine und

wies aus dem Fenster. »Siehst du, Walter«, sagte er. »Das ist Queen Anne Street Nummer 47. Hier wohnt das größte Genie unserer Zeit.«
Und jetzt, innerhalb von nur sechs Stunden, war ich erstmals nach dreißig Jahren wieder diese Straße entlanggegangen und hatte genau diesen Satz wiedergehört. Ohne zu überlegen, sagte ich zu Lady Eastlake: »Meinen Sie Turner?«
Jetzt war es an ihr, sich zu wundern. Sie starrte mich mit halboffenem Mund an, dann blickte sie zu Marian: »Haben Sie…?«
Marian war nicht weniger verblüfft. »Nein«, rief sie. »Ich habe nichts gesagt. Walter, wie hast du bloß…?«
Ich muß zugeben, daß ich versucht war, ihre Verwirrung noch zu steigern und mich auf eine geheimnisvolle Eingebung zu berufen, aber ich sagte nur: »Ach, ich habe bloß geraten.« Und um weiteren Fragen zuvorzukommen (denn die beiden machten noch immer erstaunte Gesichter) fuhr ich fort: »Dann schreibt Mr. Thornbury also die Lebensgeschichte von Turner?«
»Das behauptet er jedenfalls.«
»Aber wenn Sie ihn nie getroffen haben«, sagte ich, »woher wissen Sie dann, daß es ein diffamierendes Werk ist?«
»Ich habe seine Vorgehensweise verfolgt, Mr. Hartright, und zwar mit wachsender Beklommenheit. Einige von Turners engsten Freunden lehnten es in weiser Voraussicht ab, überhaupt mit ihm zu sprechen. Größten Glauben hat er offenbar einer Clique von böswilligen Klatschmäulern geschenkt, von denen die meisten Turner kaum kannten. Und die haben ihn, wie in solchen Fällen üblich, auf andere verwiesen, die nicht besser sind als sie selbst.«
Ich muß gestehen, daß mir als erstes das alte Sprichwort in den Sinn kam: *Kein Rauch ohne Feuer.* Vielleicht spürte sie meine Skepsis, denn sie fuhr fort:
»Niemand, der so herausragend war wie Turner, hätte es vermeiden können, sich unter den weniger Erfolgreichen oder weniger Begabten Feinde zu schaffen – insbesondere niemand, der Schmeicheleien und Konventionen so gründlich verachtete, wie

er es tat. Sie kennen sicher all die Geschichten, die über ihn in Umlauf sind.«

Ihre fragend hochgezogenen Augenbrauen schienen eine Antwort zu fordern, aber ich schwieg, denn außer ein paar abgedroschenen Anekdoten über seinen Geiz und seine nuschelnde Redeweise, die an der Akademie kursierten, wußte ich in Wahrheit beschämend wenig über ihn. Sie wartete eine Weile, ehe sie fortfuhr:

»Es läßt sich nicht bestreiten, daß er ein sonderbarer, launischer und exzentrischer Mensch war, aber ein Ungeheuer war er nicht, und er hat ein besseres Andenken verdient als Klatsch und Tratsch.« Sie beugte sich vertraulich zu mir herüber. »Ich habe ihn in seinen letzten Lebensjahren gut gekannt. Ja« – dabei geriet ihre Stimme ins Wanken, und in ihren Augen schimmerten Tränen – »man hat mir berichtet, er hätte auf dem Sterbebett meinen Namen gerufen. Ich kann das nur als eine Verpflichtung verstehen. Als die Verpflichtung, sein Andenken zu schützen.« Sie wischte sich hastig die Augen trocken, dann knüllte sie ihr Taschentuch zusammen. »Mr. Hartright, ich möchte Sie bitten ... ich möchte Ihnen vorschlagen ..., es sich durch den Kopf gehen zu lassen, selbst eine *Lebensgeschichte J. M. W. Turners* zu schreiben.«

Ein paar Sekunden lang war ich buchstäblich sprachlos vor Erstaunen. Tausend Fragen schwirrten in meinem Kopf herum und verflüchtigten sich wieder, bevor ich sie in Worte fassen konnte. Ich spürte Marians Blick auf mir ruhen, aufmerksam, ängstlich, ja flehend. Das Gefühl, daß *ihre* Hoffnungen und *ihr* Glück auf eine bestimmte, mir noch nicht erklärliche Weise von meiner Antwort abhing, verwirrte mich nur noch mehr. Vielleicht mißdeutete Lady Eastlake meine Bestürzung als Berechnung, denn sie sagte:

»Ich habe mit einem mir bekannten Verleger gesprochen, der mir versichert hat, daß es für ein solches Buch durchaus einen Markt gibt ...«

»Das macht mir keine Sorgen. Ich ...«

»Und ich bin sicher, daß ich im Namen aller Freunde Turners spreche, wenn ich sage, daß wir glücklich wären, dies zu unterstützen...« Sie brach ab, denn sie merkte, daß meine Gedanken in eine andere Richtung gingen. »Wie bitte?« fragte sie, »Sie glauben, daß andere eher dafür in Betracht kämen?«
Ich nickte. »Beispielsweise Sie selbst.«
»Wie gesagt, meine Verbindung zu Sir Charles... Und außerdem bleiben einer Frau viele Türen verschlossen, die sich einem Mann wie selbstverständlich öffnen.«
»Ich kann nicht glauben...«, begann ich.
»Sie müssen sich vorstellen, Mr. Hartright, daß der arme Turner wie ein Einsiedler gestorben ist«, sagte Lady Eastlake. »Die meisten, die ihn gut kannten, sind längst tot. Von denen, die noch am Leben sind, käme vor allem Mr. Ruskin in Frage, aber« – sie lächelte sanft – »er schwebt in viel zu hohen Sphären, als daß er so etwas in Erwägung ziehen würde. Meine Situation kennen Sie bereits. Und was meinen Mann betrifft – er steht, fürchte ich, gar nicht zur Debatte.«
»Oh, ja, das verstehe ich«, sagte ich. »Aber...«
Sie schien es nicht gehört zu haben.
»Sowohl Mrs. Booth, Turners Haushälterin, als auch sein Freund George Jones sind gutherzige Menschen, aber...« Sie brach ab und schüttelte den Kopf. »Offen gesagt, die beiden sind der Aufgabe nicht gewachsen. Und Mr. Jones verbringt, glaube ich, jetzt sowieso die meiste Zeit damit, den Herzog von Wellington zu spielen. Die beiden könnten Ihnen bestenfalls mit brauchbaren Berichten behilflich sein.«
Sie hielt inne, und wieder war ich um die richtigen Worte verlegen. Marian brach das Schweigen.
»Es gibt sonst tatsächlich niemanden, Walter. Wenn du es nicht machst, wird Thornbury unwidersprochen bleiben und triumphieren.«
»Und unterschätzen Sie sich nicht, Mr. Hartright«, fügte Lady Eastlake hinzu. »Im Unterschied zu Thornbury sind Sie ein Künstler, der Turner als Maler versteht...«

»Aber Sie können doch nicht mich und ihn...!« entfuhr es mir unwillkürlich.

»Vielleicht war er ein General, und Sie – verzeihen Sie – sind nur ein Oberst«, gab Lady Eastlake zurück. »Aber alle Künstler gehören ein und demselben Regiment an, kämpfen in denselben Schlachten und streben nach demselben Sieg. Und dann«, fuhr sie fort, noch ehe ich widersprechen konnte, »sind Sie, wie Sie ja selbst gesagt haben, ein Chronist, der weiß, wie man die unterschiedlichsten Zeugenberichte sammelt, bewertet und aneinanderfügt.«

»Und ein Kämpfer, der seine Entschlossenheit, ein großes Unrecht wiedergutzumachen, schon einmal unter Beweis gestellt hat«, ergänzte Marian.

Lady Eastlake nickte. »Gibt es eine idealere Besetzung?«

Dann schwiegen sie und ließen mich über das Gesagte nachdenken. Erneut versuchte ich, Ordnung in meine schrill tönenden Gedanken zu bringen, die bis auf einen, der die Klarheit eines Glockenklangs hatte, in meinem Kopf wild durcheinanderpurzelten. Schließlich sagte Marian:

»Das alles kommt so unerwartet für den armen Walter. Wir sollten ihm Zeit lassen, sich die Sache zu überlegen.«

»Ja, natürlich«, sagte Lady Eastlake.

Und dabei beließen wir es. Wir sprachen nicht mehr davon, und nachdem wir noch eine Weile die üblichen Nettigkeiten ausgetauscht hatten, standen Marian und ich auf und verabschiedeten uns. Erst als Stokes uns aus dem Zimmer geleitete, sagte Lady Eastlake:

»Ich hoffe, bald von Ihnen zu hören, Mr. Hartright.«

Auf dem Heimweg sprachen wir wenig. Ich versuchte immer noch, Ordnung in meine Gedanken zu bringen. Ich dachte an Dich und die Kinder und daran, wie sich unser Leben verändern würde, wenn ich Lady Eastlakes erstaunlichen Vorschlag annähme. Dazwischen drängten sich heftige Gefühle – Angst und gleichzeitig eine schwindelerregende Heiterkeit –, deren Ursprung ich nicht genau zurückverfolgen konnte, welche aber aus einer verborgenen Quelle meines Bewußtseins hervorzusprudeln schienen.

Marian war ungewöhnlich verkrampft. Damals schenkte ich dem weiter keine Beachtung, ich machte nur eine kurze Bemerkung. Jetzt aber glaube ich, sie hat mein Schweigen so gedeutet, als ob ich wütend auf sie sei. Denn als wir zu Hause in unserem Salon angelangt waren und die Tür hinter uns zugemacht hatten, legte sie mir die Hand auf den Arm und sagte:

»Hoffentlich denkst du nicht, daß ich einen Fehler gemacht habe, Walter.«

»Wieso denn?« fragte ich. »Weil du mich zu Lady Eastlake gebracht hast?«

»Nein«, erwiderte sie. »Weil ich dich dorthin gebracht habe, ohne dir den Grund dafür zu verraten. Sie hat darauf bestanden, daß du erst dann von der Sache erfährst, wenn sie dich kennengelernt hat und beurteilen kann, ob sie dich überhaupt für geeignet hält. Aber als ich dich da sitzen sah, so verwirrt, kam ich mir wie eine Verräterin vor. Oder vielmehr, ich hatte das Gefühl, daß *du* mich für eine Verräterin hältst.«

Die arme Marian! »Ich war vollkommen überrumpelt, das gebe ich zu«, sagte ich. »Aber ich habe keinen Augenblick gedacht, daß du mich verraten hast oder es nicht gut mit mir meinst.«

»Da bin ich aber froh.« Sie schwieg einen Augenblick, sah auf ihre Tasche hinunter und spielte mit der Schlaufe. Als habe sie beschlossen, etwas zu sagen, was ihr schon lange auf den Nägeln brannte, platzte sie plötzlich heraus: »Können wir offen miteinander reden, Walter?«

»Soweit ich weiß, könnte dich nichts davon abhalten, offen zu reden, wenn du es dir in den Kopf gesetzt hast«, sagte ich. »Und ich bin überzeugt, es liegt nicht in meiner Macht, es zu verhindern.«

Sie lachte, und ihre Stimme hatte etwas von ihrer alten Fröhlichkeit zurückgewonnen, als sie fortfuhr: »Ich sagte ›wir‹, nicht ›ich‹.«

»Gut«, erwiderte ich.
Wir nahmen nebeneinander auf dem Sofa Platz. Die Abenddämmerung war schon hereingebrochen, aber keiner von uns schlug vor, Licht zu machen. Vielleicht hatten wir beide das Gefühl, es sei leichter, unsere Herzen zu öffnen, wenn wenigstens unsere Gesichter von der zunehmenden Dunkelheit verhüllt wurden. Schließlich begann sie:
»Vor vielen Jahren sagte ich zu dir, daß wir immer Freunde bleiben sollten, Walter, erinnerst du dich?«
»Ja«, sagte ich und nahm ihre Hand. »Und das werden wir auch.«
»Hoffentlich«, erwiderte sie. »Aus diesem Geist heraus möchte ich jedenfalls jetzt sprechen. Du hältst mich vielleicht für zudringlich; aber bitte glaube mir, dahinter steckt allein schwesterliche Liebe für dich und Laura.«
»Natürlich glaube ich dir«, sagte ich. »Über nichts anderes in meinem Leben bin ich mir sicherer.« Das war tatsächlich der Fall, trotzdem wartete ich mit einiger Beklommenheit auf das, was folgen würde. Ich hatte ein flaues Gefühl im Magen, und meine Beine waren bleischwer. Wenn Davidson in diesem Augenblick hereingekommen wäre und »Feuer!« gerufen hätte – ich bezweifle, daß mich meine Beine bis zur Tür getragen hätten.
»Danke«, sagte Marian. Sie holte tief Luft, ehe sie fortfuhr: »Weißt du, wenn man so eng zusammenlebt wie wir, entgehen einem auch nicht die kleinsten Stimmungsveränderungen des anderen.«
»Ja«, sagte ich.
»Bei dir«, fuhr sie fort, »habe ich neuerdings eine solche Veränderung bemerkt. Du bist so unruhig und zerstreut geworden. Du malst und zeichnest viel weniger als früher. Und auch wenn du nach wie vor ein liebevoller Ehemann, Vater und Bruder bist, kommt es mir manchmal so vor, als fiele es dir schwerer als früher. Als ob... als ob du dich zwingen müßtest, präsent zu sein.«

»Es ist schwierig für mich, hier zu malen«, sagte ich, »solange das Atelier noch nicht fertig ist. Und wie du weißt, war ich sehr damit beschäftigt, alles zu planen und die Arbeiten zu überwachen.«

»Das fehlende Atelier hat dich bisher nie am Malen gehindert«, sagte sie. »Und die Bauarbeiten kannst du, glaube ich, getrost den Handwerkern überlassen. Es ist völlig überflüssig, daß du ihnen zwanzigmal am Tag erklärst, was sie tun sollen.«

Ich erinnerte mich, wo sie mich an jenem Nachmittag gefunden hatte, und war froh, daß die Dunkelheit die Röte verbarg, die mir ins Gesicht schoß.

»Nein«, fuhr sie fort, »die Gründe dafür liegen sehr viel tiefer. Und ich glaube sie zu kennen.«

~~Ich brauche Dich nicht damit zu belasten~~

Ich wünschte, ich könnte Dir ersparen, was sie als nächstes sagte; es wird Dir bestimmt wehtun und Du wirst schlecht von mir denken. Aber es ist die Wahrheit, und Du mußt sie erfahren, weil Du mich sonst nicht mehr richtig kennst.

»Lieber Walter«, fuhr sie in ruhigerem, sanfterem Ton fort. »Du bist das Opfer deiner eigenen Empfindsamkeit. Niemand könnte dir bei Kenntnis aller Umstände im Ernst vorwerfen, von der Heirat mit Laura in ungehöriger Weise profitiert zu haben und das Vermögen mit ihr zu teilen, das ihr zu guter Letzt zufiel. Doch mit eben diesen Vorwürfen quälst du dich, wenn ich recht sehe. Du weißt, daß dein Verhalten stets untadelig war und daß du ihr mehr Glück geschenkt hast, als sie in ihrem Leben jemals erfahren hat. Und trotzdem... trotzdem hegst du den leisen Verdacht, daß du zu einem Kostgeldempfänger geworden bist, und das macht dir schwer zu schaffen.«

Ich machte den Mund auf, um etwas zu sagen, aber in Wirklichkeit fand ich nicht die Kraft, es abzustreiten. Sie hatte einen dunklen Winkel meines Wesens ausgeleuchtet und dort ein Geschwür entdeckt, das ich bis dahin nicht hatte benennen können.

»Noch schlimmer«, fuhr sie fort, »ist aber, daß du in deinem

Inneren eine gewisse Leere spürst. Du hast alles, was einen Mann in den Augen der Welt glücklich machen könnte; eine liebevolle und zärtliche Ehefrau, zwei reizende Kinder, ein schönes Anwesen und die Achtung deiner Künstlerkollegen. Aber etwas fehlt dir; eine Aufgabe, die dich wirklich packt und dich über die Sorge um Familie und Haus hinaustreibt.«
Ich nickte, und ich glaube, das merkte sie; denn sie drückte meine Hand fester. »Das ist nichts, wofür du dich zu schämen brauchtest«, sagte sie. »Nur ist dir wie allen edlen Naturen bewußt, daß Familie und Haus an sich bedeutungslos sind, wenn sie nicht in Verbindung zu einem höheren Zweck stehen.«
Draußen quietschte und rumpelte ein Wagen über das Kopfsteinpflaster. Ich klammerte mich dankbar an dieses Geräusch und hüllte mich darin ein wie in einen Mantel; denn in meinen Augen standen Tränen.
»Schon seit Monaten«, so Marian weiter, »zerbreche ich mir den Kopf darüber und suche nach einer Möglichkeit, dir Erleichterung zu verschaffen. Und daher habe ich mich auch so gefreut, als Lady Eastlake mir von ihrer Sorge um Turners Lebensgeschichte erzählte. Dies, so dachte ich, wäre eine große Aufgabe, die zu erfüllen du genau der Richtige bist.« Sie machte eine Pause, ehe sie fortfuhr: »Du weißt hoffentlich, daß ich dir gern helfen werde, wie schon einmal, als uns das Schicksal in einem gemeinsamen Kampf zusammengespannt hat. Lieber Walter, bitte sag doch, daß du es übernehmen wirst!«
Einmal, es ist viele Jahre her – weißt Du noch? –, nannte ich Marian unseren guten Engel. Und das ist sie tatsächlich, denn wie ein Engel scheint sie besser als wir selbst zu wissen, was gut und richtig für uns ist.
Eine Weile vermochte ich nicht zu sprechen. Dann aber brachte ich nicht mehr heraus als: »Ich danke dir!«
Und deshalb, meine Liebe, werde ich morgen an Lady Eastlake schreiben und ihr sagen, daß ich unter bestimmten Voraussetzungen ihr Angebot annehme. Und (falls sie akzeptiert) wirst Du eine ganz neue Seite an mir kennenlernen: Ich war Zeichenlehrer,

Detektiv, Ehemann, Bauaufseher, und jetzt bin ich bald auch noch – ausgerechnet – Biograph!

Es ist spät geworden und kalt. Ich werde jetzt schlafen gehen und das Kissen an mich drücken, das noch den Duft Deiner Haut und Deines Haars trägt.

Gute Nacht,
Walter

II

INHALTSNOTIZ EINES BRIEFES VON WALTER HARTRIGHT
AN LADY EASTLAKE, 19. JULI 185-

1. Danke für Ihre Einladung; es hat mich sehr gefreut, Sie endlich kennengelernt zu haben.
2. Bin nach reiflicher Überlegung zu dem Entschluß gekommen, daß ich Ihren Vorschlag annehmen werde, eine *Lebensgeschichte J.M.W. Turners* zu schreiben.
3. Muß allerdings eine Bedingung stellen. Respektiere Ihre Gefühle gegenüber Turner, aber weder sie noch der Wunsch, Thornbury einen Strich durch die Rechnung zu machen, kann das Motiv meines Schreibens sein. Werde nicht mehr und nicht weniger tun als versuchen, der Wahrheit auf den Grund zu gehen (und die Wahrheit ist bei einer Biographie, glaube ich, *notgedrungen* gleichbedeutend mit den Fakten!). Werde vollkommen unparteiisch den Spuren folgen. Kann daher nicht versprechen, daß ich das Porträt entwerfen werde, das Ihrem Wunsch entspricht.
4. Hoffe, Sie verzeihen mir meine Unverblümtheit, aber besser, die Dinge werden von Anfang an klargestellt. So lassen sich spätere Mißverständnisse vermeiden.

III
BRIEF VON LADY EASTLAKE AN WALTER HARTRIGHT, 19. JULI 185-

Fitzroy Square 7,
Mittwoch

Lieber Mr. Hartright,
vielen Dank für Ihren Brief von heute morgen und dafür, daß Sie meiner Ungewißheit so rasch ein Ende gesetzt haben.
Ich bin sehr glücklich, daß Sie meinen Vorschlag annehmen, und werde Ihnen meine ganze Unterstützung gewähren. Und ja – natürlich akzeptiere ich, daß die Wahrheit Ihr einziges Ziel sein muß. Etwas anderes würde ich auch gar nicht erwarten. Und hätte ich auch nur einen Augenblick den Verdacht gehegt, daß Sie sich von parteilichen Überlegungen leiten ließen, hätte ich Sie gar nicht erst gebeten, eine Aufgabe zu übernehmen, die so eindeutig allerhöchste Lauterkeit erfordert.
Dennoch hoffe ich, daß Sie nicht das Gefühl haben, ich will Sie in unangemessener Weise beeinflussen, wenn ich Ihnen empfehle, sich zuallererst an Mr. Ruskin, Mr. Jones und Mrs. Booth zu wenden, unabhängig davon, mit wem Sie sonst noch sprechen werden. Ich gebe Marian zusammen mit diesem Brief die Adressen und werde heute abend selbst an Mr. Jones und Mrs. Booth schreiben und ihnen ankündigen, daß sie bald von Ihnen hören werden. Sie wissen ja, Mrs. Booth hat es abgelehnt, mit Mr. Thornbury zu sprechen, und daher könnte ich mir vorstellen, daß – zumindest anfangs – Marian als Frau ihr Vertrauen und ihre Bereitschaft zur Zusammenarbeit leichter gewinnen könnte.
Was Mr. Ruskin betrifft, so fürchte ich, daß ein Brief von mir Ihnen auch nicht viel hilft, also müssen Sie sich ein Herz fassen und den großen Mann selbst stören.

Ihre sehr ergebene
Eliz. Eastlake

IV
BRIEF VON WALTER HARTRIGHT AN LAURA HARTRIGHT, 20. JULI 185-

Lesesaal der Bibliothek des British Museum,
Donnerstag

Meine innig Geliebte,
danke für Deinen Brief und für Florries und Walters Zeichnungen – wenn ich nicht aufpasse, werden die beiden ihren Vater bald überflügelt haben!
Gestern schrieb ich an Ruskin und an George Jones, habe aber von beiden noch keine Antwort erhalten. Um nicht untätig herumzusitzen, habe ich mich – wie Du dem Absender entnehmen kannst – in den neuen Lesesaal der Bibliothek des British Museum begeben. (Nebenbei gesagt, ein gewaltiges Gebäude, das mir zu einer neuen Kategorie von Bauwerken zu gehören scheint; weiträumig und still und ehrfurchtgebietend wie eine große Kathedrale und trotzdem kein Tempel zu Ehren Gottes, sondern zu Ehren unseres Wissens über Seine Schöpfung. Hat man je dergleichen versucht? Vielleicht in Alexandria; aber das damalige Wissen der Menschheit über die Welt war vergleichsweise kläglich. Hier in London wurde erstmals der Baum der Erkenntnis von Gut und Böse in Stein und Zement errichtet, und wer kann schon sagen, ob uns das zum Segen oder Fluch gereichen wird.)
Ich will hier soviel wie möglich über Turner herausfinden, und wenn ich bedenke, was ich bisher schon alles erfahren habe, glaube ich, daß meine Biographie schnell geschrieben sein wird. Er wurde am Tag des heiligen Georg 1775 in London geboren; er zeichnete; er malte; er starb. Bis auf ein paar wenige Besonderheiten wie seine Reisen durch dieses Land und durch Europa wissen wir so gut wie nichts über das alltägliche Einerlei seines Lebens. Weder war er verheiratet, noch duellierte er sich; weder schürte er eine Revolution, noch erklärte er einer Prinzessin seine Liebe. Ein solches Leben haben eine Million Engländer geführt, und in ihrer Familie und in ihrem Freundeskreis gab es

niemanden, der dieses Leben für sonderlich bemerkenswert hielt. Was Turner auszeichnet, ist einzig die bedingungslose Hingabe an seine Kunst, was zwar großartige Gemälde zeitigte, für einen Biographen aber nur eine magere Ausbeute ergibt. Ich empfinde beinahe Mitleid mit dem armen Thornbury, der womöglich in Verleumdungen einen Ausweg sucht – ein verzweifelter Versuch, dem dünnen Süppchen seiner Schilderung etwas mehr Aroma zu verleihen.

Daher glaube ich, daß Deine Befürchtungen grundlos sind, obwohl ich Dich gut verstehe. Natürlich wird es unerwartete Schwierigkeiten geben, die ich nicht unterschätzen darf, aber ich bin sicher, daß wir nur noch zwei bis drei Wochen getrennt sein werden. Andernfalls, das verspreche ich Dir, würde ich auf der Stelle an Lady Eastlake schreiben und ihr mitteilen, daß ich es mir anders überlegt habe. Aus Turners engstem Bekanntenkreis, der offensichtlich bedauernswert klein war, ist heute so gut wie keiner mehr am Leben; und mit den paar noch verbliebenen Freunden zu sprechen (vorausgesetzt, *sie* sind bereit, mit *mir* zu sprechen!) dauert nur wenige Tage. Anschließend muß ich Tagebücher, Briefe und so weiter durchforsten, vor allem solche aus der frühen Zeit, aus der vermutlich überhaupt keine Zeugen mehr am Leben sind. Aber dann kann ich mit meiner Ausbeute nach Limmeridge zurückkehren und dort weiterarbeiten. Auch wenn ich wahrscheinlich ein, zwei Mal für ein paar Tage zurückkommen muß, werde ich sicherlich in Cumberland sein, bevor wir im Spätherbst alle zusammen nach London zurückkehren.

Mach Dir also keine Sorgen, meine Liebe! Und laß mich am Schluß noch eine eigene Sorge aussprechen: Es hat mich so gefreut zu hören, daß Du unsere Lieblingsplätze im Moor aufsuchst, aber meinst Du wirklich, in Deinem gegenwärtigen Zustand ist es klug, so weite Strecken zu Fuß zurückzulegen – und vor allem ohne Begleitung, die Dir notfalls behilflich sein kann? Sei bitte vorsichtig.

Dein Dich innig liebender Gatte
Walter

V

BRIEF VON WALTER HARTRIGHT AN LAURA HARTRIGHT,
1. AUGUST 185-

Brompton Grove,
Dienstag

Meine innig Geliebte,
heute morgen hat mich Dein Brief erreicht. Danke! Ich gestehe, ich hatte gehofft, er käme nicht allein, denn in den letzten Tagen hatte ich das Gefühl, erst dann an der *Lebensbeschreibung* weiterarbeiten zu können, wenn ich von Jones und Ruskin etwas gehört hätte (mit dem Ergebnis, daß ich zu Davidsons sichtlichem Verdruß in Erwartung der Post im Haus umherschlich wie ein Wolf im Käfig, der den Vollmond herbeisehnt).
Aber Dein Brief hat mir neuen Schwung gegeben; und sobald ich ihn zu Ende gelesen hatte, beschloß ich, zum Angriff überzugehen und einen eigenen Zugang zu Turners Leben zu finden. Ich muß zugeben, daß ich keine klaren Vorstellungen hatte, wie oder wo ich anfangen sollte (ich glaube, ich hatte die Idee im Hinterkopf, wenn alle Stricke reißen, könnte ich ins Athenaeum gehen, wo ich womöglich auf jemanden stoßen würde, der sich an ihn erinnerte). Mein Ziel war einfach nur, aus dem Haus zu gehen und zu sehen, wohin es mich treibt. Und auch wenn es wunderlich erscheint, ich glaube, mein Wunsch hat sich erfüllt.

Im Hyde Park herrschte noch ein größeres Gedränge als sonst, aber ich mied die von Kutschen befahrenen Wege und folgte den schmaleren Pfaden, vorbei an Hecken und über grasbewachsene Anhöhen. Manchmal konnte ich mir für einen Augenblick sogar vorstellen, ich befände mich nicht mitten in einer der größten Städte der Welt, sondern in einem idyllisch ländlichen Garten Eden. Der Weg führte mich schließlich über einen Waldsaum hinaus zum Serpentinenteich, der vom schweren Himmel niedergedrückt dalag wie ein frisch eingelassenes Bad, glitzernd in düsterem zinngrauem Glanz. Unter Aufsicht ihrer Kindermäd-

chen spielten Kinder mit Reifen oder Stöcken am Ufer, betteten ihre Puppen in Wägelchen oder jagten einem albernen Hündchen nach (ein Bündel aus weißen Locken und ohne erkennbares Gesicht), das einen Ball entführt hatte und ihn halb zerbiß. Ein kleiner Junge weinte bitterlich, und ich blieb stehen und fragte ihn nach dem Grund.
»Ich habe meine Ente verloren«, schluchzte er und deutete auf eine hölzerne Lockente, die weit ins Wasser abgedriftet war und auf die echten Enten in der Mitte des Sees zuzusteuern schien.
Hier trat erstmals das Schicksal in Aktion; denn ich lief zu den Bäumen hinüber, brach einen Zweig ab und (nach mehreren Fehlschlägen – ich hatte die Ente schon erwischt, dann entglitt sie mir wieder, ich erwischte sie wieder) gelang es mir, das Spielzeug an Land zu ziehen und seinem Besitzer zurückzugeben. Ohne diese kleine Verzögerung wäre ich fünf Minuten später nicht mehr an dieser Stelle gewesen, als plötzlich eine Stimme meinen Namen rief:
»Hartright!«
Ich wandte mich um, ohne den modisch gekleideten jungen Mann, der aus der Menge heraus lächelnd auf mich zuschritt, gleich zu erkennen. Erst als er auf den Stock deutete, den ich noch immer in der Hand hielt, und lachend meinte: »Na? Willst du dir was zum Abendessen fangen?«, erkannte ich ihn an seiner Stimme.
»Travis!« rief ich.
Kein Wunder, daß ich ihn nicht erkannt hatte, denn er hatte sich einen Bart stehen lassen und seine gewohnte Aufmachung gegen ein kariertes Wams und einen neuen weichen Filzhut eingetauscht. Er trug eine große Mappe bei sich, die er sich unter den Arm klemmte, als er einen makellosen gelben Handschuh auszog und mir die Hand schüttelte.
»Wohin gehst du?« fragten wir beide gleichzeitig und mußten lachen.
»Zu Sir William Butteridge«, sagte er. Er gab sich Mühe, dabei lässig zu wirken, aber er strahlte über das ganze Gesicht, und im

Versuch, dieses Lächeln zu unterdrücken, artikulierte er die folgenden Worte so undeutlich, daß ich nur verstand: »... über ... zu sprechen.«

»Über was zu sprechen?«

»Einen Auftrag.«

»Wirklich? Das ist ja großartig!« sagte ich. Natürlich freute ich mich für ihn; aber ich kann nicht leugnen, daß ich auch eine Spur Neid empfand, dem allerdings rasch ein Gefühl der Befriedigung über meinen eigenen Auftrag folgte, ebenso rasch aber das Bedauern darüber, daß ich zur Geheimhaltung verpflichtet war und daher dem »Sir William Butteridge« nicht eine »Lady Eastlake« entgegensetzen konnte.

»Ist es hier drin?« fragte ich und wies mit dem Kopf auf die Mappe.

»Nur ein paar Entwürfe. Willst du's sehen?«

Er legte die Mappe auf eine Bank und klappte sie auf. Darinnen befanden sich Skizzen einer kränklich aussehenden jungen Frau mit wallendem Haar, die sich an einen Säulenstumpf klammerte.

»Sie erleidet eine Ohnmacht beim Anblick ihres Geliebten«, erklärte Travis und deutete auf einen verschwommenen Fleck auf der linken Bildseite. »Er kehrt nach sieben Jahren Abwesenheit tödlich verwundet zurück. Glaube und Reinheit, das ist es, was Sir William vorschwebt. Ich denke, es ist mir gelungen, findest du nicht?«

»Es gefällt ihm gewiß sehr.« Mir schoß dabei durch den Kopf, daß Sir William, seit er durch die Enteignung von Witwen und Waisen beim Bau der Eisenbahn ein Vermögen gemacht hatte, sicher ein stärkeres Bedürfnis nach Glauben und Reinheit hatte als die meisten anderen Menschen; aber ich sagte nichts.

»Mit mittelalterlichen Motiven läßt sich derzeit gutes Geld machen«, sagte Travis, der vielleicht spürte, daß er mich als Künstler nicht zu beeindrucken vermochte und es jetzt als Mann von Welt versuchte. »Hör auf mich, Hartright. Suche dir einen Ritter und eine Dame und fang an.«

»Ich habe im Moment keine Zeit«, sagte ich. Ich zögerte einen

Augenblick, um ihm Gelegenheit zu geben, nach dem Grund zu fragen. Aber er war damit beschäftigt, seine Skizzenblätter wieder zu verstauen, also fuhr ich fort: »Sag mal, was fällt dir zu Turner ein?«

»Turner? Ich habe ihn kaum gekannt«, sagte er und verschnürte die Mappe. »Mein erstes Dinner in der Akademie war sein letztes. Ich sah ihn ein paarmal bei den Firnistagen vor der Akademieausstellung, aber es wäre mir nie eingefallen, ihn anzusprechen.« Er sah mich an und schüttelte in einem lautlosen Lachanfall seine schweren kastanienbraunen Locken. »Das wäre nicht anders gewesen, als zum Altar hinaufzusteigen und sich selbst vom Meßwein zu bedienen.«

»War er wirklich so außergewöhnlich?« fragte ich.

»Nicht vom Aussehen«, sagte er. »Ja, gut, *außergewöhnlich* schon, aber nicht so, wie du denkst. Keine eindrucksvolle Erscheinung. Er war ungefähr so groß« – er hielt die Hand etwa auf Schulterhöhe, »hatte eine große jüdische Nase, kleine runde graue Augen und trug einen riesigen Zylinderhut, dessen Flor gegen den Strich gebürstet war; dazu trug er einen altmodischen Mantel mit Rockschößen, die beinahe den Boden berührten (und auch dann nicht sehr viel schmutziger gewesen wären), und langen Ärmeln, die seine verdreckten Hände fast ganz bedeckten. So.« Er beugte sich nach vorne und äffte die lächerliche kleine Gestalt nach, die er soeben beschrieben hatte. Mehrere Passanten blieben stehen und sahen ihm zu, und ein Mädchen brach in unbeherrschtes Kichern aus. Ich mußte ebenfalls lachen – Travis sah immer dann am glücklichsten aus, wenn er boshaft war; und zu beobachten, wie er sein blasses Gesicht mit den edlen Zügen zu einer grotesken Koboldsgrimasse verzog, war von unwiderstehlicher Komik. Aber mir war unbehaglich zumute, als würde ich mich zusammen mit ihm über einen armen Unglücklichen lustig machen, dessen einziger Makel ein ungewöhnliches äußeres Erscheinungsbild war.

»Was ich meinte«, fuhr ich dazwischen, »war er wirklich so ein Genie?«

»Wenn du Genie mit Fleiß gleichsetzt, ganz bestimmt«, sagte Travis. »Er malte ununterbrochen. Bei Regen und Sonnenschein, wachend, schlafend, auf der Toilette ... Ganz bestimmt kratzt er jetzt gerade Sonnenuntergänge in seinen Sargdeckel.«
»Jetzt hör aber auf«, sagte ich lachend. »Was denkst du wirklich?«
Er antwortete nicht sofort, sondern starrte mit ernster Miene auf den Boden, als suche er dort die Antwort. Schließlich antwortete er:
»Das dachten wir damals. Oder vielmehr, wir dachten, er sei ein Genie, das seine Kraft verloren hat und übergeschnappt ist.«
»Wie sehr?« fragte ich.
»Sieh dir doch nur seine späten Bilder an«, erwiderte er. »Farben, die von allem Gegenständlichen losgelöst sind. Riesige Farbkleckse, die nach überhaupt nichts aussehen – nur eben wie Farbklekse. Bilder *vom Nichts*, wie ein Kritiker sagte. *Und alle sehr ähnlich.*«
»Und wie denkst du heute darüber?« bohrte ich weiter.
Er zuckte die Schultern. »Ein paar von den frühen Arbeiten. Die holländischen Seestücke. Die Stiche.«
Ich wartete, daß er fortfuhr, aber er sagte nichts mehr. Er holte eine Uhr aus der Hosentasche, sah darauf und klemmte sich die Mappe unter den Arm.
»Weißt du jemanden«, fragte ich noch, »der ihn besser kannte?«
»Jones?«
»Dem habe ich geschrieben.«
Er zuckte wieder die Achseln und schüttelte den Kopf. Erst als wir uns schon zum Abschied die Hände geschüttelt hatten und beide ein paar Schritte unseres Weges gegangen waren, drehte er sich um und rief mir nach:
»Probier's mal bei Davenant. Er hat sich zur Ruhe gesetzt, in Hampstead. Aber er hat ein gutes Gedächtnis und gewährt der Öffentlichkeit bisweilen gern Einblick in dessen Schätze.«
Diese kurze Begegnung brachte mir eigentlich ziemlich wenig;

aber aus irgendeinem Grund – vielleicht nur aufgrund der Tatsache, daß ich endlich die Initiative ergriffen hatte – fühlte ich mich wie von einem neuen Geist beflügelt. Vielleicht sollte ich besser sagen: von einem alten Geist. Denn wie ein Gesicht in der Menge, das einem plötzlich einen lange vergessenen Spielkameraden aus der Kindheit in Erinnerung ruft, erkannte ich darin etwas, das mir längst bekannt war.

Mein Herz schlug schneller; meine Beine schmerzten vor ängstlicher Aufregung. Ich atmete tief ein, und die rußige Luft, die eine Stunde zuvor nach harter Arbeit und Krankheit gerochen hatte, bekam jetzt einen berauschenden Zauber. Kurzum, ich fühlte mich wieder wie ein junger Mann, der sich aus dem tristen Alltagstrott befreit hat und zu einem großen Abenteuer aufbricht. Hättest Du mich durch den Regent's Park und die Avenue Road laufen sehen (eine Kutsche zu nehmen kam mir gar nicht in den Sinn), dann hättest Du Dir einbilden können, den Geist jenes anderen Walter Hartright zu sehen, der fünfzehn Jahre zuvor, von einfachen Vorsätzen und großen Hoffnungen erfüllt, dreimal die Woche zu Fuß von London nach Hampstead ging und sich nichts dabei dachte. Ich hatte in der Tat bisweilen selbst das Gefühl, dieser junge Mann ginge als mein Begleiter neben mir her. Und gewiß war er es, der mich drängte, in einem einfachen Gasthaus am Straßenrand eine Pause einzulegen und mit ihm zusammen ein einfaches Mahl aus Brot, Käse und Ale zu mir zu nehmen – ich, der würdige Herr von Limmeridge, und er, der fröhliche junge Zeichenlehrer, der frei war von der Last und dem Privileg des Besitzes und mit keinen Aussichten außer denen, die das Leben selbst bot.

Mr. Davenant (so erfuhr ich auf dem Postamt) wohnte nur wenige hundert Yard von dem alten Landhäuschen meiner Mutter entfernt in einem dieser malerischen roten Backsteinhäuser in der Church Row. Die einst ebenmäßige Fassade war unter der Last des Alters eingesunken und buckelig geworden, die Linien krumm und schief wie auf einer Kinderzeichnung (Florrie hätte ganz bestimmt geradere Linien gezeichnet!), als sei das Haus sei-

ner klassischen Nüchternheit überdrüssig geworden und habe beschlossen, sich zu betrinken. Ein großes holzverkleidetes Erkerfenster im ersten Stock, trotzig herausragend wie das Heck eines alten Kriegsschiffes, verstärkte den unordentlichen Eindruck.
Ein junger Diener, der eine bedauernswerte Unsicherheit bei der Erfüllung seiner Pflichten an den Tag legte, öffnete mir die Tür. Als ich fragte, ob Mr. Davenant zu Hause sei, sagte er: »Ich werde ihn fragen«; einen Augenblick später kam er mit hochroten Wangen wieder und erkundigte sich nach meinem Namen; nach ein paar Schritten kehrte er nochmals um, vermutlich, um zu fragen, was ich wünsche. Er wurde aber von einer Männerstimme unterbrochen, die vom oberen Stock herunterdonnerte:
»Wer ist das, Lawrence?«
»Mr. Hartright, Sir«, rief der Junge.
»Wer?«
»Mr. Hartright!«
»Und was will er?« rief der Mann, als hätte er eine Kompanie Soldaten vor sich.
»Was wollen Sie?« stotterte der Junge.
»Über Turner sprechen«, sagte ich.
Der Junge gab meine Antwort an den Mann weiter, der prompt herunterschrie:
»Was zum Teufel soll das heißen?«
»Was zum...?« setzte der Junge an, jetzt derart verlegen, daß sein Gesicht glühte. Ich ging an ihm vorbei in den Flur, vorbei an einer Reihe von strengen Familienporträts und einem großen Ölgemälde am Fuß der Treppe, das die Schlacht von Waterloo darzustellen schien. Vom oberen Treppenabsatz herunter betrachtete mich ein gutaussehender etwa siebzigjähriger Mann mit einen weißen Backenbart, einer edel geformten Nase und einem heroischen Gesichtsausdruck. Er trug einen mit Farbspritzern übersäten Kittel und tippte mit dem Stiel eines Pinsels ungeduldig an das Geländer.
»Ich habe gehört, Sie hätten Turner gut gekannt«, sagte ich.

»O ja«, sagte er, »und?«
»Ich möchte seine Lebensgeschichte schreiben.«
»Tatsächlich? Bei Gott!« Er beugte sich vor, um mich genauer in Augenschein zu nehmen. »Sie sind doch nicht... wie heißt der Kerl noch..., der allen auf die Nerven geht?«
»Sie meinen Mr. Thornbury?« fragte ich.
Er knurrte etwas.
»Nein«, sagte ich.
Er überlegte einen Augenblick, ehe er mich aufforderte: »Kommen Sie rauf. Fünfzehn Minuten.«
Ein vom Mondlicht erhelltes Seestück hing im Treppenaufgang, und eine weitere Schlachtenszene – ein Haufen rotberockter Soldaten, die um einen zerrissenen Union Jack herumstanden, während der düstere Feind durch einen Nebel von Pulverdampf auf sie zukam – beherrschte den oberen Treppenabsatz. Ich blieb davor stehen und fragte:
»Von Ihnen?«
Er nickte kurz. »Ich krieg es nicht los. Heute wollen alle nur hübsche kleine Familienporträts, alle Mitglieder sauber geschrubbt und herausgeputzt wie Schneiderpuppen. Und diese dämlichen, in Ohnmacht fallenden Weiber.« Er schüttelte den Kopf. »Der reine Wahnsinn.«
Ich mußte unwillkürlich schmunzeln – er hatte Travis und mich mit einem Streich vernichtet. Aber zum Glück war er viel zu sehr damit beschäftigt, sich die Hände an seiner Schürze abzuwischen, um es zu bemerken.
»Sehr eindrucksvoll«, sagte ich.
Er nickte wieder. »So, jetzt mache ich Sie nicht mehr schmutzig«, sagte er und streckte mir die Hand entgegen. »Guten Tag.«
Und als hätte ich mir durch diese schlichte Formalität das Recht auf sein Vertrauen erworben, drehte er sich um und führte mich in ein Zimmer, das in der Mitte durch Flügeltüren geteilt war und die ganze Breite des Hauses einnahm. Auf der einen Seite befand sich das große Erkerfenster, durch das silbrigglänzendes Licht Wände und Fußboden überflutete. In der Ferne sah man

das Heideland. Das Fenster auf der anderen, der Südseite hatte keine Fensterläden, war aber mit einem Tuch verhängt, vermutlich um die Einstrahlung der Sonne abzuschwächen.
Ein riesiges unvollendetes Ölgemälde stand auf einem primitiven Gestell in der Fensternische neben einem mit Pinseln übersäten Tisch, auf dem auch ein aufgeklappter Malkasten lag. Das Bild war so gedreht, daß es das nördliche Tageslicht einfing, und daher konnte ich die Darstellung nur teilweise erkennen; aber was ich sah, war ausreichend, um das Sujet zu erraten – eine Frau zu Pferd, umringt von bewaffneten Männern, am Horizont aufgereiht Segelschiffe: Königin Elizabeth vor der spanischen Armada. Etwas erhöht in der Mitte des Zimmers saß eine Frau in einem blauen Samtumhang und mit einem großen Hut auf dem Kopf für die Hauptfigur Modell. Ihr »Pferd« war eine raffinierte Konstruktion aus drei zusammengebundenen, auf ein Gestell gelegten Polstern. Vor sich ausgestreckt hielt die Frau ein hölzernes Schwert, das – zweifellos, weil sie schon eine ganze Weile so ausharrte und ihr Arm ermüdet war – gefährlich wackelte.
»Gut«, sagte Davenant, »Sie können eine Pause machen, Mrs. Holt.«
»Gut wäre es auch, Sir«, sagte sie und nahm dabei ihren Hut ab, »wenn Sie etwas essen würden.«
»Machen Sie sich um mein Essen nur keine Gedanken«, sagte er. »Wenn ich Sie den ganzen Nachmittag hierbehalte, können Sie sich selbstverständlich eine Pastete bringen lassen. Eine Tasse Tee in der Küche, damit Sie wieder zu Kräften kommen; und dann sengen wir König Philipp weiter den Bart ab.«
»Ja, Sir«, sagte sie folgsam, verdrehte dabei aber derart spöttisch entnervt die Augen, daß es fast schon an Unverschämtheit grenzte.
»Scheren Sie sich hinaus, Sie Besen«, sagte Davenant und hob die Hand, als wolle er zum Schlag ausholen. »Und sagen Sie Lawrence, er soll uns Wein bringen.«
»Ja, Sir«, sagte sie lachend.
Als sie gegangen war, wurde es einen Augenblick still. Davenant

sah aus dem Fenster, dann drehte er sich um und fixierte mich mit offenem Blick. Mit einem Ernst, wie er mir noch nie begegnet war, sagte er:

»Turner war mein Freund, Mr. Hartright. Ich werde nichts tun, was ihm Schaden zufügt. Wenn Sie Skandal- oder Klatschgeschichten hören wollen, sind Sie bei mir an der falschen Adresse.«

»Ich gebe Ihnen mein Wort«, sagte ich. »Mich interessiert nichts als die Wahrheit.«

»Die sage ich Ihnen, und zwar mit Freude«, erwiderte er. »Aber vergessen Sie nicht, ich kann nur über Dinge sprechen, die ich weiß.« Er machte eine Pause, dann zog er zwei Stühle von der Wand und murmelte: »Und ich wünschte aufrichtig, daß andere dasselbe tun. Möchten Sie sich nicht setzen?«

»Danke.«

»Manchmal denke ich, Sie könnten an jeder Haustür in London anklopfen und jemanden finden, dessen Bekanntschaft mit Turner sich einzig und allein darauf gründet, ihn einmal aus einer Kutsche aussteigen gesehen zu haben – und der trotzdem fröhlich behauptet, Turner sei der griesgrämigste, zwielichtigste und erbärmlichste Geizhals der ganzen Schöpfung gewesen.«

Mein Lachen quittierte er mit einem leisen Glucksen und einem merkwürdigen kurzen Kopfrucken, als hätte ich ihm für eine soldatische Leistung ein Kompliment gemacht. Dann fuhr er fort:

»Aber ich kannte ihn dreißig Jahre und erlebte ihn als den freundlichsten und geselligsten Menschen, der mir jemals begegnet ist. Einen treueren Freund als ihn kann man sich gar nicht vorstellen.« Er setzte sich und zupfte an der altmodischen Kniehose unter seinem Kittel. »Einmal war ich todkrank, die Ärzte wollten mich schon aufgeben und ein Großteil meiner Familie auch, aber Turner kam jeden Tag, um zu fragen, wie es mir ginge, und mir gute Besserung zu wünschen – sogar als ich zu schwach war, um selbst mit ihm zu sprechen, und er für seine Mühe nur durch ein zweiminütiges Gespräch mit meiner Haushälterin belohnt wurde, wie ich später erfuhr.« Er schüttelte den Kopf, und in seinen Augen schimmerten Tränen, die zu verbergen er sich nicht bemühte.

»Aber was war mit seinem angeblich mürrischen Wesen und seinem Geiz?« sagte ich.

»Ich kann nur sagen, es gab keinen fröhlicheren und ausgelasseneren Menschen als ihn, wenn er sich wohlfühlte und unter Freunden war. Wenn jemand ein kleineres Fest oder auch ein größeres Fest im Kollegenkreis veranstaltete, war er gern dabei und bezahlte seinen Anteil. Gelegentlich übernahm er meines Wissens sogar alle Unkosten, ohne daß andere davon erfuhren.«

»Wie kam es dann, daß er einen so schlechten Ruf hatte?« wollte ich wissen. Ich muß gestehen, ich war erstaunt. Denn dieses freundliche Porträt paßte weder zu Travis' verrücktem Zwerg noch zu dem menschenfeindlichen Geizkragen, von dem ich an der Akademie gehört hatte, noch auch zu Lady Eastlakes Bild eines Einsiedlers ohne Freunde.

»Oh, ich will nicht bestreiten, daß es ausreichend Gründe gab für jene, die einen Menschen nach seinem Äußeren beurteilen und sich nicht die Mühe machen dahinterzublicken«, sagte Davenant. »Einen Großteil seines Lebens wohnte er mit seinem alten Vater zusammen, und die restliche Zeit lebte er meistens allein; und weil er es nicht gelernt hatte, einen Haushalt zu führen, konnte er seine Freunde auch nicht zu sich einladen. Das bedauerte er sehr, wie er mir mehrfach sagte. Und er konnte durchaus schroff und abweisend sein, vor allem, wenn er das Gefühl hatte, man wolle hinter seine Geheimnisse kommen oder ihn in seinen Gewohnheiten stören.«

Aber warum, ging es mir durch den Kopf, sollte ein Mensch sich so viel Mühe geben, sein Privatleben zu schützen, wenn er nichts zu verbergen hatte? Ich behielt die Frage für mich; aber als könne er Gedanken lesen, sagte Davenant:

»Ich weiß nicht, ob Sie eine Frau haben, Mr. Hartright; und wenn ja, wie Sie mit ihr leben, wenn nein, wie Sie ohne Ehefrau auskommen. Aber Sie könnten mir entgegnen, daß mich das alles nichts angeht, es sei denn, Sie selbst beschließen, mir davon zu erzählen. Und ich könnte Ihnen nur aus tiefstem Herzen beipflichten.«

Der junge Diener kam herein, ein Tablett in der Hand, auf dem eine Karaffe und zwei Gläser standen. Zitternd stand er da, während Davenant auf seinem Maltisch Platz machte, und stellte das Tablett ab, ohne daß ein Mißgeschick geschah.

»Danke, Lawrence«, sagte Davenant, als der Junge sich zurückzog. »Das war Turners Ansicht«, fuhr er fort, als habe es keine Unterbrechung gegeben. »Die Abneigung gegen jeden Humbug, gegen unerwünschte Einmischung und die Verurteilung anderer war für ihn geradezu ein religiöses Grundprinzip. Ich hörte ihn nie ein böses Wort über einen Mitmenschen sagen, und dem Verhalten anderer unterstellte er stets nur die nobelsten Absichten. Wenn er jemanden nicht verteidigen oder sein Werk nicht billigen konnte, schwieg er. Möchten Sie ein Gläschen Wein?«

»Danke.«

»Er schnüffelte nicht im Privatleben anderer herum«, sagte er und griff nach der Karaffe, »und im Gegenzug verlangte er nichts weiter, als daß andere nicht in seinem Privatleben herumschnüffelten. Und ich kann nur sagen: Ich wünschte, es gäbe mehr Menschen, die so wären, wie er war.« Er reichte mir ein Glas, das randvoll mit Sherry gefüllt war; dann hob er es, und indem er geradeaus vor sich hinsah, als erblicke er dort in der Leere Turner, sagte er: »Ehre deinem Andenken, alter Halunke.« Er trank und wandte sich wieder mir zu. »Auf Ihr Wohl, Mr. Hartright.«

»Und auf das Ihre«, sagte ich. Aber ich trank nicht; irgendwie hatte ich das Gefühl, mit einem Schluck würde ich unser Gespräch besiegeln. Ich würde nicht nur seine Gastfreundschaft in Anspruch nehmen, sondern auch seine Schilderung Turners akzeptieren, die mich in Wahrheit ratloser und unzufriedener denn je machte. Ich berührte daher das Glas nur mit den Lippen und versuchte fieberhaft, eine Frage zu formulieren, die ihn weitersprechen lassen würde, ohne ihn zu verärgern.

Wieder schien er meine Gedanken zu lesen.

»Sie werden sich vielleicht fragen«, sagte er und setzte sich wieder, »wie ein solcher Mensch die Zielscheibe von so viel Gehässigkeit und so vielen böswilligen Anekdoten werden konnte. Die einzige Antwort, die ich Ihnen geben kann, lautet: Neid. Die meisten Menschen glauben offenbar, Künstler seien Engel, aber das sind sie nicht, weiß Gott! Meiner Erfahrung nach findet man außerhalb einer Schulstube nirgendwo auf der Welt eine schlimmere Bande von zänkischen, eifersüchtigen und hinterhältigen Schwindlern und Raufbolden. Sie wollen alle Genies werden; und wenn sie es nicht schaffen, sagen und glauben sie alles, was die Genies so klein macht, wie sie selbst es sind.«

Er zögerte; und mir lag es auf der Zunge zu sagen, daß ich selbst so etwas wie ein Künstler war; aber dann besann ich mich eines besseren.

»Und Turner war tatsächlich ein Genie, Mr. Hartright«, fuhr er fort. »Er war *das* Genie. Ich schwöre es Ihnen. An den Firnistagen vor Eröffnung der Akademieausstellungen gaben wir unseren Arbeiten den letzten Schliff; er aber hatte eine mehr oder minder leere Leinwand eingereicht. Die jüngeren Akademiemitglieder lachten und sagten: ›Was will er denn damit?‹ Und dann kam er herein, öffnete seine Trickkiste und machte sich an die Arbeit – er trat nie einen Schritt zurück, um sein Bild zu betrachten, denn er hatte alles im Kopf –, und innerhalb weniger Stunden hatte er aus dem Nichts ein Gemälde gezaubert. Ein Wilder hätte geschworen, es sei reine Magie. Ich erinnere mich an einen jungen Schotten, der leichenblaß wurde, als er das sah, und etwas von Hexerei murmelte.«

»Aber kein Maler«, sagte ich, »konnte ihm doch seine Bewunderung versagen...«

Er schnaubte verächtlich. »Stellen Sie sich vor, Mr. Hartright«, sagte er, »Sie haben sechs Monate lang an einem Gemälde gearbeitet. Sie sind mächtig stolz darauf und denken, damit hätten Sie sich den Ritterschlag verdient; und dann kommt Turner und schafft einem Rachegott gleich an einem einzigen Tag ein Werk, das das Ihre vollkommen in den Schatten stellt...«

Ich lachte nervös, denn seine Worte hatten bei mir an eine ge-

heime Schwäche gerührt; und auf einmal konnte ich mir alles sehr gut vorstellen. Für einen Augenblick erfaßte mich eine bodenlose Traurigkeit, die sich wie ein Schatten auf mich legte.
»Wenn man selbst eine strahlend helle Sonne oder einen blauen Himmel gemalt hatte«, sagte er, »malte er sehr wahrscheinlich einen noch helleren oder noch blaueren Himmel. Einmal, ich weiß es noch genau, malte er ein graues Bild, *Helvoetsluys*, großartig, aber mit keiner entschiedenen Farbe an irgendeiner Stelle. Unmittelbar daneben hing Constables *Eröffnung der Waterloo Bridge*, das wie mit flüssigem Gold oder Silber gemalt wirkte. Turner blickte mehrmals von einem Bild zum anderen, holte schließlich seine Palette und setzte einen Klecks Mennige auf sein graues Meer, nicht viel größer als ein Shillingstück, und ging weg, ohne ein Wort zu sagen.« Er fing an zu lachen. »Und der arme Constable stöhnte: ›Turner war hier und hat einen Kanonenschuß abgefeuert‹; denn natürlich sah jetzt sein eigenes Bild vergleichsweise blaß und leblos aus.«
»Dann«, sagte ich, »ist es kein Wunder, daß Turner so unbeliebt war.«
Davenant nickte. »Aber keiner von ihnen hat kapiert, daß er es gar nicht böse meinte. Es war nur ein freundlicher Wettstreit, ein Ansporn, damit wir uns noch mehr bemühten, unsere Kunst zu vervollkommnen. Wenn man ihn übertrumpfte, lachte er nur, klopfte einem auf den Rücken und sagte, man solle seinen Sieg auskosten. Und er half einem ebenso bereitwillig, wie er einen bekämpfte. Keiner hatte einen besseren Blick für das, was an einem Bild nicht stimmte oder was ihm fehlte.« Er stand auf. »Ich will Ihnen etwas zeigen.«
Ich folgte ihm zum Treppenabsatz und ein Stück weit die Treppe hinunter, wo er vor dem vom Mondlicht erleuchteten Seestück stehenblieb, an dem ich kaum eine halbe Stunde zuvor vorbeigekommen war. Jetzt entdeckte ich in schwarzen Lettern auf dem Rahmen den Titel: *Strand von Dover bei Nacht. Von John Davenant, R.A., Ausgestellt 1837.*
»Hier«, sagte er.

Es war eine ziemlich dramatische Szene, das Mondlicht flutete hinter einer großen dunklen Wolkenbank hervor und zersplitterte dann hundertfach ins schwarzblaue Meer. Weit hinten am Horizont lag ein zur Seite geneigtes Handelsschiff, dessen geblähte Segel im gespenstischen Licht fast schwarz wirkten.
»Es besitzt eine große Kraft«, sagte ich, froh, endlich etwas aus ganzem Herzen loben zu können.
Er nickte und errötete vor Freude. »Aber es ist Turners Kraft. Mein erster Entwurf sah völlig anders aus – ganz ohne Wolken, und das Mondlicht fiel direkt auf das Schiff und brachte die weißen Segel zum Leuchten. So hatte ich es gemalt. Aber als ich es gerahmt in der Akademie hängen sah, wußte ich und meine Freunde wußten es auch, daß es nicht stimmte, aber keiner vermochte zu sagen, wo genau der Fehler lag.« Er schüttelte den Kopf. »Bis Turner zufällig vorbeikam, die Palette in der Hand; er schaute das Bild eine halbe Minute lang an und sagte dann: ›Dem Bild fehlt Tiefe und Kontrast. Der Mond müßte von Wolken verdeckt sein, von schwarzen, an den Rändern silbrigen Wolken, dann hast du das Hellste und das Dunkelste unmittelbar nebeneinander. Setz die Segel in den Schatten und gib nur dem Bug einen Tupfer Licht.‹ Ich spürte, daß er recht hatte, aber ich war natürlich sehr vorsichtig, und so sehr ich mich auch bemühte, ich brachte den von ihm beschriebenen Effekt nicht zustande. Nachdem er ein paarmal an meinen Platz gekommen war, um zu sehen, wie ich vorankam, verlor er schließlich die Geduld. Er nahm die Pinsel und führte es selbst aus – zwei kräftige Striche Schwarz, zwei Striche Weiß.« Davenant unterstrich seine Worte mit großen, weit ausladenden Gesten. »Eins, zwei, drei, vier. Und natürlich sahen wir alle sofort, daß er recht hatte.«
Davenant trat zurück, um das Gemälde zu bewundern, in sich hineingluckend und verwundert den Kopf schüttelnd; aber ich war etwas verwirrt, nicht nur wegen des anmaßenden Eingriffs Turners, sondern auch wegen des Resultats, hatte er doch eine Szenerie der sanften Ruhe mit einem Schlag in finstere Bedrohung verwandelt. Doch ich wurde in meinen Gedanken unter-

brochen, als plötzlich von unten Schritte zu hören waren und Davenant so laut rief, daß ich regelrecht zusammenzuckte:
»Meine Güte, Hartright, wie ist die Zeit vergangen!«
Ich wandte mich um und sah Mrs. Holt die Treppe herauf auf uns zukommen.
»Sie wartet nicht, bis man sie ruft, wie Sie sehen!« sagt Davenant. »Kann es gar nicht erwarten, die Spanier zu vernichten!«
»Das Tageslicht schwindet, Sir, das ist meine einzige Sorge«, erwiderte die Köchin.
»Sehr richtig, Mrs. Holt«, nickte Davenant. Er wandte sich mir zu. »Sie hat, fürchte ich, völlig recht, Mr. Hartright. Sie werden mir hoffentlich verzeihen...?«
»Aber natürlich«, sagte ich. »Es war sehr freundlich von Ihnen, mir so viel Zeit zu schenken.«
»Unsinn«, gab er zurück. »Es hat mich gefreut, Ihnen helfen zu können. Wenn ich es denn konnte, was ich bezweifle...«
Ich wollte etwas sagen, aber er hob abwehrend die Hand und meinte:
»Keine Schmeicheleien, bitte. Mrs. Holt, gehen Sie derweil rauf und legen Sie Ihren Ornat an. Ich komme gleich.« Dann nahm er freundlich meinen Arm und führte mich die Treppe hinunter.
Er hatte die Haustür schon geöffnet und mir die Hand zum Abschied entgegengestreckt, als er innehielt und sagte:
»Wollen Sie noch einen Augenblick warten, Mr. Hartright? Ich glaube, ich habe etwas für Sie.«
Er durchquerte den Flur und verschwand in einem Zimmer auf der Rückseite des Hauses. Ich stand unter dem Erkerfenster und sah mich um. Im Süden hing der Rauch über der Stadt wie ein großer Mantel, so dick und schwarz, daß man schon bei seinem Anblick Beklemmungen bekam und die Haut anfing zu jucken; aber hier fuhr mir eine frische Brise durchs Haar, und zwischen den grau umrandeten Wolken, die sich über der Heidelandschaft aufeinandertürmten und übereinanderpurzelten, blitzte hie und da der blaue Himmel hervor. Etwas an ihrer wilden Bewegung erinnerte mich an herumtollende Meeresungeheuer, und ich ver-

sank in ihren Anblick, bis mich Davenants Stimme aus meinen Träumereien riß:
»Hier«, sagte er und hielt mir ein gefaltetes Blatt Papier entgegen. »Noch zwei, die ihn gut kannten. Aber keiner von beiden ist Maler; Sie können also sicher sein, daß das, was sie Ihnen erzählen, frei ist von der Ranküne des Künstlers. Michael Gudgeon ist ein Antiquar, der vor Jahren zusammen mit Turner Kent und Sussex bereist hat. Und Amelia Bennett ist die Tochter des alten Benjamin Waley...«
Er machte eine Pause und suchte in meinem Gesicht nach einem Zeichen des Wiedererkennens. Ich schüttelte den Kopf.
»Sie sind wahrscheinlich zu jung«, meinte er seufzend. »Er war zu seiner Zeit wirklich ein bedeutender Mann. Ein großer Kunstliebhaber, der schon mit dem jungen Turner befreundet war.«
Ich bedankte mich herzlich und brach in Hochstimmung nach Kensington auf. Ich hatte mich dem Schicksal anvertraut, und das Schicksal hatte mich reich belohnt; eine beinahe abergläubische Überzeugung sagte mir, daß das noch nicht alles war und noch mehr folgen würde, wenn ich nach Hause zurückkäme.
Und ich täuschte mich nicht. Denn im Flur lag ein Brief von Ruskin!

> Wie immer alles Liebe, auch an die Kinder,
> Walter.

VI

BRIEF VON JOHN RUSKIN AN WALTER HARTRIGHT,
1. AUGUST 185-

Denmark Hill 163,
1. August 185-

Werter Mr. Hartright,
danke für Ihren Brief vom 21. Juli. Ich hätte Ihnen schon früher geantwortet, wenn ich zu Hause gewesen wäre, aber ich bin erst

gestern von einer längeren Reise nach Italien und Frankreich zurückgekehrt.

Ja, sehr gern würde ich mit Ihnen über Turner sprechen, auch wenn ich nicht sicher bin, inwieweit es in meiner Macht liegt (oder überhaupt in der Macht eines Mannes oder einer Frau), Ihnen den Weg zu erhellen. Ich fürchte jedoch, diese Woche wird es mir nicht mehr möglich sein, denn wie Sie sicher wissen, ist es eine unvermeidliche Folge des Reisens, daß man bei der Rückkehr einen Garten vorfindet, der in Unkraut erstickt. Wenn ich mich daher nicht sofort ans Werk mache, werden meine zartesten Pflänzchen (ein Buch, ein Vortrag und tausend andere zaghafte kleine Schößlinge, die meinen Worten entsprossen sind und nur eine Ermunterung brauchen, um zur Blüte zu kommen) ganz gewiß eingehen. Würde es Ihnen nächste Woche Donnerstag um drei Uhr passen?

Mit besten Grüßen,
John Ruskin

VII

AUS DEM TAGEBUCH VON MARIAN HALCOMBE, 4. AUGUST 185-

Ein kleines Landhaus mit nur jeweils einem Fenster pro Stockwerk und gänzlich unauffällig – bis auf das sonderbare Eisengeländer am Dach, das aussah, als wäre ein Balkon von seinem angestammten Platz dort hinaufgewandert. Rechts davon eine Schenke, links ein kleiner Laden, der »Ale«, »Erfrischungen« und »erstklassiges Ingwerbier« anpries; daneben ein schiefwinkliger Toreingang mit einem verwitterten Schild, auf dem man nur noch lesen konnte: »Ale anders Boots erft« und die fehlenden Buchstaben »x« und »w« selbst ergänzen mußte. Er führte auf einen verwahrlosten Hof, der mit Spieren, Hölzern und Tauen übersät war. Dem Haus gegenüber auf der anderen Straßenseite die Themse, eingefaßt von einer niedrigen Uferbefestigung aus unbehauenen Steinen, zu der eine Treppe hinunterführte. Fährleute lungerten dort herum, rauchten Pfeife und warteten auf Kundschaft. Weiter draußen durchsuchte ein Häuflein zerlumpter Gassenjungen den stinkenden Schlamm nach Schätzen.

»Sind Sie sicher, daß wir hier richtig sind?« fragte ich den Kutscher.

»Davis Place sechs, Chelsea, Miss?« sagte er langsam, als habe er es mit einer Idiotin zu tun.

Ich stieg aus. Ein paar Jungen, die mit einer zerbrochenen Flasche Fußball spielten, hielten inne und starrten mich an, und ein paar Fährleute richteten sich auf und schauten in meine Richtung. Vielleicht langweilten sie sich nur oder hofften, ich würde ein Boot nehmen; aber in ihren reglosen Gesichtern entdeckte ich eine Art animalische Wachsamkeit, als hätte selbst zu dieser Tageszeit eine Frau ohne Begleitung hier nichts zu suchen. Ich wußte aber, daß es dem Ungeheuer, das uns ängstigt, Nahrung gibt, wenn wir diese Angst zeigen. Also bezahlte ich den Kutscher und ging den Weg entlang, ohne auch nur einen Blick zurückzuwerfen.

Als ich aber an die Tür klopfte, spürte ich hinter mir eine Bewegung, ich wandte mich um und sah, daß mir die Jungen gefolgt waren und sich wie ein Rudel wilder Hunde gegen das Tor drängten. Die meisten wandten sofort den Kopf ab, um meinem Blick auszuweichen, aber einer, eine Bohnenstange von zwölf, dreizehn Jahren, hielt meinem Blick stand.

»Wollen Sie was über Puggy hören?« rief er mir zu.

Ich vermochte nicht zu sagen, ob er sich über mich lustig machte oder mir behilflich sein wollte. Aber da ich gelernt habe, daß die Menschen dann, wenn man das Beste von ihnen erwartet, im allgemeinen versuchen, dieser Erwartung gerecht zu werden, lächelte ich und sagte:

»Booth. Ich suche Mrs. Booth.«

»Die wird Ihnen nichts über ihn erzählen«, erwiderte der Junge.

Aus dem Haus war kein Laut zu hören, also klopfte ich noch einmal.

»Fragen Sie doch Mr. Neave«, rief der Junge.

Kaum hatte er das gesagt, hörte ich eine Männerstimme: »Stimmt, Miss, ich kannte den Admiral!«

Ich drehte mich um und sah, wie einer der Fährleute (vermutlich Mr. Neave) die Straße überquerte und auf mich zukam. Er hatte wohl getrunken, denn er torkelte leicht und gestikulierte wild mit den Armen, um meine Aufmerksamkeit auf sich zu ziehen.

»Ich habe sie überall hingefahren«, sagte er und machte eine Handbewegung hinüber nach Battersea auf der anderen Flußseite. »Kommen Sie, ich zeige Ihnen, wo überall.«

Ich hatte keine Ahnung, was sie meinten, aber ich wollte es nicht zeigen, aus Angst, dies könnte sie ermuntern, meine Unsicherheit auszunutzen, also schwieg ich und klopfte ein drittes Mal. Aber allmählich verlor ich allen Mut. Was, wenn – aller Wahrscheinlichkeit nach – Mrs. Booth nicht zu Hause war und ich durch den Menschenauflauf den ganzen Weg wieder zurückgehen mußte? Meine Kutsche war längst entschwunden, und eine andere war weit und breit nicht zu sehen. Zu meiner noch größeren Beunruhigung kamen jetzt, offenbar angelockt von dem Tumult, drei, vier Männer aus der Schenke, darunter eine ziemlich eindrucksvolle Gestalt, ein riesiger Kerl mit dunklem Bart, rotem Flanellhemd und einer schwarzen Schifferhose, der sich mit den Ellbogen einen Weg durch die Menschenansammlung bahnte und in russisch oder polnisch klingendem Akzent brüllte:

»Ich erzähle Ihnen alles vom Admiral! Von den Flaschen! Den Damen!«

»Du verlogener ausländischer B-!« rief Mr. Neave. Vom Alkohol ermutigt, ballte er die Fäuste und taumelte vorwärts, obwohl er seinem Widersacher nicht einmal bis zu den Schultern reichte, während die Jungen rechts und links vor ihm zur Seite wichen.

»Bitte!« rief ich. »Mich interessiert kein Admiral!«

Ich hoffte, das würde sie beschwichtigen, aber es schien nichts zu

bewirken. Die Männer gruppierten sich in zwei Lager, während sich die Jungen am Zaun entlang aufreihten, teils weil sie zuschauen wollten, teils weil sie keine Möglichkeit hatten auszuweichen. Schnell faßte ich einen Plan: Ich würde an die ritterlichen Instinkte der Bohnenstange appellieren und ihm und seinen Freunden jeweils einen Penny anbieten, wenn sie mich sicher zum nächsten Droschkenstand brachten.
Ich hatte bereits einen Schritt auf sie zugemacht, als ich hörte, wie sich endlich hinter mir die Tür öffnete. Ich wandte mich um und sah eine respektable, dunkelhaarige, untersetzte Frau um die Sechzig, die ein schlichtes graues Kleid und eine weiße Schürze trug. Sie sah an mir vorbei auf die Menge am Tor. Ihr fahles, derbes Gesicht trug einen Ausdruck unendlicher, wütender Traurigkeit zur Schau, wie ein Kindermädchen, das entdeckt, daß seine Schutzbefohlenen schon wieder etwas tun, von dem sie genau wissen, daß es verboten ist. Zu meinem Erstaunen genügte dieser Blick, um die Ordnung wiederherzustellen. Die beiden gegnerischen Parteien lösten sich wortlos auf, und die Jungen machten sich in Windeseile davon, als seien sie plötzlich aus einer Gefangenschaft erlöst.
»Mrs. Booth?« fragte ich
Sie sah mich an, den Kopf etwas zur Seite geneigt, aber ohne zu lächeln.
»Ich bin Marian Halcombe«, sagte ich. »Lady Eastlake hat Ihnen doch geschrieben...?«
»Ja«, sagte sie. Ihr Ton war völlig neutral, weder besonders freundlich noch unfreundlich.
»Kommen Sie doch herein, Miss Halcombe.«
Der Flur war so eng und so dunkel, daß ich fast nichts sah und mich zur Orientierung an Mrs. Booths hin- und herschwingendes Schürzenband halten mußte. Aber das kleine Wohnzimmer, in das sie mich führte, wirkte sehr einladend. Im Kamin brannte ein Feuer, vor dem sich eine merkwürdige, schwanzlose Katze auf einer Matte räkelte. Ein Kanarienvogel zwitscherte in seinem Käfig am Fenster, und eine massive Standuhr neben der Tür

tickte behäbig, als hätte man auch die Zeit eingefangen, gebändigt und in eine Ecke gestellt, damit sie in den häuslichen Chor einstimmt.
»Nehmen Sie bitte Platz«, sagte Mrs. Booth. »Ich hole inzwischen den Tee.« Im nächsten Augenblick war sie verschwunden, und kurz darauf hörte ich sie ins Kellergeschoß hinunterstapfen. Ich stand auf und sah mich um. Das Zimmer hatte nichts Auffälliges, das typische Wohnzimmer der Haushälterin eines gut geführten großen Hauses: Zu beiden Seiten des Kamins standen hübsche Schränke mit weiß gestrichenen Kassettentüren; eine Kolonne von Milchmädchen aus Porzellan, angeführt von einem Macready-Krug in Gestalt eines alten Mannes, reihte sich auf dem Kaminsims; und darüber hingen das Aquarell einer Kirche und einige Miniaturen in ovalen Rahmen.
Erst als ich meinen Blick hinaus in den Flur richtete, fiel mir etwas Ungewöhnliches auf. An der Wand zwischen Tür und Fenster lehnten hintereinander gestellt zwei Ölgemälde, halb mit einem Tuch zugedeckt. Als ich die Ecke eines vergoldeten Rahmens und einen Farbwirbel Mennige sah, packte mich die Neugier, ich bückte mich und hob das Tuch hoch. Die Bilder, die ich sah, waren so bedrohlich und doch so vage, als seien sie einem Alptraum entsprungen. Auf dem ersten war ein aufgewühltes, graugrünes Meer zu sehen, das sich in unbezähmbarem Zorn aufbäumte; im Vordergrund klammerten sich undeutliche Gestalten verzweifelt an ein merkwürdig schlangenförmiges Wrackteil, das wie ein Meeresungeheuer aus der Gischt ragte; weiter entfernt ein zu Hilfe eilender Kutter. Das zweite Gemälde stellte womöglich dieselbe Szene einen Tag später dar: Eine Menschenmenge hatte sich am Ufer versammelt, tief erschüttert von den überall verstreuten schrecklichen Zeugnissen der zerstörerischen Naturgewalten; am Horizont, von einer giftigen, erbarmungslosen gelben Sonne erleuchtet, war im Dunst ein Schiff zu erkennen, das zwei Masten verloren hatte. Die Bilder hatten – jedenfalls auf mich – eine beinahe körperliche Wirkung; so ähnlich stelle ich mir Hypnose vor. Ich verlor jedes Gefühl dafür, wo

ich mich befand oder was ich da tat und starrte das Bild noch immer an, als Mrs. Booth wiederkam.
»Ach ja«, sagte sie und errötete leicht. »Die sind von ihm. Er hat sie mir geschenkt.«
»Was, Turner?« rief ich aus. Ich fürchte, ich klang über die Maßen erstaunt. Denn zum einen war der einzige Turner, den ich, soweit ich mich entsinne, je gesehen hatte, der imposante Stich in der Halle in Brompton Grove, *Ansicht Londons vom Greenwich Park* – eine ruhige klassische Landschaft mit der rauchverhangenen Stadt und dem Fluß im Hintergrund, die mit solchen trostlosen Szenerien nichts gemein zu haben schien. Zum anderen wäre ich nie auf die Idee gekommen, daß Mrs. Booth ein Gemälde von ihm besitzen könnte.
»Ja«, sagte sie und stellte das Tablett ab. Ich erwartete, daß sie fortfuhr, aber sie war mit dem Tee beschäftigt, goß zwei Tassen ein und stellte die Kanne dann vor den Kamin, damit sie warm blieb. Um wieder auf das Thema zurückzukommen, sagte ich:
»Wie großzügig von ihm.«
Ich bereute diese Worte, noch ehe ich sie ausgesprochen hatte. Sie errötete wieder und sagte:
»Wie, Sie meinen, so viel Freundlichkeit hätte ich gar nicht verdient?«
»Nein, natürlich nicht. Ich meinte nur...« Freilich konnte ich nicht sagen, was ich wirklich gemeint hatte: daß nämlich nur wenige erfolgreiche Künstler eine Dienstbotin so großzügig bedacht hätten. Um meine Verlegenheit zu kaschieren, fragte ich:
»Warum hängen Sie sie denn nicht auf?«
»Hatte ich oben, befürchtete aber, man könnte sie mir stehlen. Mein Sohn wird sie für mich sicher verwahren.«
Ich wunderte mich, warum sie die Bilder nicht verkaufte, denn sie waren gewiß einiges wert; dann wäre sie die Sorge um Diebe los und könnte sich gleichzeitig ihr Alter angenehmer einrichten. Vielleicht erriet sie meine Gedanken, denn sie sagte:
»Ich könnte mich nie von ihnen trennen.«

»Weil sie Sie ans Meer erinnern?« sagte ich.
Sie nickte.
»Sie haben Verbindungen zum Meer?« fragte ich. »Die Jungen draußen sagten...«
»Der Admiral?«
»Ja.«
Sie nickte wieder, diesmal aber müde. »So nannten sie ihn.«
»Mr. Turner?« fragte ich; es war zwar unwahrscheinlich, aber wir hatten von niemand anderem gesprochen.
»Ja«, sagte sie. »Sie nannten ihn Admiral Booth.« Sie schwieg einen Moment und sah ruhig in mein erstauntes Gesicht; als hätte ich selbst darauf kommen können, fuhr sie dann fort: »Sie hielten ihn für meinen Mann.«
Ich fühlte mich verloren, wie ein Reisender, der plötzlich feststellt, daß er weder Karte noch Kompaß in seinem Gepäck hat. Was konnte ich fragen, ohne unhöflich zu erscheinen – die naheliegendste Frage *Warum?* gehörte zweifellos in diese Kategorie – oder ihr eine weitere unerwartete Mitteilung zu entlocken, die mich nur noch mehr bestürzt hätte? Schließlich sagte ich vorsichtig:
»Wie lange kannten Sie Mr. Turner?«
»Zwanzig Jahre«, erwiderte sie. »Er wohnte bei mir, als ich eine Pension in Margate hatte. Nach dem Tod meines Mannes suchte er ein abgeschiedenes Haus am Fluß; dann bat er mich, mit ihm nach Chelsea zu ziehen und dort für ihn den Haushalt zu führen.«
»Er muß Ihnen großes Vertrauen entgegengebracht haben«, sagte ich.
Sie nickte stolz – eine Frau, die das ihr Zukommende energisch in Anspruch nahm. »Er nannte mich die Dienerin der Kunst«.
»Dann haben Sie ihm also bei seiner Arbeit geholfen?«
»O ja, ich habe jeden Morgen seine Palette hergerichtet und dafür gesorgt, daß alles bereit stand.« Sie sprach mit einer gewissen Wärme, als ob sie sich in meiner Gegenwart allmählich etwas wohler fühlte. Ein paar Sekunden später kam mir unerwar-

tet die Katze zu Hilfe, die auf meinen Schoß sprang und gemächlich ihre Krallen in mein Kleid bohrte. Zum ersten Mal seit meiner Ankunft lächelte Mrs. Booth.
»Oh, was für eine Ehre«, sagte sie. »Jason mag im allgemeinen nur Männer. Mr. Turner mochte er besonders. Er saß auf seinen Knien, seiner Schulter, manchmal auch auf seinem Kopf.«
Ich lachte und ergriff die günstige Gelegenheit, mich etwas weiter vorzuwagen.
»Was war Mr. Turner eigentlich für ein Mensch?«
»Es gab Zeiten«, sagte sie, »da hielt ich ihn für einen Gott.«
»Ein Gott!« sagte ich. »Wieso? Hatte er denn Ähnlichkeit mit einer griechischen Statue?«
Mrs. Booth lachte. »Ich meine nicht äußerlich!« sagte sie. »Sondern in seiner Arbeit.« Sie machte eine Handbewegung zu den beiden Ölgemälden. »Man stand neben ihm und sah nur einen trüben Tag oder die winterliche Sonne. Er aber sah, was ein gewöhnlicher Sterblicher nicht wahrzunehmen imstande ist. Er blickte in das Herz der Dinge.«
Lieber Himmel, dachte ich, *hoffentlich sieht das Herz der Dinge nicht so aus.* Laut jedoch sagte ich:
»Ja, sie sind großartig.«
Das schien ihr zu schmeicheln. Ihre Miene hellte sich auf, und wie von ihrer eigenen Offenheit überrascht, fragte sie:
»Wollen Sie das Zimmer sehen, in dem er gestorben ist, Miss Halcombe?«
Eigentlich wäre ich viel lieber sitzengeblieben, hätte meinen Tee ausgetrunken und ihr noch ein paar Fragen gestellt; aber ich konnte ja nicht gut nein sagen, daher erwiderte ich:
»Ja, sehr gern.«
Wir gingen die enge Stiege hinauf, die unter unserem Gewicht ächzte wie klagende Mäuse, und gelangten in eine kleine Dachkammer auf der Vorderseite des Hauses. Fahles Sonnenlicht fiel durch eine quadratische, niedrige Dachgaube herein und zeichnete ein blasses Muster aus Licht und Schatten auf die benachbarte Wand. Linkerhand stand ein einfaches Messingbett, und

vor das Fenster war ein Rollstuhl geschoben. Die Dielen waren nackt, und außer einem einfachen Schrank, einem kleinen Tisch mit Waschschüssel und Kanne sowie einer Eisenleiter, die zu einer Luke in der Decke führte, war das Zimmer unmöbliert. Es sah aus wie eine jener Unterkünfte, in denen ein angehender Schauspieler oder ein armer Handlungsreisender nach den Enttäuschungen des Tages Zuflucht sucht.

»Das war sein Zimmer«, sagte Mrs. Booth. »Jeden Morgen, bevor es hell wurde, stand er auf, wickelte sich in eine Decke, ging hier« – sie deutete auf die Leiter – »aufs Dach hinauf und skizzierte den Sonnenaufgang.

»Ach so«, sagte ich. »Deswegen das Geländer.«

Sie nickte. »Anschließend legte er sich wieder ins Bett und ruhte sich bis zum Frühstück aus. So ging es, bis er zum letztenmal krank wurde. Er war unermüdlich, Miss Halcombe. Noch als ich ihn pflegte, mußte ich immer dafür sorgen, daß er Bleistift und Papier zur Hand hatte.«

»Hat er denn da noch gemalt?« fragte ich.

»Ganz zum Schluß nicht mehr«, sagte sie. »Aber die Hoffnung zu verlieren hätte ihn noch viel früher ins Grab gebracht. Also habe ich immer den Schein aufrechterhalten: *Morgen vielleicht, mein Lieber.*«

Wie viele Haushälterinnen nennen ihre Herrschaft wohl »Mein Lieber«?

»Er kann von Glück reden, daß er Sie gehabt hat, Mrs. Booth«, sagte ich.

Sie schwieg gedankenverloren. Schließlich sagte sie:

»Ich möchte Ihnen eine merkwürdige Geschichte erzählen, Miss Halcombe. Wenige Wochen bevor er starb, zog die Polizei ein armes armes Ding aus der Themse, das in Schande gefallen war und sich ertränkt hatte.« Sie wandte sich zum Fenster und zeigte hinunter auf die Stufen der Uferbefestigung, wo die Fährleute den Nachmittag im Müßiggang dahinbrachten. »Genau dort. Mr. Turner hat das ziemlich mitgenommen. Er weckte mich in der Nacht mehrmals und sagte, er habe ihr Gesicht gesehen und fürchte

sich vor dem Einschlafen. ›Ich muß es zeichnen‹, sagte er. ›Ich muß dieses Gesicht zeichnen, sonst finde ich keine Ruhe.‹ Er zeichnete es, und das war mehr oder weniger sein letztes Bild.«
»Und verfolgte es ihn dann immer noch?« fragte ich.
»Er hat nie wieder davon gesprochen«, sagte sie. »Zumindest erinnere ich mich nicht daran.«
Dann schwieg sie, und ich fürchtete, daß sie sich in ihren Erinnerungen verlor. Ich sagte:
»Wie konnte er denn das Mädchen sehen, wenn er im Bett lag?«
»Es war ein schlimmer Winter«, sagte sie. »Wochenlang nur Nebel und Rauch. Er sagte: ›Wenn ich doch nur wieder die Sonne sehen könnte‹ – es war nur noch ein Flüstern, es brach einem das Herz, ihn so zu hören. Er rollte sich auf den Boden und schleppte sich zum Fenster, um die Sonne zu suchen.«
»Ich verstehe«, sagte ich. »Dann hat er also beobachtet, wie die Polizei das Mädchen gefunden hat?«
Sie nickte zerstreut, als sei ihr Geist mit etwas Wichtigerem beschäftigt. »Manchmal«, sagte sie, »war er zu schwach, um es allein bis zum Fenster zu schaffen, dann fand ich ihn hier neben dem Stuhl und mußte ihm wieder ins Bett helfen.«
Sie schwieg erneut, und obwohl sie mit dem Rücken zum Fenster saß, glaubte ich, Tränen in ihren Augen zu entdecken. Schließlich seufzte sie und meinte: »Aber er hat sie wiedergesehen. Eines Morgens brach sie durch die Wolken; der Arzt und ich setzten ihn in den Rollstuhl und schoben ihn hier ans Fenster, damit sie ihm ins Gesicht scheinen konnte; und eine Stunde später, als habe er schließlich genug, starb er ohne einen Laut, den Kopf an meine Schulter gelehnt.«
Ihre Stimme zitterte nicht. Und dennoch, die Art, wie sie sprach, wie sie die Gedanken aus ihrem tiefsten Innern hervorholte und dann wieder behutsam dorthin zurückstellte, als seien sie ihr kostbarstes Gut, ließ keinen Zweifel daran, daß diese Frau Turner nicht nur den Haushalt geführt, sondern in jedem Sinn geliebt hatte. Und so erfuhr ich – auch wenn es schwer zu glauben

war –, daß der Mann, den Lady Eastlake als das größte Genie unserer Zeit bezeichnete, unter falschem Namen als Ehemann seiner Haushälterin in diesem armseligen Häuschen gelebt hatte und gestorben war.

Um ehrlich zu sein, diese Erkenntnis löste in mir tiefes Mitgefühl und aufrichtige Bewunderung für Mrs. Booth aus. Aber was, so fragte ich mich, würde Walter damit anfangen? Für die alte Witwe würde er ganz gewiß ebensoviel Wohlwollen empfinden wie ich; aber würde er auch Turner mit solchem Freisinn beurteilen? Oder würde er, sobald er entdeckte, wie exzentrisch (um es so nachsichtig wie möglich auszudrücken) der Gegenstand seiner Forschung war, das Interesse verlieren, die *Lebensgeschichte* zu schreiben, noch ehe er damit begonnen hatte?

Daher sagte ich mit einiger Beklommenheit:

»Sie haben mir sehr geholfen, Mrs. Booth. Dürfte ich Sie vielleicht noch einmal mit meinem Bruder besuchen? Er würde gern selbst mit Ihnen sprechen.«

Und ebenso erleichtert wie enttäuscht vernahm ich ihre Antwort:

»Ich möchte Sie nicht kränken, Miss Halcombe, aber die Erinnerung an Mr. Turner ist mir heilig. Ich spreche nicht gern über ihn; und, ehrlich gesagt, habe ich Ihnen bereits mehr erzählt, als ich wollte. Ich freue mich also über Ihren Besuch, wann immer Sie Ihr Weg hierherführt, möchte ich Sie aber bitten, Ihren Bruder nicht mitzubringen. Denn ich könnte ihm nicht mehr sagen, als ich Ihnen bereits erzählt habe.«

VIII
BRIEF VON WALTER HARTRIGHT AN LAURA HARTRIGHT,
11. AUGUST 185-

Erompton Grove,
Freitag

Meine innig Geliebte,
Dein Brief liegt vor mir, während ich dies schreibe – ich werfe einen Blick darauf und lese: »Ich bin so stolz auf Dich, Walter«; und die Worte schmerzen wie eine Ohrfeige, denn wenn Du mich heute gesehen hättest, wärest Du ganz gewiß alles andere als stolz auf mich gewesen. Ich komme gerade von Ruskin, weißt Du, und ich bin unschlüssig, was ich von ihm oder von dem, was er mir erzählt hat, halten soll. Aber ich befürchte, *er* hat mich lächerlich gemacht, und ich habe mich selbst lächerlich gemacht; und nun bin ich am Boden zerstört und ziemlich durcheinander.

Meine Verwirrung beginnt schon bei dem Mann selbst. Merkwürdig, nicht wahr, wie ein berühmter Name in unserem Kopf ein Bild erzeugt, das sich aus wer weiß welchen Splittern und Bruchstücken zusammensetzt, mangels persönlicher Erfahrung aber stark genug ist, diese Person für uns zu repräsentieren? Bis zum heutigen Tag habe ich Ruskin, ohne einen Augenblick nachzudenken, als einen wilden zotteligen Kerl betrachtet, der irgendwo in der Dunkelheit lauert (als sein natürlicher Aufenthaltsort erschien mir stets eine Höhle oder ein Verlies) und nur darauf wartet, ohne Vorwarnung hervorzustürmen und einen armen, arglosen Maler aufzuspießen. Diese Vorstellung hat teilweise womöglich mit meiner Angst zu tun, daß er sich, wenn ich irgendwo ausstelle, ein Bild herauspickt, um sich darüber lustig zu machen; teilweise aber auch mit diesem Spottvers im *Punch* (erinnerst Du Dich?):

> Ich male, male, niemals Klagen;
> Verkauf', bevor es trocken;
> Wen Ruskin auf die Hörner nimmt,
> Bleibt auf den Bildern hocken.

Und denke nur, wenn ich nicht die Gelegenheit gehabt hätte, ihn kennenzulernen, hätte sich mir – allein kraft der Gewohnheit – diese Phantasievorstellung am Ende als die Wahrheit eingeprägt und wäre als lebensechtes Bild des großen Mannes von unseren Enkeln an deren Enkel weitergegeben worden!
Jedenfalls bleibt ihnen und mir dies jetzt erspart; denn in den letzten zwölf Stunden sind alle meine Vorurteile gründlich über den Haufen geworfen worden; und ich habe sie an einen Ort verbannt, von dem sie nie mehr zurückkehren werden.
Die erste Überraschung erfolgte, noch bevor ich ihm selbst gegenüberstand, denn Denmark Hill 163 ist ein großes weitläufiges altes Haus, das sich keineswegs versteckt und wegduckt, sondern sich mit der vierschrötigen Wichtigtuerei eines Provinzbürgermeisters spreizt. Es hat ein eigenes Pförtnerhäuschen (wo ich einem stämmigen Mann mit mißtrauischem Blick und Lakritzatem mein Anliegen vortragen mußte; er sagte: »Mr. *John* Ruskin, nicht wahr?« Und dann, noch ehe ich antworten konnte, musterte er mich durch das Fenster seines Häuschens und beantwortete die Frage gleich selbst: »Ja, Mr. John«); einen Standplatz für die Kutschen; efeubewachsene Mauern; und fast versteckt in der Tiefe eines gewaltigen Säulengangs ein Portal, zu dem Stufen mit einem Geländer hinaufführen. Von seiner Größe her und seiner typisch englischen John-Bull-Manier – breitbeinig, die Arme in die Hüfte gestemmt – wirkte es eher wie der Wohnsitz eines unserer fuchsjagdbegeisterten Nachbarn in Cumberland als das Haus eines der berühmtesten Kunstkritiker der Welt am Rand der größten Stadt derselben.
An dem Lakai, der mir die Tür aufmachte, entdeckte ich nichts Ungewöhnliches; aber einen flüchtigen Moment lang hatte ich den merkwürdigen Eindruck, daß die düstere quadratische Halle hinter ihm voll blasser Gesichter älterer Menschen sei (ich war mir dessen nicht sicher, weil sich meine Augen noch nicht an die Dunkelheit gewöhnt hatten), die bei meinem Anblick auseinanderstoben wie von einem Spaziergänger aufgescheuchte Kaninchen.

»Ist Mr. Ruskin zu Hause?« fragte ich.
»Mr. *John* Ruskin?« erkundigte sich der Mann in einer plumpen Parodie des Pförtners.
»Ja«, sagte ich und fragte mich insgeheim, wie viele andere Ruskins es wohl noch gab und ob sie alle etwas zur Kunst zu sagen hatten.
Er ging die Treppe hinauf, und kaum war er fort, tauchten zwei der mutmaßlichen Kaninchen wieder auf. Eine ältere Frau mit Haube und schwarzem Kleid und ein untersetzter Mann mit strubbeligem weißem Haar und einem dichten Backenbart, einer dunklen Jacke und einem gesprenkelten Köperwams. Sie sahen beide nicht so recht wie Dienstboten aus, ihr Gehabe hatte eher etwas von Hausherren; dennoch hielten sie sich am Rand der Eingangshalle auf, als fürchteten sie sich, sie voll und ganz in Besitz zu nehmen; sie lächelten mich zaghaft an und sahen dann wieder weg – wie wohlhabende Wirtsleute, denen zwar das Haus gehört, die sich aber in seinen Mauern fremden Wünschen zu fügen haben.
»Mr. Hartright«, hörte ich eine leise, freundliche Stimme, und als ich hochblickte, sah ich einen Mann die Treppe herunter auf mich zukommen. Auf den ersten Blick wirkte er riesengroß; aber als er die Halle erreicht hatte und mir gegenüberstand, sah ich, daß er außerordentlich dünn war; er trug einen langen blauen Rock, der sich eng an seine schmale Gestalt schmiegte und die vertikalen Linien seines äußeren Erscheinungsbildes betonte. Er war etwa so alt wie ich, vielleicht etwas älter, hatte einen hellen Teint, dichtes strohblondes Haar, einen Backenbart und buschige Augenbrauen. Seine Art, sich zu bewegen, hatte etwas Geckenhaftes, ja Feminines, ebenso die offenkundige Sorgfalt, mit der er seine Uhrkette arrangiert und seine Halsbinde gebunden hatte; in vollkommenem Gegensatz dazu standen jedoch die scharfe Nase und die tiefliegenden blauen Augen, die ihm das argwöhnische, gereizte Aussehen eines in seiner Höhle aufgestörten Tieres gaben.
»Freut mich außerordentlich, Sie kennenzulernen«, sagte er und

ergriff gleich meine beiden Hände. Seine Unterlippe war etwas ungleichmäßig geformt; aber dies wurde mehr als wettgemacht durch sein Lächeln, das seine mißgelaunte Miene schlagartig aufhellte. Er wandte sich an die beiden Alten und sagte mit höflicher Umständlichkeit:

»Papa, Mama, das ist Mr. Hartright. Er möchte mit mir über Turner sprechen.«

Gewiß, ich hatte von den Eheschwierigkeiten des Ärmsten gehört; aber die Vorstellung, daß er in seinem Alter und auf der Höhe seines Ruhms die Rolle des Ehemanns gegen die des Sohnes eingetauscht hatte, ist überaus kurios. Ich dachte an das, was Davenant mir über Turner und seinen Vater gesagt und was Marian von Mrs. Booth erfahren hatte, und fragte mich, ob vielleicht die Unfähigkeit zu einem normalen Familienleben zu den herausragenden Merkmalen eines Genies gehörte.

»Guten Tag«, sagte der Greis; und als er und seine Frau unbeholfen auf mich zukamen, um mir die Hand zu schütteln, erkannte ich diese eigenartige Mischung aus Stolz, Mißtrauen und Sorge als das, was sie war, und kam mir plötzlich und gänzlich unerwartet vor wie ein Schuljunge, der im Haus eines begabten, aber übersensiblen Freundes zu Gast ist.

»Würden Sie mir die Freude machen, Mr. Hartright, und mich auf einen Spaziergang im Garten begleiten?« fragte Ruskin. »Ich war den ganzen Vormittag im Schlachtengetümmel und kann vor lauter Pulverdampf nichts mehr sehen und vor lauter Kanonendonner keinen klaren Gedanken mehr fassen.«

Ohne meine Antwort abzuwarten, bugsierte er mich derart schnell wieder zur Tür hinaus, daß man meinen konnte, er wolle das Weite suchen, bevor seine Eltern es ihm verboten.

»Woran arbeiten Sie gerade, wenn ich fragen darf?« sagte ich, während wir auf den Kutschplatz zugingen. »An einer Kritik?«

»Im Augenblick bin ich dabei, den letzten Band der *Modernen Maler* fertigzustellen«, erwiderte er. »Aber ich fürchte, ich bin zu der niederschmetternden Schlußfolgerung gelangt, daß mein

ganzes bisheriges kritisches und historisches Werk so gut wie nichts taugt.«
»Aber ich bitte Sie...!« sagte ich.
»Es ist in der Tat eine traurige Vorstellung«, sagte er. »Besonders wenn man sein ganzes Leben einer Sache gewidmet hat, so wie ich. Aber wenn ich mich umsehe und die erdrückende Last des stummen Elends dieser Welt betrachte und bedenke, wie unendlich klein das ist, was ich mit meinen Überlegungen zu Turner, Veronese oder der Gotik bewegt habe...« Er schüttelte den Kopf.
»Aber an den *Modernen Malern*«, sagte ich, »haben sich Tausende, ja Millionen erfreut und belehrt.« Ich gebe zu, ich war etwas beschämt, als ich mir klarmachte, wie wenig ich selbst darin gelesen hatte und wie lange das her war; aber das hielt mich keineswegs davon ab hinzuzufügen: »Mich selbst eingeschlossen.«
»Es ist sehr freundlich, daß Sie mich trösten wollen, Mr. Hartright«, sagte er. Er hielt inne und sah mich mit einem verblüffend aufrichtigen Blick an. »Aber – verzeihen Sie – Sie sehen nicht elend aus, zumindest nicht in dem Sinn, den ich meine. Wenn ich von Elend spreche, denke ich an die große Masse der leidenden Menschheit in unserer unmittelbaren Umgebung, die uns jeden Tag vor Augen steht und die wir doch nicht sehen; eine Menschheit, die wir mit all unseren Idealen und Überlegungen gar nicht erreichen.«
Er bog ums Haus und zog den Kopf ein, um in einen dunklen Tunnel einzutauchen, der von einem die Mauer bedrängenden, üppigen alten Lorbeerbaum gebildet wurde. Es roch nach nassem Laub.
»Und deshalb«, sagte er – und seine plötzlich gedämpft klingenden Worte drangen durch die stickige Luft zu mir –, »habe ich angefangen, mich mit Fragen der politischen Ökonomie zu beschäftigen.«
Ich muß zugeben, es überraschte mich, daß er so offen mit mir sprach, und ich fühlte mich nicht wenig geschmeichelt; aber

trotz meiner Freude verspürte ich, während ich so seiner geduckten Gestalt durch den dunklen Tunnel folgte, einen leichten Widerwillen, auch wenn ich zu diesem Zeitpunkt den Grund dafür nicht hätte nennen können.
»Sie werden natürlich sagen, daß ich herzlich wenig Grund habe, mich zu beklagen«, sagte er mit einem Lachen, als wir hinter dem Haus wieder auftauchten. Er wies mit einer trägen Handbewegung auf den baumbestandenen Rasen, durch den sich kunstvoll Wege schlängelten; dahinter erstreckten sich die Küchen- und Obstgärten und die landwirtschaftlichen Gebäude. »Wir haben Milch und Schweine«, sagte er, »Pfirsiche aus dem Gewächshaus und eine Koppel für die Pferde. Wirklich alles, was ein Sterblicher sich nur wünschen kann, bis auf einen Fluß – und Berge.« Ich sah ihn an, und er lächelte errötend.
»Aber genug von mir, Mr. Hartright«, fuhr er fort und setzte sich wieder in Bewegung. »Ich muß heute abend einen Vortrag halten und deshalb leider um vier Uhr aus dem Haus gehen. Also, sagen Sie mir, wie weit ist Ihr gewaltiges Unternehmen schon gediehen?«
»Ich habe gerade erst angefangen«, sagte ich. »Aber ich habe bereits mit ein paar Leuten gesprochen, die Turner kannten.«
»Ach ja?« sagte er. »Und mit wem?«
Ich nannte ihm die Namen. Er reagierte nicht, daher fuhr ich fort:
»Und meine Schwester war bei seiner Haushälterin.«
»Ah, bei der guten Mrs. Booth«, murmelte er. »Hat sie zur Aufklärung des Rätsels beigetragen oder nur noch zu größerer Verwirrung?«
An der Art, wie er mich scharf von der Seite ansah, merkte ich, daß dies so etwas wie eine Prüfung war und daß seine Meinung über mich von der richtigen Antwort abhing; aber da ich keine Ahnung hatte, wie diese zu lauten hatte, erwiderte ich bloß matt:
»Ich weiß nicht.«
Er antwortete nicht, nickte aber. Vor einem grünen Tor hielt er an und führte mich in einen der Küchengärten. Ringsherum ver-

lief ein schöner, grasbewachsener Weg, gesäumt von Obstbäumen und Kletterrosen und hie und da von einer Laube mit einer Holzbank unterbrochen.
»Frieden«, sagte er und blickte sich um. »Und die letzte wohltuende Wärme der Sonne.«
Wir setzten uns auf eine Bank unter einen blühenden Kletterrosenstrauch. Ruskin betrachtete schweigend zwei Apfelbäume an der gegenüberliegenden Mauer, wie um seine Gedanken zu sammeln. Schließlich sagte er:
»Sie wissen ja, nicht wahr, daß Sie nicht der einzige sind, Mr. Hartright. Es arbeitet bereits jemand in diesem Weinberg.«
»Sie meinen Mr. Thornbury?« sagte ich.
Er nickte. »Verzeihen Sie meine Frage, aber was veranlaßt Sie zu glauben, daß Sie für diese Aufgabe besser qualifiziert sind als er?«
Das war in der Tat eine heikle Frage, und ich zögerte, ehe ich antwortete.
»Jemand, der mit Turner befreundet war und in mich und – ich bedaure, dies sagen zu müssen – nicht in Mr. Thornbury sein Vertrauen setzt, ist an mich herangetreten.«
»Darf ich fragen, wer?«
»Das kann ich Ihnen leider nicht sagen.«
»Ich verstehe.« Er trommelte mit den Fingern auf seine Knie und nickte, als schlüge er den Takt zu einer Melodie in seinem Kopf.
Ich hatte meine Worte mit Bedacht gewählt, muß aber zugeben, daß sie selbst in meinen Ohren dürftig und wenig überzeugend klangen; daher überraschte es mich auch nicht weiter, als er fortfuhr:
»Manchmal, Mr. Hartright, täuschen wir uns selbst oder lassen uns einreden, wir seien einer großen Aufgabe gewachsen, die in Wahrheit unsere Kräfte übersteigt. Ich spreche hier als Freund und aus eigener Erfahrung. Ich habe Turner als meinen irdischen Lehrmeister betrachtet. Ich habe ihn verehrt. In seinen letzten zehn Lebensjahren hatte ich persönlichen Umgang mit ihm, und

einen Großteil dieser Zeit und noch lange nach seinem Tod beschäftigte ich mich fast ausschließlich mit ihm und seinem Werk. Und dennoch habe ich in vieler Hinsicht das Gefühl, ihn überhaupt nicht gekannt zu haben.«

Ich schwieg, darauf bedacht, mich nicht noch weiter zu blamieren. Er streckte die Hand nach einer weißen Rose aus, die über seiner Schulter herabhing. Ein Wassertropfen perlte aus den Blütenblättern, in denen er Zuflucht gefunden hatte, und lief über Ruskins Finger.

»Sie wissen vielleicht, Mr. Hartright, daß der erste Band der *Modernen Maler* als Verteidigung Turners gegen seine Kritiker gedacht war. Es war – dessen bin ich mir nur allzu sehr bewußt – ein jugendlicher Versuch, erfüllt vom Übereifer und der Voreingenommenheit eines jungen Mannes, aber es hatte immerhin einen gewissen Erfolg. Turner jedoch hat es, glaube ich, keinen Funken Freude bereitet. Kalt und einsam wie er war, ließ er sich vom Feuer meines Enthusiasmus nicht erwärmen. Erst anderthalb Jahre später kam er mir gegenüber auf das Buch zu sprechen und dankte mir auf seine Weise, indem er mich eines Abends nach einem Essen zu sich einlud und mich drängte, ein Glas Sherry mit ihm zu trinken – in einem der unteren Zimmer, das kalt war wie ein Grab und von einer einzelnen Talgkerze erleuchtet wurde. Und dennoch gab er mir klar zu verstehen, ich hätte die Bedeutung und den Sinn seines Werks nicht erfaßt – obwohl er in meinen Augen der größte Landschaftsmaler aller Zeiten war. Und ich fürchte, er hatte recht damit.«

Ein drahtiger, grauhaariger Mann in einem weißen Hemd kam mit einer Schubkarre in den Küchengarten. Er blieb stehen, sobald er uns entdeckt hatte, und tippte an seinen zerfransten Filzhut.

»Guten Tag, Pearce«, rief Ruskin.

»Guten Tag, Sir.«

»Lassen Sie sich von Mr. Hartright und mir bitte nicht stören«, sagte Ruskin, und der Mann setzte seinen Weg fort. Ruskin wandte sich erneut mir zu.

»Aber wie wenig ich tatsächlich begriffen hatte...« Er schüttelte den Kopf. »... das erkannte ich erst letzten Winter, als ich mich daranmachte, seine Zeichnungen und Skizzen zu katalogisieren und zu retten, die – wie konnte es anders sein, schließlich befinden wir uns in England – im Keller des South Kensington Museum verstaubten und vermoderten.«
Ich war wie elektrisiert, ein Kribbeln breitete sich vom Magen bis in meine Fingerspitzen aus.
»Und was haben Sie gefunden?« fragte ich.
Er seufzte. »Einen ungeheuren Pessimismus, Mr. Hartright. Und eine ungeheure Entschlossenheit.« Plötzlich drehte er sich um und bog die Rose zu meinem Gesicht herunter. »Er sah die Blume in all ihrer Schönheit und mit größerer Wahrhaftigkeit als je ein Mensch. Und« – dabei bohrte er seinen Daumen tief in die Blüte, bis sie auseinanderbrach – »mit derselben Wahrhaftigkeit erkannte er das Krebsgeschwür darin, ohne davor zurückzuschrecken. Betrachten Sie ein beliebiges seiner Bilder einmal ganz genau, und Sie werden in seinem Kern eine dunkle Spur entdecken.«
Etwas an seiner Art zu sprechen – das gewichtige Tremolo in seiner Stimme und sein Blick, der so traurig war wie der eines Bluthundes – reizte mich, laut loszulachen. Ich beherrschte mich aber und sagte:
»Eine Spur wohin?«
Er antwortete nicht, sondern hob gebieterisch den Zeigefinger und sah mich streng und mitleidsvoll an wie ein Schulmeister, der einen ganz besonders begriffsstutzigen Schüler rügt, weil er wieder einmal etwas ganz Einfaches nicht verstanden hat.
Ich bemühte mich, mir meine Verärgerung nicht anmerken zu lassen, als ich fragte: »Meinen Sie ganz bestimmte seiner Werke?«
»Er hat mehr als neunzehntausend Bilder gemalt«, sagte er. »Sie müssen sie sich selbst ansehen. Ich kann Ihnen nur einen Rat geben.«
»Danke.«

»In der Tat, der beste Rat, den ich Ihnen geben kann, falls Sie Turner wirklich kennenlernen wollen, lautet: Vertiefen Sie sich in sein Werk.«

»Aber was ist mit dem Menschen Turner?« sagte ich. »Mit seinem Charakter? Seinen Vorlieben? Seinen Gewohnheiten?«

Er antwortete nicht sofort, sondern hob die Hand und rief den Gärtner herbei, der soeben mit seiner beladenen Schubkarre vorbeiging:

»Pearce!«

»Ja, Sir?« erwiderte der Mann, hielt inne und blinzelte uns an.

»Würden Sie bitte ins Haus gehen und Crawley sagen, er soll das Selbstbildnis von Turner holen und...?«

»Verzeihung, Sir, was holen?«

»Das Selbstbildnis von Turner«, sagte Ruskin (leicht gereizt, wie ich fand), »und hierherbringen.«

»Ja, Sir.«

»Was haben Sie soeben gesagt?« fragte Ruskin, als der Mann verschwunden war; und noch bevor ich antworten konnte, fuhr er fort: »Ach ja, sein Charakter. Ich kann für Sie nicht mehr tun, als das, was ich für Mr. Thornbury getan habe. Ich kann Ihnen sagen, was meines Erachtens Turners Haupteigenschaften waren.«

»Das würde mir sehr helfen«, sagte ich.

Er holte tief Luft; dann blickte er geradeaus, und als ob die Worte auf einer unsichtbaren Tafel geschrieben stünden, sagte er langsam:

»Rechtschaffenheit. Großzügigkeit. Zartheit des Herzens. Sinnlichkeit. Hartnäckigkeit. Reizbarkeit. Untreue.« Er sah mich an. »Und vergessen Sie niemals: Er lebte und starb einsam und ohne Hoffnung, und in dem Bewußtsein, daß man ihn und seine Fähigkeiten niemals je verstehen würde.«

Was um Himmels willen, dachte ich, *soll ich bloß damit anfangen?*

»Verzeihen Sie«, sagte Ruskin ernst. »Ist das zu kryptisch? Das ist, fürchte ich, ein unverbesserlicher Fehler von mir. Und was

die Sache noch schlimmer macht: Gelegentlich verfalle ich ins genaue Gegenteil« – dabei fing er an zu lachen – »und mache meine Freunde mit meiner Weitschweifigkeit verrückt.«
Wieder diese kindliche Unbefangenheit auf seinem Gesicht; nie zuvor hatte ich einen Menschen mit solcher Beredsamkeit und Eindringlichkeit über seine eigenen Fehler sprechen hören. Als ich aber den ruhigen Glanz seiner Augen sah, wußte ich plötzlich, warum mich sein Blick nicht minder verstörte als entwaffnete; denn hinter dem Anstrich von Offenheit und Wärme lag eine Kälte, die mich an jene arktischen Regionen denken ließ, wo die obersten Erdschichten im Sommer auftauen, während der Boden darunter im Dauerfrost bleibt.
»Ich muß gestehen«, sagte ich, »ich fühle mich einigermaßen verunsichert.«
»Es tut mir aufrichtig leid, wenn ich daran schuld bin«, sagte er. »Ich wollte Sie nur darauf aufmerksam machen, welche Wüsten sie zu durchwandern und welche Gipfel Sie auf Ihrer großen Reise zu erklimmen haben.«
»Ich fürchte«, sagte ich lächelnd, bemüht, die Sache so leicht wie möglich zu nehmen, »daß Sie der Meinung sind, ich sei meiner Aufgabe nicht gewachsen und werde scheitern.«
Er beeilte sich nicht, mir das Gegenteil zu versichern (ich muß zugeben, daß ich es nicht anders erwartet hatte). Vielmehr ließ er seinen Blick erneut in die Ferne schweifen und fing wieder an, mit den Fingern auf sein Knie zu trommeln. Nach einer Weile beugte er sich zu mir herüber und berührte sanft meinen Arm: »Am besten wird sein«, sagte er, »Sie setzen Ihre Erkundungen fort und besuchen mich zu einem späteren Zeitpunkt wieder. Vielleicht wird Ihnen das, was ich zu sagen habe, dann weniger geheimnisvoll erscheinen.«
Er sprach mit einer solch unsäglichen Herablassung, daß ich entrüstet auffuhr, und sicher war aus meiner Stimme die Verärgerung herauszuhören, als ich antwortete:
»Und welche Vorgehensweise schlagen Sie mir für die Zwischenzeit vor?«

»Vorgehensweise?« sagte er, als wäre er mit seinen Gedanken längst woanders und müsse sich zwingen, sich wieder zurückzubesinnen. Er überlegte einen Augenblick, ehe er antwortete: »Sie werden feststellen, daß nur wenige heute überhaupt eine schwache Ahnung von Turners wahrem Wesen hatten. Aber schreiben Sie an Colonel Wyndham in Petworth, sein Vater hat ihn gut gekannt...«

»Sie meinen den Dritten Earl von Egremont?« sagte ich, darauf bedacht, ihm zu zeigen, daß ich kein völliger Ignorant war. Aus meinen Recherchen in der Bibliothek wußte ich, daß Turner zu Lebzeiten des Dritten Earl eine Zeitlang in Petworth gelebt hatte. Ruskin reagierte mit einem müden Blinzeln, das mir unmißverständlich deutlich machte, wie lästig er meinen Einwurf fand und wie er sich über die Unterbrechung ärgerte.

»Der Colonel hat bestimmt ein paar Familienerinnerungen an Turner«, fuhr er fort, »desgleichen wahrscheinlich Hawkesworth Fawkes von Farnley, der Sohn eines anderen Mäzens, gleichfalls ein echter Kunstliebhaber und ein enger Freund Turners.«

»Darf ich mich auf Sie berufen?« fragte ich nicht ohne Bangen.

»Selbstverständlich«, sagte er. »Und gehen Sie in die Maiden Lane; denn um Turner kennenzulernen, müssen Sie sehen, wo er geboren wurde und aufgewachsen ist.« Er runzelte die Stirn, als wäre ihm ein neuer Gedanke durch den Kopf geschossen. »Kehren Sie sofort nach London zurück, Mr. Hartright? Wenn wir hier fertig sind?«

»Ja.«

»Dann kann ich Sie mitnehmen, wenn Sie wollen; ich fahre nämlich zum Red Lion Square.«

»Danke.«

Er nahm seine Uhr aus der Westentasche, warf einen Blick darauf, nickte und steckte sie hastig zurück.

»Aber ich muß Sie warnen, daß ich unterwegs noch alle möglichen Vorbereitungen zu treffen habe«, sagte er, während er sich im Aufstehen ein Blütenblatt vom Ärmel zupfte. »Daher werde

ich einfach so tun, als seien Sie nicht da; und Sie müssen mir versprechen, sich nicht darüber zu ärgern.«
Wir machten uns auf den Rückweg zum Haus, jeder in seine eigenen Gedanken vertieft, und hatten soeben den Rasen erreicht, als ein Diener auf uns zugelaufen kam, ein dünnes, in weißes Musselin eingewickeltes Päckchen unterm Arm.
»Meine Güte, Crawley!« rief Ruskin. »Was gibt's denn?«
»Pearce sagte, Sie bräuchten das hier, Sir«, sagte der Mann ernst und streckte ihm das Päckchen entgegen.
Ruskin starrte es einen Augenblick an, dann sagte er: »Ganz recht, ganz recht. Legen Sie es in die Kutsche; dann hat Mr. Hartright einen Zeitvertreib.«

Er hatte nicht übertrieben: Die ganze Zeit saßen wir da, als lebten wir in verschiedenen Welten; er nahm Dinge aus einer Kiste – Kristallbrocken, einen Apfel, eine Kugel an einer Kette – und las in einem Notizbuch oder zeichnete, während er nachdachte, eine Rose auf den Rand einer Seite (sehr schön, wie ich zugeben muß): Ich saß ihm gegenüber, blickte zuerst eine Weile aus dem Fenster, während wir die Vauxhall Road entlang und dann über die Brücke fuhren; später nahm ich das Päckchen zur Hand und wickelte das Turner-Porträt aus.
Zu meiner Überraschung zeigte es nicht einen Mann, sondern einen Jungen, der unter dunklen Augenbrauen und mit einem Anflug von Übermut den Betrachter herausfordernd ansah. Die Nase war lang und fleischig, und der volle, ernste Mund hatte einen Hauch Mutwilligkeit. Er trug einen braunen Rock und ein weißes, sorgfältig gebundenes Halstuch, wie es der Mode vor sechzig, siebzig Jahren entsprach, und sein Haar war in der Mitte der Stirn fein gescheitelt. Auf dem rückseitigen Etikett stand handgeschrieben: »Turner, mit ca. 24 Jahren, Selbstbildnis. Schenkung von Hannah Danby.«
»Wer war Hannah Danby?« fragte ich.
»Seine Haushälterin. In der Queen Anne Street«, murmelte Ruskin, ohne aufzusehen.

Ich drehte das Bild wieder um. Als ich es jetzt erneut betrachtete, ergriff mich, durch mein Gespräch mit Ruskin bereits zermürbt, eine tiefe Beklemmung; denn anstatt mein Wissen über Turner zu vertiefen, schien es mir, als hätte ich hier eine neue Spielart seiner Person vor Augen. Dies war nicht das Porträt von Travis' lächerlichem Clown, von Davenants gutmütigem Freund oder Ruskins mißverstandenem Märtyrer; es schien sich hier um eine völlig andere Person zu handeln, um jemanden, der mich mit diesem rätselhaften Bild, das er von sich hinterlassen hat, aufforderte, ihn zu ergründen, um mir im selben Augenblick zu erklären, daß ich scheitern würde. Da ergriff mich eine fast panische Angst. Ich konnte mich nur dadurch wieder beruhigen, daß ich mir sagte, in Anbetracht des jugendlichen Alters, in dem Turner dieses Selbstbildnis gemalt hatte, sei es nicht weiter verwunderlich, daß es keinerlei Ähnlichkeit mit dem Mann hatte, der uns aus seinem späteren Leben bekannt ist.

Am Red Lion Square angelangt, blickte Ruskin endlich von seiner Arbeit auf, verschloß seine Kiste und sagte:

»Nun, Mr. Hartright, hier trennen sich leider unsere Wege.«

Ich packte das Gemälde wieder ein und reichte es ihm.

»Ich werde es meinen Arbeitern zeigen«, sagte er. »Als Anregung.«

Der Kutscher hielt den Verschlag auf; und als ich hinter Ruskin ausstieg, sagte ich:

»Gibt es noch mehr Porträts von ihm?«

»Sehr wenige«, sagte Ruskin. »Er ließ sich nicht gern malen. Ich glaube, er war ein paarmal in Mayalls Photoatelier in der Regent Street. Fragen Sie doch dort einmal nach.«

Und so verabschiedeten wir uns; er war im Geist bereits ganz bei seinem Vortrag, und ich war so zerstreut, daß ich beinahe vergessen hätte, mich zu bedanken.

Und auf dem ganzen Nachhauseweg grübelte ich nach und fragte mich immer und immer wieder:

Worauf hast du dich da bloß eingelassen? Wohin soll das führen? Was, wenn du es nicht schaffst?

Und jetzt bin ich nicht weniger ratlos; es ist fast ein Uhr früh, und auch wenn es mir unmöglich scheint, Schlaf zu finden, so weiß ich doch, daß ich niemals mehr einen vernünftigen Gedanken werde fassen können, wenn ich jetzt nicht zu Bett gehe.
Laß mich also mit einem Kuß schließen und mit dem, dessen ich mir ganz sicher bin:

Ich liebe Dich,
Walter

IX
BRIEF VON GEORGE JONES, R.A., AN WALTER HARTRIGHT, 14. AUGUST 185-

The Royal Academy, Trafalgar Square,
14. August

Sehr geehrter Herr,
ich schreibe Ihnen in Beantwortung Ihres Briefes vom 24. Juli. Eine knappe Schilderung meiner Erinnerungen an Turner habe ich bereits einem anderen Herrn zukommen lassen, dessen nachfolgendes Betragen in mir – um ehrlich zu sein – den Entschluß hat reifen lassen, in Zukunft lieber zu schweigen. Ich sehe mich daher leider nicht imstande, Sie zu empfangen.

Mit freundlichen Grüßen,
George Jones

X
INHALTSNOTIZ EINES BRIEFES VON WALTER HARTRIGHT AN J. RUSKIN, ESQU., 14. AUGUST 185-

1. Danke für das Gespräch – sehr hilfreich.
2. Habe an Lord Egremont und Mr. Fawkes geschrieben.
3. Werde heute nachmittag nach Covent Garden gehen, wie Sie vorgeschlagen haben (sobald der Regen nachläßt!).
4. Falls es hilfreich ist – und dessen bin ich mir sicher –, zu einem

späteren Zeitpunkt noch einmal mit Ihnen zu sprechen, dürfte ich dann auf Ihre freundliche Einladung zurückkommen?

XI

BRIEF VON WALTER HARTRIGHT AN LAURA HARTRIGHT, 15. AUGUST 185-

Brompton Grove,
Dienstag

Meine innig Geliebte,
Gott! Dieser Regen heute! – es hat ununterbrochen geschüttet, vom Morgen bis zum frühen Nachmittag. Das waren keine Regengüsse, sondern eine Sintflut biblischen Ausmaßes. Man hätte meinen können, Gott habe endlich genug von all dem Schmutz und all der Verkommenheit, die wir über Seine Welt gebracht haben, so daß er eine zweite Flut geschickt hat, um alles hinwegzuspülen. Das Schauspiel erfüllte mich kurzzeitig mit einer abergläubischen Ehrfurcht; denn die Vehemenz des Unwetters paßte haargenau zu dem entmutigenden Brief, den ich von Jones erhalten habe (der eigentliche Grund für seine Absage war zwar Thornbury, aber ich faßte es dennoch als eine persönliche Zurückweisung auf), und zu meinen schmerzlichen Erinnerungen vom Vortag. Ich konnte mir daher leicht einbilden, daß alle drei Geschehnisse von einer überirdischen Macht mit der erklärten Absicht verfügt worden waren, mir einen Strich durch die Rechnung zu machen!
Aber bald schon schob ich solch unwürdige Gedanken beiseite (nicht nur aus Angst vor Marians Spott!) und beschloß, mich durch diese Rückschläge nicht abschrecken zu lassen, sondern sie vielmehr als Ansporn zum Weitermachen zu verstehen. Daher beschäftigte ich mich mit Lesen und Briefeschreiben, bis kurz nach vier der Regen so weit nachließ, daß ich das Haus verlassen konnte, ohne gleich bis auf die Haut durchweicht zu werden.
Im nachhinein hat sich aber gezeigt, daß es besser gewesen wäre,

meiner Ahnung zu folgen und den ganzen Tag zu Hause zu bleiben.
Die Maiden Lane ist eine kleine schmale Straße zwischen Covent Garden und der Strand. Auf dem Weg zum Theater und zurück bin ich wohl schon hundertmal hier vorbeigekommen; und doch muß ich beschämt zugeben, daß ich bis zum heutigen Tag nichts von ihrer Existenz wußte. Es ist im Grunde ein elendes, armseliges, schmutziges Sträßchen, allerdings nicht völlig heruntergekommen, denn ein paar der Häuser zeigen noch Spuren von Respektabilität auf, gewissermaßen Fetzen einer abgelegten Pracht, die ihnen ihre reicheren Nachbarn in der Buckingham Street oder der Villiers Street überlassen haben. An diesem Nachmittag aber wirkte alles trostlos. Denn der Regen schien den ganzen Unrat vom Markt in Covent Garden hierhergespült zu haben; Kinder kauerten grüppchenweise im Rinnstein und schichteten geduldig Schlamm, welke Kohlblätter und aufgeplatztes Obst zu kleinen Haufen. Als ich näherkam, drehten sie sich zu mir hin und begafften mich; und kaum war ich an ihnen vorbei, wandten sie sich wortlos wieder ihrem Spiel zu.
Turners Vater, soviel wußte ich, hatte an der Ecke Hand Court einen Barbierladen betrieben; aber ob der Hand Court noch existierte und wenn ja, welcher der fünf, sechs dunklen, engen Toreingänge (die hier und da schiefwinklig zwischen die Häuser gezwängt waren, als hätte ein riesenhafter Zahnarzt die Backsteine auseinandergestemmt, um ihnen Platz zu verschaffen) der richtige war, wußte ich nicht. Als ich mich nach jemandem umschaute, den ich fragen konnte, fiel mein Blick auf ein zwölf- oder dreizehnjähriges Mädchen, das etwas abseits von den übrigen stand.
»Guten Tag«, sagte ich.
Die Kleine sah mich an, antwortete aber nicht. Sie hatte große braune Augen mit bernsteinfarbenen Flecken, stumpfes Haar und auf einer Wange einen grauen Schmutzfleck; hätte man sie jedoch gewaschen, in frische Kleider gesteckt und in einen Salon in der Harley Street oder am Berkeley Square gesetzt, hätte sie

eine durchaus bemerkenswerte Erscheinung abgeben können, von der die Damen sicher viel Aufhebens gemacht hätten.
»Kannst du mir sagen«, fragte ich, »wo hier der Hand Court ist?«
Sie schwieg noch immer, starrte mich aber unverwandt an, als wolle sie in meinem Gesicht einen Sinn lesen, den sie meinen Worten nicht entnehmen konnte. Schließlich wischte sie sich die Hand an ihrer schmutzigen Schürze ab und wies mit ihrem rissigen Daumen zu einem Toreingang auf der gegenüberliegenden Straßenseite. Er war mit einem Eisengitter verschlossen, hinter dem nur ausgebleichte Holzlatten zu sehen waren, deren Umrisse sich nach wenigen Yard in der Finsternis verloren.
»Ist das ein Barbierladen?« fragte ich und deutete auf das Eckhaus.
Sie zögerte einen Augenblick, dann endlich brach sie ihr Schweigen. »Nein, Sir«, sagte sie mit tonloser, müder Stimme. »Es gehört Parkin.«
»Parkin?«
»Dem Krämer, Sir. Ist sein Lagerhaus.«
Ich ging auf das Fenster zu, wischte eine Rußschicht von einer der kleinen Scheiben und spähte hinein. Zuerst sah ich nur ein schweres Metallgitter, aber als sich meine Augen an das spärliche graue Licht gewöhnt hatten, erkannte ich aufeinandergeschichtete Teekisten an der gegenüberliegenden Wand. Soviel zu meiner Hoffnung, den Laden unverändert und womöglich im Besitz eines Familienangehörigen vorzufinden.
»Wohnt jemand im Hof?« wandte ich mich wieder an die Kleine.
Sie sah mich an, als hätte ich sie gefragt, ob die Sonne warm oder Wasser naß sei. »Aber ja, Sir.« Sie fing an zu lachen. »'n paar hundert!«
Ich konnte mir beim besten Willen nicht vorstellen, wie Hunderte von Menschen hier Platz haben sollten, wenn der Hof sich nicht über eine Meile erstreckte; aber ich beschränkte mich darauf zu fragen:

»Auch jemand mit Namen Turner?«
»Turner? Nein Sir, nicht daß ich wüßte.«
»Alte Leute vielleicht, die noch wissen, wie es früher hier aussah?«
»Ja, also...«. Sie runzelte die Stirn, und ihr Blick flog hinüber zum Tor. »Die alte Jenny Watts... hab gehört, sie ist neunzig...«
Plötzlich klang ihre Stimme beflissen; und es entging mir nicht, daß ihr Blick meiner Hand folgte, die in die Hosentasche griff und einen Shilling herausholte.
»Würdest du mich zu ihr bringen?« fragte ich.
Anstatt zu antworten, warf sie einen Blick hinüber zum Pfandleihhaus auf der anderen Straßenseite, dann ging sie zu ihren Schutzbefohlenen, die im Rinnstein spielten, und sagte etwas zu dem ältesten Mädchen. Dann lief sie zu mir zurück und nahm das Geld, bevor sie sich noch einmal verstohlen umsah und murmelte:
»Ich darf nur nicht lang wegbleiben.«
Geschickt öffnete sie das Tor, aber als wir hindurchgingen, tauchte wie aus dem Nichts ein vielleicht fünfzehnjähriger Junge auf und stellte sich uns in den Weg. Ohne den Blick von uns zu wenden, neigte er den Kopf etwas zur Seite und rief nach hinten in den Hof ein Wort, das ich nicht verstand, es klang wie »Khulim«. Und plötzlich sah ich im Dunkeln Gestalten umherhuschen, man hörte hastiges Klimpern und Schaben von Metall, woraus ich schloß, daß hier ein Glücksspiel im Gang war und sie jetzt die Spuren beseitigten.
»Alles in Ordnung«, sagte das Mädchen. »Ist kein...«, und wieder konnte ich das Wort nicht verstehen, aber es klang wie »Polyp«. Der Junge schien trotzdem nicht bereit, uns vorbeizulassen; denn er stellte sich breitbeinig vor uns auf, verschränkte die Arme und fing an, langsam und frech zu pfeifen.
»Komm schon, Sam«, sagte das Mädchen. »Wir wollen nur zu Jenny Watts.«
Der Junge riß die Augen auf und grinste; dann drehte er sich

noch einmal um, wie um sich zu vergewissern, ob seine Kameraden fertig waren, und trat gemächlich zur Seite.

Es mochte ihr Dialekt sein, der mich auf die Idee brachte (er hatte etwas ausgesprochen Arabisches), aber mein erster Gedanke beim Betreten des Hofes war: Das ist eine orientalische Stadt. Die vier- bis fünfstöckigen Häuser standen so dicht beieinander, daß – wie vermutlich in Damaskus oder Bagdad – eine Frau im obersten Stock problemlos und ohne ein Unglück befürchten zu müssen, der Nachbarin im gegenüberliegenden Haus die Hand reichen konnte. Die acht, neun Jungen, die herumstanden und mich angafften, verstärkten diesen Eindruck; denn auch wenn ihre Kleidung und ihre Hautfarbe nichts Exotisches hatte, ließen ihre ausdruckslosen, mürrischen Gesichter allzu leicht denken, daß sie einer anderen Rasse angehörten. Erst wenn man aufblickte und den schmutziggrauen, von braunen Schlieren durchzogenen Streifen sah, der durch den Rauch aus den Öfen jener Hausbewohner, die sich Kohlen leisten konnten, von Sekunde zu Sekunde noch schmutziger und noch brauner wurde, merkte man, daß dies kein kühles Refugium vor der Mittelmeersonne war, sondern ein Teil unserer Stadt, den wir zu ewigem Zwielicht verdammt haben.

»Hier lang, Sir«, sagte das Mädchen und blieb vor einer grünen Tür stehen, deren Angeln sich aus dem Rahmen gelöst hatten. Das Mädchen stieß sie mit der Schulter auf und geleitete mich in eine Art Vorraum, der zu einer abgewetzten, schmutzigen Holzstiege führte. Die Luft war kalt, aber stickig, und es stank dermaßen, daß ich mir mein Taschentuch an die Nase pressen mußte.

»Geht es Ihnen nicht gut, Sir?« fragte das Mädchen, das solcherart Zimperlichkeit wohl nicht gewohnt war. »Es geht schon ein Stück rauf; nicht gut, wenn man schwach auf der Brust ist.«

Der Grund für ihre Besorgnis wurde bald klar. Vorsichtig tastend (denn die Stufen waren ausgetreten und so abgenutzt, daß sie glänzten, und ich hatte Angst, mit den Stiefeln durchzubrechen), folgte ich ihr drei Treppen hinauf in den obersten Stock,

wo sie einen so heftigen Hustenanfall bekam, daß ich beinahe nach Blut auf ihrer Hand suchte, die sie sich vor den Mund hielt.
Es dauerte fast eine Minute, ehe sie sich soweit erholt hatte, daß sie an die Tür klopfen konnte. Eine brüchige Stimme antwortete (allerdings viel zu leise, als daß ich hätte verstehen können, was sie sagte), und das Mädchen drückte ihr Gesicht an das Holz und stieß keuchend hervor:
»Sarah Bateman. Da ist ein Herr, der Sie sprechen möchte.«
Und diesmal hörte ich ganz deutlich:
»Oh! Komm rein!«
Das Mädchen öffnete die Tür. Wie soll ich beschreiben, welcher Anblick sich mir bot? Zunächst das Licht: ein perlgrauer Nebel, der durch ein schmutziges Dachfenster hereinsickerte und mich nach der Dunkelheit in den unteren Stockwerken einen Augenblick blendete; dann ein Eindruck von Raum, der nicht von der Größe des Zimmers herrührte, sondern von seiner völligen Kahlheit. Der Boden war nackt, ebenso die Wände, abgesehen von einem Stich, einem Jäger mit Hund, auf dem Kaminsims. Ein eiserner Kochtopf, dessen Boden mit Asche verschmiert war, hing über dem erloschenen Feuer. Ein Tischchen, eine zu einer Anrichte umfunktionierte Kiste und ein einfaches Bett in einem Alkoven komplettierten die Einrichtung.
Am erstaunlichsten aber war die Gestalt, die in der Fensternische saß. Sie war wahrscheinlich tatsächlich kaum größer als das Mädchen; aber ihre aufrechte Haltung und ihr altmodisches meergrünes Seidenkleid verliehen ihr eine Vornehmheit und Würde, die sie größer erscheinen ließen als die Liliputanerin, die sie war. An der Wand hinter ihr lagen Kleider aufgehäuft, und vor sich hielt sie eine schwarze Kniehose, die sie offenbar soeben ausgebessert hatte. Ihr Gesicht hatte die Farbe von Baumrinde, die Haut war verschrumpelt wie die eines Äffchens; und als wir eintraten, wandte sie sich um und sah mich mit einem heiteren, neugierigen Blick und einem gewinnenden Lächeln an.
Ich erwartete, daß das Mädchen noch etwas sagen würde, um

mich vorzustellen, aber es stand nur stumm da; nach ein paar Sekunden wurde mir klar, daß ich selbst das Wort ergreifen mußte.

»Mrs. Watts?« begann ich.

Die Frau antwortete nicht; und ich fragte mich, ob sie taub sein mochte; aber das Mädchen sagte:

»Sprechen Sie nur weiter, sie hört gut.«

»Sie können sich doch bestimmt erinnern, wie es hier vor vielen Jahren ausgesehen hat«, fuhr ich fort.

Wieder sagte sie nichts; aber sie hob den Kopf und rutschte auf ihrem Stuhl hin und her wie Florrie, bevor man ihr ihr Lieblingsmärchen vorliest.

»Mich interessiert eine Familie mit Namen Turner«, fuhr ich fort.

Sie runzelte die Stirn; und nach einer Weile sagte sie: »Toorner?« Ihre Stimme war kräftig und klar; aber da sie keine Zähne mehr hatte, schien sie das Wort zwischen den Lippen festzuhalten und ihm gleichsam das Leben herauszupressen.

»Sie hatten einen Barbierladen«, sagte ich. »An der Ecke zum Hof.«

»Oh, der Barbier.« Sie nickte. »Ja. Wo Captain Wyatt immer hingegangen ist.«

»Captain Wyatt?« fragte ich.

»Zum Haareschneiden natürlich!« sagte sie, als hätte ich wissen müssen, wer Captain Wyatt war und was er beim Barbier machte.

»Kannten Sie sie?« sagte ich. »William Turner? Mary? Und ihren Sohn?«

Sie nickte wieder. Dann zwinkerte sie mir zu meiner Überraschung zu, als wisse sie etwas Besonderes über sie und wollte sehen, ob ich klug genug war, es zu erraten.

Obwohl ich wußte, wie töricht es war, begann mein Herz schneller zu schlagen bei der Vorstellung, ich sei der erste, der einem Geheimnis über Turners Kindheit auf die Spur kommt (konnte ich mir doch nicht vorstellen, daß Thornbury hier gewesen war;

und ich bildete mir ein, daß sie in diesem Fall nicht so verschwörerisch getan hätte).
»Können Sie mir etwas über sie erzählen?« sagte ich.
Die Frau griff unter ihren Stuhl und zog einen Schemel hervor, den sie mir hinschob. Ich setzte mich, und weil sie schwieg, drängte ich sie weiterzusprechen.
»Besonders interessiert mich der Junge.«
»Ah!« Sie verzog vielsagend das Gesicht. »Ein fixes Kerlchen.«
»Fix?«
»Hin und her, Sir. Rein und raus.«
»Im Hof, meinen Sie?«
Sie nickte. »'ne richtige kleine Ratte.«
Das Mädchen kicherte; und nachdem sie die Kleine eine Weile unsicher angesehen hatte, stimmte Mrs. Watts ein, als sei sie sich zwar bewußt, eine witzige Bemerkung gemacht zu haben, bräuchte aber erst eine Bestätigung dafür.
»Und die Strand? Ging er oft runter zum Fluß?« fragte ich.
»Oh, ja, Sir.«
»'ne Wasserratte also«, sagte das Mädchen; und wieder lachten sie beide.
Ich drängte hartnäckig weiter, befürchtete ich doch, das ganze Gespräch könnte in allgemeiner Erheiterung enden.
»Er liebte Schiffe, nicht wahr?«
»Oh, ja«, nickte Mrs. Watts. »Die Schiffe. War viel mehr los damals, bevor die neuen Docks gebaut wurden.«
»Und – hat er sie gemalt oder gezeichnet? Daran erinnern Sie sich doch?«
»Ja, Sir«, sagte sie; aber ich zweifelte daran, denn sie hatte ganz mechanisch geantwortet und fuhr im gleichen Atemzug fort:
»Mein Vater hat Wermutbier verkauft und alle Schiffe damit versorgt; aber die Docks haben ihn ruiniert, denn nachdem sie gebaut waren, ist er nicht mehr an die Schiffe rangekommen, und wenn 'n Seemann an Land ist, will er doch kein Wermutbier, nicht wahr?«

»Nein...«, begann ich, aber noch ehe ich fortfahren konnte, sagte sie:
»Er will mit seinen Kameraden und mit Weibern in 'ner Schenke sitzen.« Sie lachte und sah an mir vorbei zu dem Mädchen. »Hat Jenny nicht recht, Kleines?«
»Erinnern Sie sich denn noch an die Mutter?« fragte ich, in der Hoffnung, daß ein neuer Anstoß sie wieder zum Thema zurückbringen würde.
»Aber natürlich erinnere ich mich«, sagte sie mit plötzlicher Lebhaftigkeit. Sie schüttelte den Kopf. »Du meine Güte, sie war 'n richtiger Wirbelsturm.«
»Ein was?« fragte ich, glaubte ich doch, ich hätte mich verhört.
»Ein Wirbelsturm, Sir. Man konnte glauben, die Welt geht unter.« Sie blickte sich im Zimmer um; und als ihr Blick auf das Fenster fiel, packte sie den Griff, rüttelte daran und trommelte dann mit den Fingern auf die Scheibe. »Genau so. Captain Wyatt war mal dabei, wie sie vom Keller raufgebrüllt hat; und er hat gesagt, so was hat er nie erlebt, nein, nicht mal in Ostindien, wo er mal 'n Schiff im Sturm hat untergehen sehen.«
»'ne Wasserratte«, sagte Sarah, »und seine Mutter 'n Wirbelsturm.« Sie kicherte; und nach einer Weile kicherte auch die Frau, und bald wieherten und keuchten sie wie kleine Kinder, bis die Anstrengung zu groß wurde und das Mädchen wieder einen Hustenanfall bekam. Doch auch das nahm Mrs. Watts nur als ein Zeichen dafür, daß das Mädchen einen neuen Gipfel der Erheiterung erreicht hatte; sie sah sie mit tränenüberströmten Augen an und lachte, bis ich sagte:
»Sehen Sie denn nicht, daß das arme Mädchen krank ist?«
Es mochte ungebührlich hart geklungen haben; und allmählich kam mir der Verdacht, der Besuch sei reine Zeitverschwendung und die alte Frau entweder geistig verwirrt oder ein allzu schlichtes Gemüt, als daß sie mir etwas wirklich Brauchbares hätte sagen können. Ich beschloß aber, einen letzten Versuch zu machen.

»Erinnern Sie sich vielleicht«, sagte ich freundlicher, »an irgendwelche besonderen Begebenheiten?«
Sie sah einen Augenblick verdutzt drein, als hätte sie nicht verstanden, was ich gesagt hatte; dann faltete sie die Hände und sagte:
»Der Jahrmarkt auf dem Eis! Das glaubt heute keiner mehr, Sir, aber damals war der Fluß zugefroren. Von hier bis runter nach Southwalk, und es gab Feuerwerk und Puppenspiel. Ich hab sogar 'n Pferderennen gesehen; und danach ist der Captain mit mir die City Road langgegangen, an einer Bude stehengeblieben und hat gesagt: ›Mädel, du bist nur Haut und Knochen, du mußt bißchen Fleisch auf die Rippen kriegen.‹ Und dann hat er mir 'n Pudding spendiert.«
»Wie alt waren Sie damals?« fragte ich.
»Moment mal.« Sie sog die Backen ein und zählte an den Fingern ab. »Sechzehn, würd ich sagen, so ungefähr.«
Damit war alles klar; denn ich erinnerte mich sehr genau, wie mein Vater mir vom letzten Jahrmarkt auf dem Eis erzählt hatte: *»Mitten auf dem Fluß gab es eine Flaniermeile, die ›City Road‹, wo die Damen und Herren entlangspazierten«*. Das war im Winter 1813 gewesen. Wenn sie damals sechzehn war, muß sie 1797 geboren sein, als Turner bereits ein erfolgreicher Künstler war; nur zwei Jahre später zog er von Hand Court in die Harley Street. Vielleicht war das, was sie mir erzählt hatte, tatsächlich das Relikt einer Anekdote oder einer Erinnerung an die Familie – nur eben unauflöslich verquickt mit den Erinnerungen an ihr eigenes Leben, wie das Bild in einem gesprungenen Spiegel.
Ich stand auf, dankte ihr, gab ihr ein Sixpencestück (das sie in der offenen Handfläche liegen ließ, als würde ich gleich noch mehr dazulegen) und gab dem Kind ein Zeichen. Kaum waren wir an der Tür, als von unten, von der Treppe her, eilige Schritte zu hören waren und eine Stimme rief: »Sarah! Sarah!« Das Mädchen schnappte nach Luft und blieb wie erstarrt stehen, bevor sie rief: »Meine Mutter, sie wird mich verdreschen.« Dann lief sie zurück in die Wohnung und versteckte sich, so

gut es ging, im Alkoven hinter einer Decke, die als Vorhang diente.

»Komm raus«, sagte ich, »warum sollte sie böse sein?«; aber noch bevor ich weiterreden konnte, stürmte eine Frau ins Zimmer. Sie war etwa dreißig Jahre alt, ärmlich, aber ordentlich gekleidet und war wohl einmal ganz hübsch gewesen; aber Mühsal und Enttäuschung hatten wie der Vormarsch einer siegreichen Armee auf ihrem Gesicht Spuren hinterlassen. Sie blickte sich wütend um, und da sie ihre Tochter nicht gleich entdeckte, zeigte sie anklagend auf mich:

»Wo ist meine Tochter?« rief sie heftig keuchend. Sie sprach ruhig, aber eine innere Erregung, die sie kaum beherrschen konnte, ließ ihre Stimme schrill und zittrig erscheinen, und ihre Augen – die denen des Kindes sehr ähnlich waren, wie ich jetzt bemerkte – glühten vor Zorn.

Da ich das Mädchen nicht verraten, aber auch keine Lüge sagen wollte – noch dazu eine so sinnlose –, schwieg ich. Trotzdem muß ich sie unbewußt verraten haben; denn ich starrte unwillkürlich auf den Alkoven; die Frau erriet sofort, was das bedeutete, denn sie machte Anstalten, an mir vorbei aufs Bett zuzustürmen. Es gelang mir zwar, mich ihr in den Weg zu stellen, aber da hatte sich das Kind bereits selbst durch sein Wimmern verraten. Es verließ sein notdürftiges Versteck und duckte sich hinter meinen Rücken.

»Was hast du getan, du kleines Luder?« rief die Frau, indem sie sich auf das Mädchen stürzte und mit der Hand zum Schlag ausholte.

Die Kleine gab keine Antwort und drückte sich nur noch mehr in den engen Spalt zwischen mir und der Wand; aber Jenny Watts klatschte in die Hände und fing erneut an zu lachen, als würde hier ein Kasperltheater eigens zu ihrer Unterhaltung aufgeführt.

»Sie hat nichts Böses getan«, sagte ich und legte der Mutter beruhigend eine Hand auf den Arm.

»Wär nicht Sam Telfer gewesen, ich hätt's gar nicht erfahren«,

sagte die Frau an das Kind gewandt, ohne mich weiter zu beachten. »Zehn Minuten bin ich weg, um das Essen zu holen, und komme zurück, und da höre ich, er hat gesehen, wie ein Herr dir Zuckerzeug gegeben hat und du ihn hier hereingeführt hast.«
»Ich habe sie nur gebeten, mich zu Mrs. Watts zu bringen«, sagte ich.
»Ach, so nennen Sie das jetzt?« sagte die Frau und drehte sich mit einem Ruck zu mir um.
Ich wappnete mich, denn sie zitterte jetzt so heftig, daß ich befürchten mußte, sie könne ihre Wut nicht bändigen; daß ich das Mädchen gedeckt hatte, sprach gegen mich. Aber gleich darauf hatte sie die Selbstbeherrschung wiedergewonnen. Sie ballte nur die Fäuste und stieß mit glühender Verachtung hervor:
»Zu Mrs. Watts zu bringen!«
Ich hätte am liebsten geschrien: *Um Himmels willen, gute Frau, für wen halten Sie mich? Ich habe selbst eine Tochter!*; aber ich wußte, daß es zwecklos war. Sie sah in mir jemand völlig anderen; denn ihrer Erfahrung nach verfolgt ein Herr, der in der Maiden Lane ein Mädchen anspricht und ihm Geld gibt, nur ein Ziel. Und nichts, was ich sagen oder tun konnte, würde sie davon überzeugen, daß ich eher gestorben wäre, als ihrem Kind etwas anzutun.
»Ich habe nichts getan! Und er hat auch nichts getan!« schrie das Mädchen, das plötzlich hinter mir hochschoß und ihr Kleid hochhob. »Hier, sieh selbst, wenn du mir nicht glaubst!«
Wortlos folgte die Frau, nahm sich aber kaum die Zeit, um mit dem Vorhang wenigstens ansatzweise die Blöße des Mädchens zu verdecken.
Schließlich murmelte sie etwas und trat zurück. Sie sagte nichts, sah mich aber an; und zum ersten Mal entdeckte ich in ihrem Blick den Schimmer eines Zweifels, und sie wirkte irgendwie kleiner, wie ein Papierdrachen, den der Wind nicht mehr trägt und der langsam zu Boden sinkt. Ich spürte meinen momentanen Vorteil und nutzte ihn entschlossen.
»Ich möchte Sie nicht kränken, indem ich Ihnen mehr Geld an-

biete«, sagte ich, »aber Sarah hat von mir einen Shilling bekommen, den sie sich ehrlich verdient hat, indem sie mich hierhergeführt hat. Ich meine, Sie täten gut daran, das Geld für einen Arzt auszugeben; sie hat einen schlimmen Husten, der unbedingt behandelt werden sollte.«
Und noch ehe sie Zeit hatte zu antworten oder dem Mädchen befehlen konnte, den Shilling zurückzugeben, schloß ich hinter mir die Tür und ging hinunter und durch den Hof nach draußen; nur das Getuschel und das höhnische Lachen der Jungen verfolgten mich. Ein paar Augenblicke später war ich auf der Strand, die mir mit ihren Straßenverkäufern, Gaslaternen und dem Getümmel fröhlicher Theaterbesucher vorkam wie die reale Welt, wenn man aus einem Alptraum erwacht.
Verzeih mir, Liebste, wenn Dich das, was ich geschildert habe, bestürzt; aber es hat mich tief bekümmert, wie Du Dir vorstellen kannst, und wir sind doch überein gekommen, keine Geheimnisse voreinander zu haben. Mich verfolgt nicht nur der Gedanke an das arme Kind und seine Mutter sowie das Bewußtsein, ihrem ohnehin schweren Leben unabsichtlich noch eine Sorge hinzugefügt zu haben. Auch quält mich die Frage, warum Ruskin mir wohl empfohlen hat, die Maiden Lane aufzusuchen. Er muß doch gewußt haben – und wenn ich's genau bedenke, wußte auch ich –, daß nach nunmehr fast sechzig Jahren dort kaum mehr jemand zu finden sein wird, der sich noch an die Turners erinnert. Aber was (wenn nicht die reine Boshaftigkeit; und ich zögere zu glauben, daß er dazu fähig ist, da ich ihm doch nichts getan habe) hat ihn dann bewogen, mich in ein stinkendes Elendsviertel zu schicken, in dem alle Spuren der Familie längst erloschen sind?
Meine einzige Hoffnung ist, daß ich die Antwort finden werde, wenn ich Turners Gemälde betrachte – und das wird bald sein, denn Marian und ich besuchen am Montag Marlborough House.

In ewiger Liebe,
Dein Walter

XII
BRIEF VON MICHAEL GUDGEON AN WALTER HARTRIGHT, 15. AUGUST 185-

Box Cottage, Storry, East Sussex,
August

Verehrter Mr. Hartright,
mein Gott, ja! – ich erinnere mich an Turner, auch wenn unsere gemeinsame Reise nun fast vierzig Jahre zurückliegen muß. Wenn ich ein Verzeichnis meiner Erinnerungen aufstellen sollte, so würde ich sie unter folgende Titel bringen:

1. Kälte.
2. Nässe.
3. Übelkeit bei einer Bootsfahrt.
4. Fußlahm und wund vom Reiten in ungefähr gleichem Maße.
5. Schlechte Herbergen und schlechtes Essen.
6. Gute Herbergen und gutes Essen.
7. Habe auf all das Obige gepfiffen, denn mein Begleiter war ein großes Genie und ich ein munterer, frecher, sorgloser junger Bursche.
8. Turner sehr still, wenn er nüchtern war.
9. Turner sehr laut, wenn er betrunken war.

Ich fürchte, ich kann Ihnen nicht mit einem ausführlichen Bericht dienen, da mir das Rheuma in der Hand sitzt (meine arme geduldige Frau ist es, die diesen Brief nach meinem Diktat schreibt). Auch das Gehen fällt mir mittlerweile schwer. Doch meine Freunde sind so aufmerksam, mich hier zu besuchen; und wenn Sie die Zeit und die Mühe nicht scheuen, es ihnen gleichzutun, wäre es mir eine Freude, Sie als einen von ihnen zu begrüßen und Ihnen alles zu erzählen, an das ich mich erinnere.

Ihr sehr ergebener
Michael Gudgeon

XIII
AUS DEM TAGEBUCH VON MARIAN HALCOMBE, 16. AUGUST 185-

Marlborough House ist gewiß nicht der prachtvollste Palast der Welt: ein langgezogenes, flaches Gebäude, errichtet aus rotem Backstein im Stil von Palladio, ein wenig von der Pall Mall zurückgesetzt, so als schämte es sich, in so vornehmer Gesellschaft seine plumpe Fassade zu zeigen. Und die Menschenmassen, die sich dort drängen – nachdem das Erdgeschoß eine Galerie geworden ist –, läßt es mehr wie ein Bahnhofshotel denn eine Privatresidenz erscheinen. Doch ein Palast ist es tatsächlich, und der erste, den ich je betreten habe; und als wir aus einer langen, gedeckten Passage in die hohe Halle kamen (die so groß ist, daß Jenny Lind hier vor Hunderten von Menschen singen konnte), und unseren Shilling für einen Ausstellungsführer entrichtet hatten, da mußte ich daran denken, wie verschieden es von dem Haus war, in dem Turner seine letzten Jahre verbracht und in dem ich zum ersten Mal ein Gemälde von ihm gesehen hatte.
Vielleicht beschäftigten Walter dieselben Gedanken; denn er war auf dem ganzen Weg dorthin ungewöhnlich still; und als wir ankamen, schaute er sich beinahe ungläubig um, als zöge er einen Vergleich zu der Szenerie *seines* letzten Abenteuers – denn die schmutzige kleine Straße, in der Turner zur Welt gekommen ist, ist zwar viel näher gelegen, muß aber einen viel stärkeren Kontrast zu diesem Ort hier geboten haben als das Landhaus, in dem er starb.
Doch dann sahen wir uns um, und alle diese Überlegungen und Berechnungen zerstoben. Wir hatten auch schon vorher einzelne Turners gesehen; aber nie – denn dies ist die erste öffentliche Ausstellung seit seinem Tod – mehr als dreißig zusammen. Ganz unvermittelt wurden unsere Augen von dem strahlendsten Leuchten geblendet, das mir je bei Gemälden begegnet ist – weitaus stärker, muß ich sagen, als ich je für möglich gehalten hätte. Rote, orange und gelbe Farbtöne, heiß und heftig wie glühende

Kohlen, sprangen einem von den Wänden entgegen, so daß sogar die hellsten Gegenstände um sie herum – das grellgrüne Kleid einer Frau, ein großes Bild der Schlacht von Blenheim über dem Kamin – mit einemmal fahl und leblos erschienen. Die Bilder wirkten tatsächlich realer als die Menschenmenge, die sich vor ihnen drängte, oder als das Gebäude selbst – so als wären wir in Platos Höhle gefangen und die Bilder wären nicht bloß flache, darinnen aufgehängte Gemälde, sondern Löcher im Felsgestein, durch die wir die wahre Welt draußen erspähen könnten.

Die Wirkung auf Walter war unmittelbar und so dramatisch, daß ich wünschte, ich hätte sie irgendwie festhalten können; hätte sie doch den hartnäckigsten Skeptiker von der Macht der Kunst überzeugt. Er blieb wie angewurzelt stehen und richtete sich auf, als hätte ihm jemand plötzlich eine schwere Last von den Schultern genommen; sein Mund zeigte ein kleines, überraschtes Lächeln, die Stirn straffte sich, und die Augenbrauen hoben sich in einem Ausdruck von Verwunderung und Freude. Sein Blick war auf ein quadratisches Bild an der gegenüberliegenden Wand gerichtet, das undeutlich eine weiße Gestalt zeigte, die offenbar aus dem Rauch und den Flammen eines wütenden Brandes auftauchte. Von unserem Standpunkt aus war es nicht möglich, mehr zu erkennen; doch anstatt näherzutreten (was allerdings schwierig gewesen wäre, so dicht drängten sich die Menschen), blieb Walter stehen, offenbar ohne Interesse am Gegenstand des Bildes, zufrieden damit, sich im Glanz der Farben zu wärmen, wie eine Katze, die sich in der Sonne rekelt. Ich wartete einen Augenblick auf ihn, und als er immer noch keine Neigung zeigte, sich von der Stelle zu rühren, zog ich alleine auf Erkundung aus.

Die Eindrücke der nächsten halben Stunde waren so gewaltig und so widersprüchlich, daß ich versuchen muß, sie hier genauer wiederzugeben, bevor sie sich im blendenden Glanz aufgelöst haben. Die Ausstellung zeigte mehr als dreißig Gemälde, und was einem zuerst auffiel, war ihre enorme Vielfalt. Darunter war auch die Ansicht, die ich immer vor allem mit Turner in Verbindung gebracht hatte, *London vom Greenwich Park* – allerdings war das Original viel farbenprächtiger und eindrucksvoller, als man nach unserem Stich vermutet hätte; und ein furchteinflößendes Bild von einer armseligen Berghütte, die von einer Lawine erfaßt und von Eisbrocken, entwurzelten Bäumen und einem riesigen Felsblock zermalmt wird (mit solcher Wildheit gemalt, daß die Farbe dick wie Putz aufgetragen ist), riefen in mir etwas von der Bedrohung und dem Schrecken wach, den die Bilder im Haus von Mrs. Booth in mir ausgelöst hatten. Beinahe alles andere jedoch war für mich eine große Überraschung. Hier war ein prächtiges Seestück, mit Schiffen am Horizont, die sich in steifer Brise zur Seite neigen; mit Ausnahme der Wellen, die sich bedrohlich in der unteren rechten Ecke stauten und über den Rahmen zu schwappen und einem die Füße zu nässen drohten, hätte es von einem holländischen Meister stammen können; dort eine herrliche antike Landschaft, in honigfarbenes Licht getaucht, oder ein gewaltiger Berg, von zornigen Wolken verdunkelt. Am beeindruckendsten jedoch waren die wilden Farbstrudel – jene etwa, die Walter so in ihren Bann geschlagen hatten. Hier schien die reine Farbe um Freiheit zu ringen, sich von ihrer Form zu lösen wie die Seele, die den Körper verläßt, so daß man überhaupt keinen Gegenstand mehr klar erkennen konnte.

Den meisten Leuten fiele es angesichts solch einer verschwenderischen Fülle gewiß schwer, zu glauben, daß alles einer Hand entstammt. Das war mein Gedanke, als ich meinen Rundgang antrat. Erst nachdem ich drei oder vier der Bilder genauer betrachtet hatte, erkannte ich – mit dem plötzlichen Dämmern, das einen überkommt, wenn man sich auf einmal eines andauernden Geräusches bewußt wird, beispielsweise eines in der Ferne bellenden Hundes –, daß es hier tatsächlich eine Verwandtschaft gab, die nicht bloß durch augenfällige Ähnlichkeit im Stil hervorgerufen wurde, sondern durch gewisse, sich wiederholende Eigenarten und Merkwürdigkeiten. Was sie bedeuten oder ob sie überhaupt etwas bedeuten, weiß ich immer noch nicht; aber seitdem verfolgt mich die Vorstellung, daß sie eine versteckte Botschaft enthalten und daß ich nur den richtigen Schlüssel finden muß, um sie entziffern zu können.

Das erste Gemälde, das ich mir ansah (aus keinem anderen Grund, als daß es das nächste war), zeigte eine leuchtende, in Gold getauchte Historienszene, die ich bei flüchtiger Betrachtung für einen Lorrain gehalten hätte. In meinem Eifer versäumte ich es, mir den genauen Titel zu merken, doch stellte es den Untergang Karthagos dar. Der Betrachter steht in der linken unteren Ecke des Bildes – vielleicht im Eingang eines großen Palastes, denn der Vordergrund liegt ganz im Schatten. Unmittelbar vor ihm liegt, wie angeschwemmtes Treibgut, ein Wirrwarr von Gegenständen: ein Haufen Früchte; eine Standarte mit einem Schild und einem Kranz welker Blumen; hingeworfene Mäntel und Waffen; und ein seltsamer, wulstförmiger brauner Fleck, oben gewölbt, vielleicht eine Boje mit einer Kette, der auch – man merkt es erst nach ein paar Sekunden – etwas Fleischliches hat, wie ein riesiger Tintenfisch oder Gedärme eines Tiers. Dahinter befindet sich ein schmaler Kai, noch weiter hinten ein glänzender Streifen Wasser, in der Ferne gesäumt von verschwommenen Masten, deren Reihen sich bis zum Horizont erstrecken. Darüber – beinahe in der Mitte des Gemäldes, ein klein wenig links – hängt eine brennende Sonne, die den Himmel mit einer Glut erfüllt, die so hell ist, daß es die Augen schmerzt, sie anzuschauen.

Zu beiden Seiten des Hafenbeckens stehen Ansammlungen klassischer Gebäude, wie die Backen eines Schraubstocks, auf deren Stufen sich kleine, puppenähnliche Gestalten drängen. Die Bauwerke zur Linken sind barock überladen und reich verziert, die zur Rechten jedoch – zu denen, aufgrund der diagonalen Perspektive, der Blick natürlich hingezogen wird – geben sich zurückhaltender: An einem seltsamen kleinen Turm vorbei, der wie ein Miniaturleuchtturm aussieht, betritt man sie über eine schmale Treppenflucht (so schmal, daß man meint, die Mauern müßten einem den Atem abpressen), um dann immer weiter aufzusteigen, bis man schließlich auf dem Gipfel eines entfernten

Hügels einen Tempel von der Schlichtheit des Parthenon erreicht.

Ich weiß wenig über den Untergang Karthagos, außer daß die Stadt schließlich gezwungen war, ihre Waffen und ihre Kinder Rom zu überlassen, doch ist der Sinn des Bildes deutlich genug. Es handelt sich um eine moralische Erzählung, die sich (im Unterschied zu einer geschriebenen Geschichte) von rechts oben nach links unten liest: Einst hatten die Karthager die Kraft und die Disziplin, auf dem Pfad der Tugend zur Größe aufzusteigen; doch als ihr Wohlstand und ihre Macht wuchsen, verließen sie deren strenge und stolze Höhen, wurden träge und nachlässig in ihrer Verteidigung und stiegen schließlich hinunter in die verdorbene Stadt zur Linken, wo sie ihre Kräfte in Müßiggang und Luxus vergeudeten.

Das Bild war auf das Jahr 1817 datiert, nur zwei Jahre nach der Niederlage Napoleons, und unvermittelt kam mir der Gedanke, daß Turner es als eine Warnung an England gemeint haben mußte – das mit seinem großen Handelsimperium das Karthago der Neuzeit war –, nicht die Wachsamkeit sinken zu lassen und sich nicht der Selbstgefälligkeit hinzugeben. Überzeugt (allzu leichtfertig, wie mir im Rückblick scheint), die Bedeutung richtig erraten zu haben, wandte ich mich einer zweiten Szene im Stil von Claude Lorrain zu, *Die Bucht von Baiae, mit Apollo und der Sibylle*, um zu erproben, ob mein Scharfsinn auch deren Geheimnisse enträtseln könne.

Ein einfacheres und ruhigeres Bild, mit weichem Licht und sanften Linien anstelle der glühenden Sonne und der strengen Architekturkomposition des ersten Gemäldes. Der Betrachter steht (wieder ein wenig links von der Mitte) auf einem breiten, sandigen Weg, der einladend zu einem goldenen Strand hinunterführt. Eine steingemauerte Pier, an der sich Boote reihen, greift diagonal ins Meer hinaus – das nicht viel mehr ist als ein langgezogener, quer über die Bildmitte verlaufender blauer Streifen, gerade genug, um dem Betrachter einen Sehnsuchtsschmerz zu vermitteln, ihn glauben zu lassen, er spüre die warme Brise auf dem Ge-

sicht, rieche das Salz und den Duft wilder Blumen. Die Bucht ist umrahmt von sanften Hügeln in mattem Gelbgrün, das sich am Horizont ins Grau verliert und im Vordergrund in dunkleres Strauchwerk, Büsche und Blätter übergeht. Erst bei genauerem Hinsehen stellt man fest, daß zwischen den Felsen und den Blättern Ruinen stehen: zerborstene, zu Sand zerbröselnde Mauern, zwei unterirdische Bögen – große Augen, die durch einen Steg aus Backsteinen voneinander getrennt sind und wie die obere Hälfte eines vergrabenen Schädels aussehen –, halb versteckt unter einem Gestrüpp. Offenbar zur Steigerung der Bedrohlichkeit lauert in der rechten unteren Ecke eine kaum sichtbare Schlange auf Beute, beinahe von derselben Farbe wie die Erde.
Zwei Bäume, die ein »V« bilden, beherrschen das Bild. Sie wurzeln nahe am unteren Bildrand und reichen beinahe bis zum oberen, wobei ihr Schatten fast bis ganz nach links verläuft. Hier sind auch – abgesehen von der Schlange – die einzigen Lebewesen zu sehen: Zunächst, direkt unter den Bäumen, ein kleines weißes Kaninchen (bald das Opfer des Reptils?); dann, auf der anderen Seite des Pfades, Apollo und Sibylle. Er, bekleidet mit einem Kranz und einem roten Gewand, hebt eine Hand in ihre Richtung; sie, von der Hüfte aufwärts nackt, kniet mit ausgestreckten Armen auf einem Felsen, ihm leicht zugewandt. Beide wirken irgendwie flach und zu klein, was den merkwürdigen Eindruck hervorruft, als seien sie aus einem anderen Bild ausgeschnitten und hier aufgeklebt worden. Besonders die Sibylle hat das puppenähnliche Aussehen der Gestalten vom *Untergang des Karthagischen Reiches,* so als wäre sie eher das Werk eines begabten Kindes und nicht die Schöpfung des Genies, welches den Rest des Bildes gemalt hat. Seltsam sind auch ihre Hände und Füße, die eher die stumpfe Form von Flossen als die Feingliedrigkeit menschlicher Gliedmaßen besitzen. Man könnte fast denken, Turner habe sie mehr als Meerjungfrau denn als Frau aufgefaßt – ein Eindruck, der durch ihr Gewand unterstrichen wird, das einen schuppigen Glanz besitzt und wie Haut an ihren Beinen klebt.

Walter hat mir schon öfter vorgeworfen, ich sei zu praktisch und würde die trockenen Fakten der zarteren, aber nicht weniger wirklichen Welt des Mythos und der Phantasie vorziehen; und nun hatte ich tatsächlich einmal das Gefühl, daß seine Kritik zutraf; denn wenn ich die Geschichte von Apollo und Sibylle jemals gekannt hatte, so war sie mir doch nicht mehr gewärtig, und ich war gezwungen, ihn zu suchen und ihn zu bitten, sie mir zu erklären. Ich fand ihn wie magisch angezogen von einem weiteren jener Farbblitze, die uns gleich beim Eintreten getroffen hatten: eine quadratische Leinwand, in der Mitte von einem blutroten Balken horizontal durchschnitten, der so lebendig wirkt, daß man ihn aus einer halben Meile Entfernung hätte sehen können. Ich trat neben ihn und fragte:
»Was hat denn Apollo mit Sibylle gemacht? Oder kannst du mir das in solch erlauchter Umgebung nicht erzählen?«
»Etwas Betrübliches«, antwortete er, »aber durchaus Respektables. Er versprach ihr so viele Lebensjahre, wie sie Sandkörner in der Hand halten könne.«
Das erklärte zumindest, was sie mit diesen flossenähnlichen Händen tat. »Und dann?«
»Er hielt Wort; aber sie vergaß, ihn auch um ewige Jugend zu bitten, und so welkte sie langsam dahin, bis von ihr nichts als ihre Stimme blieb.«
Nun glaubte ich, das Dargestellte zu verstehen; doch hatte ich – und habe bis heute – das dumpfe Gefühl einer unbeantworteten Frage. Ich vergaß sie jedoch, als wir uns dem quadratischen Bild näherten, denn es forderte mit den ihm eigenen Geheimnissen gebieterisch unsere ganze Aufmerksamkeit. Der rote Streifen, so sah ich jetzt, war ein flammender Sonnenuntergang, der sich (das Gemälde war so unbestimmt, daß man sich nicht sicher sein konnte) über eine einsame Küste breitete. Davor stand Napoleon, die Arme verschränkt, den Blick gedankenverloren gesenkt, völlig allein, abgesehen von einem einzigen britischen Wachsoldaten hinter ihm, und seiner eigenen langgezogenen Spiegelung im nassen Sand. Er starrte auf ein winziges, dreiecki-

ges Etwas am Boden, das ich nur über den Titel identifizieren konnte: *Das Exil und die Napfschnecke, 1842*. Rechts erkennt man einen Trümmerhaufen, möglicherweise ein Schiffswrack, und darüber die rauchenden Ruinen einer vom Krieg verwüsteten Stadt.
Schweigend standen wir einige Sekunden vor dem Bild, bis Walter seufzte und sagte:
»Das Licht leuchtet in der Finsternis.«
Er schwieg, so als warte er, daß ich fortsetze, also sagte ich: »Die Finsternis aber hat es nicht begriffen.«
Er nickte, sprach aber nicht weiter. Ich bin mir nicht sicher, was er meinte – sofern er nicht, selbst ein Maler, nur seine Bewunderung für das Können zum Ausdruck bringen wollte, den Farben eine solche Leuchtkraft zu geben, daß sie von innen heraus zu brennen schienen. Doch seine Worte hatten etwas in *meinem* Geist in Bewegung gesetzt; denn sie erschreckten mich, fast, als hätte er etwas Gotteslästerliches gesagt. Ich überlegte einen Moment, dann wußte ich, warum: Turner hatte ohne Frage die Schönheit der Sonne prächtiger eingefangen als irgendein anderer Künstler, den ich kannte; doch in den Gemälden, die ich gesehen hatte, hatte sie immer auch etwas Schreckliches – eine Grausamkeit, eine rücksichtslose Zerstörungsgewalt, die sie eher zum Symbol für die blutrünstige Gottheit der Azteken denn für die reine Liebe unseres Herrn taugen ließ, wie sie in jener schönen Passage des Johannes-Evangeliums ausgedrückt ist.
Ich sagte nichts zu Walter, denn ich wollte ihn nicht aus seinen Gedanken reißen, zumindest nicht, bevor ich Gelegenheit gehabt hatte, weitere Bilder zu sehen und festzustellen, ob mein Eindruck nicht täuschte. Ich zögerte jedoch nicht, ihn auf eine andere Merkwürdigkeit hinzuweisen, die mir aufgefallen war; denn obwohl die Technik so ganz anders war als in Turners früheren Werken – die Farbe war so grob und wahllos aufgetragen, daß man hätte denken könne, hier sei ein Wahnsinniger am Werk gewesen –, so erkannte ich doch in Napoleon und seiner Wache das vertraute Spielzeugähnliche wieder, das sie mehr wie

Zinnsoldaten als wie Menschen erscheinen ließ, und ich glaubte nun, eine allgemeingültige Aussage über diese Gestalten machen zu können.

»Zumindest deine Menschen sind besser als seine«, sagte ich und lachte.

Ich hatte gedacht, Walter würde sich über dieses Kompliment freuen, aber er würdigte es kaum; und nach einer Weile überließ ich ihn wieder seinen Träumereien, um meine Betrachtungen auf eigene Faust fortzusetzen. Statt mir ein weiteres Bild genauer anzusehen, entschloß ich mich, meine Theorie zu überprüfen, indem ich sie mir nacheinander alle kurz ansah; und indem ich rasch von einem Bild zum nächsten ging, war ich bald davon überzeugt, daß ich recht hatte. Ich kann mich nicht an jedes einzelne Gemälde erinnern, doch an genügend, um mir einer Sache sicher zu sein: Ein blutiger Sonnenuntergang, der die letzte Reise eines heroischen alten Schlachtschiffs, der *Fighting Téméraire*, zum Abwrackdock beleuchtet; entsetzte Menschen, die vor dem zornigen *In der Sonne stehenden Engel* fliehen, dessen allesverzehrendes Feuer ihnen das Fleisch von den Knochen brennt; und selbst das sonnendurchtränkte Gemälde Venedigs, das man auf den ersten Blick für einen heiteren Canaletto, gesehen durch ein Hitzeflimmern, halten könnte, gibt letztlich sein tragisches Geheimnis preis – stellt es doch, wie man bei genauerem Hinsehen bemerkt, die Seufzerbrücke dar, über die verurteilte Verbrecher zu ihrer Hinrichtung schritten.

Meine Erkundungstour führte zu einer weiteren Entdeckung. Als ich an einem dunklen Bild vorbeiging – das ich schon von weitem als ungeeignet für mein Vorhaben erkannt zu haben glaubte, weil es überhaupt kein Sonnenlicht zu enthalten schien –, wurde mein Blick von einem Goldflimmern und von der Andeutung einer vertrauten Form in der Bildmitte gefangen. Ich blieb stehen und erkannte bei genauerem Hinsehen eine riesige, zusammengerollte Schlange, die aus einer niedrigen, dunklen Höhle hervorkroch, welche durch einen Busch verdeckt war, und bei der mir sofort wieder die Schlange und die Ruinen der *Bucht von*

Baiae in den Sinn kamen. Doch das war noch nicht alles; denn vor dem Untier, im Vordergrund, erkennt man einen Mann – vermutlich ist es Jason, denn das Bild trägt diesen Titel. Er kniet auf einem zersplitterten und verdrehten, umgestürzten Baum und scheint sich, wenn man ihn genauer ansieht, in ein sich windendes Monster zu verwandeln, oder sogar in zwei Ungeheuer, wie die Boje in *Untergang des Karthagischen Reiches*. Kaum zwei Minuten später stieß ich auf *Die Göttin der Zwietracht im Garten der Hesperiden*, wo der Effekt umgekehrt ist: Jenseits eines lieblich bewaldeten Tals, das mit Nymphen und Göttinnen bevölkert ist, erheben sich zwei Berge wie Mauern, bedrohlich einander zugeneigt (wie die Hälften eines halbfertigen Bogens), und überwölben einen schmalen Durchgang. An einer Stelle hat der Felsgipfel eine seltsam gezackte Form und bei näherer Betrachtung stellt sich heraus, daß dies gar kein Fels, sondern der Rücken eines furchterregenden Ungeheuers ist, das den Durchgang bewacht. Es hat steinfarbene Flügel und das Maul eines Krokodils, und fast sieht es aus, als wäre es von Wind und Regen aus dem Granit gewaschen worden.

Ich hatte und habe bis heute keine Vorstellung, was ich mit diesen Gemeinsamkeiten anfangen soll, doch ich gestehe, daß ich es aufregend finde, sie überhaupt gefunden zu haben. Einen Augenblick dachte ich sogar, ob ich nicht Kritikerin werden und Mr. Ruskin Konkurrenz machen sollte. Gleichzeitig verwirrten mich meine Entdeckungen (denn sie sind zweifellos verstörend) und stellten mich vor Fragen, die ich noch immer nicht gelöst habe, während ich dies schreibe: Soll ich Walter darauf hinweisen? Damit würde ich riskieren, daß er wieder in düsterer Stimmung versank, wo doch seine Freude an Turners Werk seinen Geist zu beleben schien; doch zu schweigen würde bedeuten, ihn in Unkenntnis von etwas zu lassen, das für ihn wichtig sein könnte – und auch – (ich muß ehrlich sein!), mir selbst die Möglichkeit zu rauben, meine Beobachtungsgabe unter Beweis zu stellen.

Das Schicksal ersparte es mir jedoch, eine sofortige Entscheidung zu treffen, denn als ich nach Walter Ausschau hielt, konnte ich ihn zuerst nirgends sehen; und als ich ihn schließlich entdeckte – er stand vor einem weiteren leuchtenden Gemälde, in einer Ecke, die ich noch nicht aufgesucht hatte –, hörte ich jemanden hinter mir rufen: »Marian!«

Ich wandte mich um und sah Elizabeth Eastlake – ihr Kopf überragte alle anderen Frauen, und die meisten Männer dazu – auf mich zusteuern. Sie war nicht allein; denn als sich die Menge vor ihr teilte, bemerkte ich einen kleinen Troß in ihrem Schlepptau: ein Paar (wie ich vermutete) mittleren Alters und deren Tochter sowie eine alte Dame in einem Rollstuhl, der von einem Diener geschoben wurde.

»Marian!« rief sie noch einmal, als sie näher kam; und als sie Walter erblickte: »Oh! Und Mr. Hartright ist auch hier! Was für eine angenehme Überraschung!« Sie schüttelte uns die Hand, wandte sich zu der alten Dame im Rollstuhl und sagte mit erhobener Stimme:

»Lady Meesden, darf ich Sie mit Miss Halcombe bekannt machen?«

Ich verneigte mich und hatte einen Augenblick lang die bizarre Vorstellung, einen von Turners Puppenmenschen vor mir zu haben; denn das Gesicht der Frau war kalkweiß gepudert, bis auf einen roten Fleck auf beiden Wangen, und um die Augen schien sich die Haut zusammengezogen zu haben, so daß sie zu zwei glänzenden schwarzen Knöpfen geschrumpft waren.

Sie sah mich einen Augenblick an, ohne zu lächeln, und nickte dann kurz mit dem Kopf, wie ein Vogel, der Wasser aus einer Pfütze trinkt.

»Und das ist ihr Schwager, Mr. Hartright«, fügte Lady Eastlake hinzu. Walter vermag gewöhnlich auch dem verstocktesten Menschenfeind ein Lächeln abzuringen, doch die alte Dame war zu ihm nicht weniger frostig als zu mir; und so wandte sich Lady Eastlake von ihr ab, erleichtert, wie mir schien, um uns ihren anderen Begleitern vorzustellen: Lady Meesdens Tochter, Mrs. Kingsett; deren Mann (der neben anderem Unglück auch noch den Namen Mauritius zu tragen hatte); und ihre Tochter, Florence, eine linkische, ausgelassene Siebzehnjährige, die rot anlief, wenn man sie nur ansah.

»Marian ist eine gute Freundin von mir, Lydia«, sagte Lady Eastlake.

»Tatsächlich?« meinte Mrs. Kingsett. Sie war um die Fünfzig, ihr graues Haar war zu Zöpfen geflochten und im Nacken ordentlich aufgesteckt, und sie trug ein locker fallendes Ausgehkleid mit kleinen rot-weißen Karos, das wunderbar frei und bequem aussah. Sie war viel zu kantig und schroff, um als schön zu gelten, aber in ihrer Stimme lag ein lebhafter Charme, als sie lächelte und sagte:

»Nun, eine bessere Empfehlung kann es gar nicht geben.«

»Vielleicht ›Hoflieferantin‹«, meinte Lady Eastlake.

Mrs. Kingsett lachte; und als wollte sie die kühle Reaktion ihrer Mutter wettmachen, schüttelte sie mir in der natürlichsten und freundschaftlichsten Weise die Hand.

»Sir Charles und ich brechen nächste Woche zu unserer Herbstreise nach Italien auf«, fuhr Lady Eastlake fort. »Und so bin ich gekommen, mir die Größe der *englischen* Kunst ins Gedächtnis zu rufen.«

»Was meinen *Sie*, Miss Halcombe?« fragte Mrs. Kingsett und ließ dabei ihre Augen umherwandern, als wolle sie die ganze Ausstellung mit einem Blick erfassen. »Finden Sie es nicht überwältigend?«

»Absolut«, antwortete ich.

»Ich auch.«

Ihr Ehemann, der unmittelbar neben ihr stand, ließ ein spöttisches »ts« vernehmen – das sie geflissentlich überhörte – und sah dann mit einem geduldigen Lächeln weg. Die Natur hatte es nicht gut mit ihm gemeint; er hatte eine himmelwärts gerichtete Nase, die an ein Schwein erinnerte, und einen nach unten gezogenen Mund mit zu vielen Zähnen, der an einen Wolf denken ließ; sein Backenbart war derart gekräuselt, daß es aussah, als habe er ihn sich an seinen erhitzten, geröteten Wangen versengt;

und an seiner kleinen herausfordernden Äußerung und der deutlichen Weigerung seiner Frau, dies auch nur zur Kenntnis zu nehmen, glaubte ich, die ganze Geschichte ihrer Verbindung ablesen zu können. Hier waren ein unansehnlicher Mann und eine unansehnliche Frau, die – wie sie glaubten – zu ihrem beiderseitigen Vorteil geheiratet hatten: er wegen der Respektabilität, den ihr Stand und der Titel ihrer Mutter mit sich brachte; sie, das arme Ding, aus Furcht, daß ein schüchternes und unvorteilhaft aussehendes Mädchen wie sie vielleicht gar keinen Mann mehr finden würde, wenn sie ihm einen Korb gab. Doch im Laufe der Jahre war beiden klar geworden, daß sie ihm intellektuell wie im Umgang mit Menschen überlegen war; und in dem Maße wie ihr Selbstbewußtsein gewachsen und sie in Reife erblüht war, verkümmerte er in Bitterkeit und Enttäuschung. Alle echten Gefühle, die sie vielleicht einmal füreinander gehabt hatten, waren von der Säure seines Ressentiments und von ihrer Verachtung zerfressen worden. Ihre Ehe war nur noch eine leere Hülle, in der die Ehefrau sich stetig entfaltet und ein Leben entwickelt hatte, so unabhängig, wie es sich mit der Schicklichkeit vereinbaren ließ, während ihm nichts anderes übriggeblieben war, als verdrießlich in der Ecke zu sitzen.

Man mußte einfach Mitleid mit ihnen haben, und ich gestehe, daß die Waage meiner Sympathie zu ihren Gunsten ausschlug – sei es nur, daß ihr Schicksal, oder ein ganz und gar ähnliches, nur allzu leicht auch das meine hätte sein können. Vielleicht spürte Mr. Kingsett das; denn obwohl er mir die Hand schüttelte (es blieb ihm nichts anderes übrig, da seine Frau es vorgemacht hatte), war sein Händedruck so schlaff und interesselos wie ein toter Fisch, und sogleich wandte er sich mit einem kaum hörbaren Murmeln ab und richtete seinen glanzlosen Blick zum Kamin. Zu meiner Überraschung bemerkte ich, als ich mich selbst umschaute, daß Lady Meesden finster zu uns herübersah, und zwar mit einer Heftigkeit, die nahelegte, daß sie die Szene verfolgt hatte.

Mr. Kingsetts Feindseligkeit kann ihren Grund freilich nicht im

Bewußtsein sozialer Überlegenheit gehabt haben, begrüßte er doch Walter wie einen alten Freund – oder vielleicht wäre es richtiger zu sagen wie ein Ertrinkender einen Holzbalken begrüßt, da er ihm offenbar Rettung aus dem Ozean der Weiblichkeit versprach, in dem der Ärmste umhertrieb, und so hängte er sich an ihn, als gälte es sein Leben. Er brauchte nicht einmal eine Minute, um Walter von mir wegzubugsieren und mit ihm in einer Ecke einen kleinen, nur aus zwei Mitgliedern bestehenden Gentlemen's Club zu gründen. Kurz darauf hörte ich, wie er die Verhandlung eröffnete: »Meine Meinung ist, daß ein Bild etwas *darstellen* sollte, und man sollte auch erkennen können, was.«

Da ich Walters Verlegenheit nicht noch dadurch vergrößern wollte, daß ich seine Antwort erlauschte, wandte ich mich wieder Mrs. Kingsett zu; doch hartnäckig ihre Strategie der völligen Mißachtung ihres Ehemannes verfolgend, war sie bereits tief ins Gespräch mit Lady Eastlake versunken, und ich hatte das Gefühl, mich nicht dazwischendrängen zu sollen. Statt mich der kriegerischen Lady Meesden oder ihrer maulfaulen Enkelin zu stellen, zog ich es vor, das Bild vor uns in Augenschein zu nehmen.

Es war wieder ein antikes Sujet: *Odysseus verspottet Polyphem*. Auch hier befindet sich der Betrachter in der linken unteren Ecke und blickt diagonal über die Leinwand auf einen prächtigen Sonnenuntergang über einem niedrigen Horizont. Die Sonne wirft ihre Strahlen in den Himmel, wo sie die Unterseite der Wolken verbrennen und mit blutroten Streifen ädern. Der Vordergrund wird von Odysseus' Schiff beherrscht, das dem offenen Meer zustrebt. Sein goldener Rumpf ist mit schwarzen und roten Streifen verziert, die von links nach rechts in die Bildmitte laufen. Das Wasser erscheint einschläfernd ruhig, mit kleinen, plätschernden Wellen, die kaum die Kraft zu besitzen scheinen, das Ufer zu erreichen, doch an Bord ist alles in Bewegung: Auf den Decks herrscht Hochbetrieb, die Ruder sind ausgefahren, und Matrosen erklettern die Masten und Rahen, um in rasender Eile die reich geschmückten Segel zu setzen oder die roten Flaggen zu

hissen. Hinter ihnen, beinahe in Dunkelheit versunken, liegt als undeutliche Masse die Insel des Polyphem.
Bevor ich irgendein Detail bewußt wahrgenommen hatte, spürte ich, daß dieses Bild anders war – oder vielmehr, daß es in gewissem Sinne die *Vollendung* der anderen war; denn wie ein Lied, von dem man bis dahin nur einige Noten und den halben Refrain kannte, schien es all jene Besonderheiten zu vereinen, die ich anderswo wahrgenommen hatte, und sie auf wundersame Weise in ein glorioses Ganzes zusammenzuschmelzen. Hier war die schöne, aber gnadenlose Sonne; hier der Eingang zur Unterwelt – das Maul der Höhle des Polyphem, deren Schwärze diesmal nicht durch eine schimmernde Schlange, sondern durch einen einzelnen Fleck rötlichen Goldes gebrochen war, der ebensogut die Glut eines Feuers im Höhleninnern wie den Widerschein der Sonne darstellen konnte; und vor allem wieder die seltsam zwittrigen Gegenstände, die zweierlei Dinge zugleich zu sein schienen, ein Etwas, das sich gerade in etwas anderes verwandelt. Der Bug von Odysseus' Schiff war ein klaffendes Fischmaul, dessen Form von zwei großen, bogenförmigen Felsen im Meereshintergrund aufgenommen wurde, während um das Schiff herum in der Gischt silbrige Gestalten spielten – Nymphen? Geister? –, die immer durchscheinender wurden, bis sie sich mit dem Wasser vereinten und verschwanden. Am rechten Bildrand wurde es von der Galionsfigur eines anderen Schiffes gegrüßt, die sich wie eine Faust nach oben reckte – oder wie eines dieser seltsamen Flossenglieder: Fisch, Fleisch und Holz, alles in einem –, und das Ganze vor einer Wolkenansammlung, die sich bei näherer Betrachtung als Apollos Wagen erweist, der die Sonne über den Horizont zieht. Und der verwundete Riese selbst, der sich im Todeskampf über seiner Insel erhebt, war so undeutlich, daß man auch ihn für eine Wolke halten könnte oder für einen nebelumwitterten Berggipfel.
Jeder dieser Effekte für sich genommen hätte bloß verstörend gewirkt, doch zusammen schienen sie eine träumerische Verzauberung zu erreichen, die mich einen Moment lang denken ließ,

daß ich zumindest einen Blick auf Turners Absicht erhascht hatte (wenn ich auch keine Worte dafür fand). Das Sujet war düster genug und seine Behandlung merkwürdig, wenn nicht gar wahnsinnig zu nennen: Doch schien (in diesem Bild wenigstens) die Schönheit gegenüber dem Schrecken und dem Wahnsinn die Oberhand zu behalten – und sie war um so größer, als sie die Grundelemente unserer Erfahrung aufgenommen und in Gold verwandelt zu haben schien. Begeistert schlug ich mein Notizbuch auf und schrieb: »Magier. Alchemist.«
Ich war noch nicht damit zu Ende, als ich zusammenzuckte (das »t« von »Alchemist« zeugt davon mit einem langen Schwanz), weil mich jemand von der Seite ansprach:
»Ich sing das Lied des Polyphem
Odysseus war bei ihm zu Haus«
Erstaunt wandte ich mich um. Lady Meesden kam an meine Seite gerollt, eine Hand erhoben, um ihrem Diener zu bedeuten, er solle stehenbleiben:
»Er machte sich's bei ihm bequem
Und stach ihm dann das Auge aus«
Ihre Stimme war eher schwach, trotzdem hatte sie etwas Herrisches – nicht die Bestimmtheit, die man von einer Frau in ihrer Position erwarten könnte, sondern eher mit einem opernhaften Unterton, etwas, das mehr an eine Theatervorstellung als an eine Unterhaltung denken ließ. Ich bemerkte, wie andere Leute hersahen, als erwarteten sie, daß sie ein Lied anstimme; und, um ehrlich zu sein, ich erwartete es fast selbst, hatte ich doch keine Ahnung, wovon sie sprach, und es schien keineswegs unwahrscheinlich, daß sie verrückt war und bloß irgendeiner Erinnerung an ihre Jugendzeit nachhing – so wie Walters Greisin im Hand Court.
»Tom Dibdin«, sagte sie, wie zur Erklärung.
Der Name war mir vertraut – er rief mir unbestimmt eine Welt von Postkutschen und Segelschiffen und frischen Frühlingsmorgen in Erinnerung, eine Zeit, bevor Eisenbahnen und Fabriken England in eine große Maschine verwandelt und mit Qualm überzogen hatten –, aber ich konnte ihn nicht gleich einordnen.

»Melodrame Mad. 1819.«

Da fiel es mir wieder ein: Thomas Dibdins *Erinnerungen* waren ein Lieblingsbuch meines Vaters gewesen, als ich ein Kind war – allerdings hatte er mir verboten, darin zu lesen, aus Angst, es könne mich verderben, ich würde von zu Hause weglaufen, mich der Schauspielerei widmen und umherziehen wie der Autor. (Dieses Verbot verstärkte natürlich nur die romantische Anziehungskraft des Buches, und ich stahl mich in die Bibliothek, wann immer sich eine Gelegenheit bot und verschlang heimlich zwei oder drei Seiten einer Geschichte über einen Theaterdirektor und eine Schauspielerin, bevor ich Schritte hörte und rasch flüchtete.) Ich sah jedoch immer noch keine Verbindung zu Turners Werk, und diese Ratlosigkeit muß sich in meinem Gesicht gespiegelt haben, denn Lady Meesden zeigte mit einem zittrigen Finger auf das Bild und sagte:

»Das hat ihn zu diesem Bild inspiriert. Jedenfalls hat er das behauptet.«

»Sie meinen Turner?« fragte ich.

»Natürlich Turner«, fuhr sie mich an; doch dann milderte sie ihren Ton durch ein (wunderbares) Lächeln und meinte freundlicher: »Aber er hat es vielleicht nicht ernst gemeint.«

»Warum sollte er es dann gesagt haben?«

»Nun, um die Leute zu schockieren«, antwortete sie, als ob nichts auf der Welt natürlicher sei und nur eine Idiotin wie ich so etwas fragen könne. »Da war irgendeine dumme kleine Gans, die sich mit einem Geistlichen unterhielt. *So dunkel, so spirituell, so ätherisch, Mr. Wer-weiß-noch-wie-er-hieß. Auf mein Wort, ich weiß nicht, wie Turner das macht. Er muß ein Magier sein.* Oder irgend so ein dummes Zeug.«

Ich gestehe, ich fühlte mich erröten, doch schaffte ich es zu lächeln.

»Und da hat er ihr gesagt, er habe die Idee nicht aus der *Odyssee*, wie wir alle angenommen hatten, sondern aus dem Trällerliedchen eines Komödienspektakels.« Sie schüttelte den Kopf und fing an zu lachen, beinahe lautlos. »Ich wette, sie hat sich

ihr Leben lang nicht getraut, noch einmal eine Ansicht zu äußern.«
»Waren Sie dabei?« fragte ich.
»Er hat es mir hinterher erzählt.«
»Oh, dann kannten Sie ihn also persönlich?«
»O ja, ich kannte Turner«, gab sie zurück, mit einer so vielsagenden Betonung des »ich« und der ersten Silbe von »Turner«, daß ich mich unwillkürlich fragte, ob ihre Bekanntschaft nicht mehr als Freundschaft gewesen war. Der gleiche Gedanke, vermute ich, muß auch der kleinen Zuhörerschaft gekommen sein, die sich um uns versammelt hatte; denn eine untersetzte Frau, die uns von Anfang an zugehört hatte (und dabei so tat, als würde sie es nicht tun), blitzte Lady Meesden an und wandte ihr dann den Rücken zu; und ein Mann hinter uns nahm seine Frau beim Arm und ging rasch weg.
»Er war ein großer Freund des Theaters«, fuhr Lady Meesden fort, völlig unbeeindruckt von dem Aufruhr, den sie verursacht hatte. In ihrem Ton schwang ein Besitzanspruch mit, der ahnen ließ, daß das Theater *ihre* Welt war und sie deshalb mit Selbstverständlichkeit jedermann kannte, der damit zu tun hatte; und zum ersten Mal kam mir der Gedanke, daß sie – so unwahrscheinlich es auch zu sein schien – ihrer Erscheinung und ihrer Art zu sprechen nach einst eine Schauspielerin gewesen sein könnte.
»Sind sie selbst aufgetreten?« fragte ich – beiläufig genug, um notfalls vorzugeben, es sei nur ein Scherz gewesen.
»Sicher doch«, sagte sie lachend; und dann, um mir die Mühe weiterer Fragen zu ersparen (an denen ich bereits drechselte): »Ich bin Kitty Driver.«
»*Mrs.* Driver?«
Sie nickte. »Besser gesagt, ich war es, bis Meesden die Theaterpflanze in seinen Salon umtopfte.« Der Satz wirkte abgedroschen, routiniert, und ich fragte mich, wie oft sie ihn in den letzten fünfzig Jahren wohl schon hervorgekramt hatte, in der Hoffnung, ein wenig Witz bei der Erläuterung ihrer Herkunft würde möglicher Mißbilligung vorbeugen.

»Ich hatte nie das Vergnügen, Sie zu sehen...«, begann ich.
»Natürlich nicht, dafür sind Sie auch zu jung.«
»Aber Walters Mutter spricht immer noch von Ihrer Lady Wurzel.«
Sie schüttelte den Kopf, doch bemerkte ich einen Schimmer von Freude unter ihrer weißen Maske.
»Das war gegen Ende meiner Karriere. Meine Mrs. Mandible, 1810, nun, das war eine große Sache. Oder Lucy Lovelorn in *All in a Day*. Meesden hat das Stück neunundreißigmal gesehen.«
»Tatsächlich?«
Sie nickte wieder. »Er schrieb mir jeden Abend; und hinterher wartete er am Bühnenausgang auf mich und sagte: »Es hat keinen Sinn, es zu leugnen, bei Gott, Sie haben mein Herz erobert, Mrs. D., im Handstreich. Und wenn Sie es mir wiedergeben sollten, so gehe ich hinaus auf die Straße und schenke es der erstbesten Frau, der ich dort begegne, und der Teufel soll mich holen, wenn ich es nicht tue – denn wenn Sie mich nicht wollen, dann ist es mir gleich, was aus mir wird.«
Wieder ging eine leichte Unruhe durch die Leute, die sich um uns drängten, und wieder schien Lady Meesden dies nicht zu bemerken; denn sie lachte schallend und fuhr fort: »Was blieb mir anders übrig, als den armen Kerl zu heiraten?«
Ich lachte. »Und Turner?« wollte ich wissen – etwas plump, aber mir fiel nichts anderes ein, um das Gespräch wieder auf seinen ursprünglichen Gegenstand zu lenken. »Zählte er auch zu Ihren Bewunderern?«
Sie antwortete nicht sofort, sondern legte ihr Kinn in die Hand und starrte einen Augenblick den Fußboden an, als ob sie der Gedanke überrasche. Nach einer Weile meinte sie: »Er war ein schlauer, verschwiegener Bursche, Miss... Miss... Miss...«
»Halcombe.«
»Miss Halcombe. Er war der verletzlichste Mensch, den ich je gekannt habe, und war deshalb auf das Sorgsamste darauf bedacht, jede Art von öffentlicher Demütigung zu vermeiden. Nur wenige von uns wußten etwas über seine privaten Verhält-

nisse – außer daß er mit seinem Vater zusammenlebte und eine verrückte Haushälterin hatte. Es gab da Gerüchte, natürlich, über eine Frau, aber ...« Sie hielt inne und schüttelte den Kopf.
»Eine Schauspielerin?« fragte ich, gespannt.
»Eine hübsche Witwe, hieß es. Die ihm einen Bastard oder zwei geboren hat. Aber man darf nicht alles glauben, was man hört.«
Ein Herr direkt neben mir – dessen Gegenwart ich nur am strengen Geruch seiner Zigarre spürte – räusperte sich lautstark und suchte das Weite; und auch ich muß etwas verstört ausgesehen haben, denn Lady Meesden sagte:
»Nun ja, junge Frau! – was ist schon dabei? Es ist unnatürlich für einen Mann, allein zu sein, und für eine Frau nicht weniger.«
Sie fixierte mich plötzlich mit ihren Knopfaugen, was mich weiter verunsicherte. »Besser ein warmes Bett als zwei kalte.«
Wie albern, sich derart in Verlegenheit und Verwirrung stürzen zu lassen, doch es war nun mal so; und aus Angst noch mehr Vertraulichkeiten dieser Art zu hören (oder, um ehrlich zu sein, an diesem Ort dabei *gesehen* zu werden), wandte ich mich in Richtung Walter und sagte:
»Mein Bruder schreibt eine Lebensgeschichte über Turner, wußten Sie das schon?«
Ich wünschte, ich hätte es nicht getan; denn wäre ich weniger empfindlich gewesen, hätte ich vielleicht mehr erfahren.
»Lassen Sie die Männer, wo sie sind«, sagte Lady Meesden in klagendem Ton. »Sie sind heutzutage sämtlich so erbärmliche Gecken – lauter Rechtsanwälte und Schulmeister.«
Ich schwieg, doch es war zu spät. Ich hörte Walter sagen: »Meine Tochter heißt auch Florence« – so als wären bereits sämtliche Gesprächsthemen aufgebraucht, außer dem Zufall, daß ihre Kinder denselben Namen trugen –, und dann fing er meinen Blick auf und schaute mich so flehentlich an, daß es einen Eisberg zum Schmelzen gebracht hätte. Es war mir daher unmöglich, mich zurückzuziehen.
»Ich denke manchmal, wir hätten sie ›Venice‹ nennen sollen«,

sagte Mr. Kingsett mit einem schnaubenden Lachen und deutete auf *Die Seufzerbrücke*.

Walter machte einen Schritt in meine Richtung. Auf seinem Gesicht stand geschrieben, was er nicht sagen konnte: *Rette mich!*

»Lady Meesden war mit Turner bekannt«, sagte ich. »Wußtest du das, Walter?«

»Ah, nein«, sagte er und trat auf sie zu. »Wie interessant.«

Doch mit einer Behendigkeit, die ich ihm gar nicht zugetraut hätte, war Mr. Kingsett vor ihm da; und im nächsten Moment, so als hätten sie sich ein Zeichen gegeben (von dem ich, wenn es denn so war, nichts bemerkt habe), war seine Frau an seiner Seite und sagte:

»Wir dürfen Miss Halcombe und Mr. Hartright nicht länger aufhalten, Mama. Wenn wir nicht weitergehen, sind wir die ganze Nacht hier und morgen auch noch.«

Einen Augenblick war ich ziemlich wütend; doch dann mußte ich daran denken, wie die alte Dame auf mich selbst gewirkt hatte, und überlegte, daß ich wahrscheinlich genauso gehandelt hätte, wäre es *meine* Mutter gewesen, die sich Fremden gegenüber so indiskret verplappert hätte.

Als ich allen die Hand geschüttelt hatte und Walter mit Lady Eastlake ein paar höfliche Worte über seine Recherchen austauschte, kam mir plötzlich der Gedanke – wie einem Matrosen, der gerade noch nach dem einzigen Wertgegenstand auf einem sinkenden Schiff greifen kann –, Lady Meesden eine letzte Frage zu stellen. Ich beugte mich also zu ihr hinab und sagte:

»Welches der Gemälde hier sagt Ihrer Meinung nach am meisten über Turner aus?«

Und ohne einen Augenblick zu zögern, antwortete sie: »*Die Pier von Calais.*«

Als sie verschwunden waren, suchten Walter und ich das Bild. Es ist ebenfalls ein Seestück, mit einem graumarmorierten, aufgewühlten Meer, dessen Wellen sich unter einem stürmischen Himmel brechen. Rechter Hand erstreckt sich ein baufälliger hölzerner Pier, auf dem verstreute Gruppen von Gestalten zu sehen sind, bis zum Horizont, wo die Silhouetten zweier Schiffe zu erkennen sind und eine Wolkenlücke einen Pinselstrich Sonnenlicht auf das Wasser legt. Mehr im Vordergrund, in der Mitte des Bildes, ein wildes Durcheinander von Booten, die teils in den Hafen einzulaufen, teils auszulaufen versuchen. In dem Boot, das dem Betrachter am nächsten ist, versucht ein Ruderer mit nur einem Ruder mit aller Kraft, das Gefährt von den hölzernen Pfeilern fernzuhalten, an denen es zu zerschmettern droht. Ein Mann im Heck, der keinen Gedanken daran verschwendet, ihm zu helfen, schwenkt wütend eine Cognacflasche in Richtung seiner Frau, die oben auf der Pier steht. Nur das mit zuversichtlich gesetzten Segeln herannahende englische Paketboot scheint unter Kontrolle zu sein.

Die arrogante John-Bull-Attitüde des Bildes – ein Haufen betrunkener, feiger, desorganisierter Franzosen, beschämt von tüchtigen englischen Seeleuten – spiegelt sich auch im vollen Titel wieder: *Pier von Calais, mit französischen »poissards«, die sich anschikken, auszufahren: Ankunft eines englischen Paketbootes*; denn laut meinem Wörterbuch bedeutet *poissard* keineswegs (wie man vielleicht denken könnte) »Fischer«, sondern »Pöbel«.

Wir standen vielleicht fünfzehn Minuten vor diesem Bild, und seitdem muß ich ständig daran denken; denn so einfach es war, sich vorzustellen, daß der Schöpfer dieser heiteren humorvollen, patriotischen Satire Tom Dibdin zitierte, ich entdeckte doch nicht den geringsten Hinweis darauf, daß derselbe Künstler auch *Odysseus verspottet Polyphem* gemalt haben könnte.

XIV
BRIEF VON COLONEL GEORGE WYNDHAM AN WALTER HARTRIGHT, 29. AUGUST 185-

Petworth,
29. August, 185-

Werter Herr,
ich habe Ihr Schreiben vom 17. August erhalten und sehe einem Besuch erfreut entgegen, falls Ihr Weg Sie in die Nähe von Petworth führt. Jedoch fürchte ich, Sie zu enttäuschen, denn ich kann Ihnen nur wenig über Turner oder seine Bekanntschaft mit meinem Vater erzählen.

Ergebenst, Ihr
George Wyndham

XV
BRIEF VON WALTER HARTRIGHT AN LAURA HARTRIGHT, 19. SEPTEMBER 185-

Brompton Grove,
Dienstag

Meine innigst Geliebte,
ich fürchte, Du machst Dir schon Sorgen um mich, so lange ist es her, daß ich Dir zuletzt geschrieben habe. Doch die Wahrheit ist – ich hoffe, Du hast es Dir schon gedacht –, daß ich so in Kutschen und Eisenbahnwaggons durchgeschüttelt, zweimal beinahe aus einer Droschke geworfen wurde und zudem noch früh aufbrechen mußte (gerade an dem Morgen, als ich dachte, ich hätte endlich Muße, Dir zu schreiben), daß ich noch halb schlief. Alles in allem blieben mir kaum dreißig Minuten, in denen ich etwas zu Papier hätte bringen können. Aber hier bin ich nun, endlich wieder zu Hause, und habe von meinen Abenteuern kein schlimmeres Andenken als einen blauen Fleck oder zwei, und ein Paar Stiefel, aufgeschürft von Kreidefelsen in den Hügeln der Downs.

Die neue Eisenbahn nach Brighton ist ein Wunder an Geschwindigkeit und Bequemlichkeit (wie Du bald selbst sehen wirst; denn ich habe mir schon fest vorgenommen, wenn wir demnächst wieder in der Stadt vereint sind, Dich und die Kinder mit einem Ausflug ans Meer zu überraschen, hin und zurück an einem einzigen Tag!). Doch genau aus diesem Grund versetzte mich die Eisenbahn auch in schlechte Stimmung.
Mit jeder Meile schien nicht nur die Entfernung zwischen mir und London zu wachsen, sondern auch die zwischen mir und Turner; denn *seine* Reise mit Michael Gudgeon, damals, vor so vielen Jahren, muß etwas ganz anderes gewesen sein – ein rüttelndes, schüttelndes Schlingern von früh bis spät, von einer Herberge zur nächsten, über staubige Straßen, auf denen nichts zu hören war als das Klappern der Hufe und das Quietschen und Rattern der Räder und der einzige Dampf der war, welcher von den Flanken der Pferde aufstieg. Gerade eben noch, vor jenen ungeheuren Bildern in Marlborough House, hatte ich das Gefühl gehabt, etwas von seinem schwer faßlichen Wesen erhascht zu haben, und schon geriet er mir im Qualm und Getriebe der modernen Welt wieder aus dem Blick.
Aber nach unserer Ankunft wurde es besser. Am Bahnhof mietete ich eine Droschke, und schon nach zehn Minuten fuhren wir durch Straßen, die mit weißen, stuckverzierten Pensionen gesäumt waren, deren quadratische, freundliche Fassaden schon in Turners Tagen hier gestanden haben mußten; und nach weiteren zehn Minuten ging es schon in die Downs hinauf – die sich seit der Zeit, als Cäsar sie zum ersten Mal erblickte, ja noch weitere tausend Jahre zurückgerechnet, kaum verändert haben. In alle Richtungen dehnte sich ein wallender und wogender Ozean von Gras; und wenn ich zurückblickte, sah ich ganz in der Ferne das immer breiter werdende Band der silbrig glänzenden See.
Nach vielleicht drei Meilen bogen wir am Eingang eines kleinen Dorfes links in einen schmalen Pfad ein, der von Brombeerbüschen gesäumt war. Er verlor sich bald in einer bloßen Wagenspur, und hier kam es dann beinahe zum ersten Unfall. Einen

Moment war der Kutscher wohl unachtsam, und das Pferd trottete auf dem holprigen Untergrund munter drauflos, strauchelte und fing sich mit einer heftigen Bewegung, wodurch eines der Räder mit einem furchtbaren Schlag in eine Furche geriet und die Droschke um Haaresbreite umstürzte.

Der Kutscher mußte sich quer über seinen Sitz werfen, um nicht hinausgeschleudert zu werden. Im nächsten Augenblick hielt er an.

»Tut mir leid, Sir«, sagte er. »Weiter geht's nicht. Noch so ein Schlag, und die Achse ist hin.«

»Ist es noch weit?« fragte ich.

»Keine halbe Meile«, sagte er, und zeigte in Richtung eines rauchenden Schornsteins hinter dem nächsten Hügel.

Also bezahlte ich ihn, nahm meinen Koffer und ging zu Fuß weiter, wobei ich sorgsam darauf achtete, nicht in die ausgefahrenen Wagenspuren zu geraten. Sanfter Wind strich mir übers Gesicht; und für einen Augenblick schien sich alles, was mich an die gewöhnliche Welt band, mit der entschwindenden Kutsche aufzulösen, und ich war allein mit dem Tritt und dem Knirschen meiner Stiefel und dem Tirilieren der Lerchen, die mich an eine große Aufgabe mahnten oder an einen schweren Kummer erinnerten, den ich im Getriebe des Alltags irgendwie vergessen hatte.

Als ich den Hügel überwunden hatte, erblickte ich unter mir etwas, was ich für einen kleinen Bauernhof halten mußte: ein morastiger Hof, an zwei Seiten von baufälligen Wirtschaftsgebäuden flankiert, während an der dritten ein langes, niedriges Haus aus gekalktem Stein stand, dem auf der Rückseite eine Reihe Bäume Schutz gaben. Es war so gar nicht das behagliche Landhaus, das ich erwartet hatte, daß ich im ersten Moment dachte, der Kutscher müsse mich am falschen Ort abgesetzt haben, und als ich am Tor ankam, war ich vollends überzeugt, es sei besser, ins Dorf zurückzukehren oder vielleicht sogar nach Brighton, um noch einmal ganz von vorne anzufangen.

Ein magerer schwarz-weißer Hund sprang auf und verkündete mit wildem Gebell und wie ein Kinderspielzeug am Ende seiner

Kette auf- und abspringend meine Ankunft, worauf eine Schar Hühner, die auf dem Hof umherstolzierte, davonstob. Sogleich kam eine rotgesichtige Frau von etwa fünfundsechzig Jahren, die Ärmel bis zum Ellbogen aufgerollt, aus einem der Wirtschaftsgebäude und steuerte rasch auf mich zu. Sie bewegte sich mit dem schwankenden, übertriebenen Gang, mit dem gewöhnlich die komische Alte in der Komödie dargestellt wird, was mich zunächst denken ließ, sie sei betrunken; doch dann bemerkte ich, daß sie nur versuchte, sich im Gehen in ein Paar schwere Holzschuhe zu zwängen, die sie über den Schlamm hinwegtragen sollten.

»Guten Morgen«, rief ich. »Ich möchte zu Mr. Gudgeon.«

Die Kakophonie aus Gegacker und Gekläff muß meine Worte verschluckt haben; denn die Frau runzelte die Stirn und schüttelte den Kopf, um schließlich – nachdem sie die letzte Henne verscheucht und dem Hund lautstark Ruhe befohlen hatte – die Hand hinters Ohr zu legen, die Augenbrauen zu heben und den Mund zu öffnen, als wolle sie in einer Scharade den Ausdruck »Wie bitte?« darstellen.

»Mr. Gudgeon?« wiederholte ich.

»Sind Sie Mr. Hartright?« fragte sie mit einem weichen Sussex-Akzent; und als ich nickte, streckte sie mir umstandslos die Hand entgegen und sagte: »Ich bin Alice Gudgeon.«

»Guten Tag«, antwortete ich.

»Mein Mann ist in seinem Arbeitszimmer. Macht es Ihnen etwas aus, wenn wir hintenrum gehen?«

Sie führte mich über den Hof in eine warme, dampfende Küche, erfüllt vom Geruch kochenden Specks und dem süßen, rauchigen Duft von Fleisch, das am Spieß brät. Wenn man die niedrige Balkendecke sah, den schwarzen Herd, auf dem dicht gedrängt Töpfe standen, die beiden Hasen in der halboffenen Tür der Speisekammer, hätte man annehmen können, daß dies das Haus eines wohlhabenden Bauern sei. Nur der Tisch fügte sich nicht ins Bild; denn unter dem alten Tuch, das über seine Platte gebreitet war, lugten vier feingedrechselte Mahagonibeine hervor, die

ahnen ließen, daß er einst ein Speisezimmer geschmückt hatte, nun aber harte Zeiten durchmachte.
Wir traten in eine kühle Diele, die mit blankgescheuerten Fliesen ausgelegt war, wo Mrs. Gudgeon stehenblieb. »Vielleicht lassen Sie Ihre Tasche hier«, sagte sie und deutete zum Treppenabsatz, »und wir zeigen Ihnen Ihr Zimmer später?« Die Art, wie sie sprach – langsam und laut, den Blick auf eine gegenüberliegende Tür gerichtet –, ließ mich vermuten, daß sie dies eher für ihren Mann als für mich sagte. Nachdem sie ihm auf diese Weise meine Ankunft angekündigt hatte, schubste und zerrte sie einige Sekunden murmelnd meinen Koffer herum. Die Hände in die Hüften gestemmt, trat sie schließlich zurück und meinte: »So, nun wird sich niemand den Hals brechen.« Dann öffnete sie, ohne anzuklopfen, besagte Tür.
Was mir zuerst ins Auge fiel, waren die vielen Papiere, einzelne Blätter, locker geschichtete, von losen Bändern zusammengehaltene Stapel und alte Notizbücher, die zu wackligen Säulen aufgetürmt waren, die sicher beim kleinsten Luftzug umstürzten und die den gesamten Fußboden und die Möbel zu bedecken schienen. In der Luft lag der schwere Geruch von Stockflecken und altem Leder, und der Staub war so dicht, daß er wie ein Musselinvorhang vor dem Fenster tanzte. Hier, das war mein erster Gedanke, sah ich etwas, was ich nie für möglich gehalten hätte: Ein Zimmer, in dem noch mehr Unordnung herrschte als im Boudoir von Lady Eastlake.
Doch dieser Eindruck verflog sofort, als ich mich Gudgeon selbst zuwandte. Vor mir stand ein schlanker, gutgekleideter, eher kleiner Herr mit bernsteinfarbenen Augen und einer weißen, von der Stirn in den Nacken gekämmten Mähne. Er trug eine schneeweiße Halsbinde (so weiß und breit wie die Brust eines Schwans) und einen gutgeschnittenen Kammgarnanzug, der ihn peinlich korrekt kleidete. Als er zur Begrüßung auf mich zutrat, lenkte er seine Schritte vorsichtig um die Papiere herum, wie ein General, der sich bemüht, die Aufstellung seiner Truppen nicht zu stören.

»Mr. Hartright?« sagte er und sah zu seiner Frau. Sie nickte, und er streckte mir seine Linke entgegen. »Wie freundlich von Ihnen, daß Sie gekommen sind, Sir.«
»Die Freundlichkeit ist ganz auf ihrer Seite –«, begann ich, von seinem Ton überrascht; aber er unterbrach mich mit einem Kopfschütteln.
»Sie sind ein Engel«, sagte er. »Vom Himmel gesandt, um mich zu erretten.« Dabei machte er eine ausholende Geste mit der Hand, wie ein Landmann, der die Saat ausbringt. »Sie sehen ja, wie es um mich steht.« Er schüttelte sorgenvoll den Kopf, und ein kummervolles Lächeln breitete sich auf seinem Gesicht aus – was mir den Mut zu der Frage gab:
»Warum – was ist das hier?«
»Die Arbeit von vierzig Jahren«, antwortete er. »Und es wird mich weitere vierzig Jahre kosten, sie zu ordnen, wenn ich mich nicht beeile.«
Ich schaute auf den Haufen, der mir am nächsten lag. Er war mit einem Stück Zwirn zusammengebunden, und jemand (vermutlich Gudgeon selbst oder seine Frau) hatte ein schmales Kärtchen unter den Knoten geschoben, auf dem der Buchstabe »Alpha« und die Zahl »7« zu lesen waren. Darüber stand mit schwachen Bleistiftstrichen geschrieben: »Kap. 1? Kap. 3? Kap. 4?«
»Sie arbeiten an einem Buch?« fragte ich.
Seine Frau, die immer noch in der Tür stand und ihn mit hellen Augen zärtlich und nachsichtig ansah, fing plötzlich an zu lachen; und nachdem er ihr erst einen kurzen, scharfen Blick zugeworfen hatte, stimmte er mit einem tiefen, selbstironischen Kichern ein.
»Als ich noch jünger war, Mr. Hartright«, sagte er, »wurde ich in den Beefsteak Club von Brighton gewählt; und beim monatlichen Dinner konnte es vorkommen, daß der Vorsitzende einen ganz unvermittelt aufforderte, aus dem Stegreif eine Grabinschrift zu dichten – entweder die eigene oder die eines anderen Mitglieds. Und Jack Marwell vom Royal Theatre, ein äußerst humorvoller Bursche, hat folgende Verse für mich verfaßt:

> Hier liegt, mein Freund, ein armer Wicht,
> Er tat kein Fehl, doch eines nicht,
> Er plant ein Buch, plant stets aufs Neu,
> Doch ach, im Planen nur war er sehr treu,
> Zum Schreiben ist er nie gekommen
> Bis ihn der Tod von uns genommen.
> Sprich ein Gebet für ihn, daß nicht vergebens
> Man sucht ihn einst im Buch des Lebens.

Als er geendet hatte, standen ihm die Tränen in den Augen – doch ob sie durch Heiterkeit verursacht waren oder durch die Erinnerung an seine Freunde oder einfach durch die Melancholie, die der Gedanke an den eigenen Tod in uns allen wachruft, konnte ich nicht entscheiden. Nach einer Weile brach sein Kichern wieder hervor und er sagte: »Aber ich habe mich im nächsten Monat revanchiert; denn da wollte der Vorsitzende von mir ein Gedicht über Marwell, und ich sagte: ›Ich plane noch‹, und wurde aufgrund meiner Schlagfertigkeit aus dieser Verpflichtung entlassen.«

Ich lachte und meinte, indem ich mich umsah: »Es scheint mir aber, man hat Sie verleumdet; Sie haben hier doch sicherlich die Entwürfe zu mindestens einem halben Dutzend Bücher...«

»Ja, die Entwürfe!« antwortete er. »Die Entwürfe! Aber die fertigen Bücher? – Das ist die Frage! Hier was über Gräber« – er wies auf einen Stapel – »und römische Befestigungen« – er zeigte auf einen anderen – »und den Oberschenkelknochen eines Riesen und Druidensteine und tausend andere Kuriositäten; alles zusammen könnte einen ganz respektablen *Führer durch die Naturwunder und antiken Relikte der Grafschaft Sussex* abgeben, was es tatsächlich auch immer werden sollte.« Er hielt einen Augenblick inne, vielleicht weil er ihm plötzlich der Grund meines Besuches in den Sinn gekommen war, denn er fuhr fort: »Ja, das hatte ich unter anderem schon damals im Sinn, als ich die Reise mit Turner unternahm – ich hoffte, er würde mir ein paar Stiche liefern.«

»Hat er abgelehnt?« fragte ich.

»Ich habe ihn nicht so direkt gefragt, aber er hat meine Absicht vielleicht erraten, denn er erklärte mir schlicht, daß alle Bilder einem Verleger versprochen seien, der ein eigenes Buch herausbringen wolle. Wie ich später hörte, ist aus dem Projekt nichts geworden, ich hätte ihn also noch einmal darauf ansprechen können; doch ich dachte, ich wäre immer noch nicht weit genug.« Er schüttelte in einem Anfall von Mutlosigkeit den Kopf.
»Wie sehr ich mich auch bemühe, es gelingt mir nicht, mein Material zu ordnen; und immer, wenn ich es fast geschafft habe, taucht irgend etwas Neues auf und bringt die ganze Sache vom Weg ab, Roß und Reiter.« Er begann wie ein Dirigent heftig in der Luft herumzufuchteln. »Wenn ich alles nach dem Fundort ordne, muß ich die Dianatempel mit den mittelalterlichen Münzen und Geschützen aus dem letzten Krieg zusammenwerfen; gehe ich chronologisch vor, wird dem Leser und mir schwindlig, weil er von einem Ende des Landes zum anderen und wieder zurück jagen muß – und das an einem einzigen Nachmittag.« Er schüttelte den Kopf. »Darüber werde ich noch den Verstand verlieren.«
»Vielleicht kann ich Ihnen helfen?« schlug ich vor. Der arme Mann tat mir leid, und ich hätte ihn gern aus dem Netz befreit, in dem er sich verstrickt hatte. »Ich habe etwas Erfahrung – und außerdem stehe ich vor ähnlichen Problemen mit meiner *Lebensbeschreibung Turners.*«
»Um Himmelswillen!« sagte Gudgeon. »Es ist außerordentlich liebenswürdig von Ihnen, mir solch ein Angebot zu machen; aber ich darf um alles in der Welt nicht auch noch Ihre Lebenszeit vergeuden. Im übrigen« – hier lächelte er zu seiner Frau hinüber, die errötete und zurücklächelte – »meine Frau vertraut voll und ganz darauf, daß Sie mich zur Vernunft bringen – und sei es nur für einen Augenblick –, indem Sie mich von diesem ganzen traurigen Geschäft ablenken.« Er berührte mich mit einem Finger am Arm. »Kommen Sie, wir gehen ins Museum. Und dort, das schwöre ich Ihnen, werde ich nur noch über Turner reden.«

Unseren Vorbereitungen nach zu urteilen – er bestand darauf, daß ich meinen Mantel anzog und borgte mir einen Schal, während er selbst sich in einen alten Gehrock warf und einen Hirtenstab ergriff –, hätte man meinen können, das »Museum« müsse eine Tagesreise entfernt sein und auf einem Berg liegen. Wie sich herausstellte, war es nicht weiter als bis zu einem alten Viehstall in einer Ecke des Hofes zwischen dem Haus und einer Sattelkammer mit Pferdestall, aus dem ein braunes Pony mit zottiger weißer Mähne nach uns sah, den Kopf herumwarf und ungeduldig scharrte, während Gudgeon mit dem Riegel hantierte. Drinnen war es kalt und feucht, es roch nach modriger Erde und altem Heu. Das spärliche Licht fiel durch schmale, schmutzige Fenster ganz oben in der Wand, was eine düstere Kirchenatmosphäre schuf. Ich konnte nichts deutlich erkennen, spürte mich jedoch von unbestimmten Formen umgeben, die irgendwie ein Gefühl von Masse und Präsenz vermittelten und einen geradezu körperlichen Druck auf mich ausübten, wie eine Menschenmenge.
Gudgeon holte von der Rückseite der Tür eine Laterne herunter, zündete sie mit erstaunlichem Geschick an (wenn man bedenkt, daß seine rechte Hand dabei nur die Streichholzschachtel halten konnte) und hängte sie dann an seinen Hirtenstab.
»Wären Sie so gut, das zu nehmen?« sagte er. »Ich glaube, wir kommen besser zurecht, wenn ich die Hände zum Zeigen frei habe.«
Ich nahm den Laternenstock wie einen Bischofsstab in Empfang und ließ Licht auf eine zerbrochene Steinplatte fallen, die direkt vor mir an der Wand lehnte (so nah, daß ich unweigerlich dagegen gelaufen wäre, wenn ich in der Dunkelheit auch nur noch einen Schritt weiter getan hätte). In ihre Oberfläche waren ungleiche Buchstaben eingeritzt; ich beugte mich vor und las:

Gaius Ter
Et sua coniunx caris
HSE

»Von einem römischen Friedhof bei Lewes«, erklärte Gudgeon. »*Gaius Tertius*, nehme ich an. *Et sua coniunx carissima.*« Er ließ

die Finger sanft über den Stein gleiten und nickte wie zur Bestätigung; ich glaube, er dachte dabei an *seine* geliebte Frau – so wie ich an meine. »*Hic Situs Est* – er ist also vor ihr gestorben, und ihr Name wurde später hinzugefügt.«
»Das ist sehr anrührend«, sagte ich.
Wieder nickte er. »Aber Turner hätte das nicht so empfunden. Seiner Ansicht nach konnte ein echter Maler nur mit seiner Kunst verheiratet sein. Dafür führte er keine geringere Autorität als Sir Joshua Reynolds ins Feld.« Er lächelte und sagte: »Sie sehen, ich halte Wort! Ich rede nur über Turner!« – und dann wandte er sich abrupt ab und verschwand im Dunkeln.
Ich folgte ihm mit erhobener Laterne, deren gelblicher Schein die Schatten verscheuchte. Mein erster Gedanke war, in die Höhle eines wahnsinnigen Aladin geraten zu sein; die Wände waren mit rohgezimmerten Regalen versehen – in rechteckige Fächer unterteilt, wie die Kojen einer Schiffskabine –, die mit dem größten Sammelsurium an altem Kram gefüllt waren, das ich je gesehen habe: zerbrochene Töpfe; ein Hirschhorngriff ohne Klinge; die Sohle eines alten Schuhs, aus der rostige Nägel lugten; eine Hälfte einer schwarzen Truhe aus zerfaserndem Holz (die andere Hälfte offenbar schlicht verrottet); eine Sammlung Feuersteinsplitter, vielleicht rohbearbeitete Pfeilspitzen, an den Kanten jedoch so abgenutzt, daß sie eher aussahen, als wären sie von einem zahnenden Hund benagt und nicht von menschlicher Hand geformt worden. Das, so dachte ich, muß die Folge einer Geisteskrankheit sein (hatte mir nicht schon das Arbeitszimmer eine kleine Probe davon gegeben?), die ihr Opfer unfähig macht, irgend etwas wegzuwerfen, wie unbedeutend und nutzlos auch immer, und es ihm dadurch auch unmöglich wird, sein Leben nach einem Plan zu gestalten.
Doch wenn das Wahnsinn war, so hatte es immerhin Methode; denn jedes Fach war mit einem handgeschriebenen Schildchen versehen, das Fundort und Datum angab – »Braysted, 1845« oder (hier war die Tinte mit den Jahren verblaßt) »Tamberlode, 1816«.

»Haben Sie all diese Dinge selbst gefunden?« fragte ich.
Er nickte knapp und murmelte etwas, das ich nicht verstand. Ich konnte nicht umhin, Achtung vor seinem Fleiß zu empfinden (wenn auch nicht vor seinem Urteilsvermögen!), doch ihm schien es kaum der Rede wert zu sein, denn er setzte seinen Weg in unvermindertem Tempo und ohne den Kopf zu wenden fort und sagte nichts mehr, bis er ans hintere Ende des Raums gelangt war, wo er mit der Hand auf ein Regal schlug, was eine Staubwolke aufwirbelte.

»Hier haben wir Turner für Sie«, verkündete er stolz. »Er liebte diesen Ort.«

Es waren, soweit ich sah, Fundstücke von vier verschiedenen Ausgrabungen – die früheste datierte von 1811, die letzte von 1825 –, die offenbar alle an derselben Stelle gemacht waren, wie ein großes Schild in der Mitte der Wand verriet: »Sturdy Down«.

»Er hat es nie direkt gesagt, denn er redete nicht gern über solche Dinge, aber ich glaube, er mochte den Ort wegen seiner Schichten«, sagte Gudgeon.

»Schichten?« fragte ich, nicht sicher, ob ich ihn richtig verstanden hatte.

Er nickte. »Man stelle sich auf den Gipfel von Sturdy Down, und im Umkreis von zwei Meilen findet man – sofern man Augen hat zu sehen – Zeugnisse aus beinahe allen Epochen unserer Insel.« Er nahm einen mit Rostblasen übersäten, eisernen Axtkopf und wog ihn in der Hand. »Angelsächsisch, aus einem Fürstengrab«. Bevor ich Zeit hatte, ihn in Augenschein zu nehmen, legte er ihn wieder hin und griff nach dem glänzenden Bruchstück einer orangefarbenen Fliese, die er mir in die Hand legte. »Römisch. Vom Hypokaust einer Villa im Tal.« Schon deutete er auf eine komplizierte Brosche, elegant geschwungen wie ein längliches Schneckenhaus. »Bronzezeit. Aus dem Grab einer Priesterin oder Häuptlingstochter; sollte ihr einen würdigen Auftritt im Jenseits verschaffen.« Nun stieß er seinen Finger so schnell durch die Luft, daß ich kaum Zeit hatte, einen der Schätze ins

Auge zu fassen, bevor er schon beim nächsten war. »Ein Stein von dem mittelalterlichen Kloster, das zum größten Teil geplündert worden ist, um dieses armselige Narrenhaus hier zu bauen. Eine Speerspitze aus Feuerstein, mit der man vielleicht ein Mammut erlegt hat.«

»Aber was hat Turner daran so fasziniert?« fragte ich – teils, um ihn zu bremsen, teils, weil ich wirklich verwundert war –, denn während ich in den Bildern in Marlborough House Beispiele im Überfluß für sein Interesse an mythologischen Themen und seine Leidenschaft für die Stimmungen und Effekte der Natur gefunden hatte, konnte ich mich an kein einziges erinnern, das ein gesteigertes Interesse an britischer Geschichte vermuten ließ.

»Er war ein Mann aus dem Volk«, sagte Gudgeon. »Ein Mann aus dem *arbeitenden* Volk. Oft habe ich erlebt, wie er anhielt, um einen Fischer zu skizzieren oder einen Schäfer – nicht als Kuriosität oder schmückendes Beiwerk für eine antike Szene, sondern als Mensch, mit dem Einfühlungsvermögen, das aus gemeinsamer Erfahrung entspringt. Er sah es als wichtigen Teil seiner Aufgabe an, auch die große Masse der englischen Männer und Frauen – all jene, die nie in eine Galerie gehen würden oder die Mittel haben, sich ein Bild zu kaufen – in den Ansichten ihres Landes darzustellen.«

»Aber trotzdem...«, setzte ich an.

»Denn auch er, wissen Sie«, unterbrach mich Gudgeon (allerdings mit einem leichten Kopfnicken, das zu bedeuten schien, er habe meinen Einwand zur Kenntnis genommen und werde gleich darauf eingehen), »hatte erfahren, was es bedeutet, arm zu sein, müde Beine zu haben, vom Sturm gepeitscht zu werden, den lieben langen Tag zu arbeiten und dennoch hungrig zu Bett zu gehen.« Er schwieg einen Augenblick und fuhr dann leiser fort: »Die Tränen kamen ihm, wenn er dort stand. Es war fast, als könnte er sie sehen, wie sie durch die Landschaft schritten – all die Generationen, die dort gelebt, geschuftet hatten und gestorben waren.« Die Gefühle oder vielleicht auch die schlechte Luft hatten sich auf Gudgeons Stimme gelegt, so daß er sich

räuspern mußte, bevor er fortfuhr: »Um ehrlich zu sein, damals habe ich es auch nicht so recht verstanden. Ich war zu jung. Jetzt ist es einfacher für mich; je älter ich werde, desto mehr fühle ich mich den Menschen verbunden, die diese Gegenstände hergestellt haben« – er blickte um sich und nickte, als begrüßte er eine Versammlung alter Freunde – »die sie benutzt haben, die gestorben sind und sie hinterlassen haben, damit ich sie finden konnte.« Wieder schwieg er eine Weile; und dann – vielleicht in dem Bemühen, seine Gefühle zu meistern, denn er schien selbst den Tränen nahe – wandte er sich abrupt ab und nahm wieder etwas aus dem Regal. »Das hier wird Sie interessieren, Mr. Hartright.«
Zuerst konnte ich es überhaupt nicht erkennen, doch als er es ins Licht hielt, sah ich, daß es der Unterkiefer eines großen Tieres war, lang und mit Zähnen gespickt wie bei einem Krokodil. Doch er war so groß, daß das Tier – sofern der übrige Körper dazu im Verhältnis stand – mindest fünf- oder sechsmal größer gewesen sein mußte als das größte Krokodil, das Du je im Zoologischen Garten gesehen hast; und vor Verwunderung stieß ich unwillkürlich die Luft aus.
»Von einer ausgestorbenen Drachenart«, sagte Gudgeon mit dem routinierten Lachen eines Mannes, der diese Reaktion schon oft erlebt hat. »Owen nennt das jetzt *Dinosaurier*, glaube ich.«
»Owen?« fragte ich.
»William Owen. *Sir* William, um genau zu sein.« (Dem Ton nach, mit dem er dies sagte, hätte man vermuten können, daß niemand jemals dieser Würde unwürdiger gewesen war.) »Der Leiter des British Museum. Und in dieser Eigenschaft nimmt man ihm natürlich alles ab, was Klassifizierung betrifft.«
Er blickte finster auf seine Sammlung, seine Lippen bewegten sich wie ein bebender Vulkan, der jeden Moment ausbrechen kann; und ich machte mich auf den langen Katalog seiner Meinungsverschiedenheiten mit Sir William gefaßt. Doch dann – vielleicht weil er sich daran erinnerte, daß er mir nur von Turner

erzählen wollte – deutete er nur mit dem Kinn auf den Kieferknochen und sagte:

»Wie auch immer, Turner und ich waren dabei, als er aus dem Kalkstein ausgegraben wurde, und er stand einen Moment lang völlig entrückt da, sein Gesicht leuchtete wie das eines Schuljungen; und dann fing er an zu zeichnen« – er machte wilde Bewegungen mit der Hand –, »als hinge sein Leben davon ab. Später, glaube ich, hat er ihn in Fleisch gekleidet und in einem seiner Bilder verwendet.«

»Ja«, sagte ich; denn wie er das erzählte, erschien vor meinem geistigen Auge plötzlich das Ungeheuer aus *Die Göttin der Zwietracht im Garten der Hesperiden*, und ich erkannte darin diese Kreatur so sicher wieder, wie man ein Gesicht erkennt, das man zuvor nur auf einer Photographie gesehen hat. »Ich kenne es.«

»Und hier«, sagte Gudgeon lachend, »ist ein Pinsel, den der größte Künstler unserer Zeit auf dem Sturdy Down hinterlassen hat.« Er reichte mir einen abgenutzten, hölzernen Stiel.

»Das war wirklich seiner?« sagte ich; und als er nickte, spürte ich einen Schauder über meinen Rücken laufen, gleich einem Wetterleuchten, denn (abgesehen vielleicht von Mr. Ruskins Selbstbildnis) hatte ich noch nie etwas in Händen gehalten, das Turner berührt hatte; und einen träumerischen Augenblick lang stellte ich mir vor, daß seine Kraft noch immer in diesem schlanken Holzgriff ruhen, sich auf mich übertragen würde und ich nun wie er malen könne. Als ich ihn ins Licht der Laterne hob, sah ich, daß nur noch ein einziges Haar dran war.

Gudgeon muß meine Verwunderung bemerkt haben; denn er lachte wieder und sagte: »Er war glücklich, solange noch drei Haare am Pinsel waren, hat er mir erzählt; und mit zweien gab er sich auch noch zufrieden; wenn es allerdings nur noch eines war, gab er sich geschlagen.«

»Aber warum?« meinte ich und spürte einen Gewissensbiß bei dem Gedanken, wie schnell *ich* einen Pinsel wegwarf, sobald er auch nur den kleinsten Fehler aufwies. »Er hätte es sich doch leisten können, ihn früher zu ersetzen?«

Gudgeon nickte. »Ja, als ich ihn kennenlernte, war er bereits ein wohlhabender Mann. Aber er führte ein sehr einfaches Leben.«

»Gewiß«, sagte ich und dachte an die Gerüchte, die mir zu Ohren gekommen waren. »Doch könnte dieses ›einfache Leben‹, wenn es so gar nicht der Notwendigkeit entspringt, nicht auch...?«

»Ja«, antwortete Gudgeon, »ich weiß, daß man ihn für geizig hielt. Doch ich würde ihn nicht so nennen. Genügsam, ja. Vorsichtig – und jähzornig, wann immer er fürchtete, man mache sich über ihn lustig oder nutze ihn aus. Aber ich habe auch einmal gesehen, wie er einer jungen Witwe mit einem weinenden Säugling an der Brust fünf Shilling gab und ihr sagte, sie solle etwas für das Kind kaufen und dafür sorgen, daß es in die Kirche gehe, damit es Gut und Böse unterscheiden lerne.«

»Dann war es also Prahlerei?« fragte ich, als mir einfiel, wie gern Turner an Firnistagen seine Fähigkeiten zur Schau gestellt hatte.

»Zum Teil vielleicht. Er war ohne Zweifel sehr stolz auf seine Improvisationskunst. Und zum Teil fürchtete er auch, seine Unabhängigkeit zu verlieren; einmal, als wir zuviel getrunken hatten, erklärte er mir, am meisten verabscheue er es, der Laune eines Mäzens ausgesetzt zu sein.« Er hielt inne; und als er fortfuhr, lag ein Zweifel in seiner Stimme, als wolle er ein Problem ansprechen, für das er bislang keine Lösung gefunden hatte. »Aber da war, glaube ich, noch etwas anderes. So etwas wie *Aberglaube*.«

»Sie meinen«, sagte ich – und ich weiß nicht warum, außer daß es irgendwie zu all den neulich in Marlborough House gesehenen Bildern von Luxus, Ruin und Zerstörung paßte –, »er glaubte, es könne sich eine Katastrophe ereignen, wenn er zu verschwenderisch sei?«

Aus irgendeinem Grund errötete Gudgeon leicht, als hätte ich ihn beschämt; dann nickte er und sagte: »Das ist sehr klug bemerkt von Ihnen, Mr. Hartright. Und nicht nur eine Katastrophe

für ihn selbst. Sondern für das ganze Land. Oder sogar für die Welt.« Er lächelte und legte mir nachdrücklich die Hand auf die Schulter. »Ich glaube, Sie werden Ihre Sache gut machen, Sir. Sehr gut sogar.« Und dann, indem er mit dem Kinn auf den Pinsel wies: »Behalten Sie ihn, bitte. Es ist mir eine Freude.«
»Im Ernst?«
Er nickte.
»Ich werde ihn immer bei mir tragen«, sagte ich und steckte ihn in die Tasche. »Als Talisman«.
Ein unbedeutender Gegenstand, gewiß, und doch freute ich mich darüber; denn dies war die erste wirkliche Ermunterung, die ich von irgend jemand erfuhr, abgesehen von Lady Eastlake – Mr. Ruskins unendlich herablassende Bemerkungen hatten bloß wie ein kalter Wasserguß auf meine Stimmung gewirkt. Und es schien sich zu bestätigen, was ich immer mehr zu fühlen begonnen hatte (doch noch immer kaum zu hoffen wagte), seitdem ich Turners Bilder gesehen hatte: Daß ich zuletzt doch anfing, eine Vorstellung von ihm als Mensch zu bekommen. So war ich allerbester Laune, als Gudgeon eine Uhr aus der Tasche zog, einen Blick darauf warf und sagte: »Meine Frau wird das Essen gerichtet haben; wir sollten sie nicht warten lassen; gehen wir?« »Gerne, Sir«, antwortete ich und folgte ihm ins Haus.

Es war eine herzhafte, altmodische Mahlzeit in einem altmodischen Speisezimmer mit schweren Balken an der Decke und einem großen offenen Feuer, das einen ganzen Baum verzehrt haben muß in der Zeit, in der wir ein gekochtes Huhn, einen Pudding und eine halbe Schafskeule vertilgten. Da Gudgeon das Fleisch nicht tranchieren konnte, dachte ich zunächst, seine Frau würde mich bitten, es an seiner Stelle zu tun; doch sie übernahm die Aufgabe selbst, und gleich sah ich auch, warum: Sie schnitt die Portion ihres Mannes diskret in kleine Stücke, damit er sich nicht durch seine Unfähigkeit, ein Messer zu halten, gedemütigt fühlen oder wie ein Kind darum bitten mußte, ihm sein Essen auf dem Teller vorzuschneiden. Ein anderer Mann hätte vielleicht in der begreiflichen Scheu, die Aufmerksamkeit auf seine Behinderung zu ziehen, diese Gefälligkeit nicht gewürdigt; Gudgeon jedoch berührte ihre Hand und dankte ihr mit einem liebevollen Lächeln. Während wir beisammen saßen, habe ich bestimmt bei zwanzig solchen Gelegenheiten die gegenseitige Zuneigung und Aufmerksamkeit beobachten können, die sich die beiden entgegenbrachten. Laß uns hoffen, meine Liebe, daß auch wir ein solches Bild abgeben, wenn wir dieses Alter erreicht haben!

Als wir die Mahlzeit beendet hatten, räumte Mrs. Gudgeon den Tisch ab und ließ ihren Mann und mich allein beim Wein zurück. Wir sprachen ein wenig über seine Familie; und ohne daß ich ihn auf das Thema lenken mußte, erzählte er mir mehr von seinen Abenteuern mit Turner: wie sehr er Stürme geliebt hatte – »je schlechter das Wetter, desto besser« –, wie sie einst in Brighton ein Boot gemietet hatten und ein Sturm aufgekommen war, die Wellen donnernd über die Bordwand schlugen, und alle seekrank wurden außer Turner, der fasziniert auf das Wasser starrte, dessen Bewegungen und Farbe studierte und vor sich hinmurmelte: »Wunderbar! Wunderbar!«; wie sie zwanzig oder dreißig Meilen am Tag gewandert waren, bei Regen, bei Sonnenschein und bei Sintflut, und manchmal in den schäbigsten Herbergen eingekehrt waren, wo Turner mit einem Stück Brot und Käse zufrieden war, mit einem Glas Porter und einem Tisch, auf den er seinen Kopf legen konnte, wenn es kein Bett gab. »Das waren wundervolle Abende für einen jungen Mann«, sagte Gudgeon schließlich und schüttelte den Kopf vor Staunen. »Denn tagsüber ließ einen Turner keinen Blick auf seine Arbeit tun, und er sprach kaum ein Wort; aber wenn das Ale seine Zunge gelöst hatte, fing er an zu singen und riß Witze (die man allerdings kaum verstand), brüstete er sich mit seinem Erfolg und erklärte, er sei der größte Maler der Welt.«

Danach schwieg Gudgeon eine ganze Weile, und ich glaube sogar, er ist eingenickt, denn der Kopf sank ihm auf die Brust, und dann warf er ihn mit einem Ruck wieder hoch und starrte mich einen Moment lang an, als wisse er nicht, wer ich sei. Dann lächelte er, doch er schwieg noch immer, als wäre ihm unser freundschaftliches Zusammensein Unterhaltung genug. Es gab kein anderes Geräusch als das klägliche Blöken von Schafen in der Ferne und das leise Knistern des Feuers – das, wie wir, satt und schläfrig geworden zu sein schien; denn das Holzscheit, das Gudgeon nachgelegt hatte, als er zuletzt unsere Gläser gefüllt hatte, war von den Flammen kaum angeleckt worden. Die Kerzen waren heruntergebrannt, und durch das Fenster sah ich am Himmel die ersten Sterne funkeln; und ich dachte an jene weit zurückliegenden Tage (die in Wahrheit gar nicht so weit zurücklagen), als der junge Gudgeon und der noch gar nicht so alte Turner gerade so wie wir jetzt beisammen gesessen hatten; und wie – im Bruchteil einer Sekunde im Leben eines Sterns – die Zeit über uns alle hinweggeht und uns schließlich besiegt. Und so muß auch ich eingeschlafen sein; denn das nächste, an das ich mich erinnern kann, ist, wie mich Mrs. Gudgeon an der Schulter rüttelte und mir lachend anbot, mich mit der Lampe nach oben zu führen.

Am nächsten Morgen stand ich spät auf und nahm ein ausgiebiges Frühstück in der Küche – zu dieser Stunde dank des Herdfeuers der einzige warme Raum im ganzen Haus. Danach saß ich eine Weile mit Gudgeon in seinem Arbeitszimmer, und wir tauschten viele »Dankeschön« und »Es war mir eine große Ehre«, bis schließlich seine Frau hereinkam und mir sagte, es sei Zeit zum Aufbruch, wenn ich den Zug sicher erreichen wolle. Er begleitete mich auf den Hof – wo seine Frau bereits das braune Pony vor den leichten Wagen gespannt hatte. Es stampfte mit den Hufen, als könne es den Aufbruch nicht erwarten. Gudgeon, der sich an der Tür vor dem scharfen Ostwind schützte, wand sein Tuch vom Hals, und als seine Frau losfuhr, schwenkte er es mit seiner gesunden Hand wie einen Schal.
Am Bahnhof von Brighton setzte sie mich so rechtzeitig ab, daß mir noch reichlich Zeit für den Zug nach Chichester blieb, mit dem meine Reise nach Petworth beginnen sollte, und ich...

Aber nein – wenn ich damit jetzt anfange, werde ich noch einen ganzen Tag mit Schreiben zubringen. Ich hebe also Petworth für den nächsten Brief auf, und komme endlich zu der wichtigsten Mitteilung – Dir zu sagen, daß es mir gut geht und daß ich Dich liebe.

Walter

XVI
AUS DEM TAGEBUCH VON WALTER HARTRIGHT, 19. SEPTEMBER 185-

Michael Gudgeon erzählte mir noch etwas über Turner, das ich hier (so genau ich mich erinnern kann) wörtlich wiedergebe: »Eines Tages war alles so, wie er es wünschte: Eine gotische Ruine, Blick aufs Meer, der Lichteffekt, den er besonders liebte, wenn die Sonne durch einen Riß in der Wolkendecke bricht und sie wie eine Schieferplatte erscheinen läßt. Spät am Nachmittag machten wir in einem Gasthaus Rast und fuhren dann zurück zum Royal Oak in Poynings, wobei wir »I am a Friar of Orders Grey« sangen.

Kennen Sie das Royal Oak, Mr. Hartright? Nein? Nun, ich denke, es würde Ihnen wie ein sehr einfaches Haus vorkommen – mir jedenfalls, heute –, doch damals erschien es uns wie ein Palast, nach allem, was wir gewohnt waren, denn die Betten waren bequem, und jeder hatte ein eigenes Zimmer, ein Wunder geradezu. [*Pause. Lachen.*] An diesem Abend saßen wir nach dem Essen noch bei einem Glas zusammen und kamen mit zwei drallen Dorfmädchen ins Gespräch. Turner sagte ihnen, sein Name sei ›Jenkinson‹ – dabei zwinkerte er mir zu, damit ich ihn nicht verriet –, und ich mußte lachen; die Mädchen lachten auch, aber ich bin sicher, sie wußten nicht warum; und das Ende vom Lied war, daß ich die Braungelockte mit auf mein Zimmer nahm, und er die andere.

[*Ich gestehe, ich weiß nicht, wodurch ich ihn zu der folgenden Bemerkung provoziert habe; gesagt habe ich sicher nichts.*]

Mein Gott! Ihr jungen Leute seid heutzutage so prüde, Mr. Hartright. Wollen Sie mir etwa sagen, Sie waren nie bei einem Freudenmädchen? [*Wieder Pause, wieder Lachen.*] Ich muß allerdings sagen, die von Turner schien nicht so viel Freude gehabt zu haben. Am nächsten Tag hatte sie ganz rote Augen, und sie war über und über zerkratzt.«

XVII

BRIEF VON MRS. TOBIAS BENNETT AN MARIAN HALCOMBE,
21. SEPTEMBER 185-

*Brentford,
21. September*

Verehrte Miss Halcombe,
vielen Dank für Ihren Brief vom 17. September. Es wäre mir ein Vergnügen, Sie nächste Woche, gleich an welchem Tag, zu empfangen – und natürlich auch Ihren Bruder, wenn er von seiner Reise zurück ist. Danach sind wir nicht mehr anzutreffen, denn der Arzt hat uns die See verordnet, der Gesundheit meines Mannes wegen, und wir werden für einige Monate verreisen.
Höre ich den Namen Turner, dann denke ich sofort an die Themse, an Bootsausflüge, an Picknick. Ich weiß, diese Jahreszeit ist besonders stürmisch und unbeständig, doch sollten wir mit einem schönen Tag gesegnet sein, hätten Sie dann vielleicht Lust, mit uns einen kleinen Ausflug auf dem Fluß zu unternehmen (wir haben ein kleines Boot, gerade groß genug für uns vier) und einige der Plätze aufzusuchen, die sich mir aufs Innigste mit seinem Andenken verbunden haben?
Bitte seien Sie so gut und lassen Sie mich wissen, an welchem Tag es Ihnen recht wäre und ob Ihnen mein kleiner Vorschlag angenehm ist.

Mit ergebenstem Gruß
Amelia Bennett

XVIII
BRIEF VON WALTER HARTRIGHT AN LAURA HARTRIGHT, 22. SEPTEMBER 185-

Brompton Grove,
Freitag

Meine innigst Geliebte,
es ist schon drei Uhr vorbei, und hier sitze ich nun endlich über dem Brief, den ich Dir gestern versprochen habe. Ich hätte schon heute morgen damit anfangen sollen; doch nachdem ich früh aufgewacht war, beschloß ich, in den Park zu gehen und den Sonnenaufgang zu malen. Das Ergebnis – ich hätte es voraussehen können – ist furchtbar: ein verkochtes Ei, zerplatzt auf grauer Asche. Wie hat dieser Mann es bloß geschafft, seiner Palette solche Farben zu entlocken?
Also – wo habe ich Dich verlassen? Am Bahnhof in Brighton, als ich in den Zug stieg, glaube ich; er brauste mit halsbrecherischer Geschwindigkeit durch Shoreham und Worthing, Angmering und Littlehampton, um mich schließlich – in kaum einer Stunde – als sorgfältig behandeltes Paket in Chichester abzuliefern. Zur Weiterreise nach Petworth begab ich mich dort zum Ship Inn und nahm die Londoner Postkutsche – die, es erübrigt sich eigentlich, es zu erwähnen, für die halbe Strecke doppelt so lange brauchte und dermaßen schaukelte und holperte, daß ich nicht nur bald zwei sehr schöne blaue Flecke an der Schulter und auf der Stirn vorzuweisen hatte, sondern mir auch wie ein sehr lieblos behandeltes Paket vorkam.
Auch wenn es mir zu diesem Zeitpunkt noch nicht bewußt war – innerlich verfluchte ich mein Mißgeschick, und zwar in Ausdrücken, die Dich entsetzt hätten! –, lachte mir doch schon das Glück; denn unter meinen Mitreisenden (zu denen auch zwei ältere, verwitwete Schwestern gehörten, ein junger Konstruktionszeichner mit einer Mappe voller Pläne, die er tapfer durchzusehen versuchte, bis sie ein Holpern der Kutsche auf den Boden warf, und auf dem Dach eine Gruppe betrunkener Studenten, die

jeden Schlenker mit lautstarkem Gejohle begrüßten) war eine angenehm aussehende Dame von etwa vierzig Jahren, welche mir gegenübersaß – und, wie sich bald herausstellte, eine Hauptrolle in meinem Abenteuer spielen sollte. Sie war gut, jedoch nicht nach der neuesten Mode gekleidet – ihrer Erscheinung nach zu urteilen hätte man sie für die Frau eines Landarztes oder Rechtsanwalts halten können. Während wir so hin- und hergeschüttelt wurden, lächelte sie mir als einem Leidensgenossen vertraulich zu. Schließlich (als ich mir den Kopf gestoßen hatte), verzog sie das Gesicht, gab ein besorgtes »Oh« von sich und sagte:
»Jabez Bristow.«
»Wie bitte?« antwortete ich.
»Jabez Bristow.« Ich muß sie sehr verständnislos angesehen haben, denn sie fuhr fort: »Sie sind wohl nicht von hier?«
»Nein.«
»Jabez ist berühmt. Besser gesagt, berüchtigt. Fährt nur, wenn er ordentlich Branntwein intus hat, der ihn wärmt. Und wem wäre dann nicht alles gleich?«
Ich lächelte. Ihre Stimme konnte ich nicht einordnen; sie war nicht die einer Lady, doch drückte sie ein Selbstvertrauen aus, das von Wohlstand zeugte und von der Gewohnheit im Umgang mit Menschen aller Art und aller Stände.
»Wie weit fahren Sie?«
»Petworth.«
Sie nickte. Ihre Augen blinzelten zu den beiden Witwen hinüber, worauf sie sich zu mir beugte und leise bemerkte: »Die Ärmsten, die bis London fahren, können einem leid tun. Wir müssen das zum Glück nicht mehr lange ertragen.«
Man spürte, wie die Pferde langsamer wurden und dann kräftiger zogen, so als ob ihre Last plötzlich zugenommen hätte. Ich schaute aus dem Fenster und sah ein kleines Bauernhaus mit buckligen Mauern aus Felsgestein, jenseits dessen unser Weg scharf in die Downs hinaufführte.
»In ein, zwei Jahren«, sagte meine Begleiterin, »hat diese Tortur ein Ende.«

»Wie das?« fragte ich. »Wird etwa eine Eisenbahn gebaut?«
Sie nickte. »Obwohl einem ein Stück Fußmarsch nicht erspart bleiben wird«, fügte sie mit einem Lächeln hinzu. »Es sei denn, man nimmt eine Kutsche; denn der Bahnhof wird gute zwei Meilen vor der Stadt liegen.«
»Meine Güte!« sagte ich. »Näher kommt man nicht ran?«
Sie schüttelte den Kopf. »Der Colonel möchte ihn nicht in der Nähe seines Parks haben.«
»Colonel Wyndham?« fragte ich.
Sie nickte; und dann, nach einer kurzen Pause, fragte sie: »Kennen Sie ihn etwa?« Sie sagte das ganz beiläufig, schaute mir dabei aber aufmerksam ins Gesicht, als wäre es nicht bloß eine Höflichkeitsfrage.
»Nein«, antwortete ich. »Aber ich hoffe, ihn kennenzulernen.«
»Tatsächlich?« sagte sie in unverbindlichem Ton und sah mich dabei forschend an.
Ich hatte das deutliche Gefühl, daß sie etwas über den Colonel wußte, was mir vielleicht nützlich sein könnte, es mir aber – wie eine Kartenspielerin, die ihr Blatt nicht aufdecken will, bevor sie nicht die Karten ihres Mitspielers gesehen hat – erst anvertrauen würde, wenn sie den Grund meines Besuchs erfahren hatte und sicher war, daß er rein beruflicher Natur war, ich eine völlig unbeteiligte Partei sei, die für sie keine Bedrohung darstellte. Deshalb sagte ich:
»Ich schreibe eine Lebensgeschichte von Turner.« Sie reagierte nicht sofort, weshalb ich hinzufügte: »Dem Maler.«
»Oh, ja, ich kenne Turner«, sagte sie. »Ich habe sie alle gekannt, zur Zeit des Dritten Earls. Chantrey, Carew, Phillips, Haste, Constable...«
Das war mehr, als ich zu hoffen gewagt hatte; und kaum in der Lage, mein Glück zu fassen, begann ich: »Was für...?« In diesem Augenblick jedoch beugte sich – zu meinem größten Ärger – eine der beiden Witwen mit finsterem Blick zu mir herüber; und in strengem Tonfall – als hätte sie mich inflagranti bei dem Ver-

such erwischt, mich mit etwas aus dem Staub zu machen, das ihr gehörte – sagte sie:
»Sprechen Sie über Turner?«
»Ja«, antwortete ich. Ich hielt ihrem Blick gerade so lange stand, wie es dem Mindestmaß von Anstand entsprach und wandte mich dann entschieden wieder der Dame gegenüber zu. »Was für ein Mensch war er?«
»Oh«, sagte sie – und jetzt kommt es mir so vor, als hätte ich ihre nächsten Worte voraussehen müssen –, »er war ein komischer Kauz. Rosiges Gesicht« – sie tätschelte ihre Wange – »und stets trug er einen Regenschirm bei sich. Man wäre nie auf den Gedanken gekommen, daß er ein Künstler war, wenn man ihn so sah. Eher ein … eher ein …«
Sie überlegte einen Augenblick, und dieses Zögern erwies sich als verhängnisvoll; denn es ermöglichte Witwe A, ihr Konversationsgeschütz neu zu laden und – genau in dem Augenblick, als meine Begleiterin zu dem Schluß kam: »*ein Kapitän*« – herauszuplatzen: »Wir haben die *Fighting Téméraire* gesehen, neunundreißig, in der Akademie«; und dann, als könnte ich abgeneigt sein, dieser verblüffenden Kunde allein im Vertrauen auf ihr Wort Glauben zu schenken, wandte sie sich an ihre Schwester und rief: »Nicht wahr?«
»Was?« brüllte Witwe B.
»Wir haben die *Fighting Téméraire* gesehen!«
»Was?« wiederholte ihre arme Schwester, die offenbar stocktaub war; denn sogar die Studenten auf dem Dach wurden auf die lautstarke Unterhaltung aufmerksam, und einer schlug mit einer behandschuhten Faust gegen die Tür und schimpfte: »Holla! Ruhe da unten!« Seine Kameraden brachen sofort in unterdrücktes Lachen aus, und ich gestehe, auch mich überkam mit einemmal eine entsetzliche Heiterkeit, und ich mußte vermeiden, meiner neuen Bekanntschaft in die Augen zu sehen, um nicht mit einzustimmen.
Witwe A gab schließlich ihre Schwester auf und musterte mich aus zusammengekniffenen Augen. »Wir haben es uns eigens

angeschaut«, sagte sie im gleichen vorwurfsvollen Tonfall (der, wie ich zu ahnen begann, ihre normale Art und Weise der Anrede war), »weil unser Vater unter Nelson gedient hat, auf genau so einem Schiff.«

»Wirklich?« sagte ich. »Wie interessant.« Und das wäre es auch tatsächlich gewesen, unter anderen Umständen; doch in diesem Moment und an diesem Ort, erschien es mir als eine ungeheure Zumutung, und ich spürte Zorn in mir aufsteigen. Doch wieder kam mir das Glück zu Hilfe; denn der junge Zeichner – mit einem diskreten Zwinkern in meine Richtung, das so klar wie wenn er es ausgesprochen hätte, bedeutete: *Überlassen Sie sie mir* – lüftete seinen Hut, streckte Witwe A die Hand hin und sagte:

»Na, ist *das* aber ein Zufall – ich bin im Schiffsbau tätig, in bescheidenerem Umfang; es ist mir eine Ehre, Ihre Bekanntschaft zu machen.«

In weniger als einer Minute hatte er die Schwestern mit seinem Charme um den Finger gewickelt – obwohl die eine kaum gehört haben dürfte, was er sagte, und die andere es sicher nicht verstand, denn die Schiffe, von denen *er* sprach, hatten mit dem romantischen alten Schlachtschiff in Turners Gemälde nichts zu tun, desto mehr aber mit dem modernen Dampfboot, das es zu seinem letzten Ankerplatz geschleppt hatte. Und auch meine Begleiterin war, wenn auch nur indirekt, in seinem Bann – denn als sie bemerkte, daß unsere Mitreisenden in ihr eigenes Gespräch vertieft waren, schien sie sich deutlich zu entspannen und auch eher bereit zu sein, offen mit mir zu reden.

»Ja, es war damals ganz anders«, sagte sie und setzte sich zurück.

»Petworth House, meinen Sie?«

Sie nickte. »Liberty Hall. Die Leute kamen und gingen, wie es ihnen gefiel, es fand sich immer ein Bett für sie, etwas zu essen, und ein Platz zum Arbeiten, wenn sie wollten.«

»Waren denn alle Künstler?«

»Viele jedenfalls. *Der größte Mäzen Englands*, so nannte man ihn, den Dritten Earl. Und er besaß die erlesenste Sammlung.

Das wußte ich damals natürlich nicht, auch wenn ich mich gern in die Galerie schlich und mir die Statuen ansah. Das war schon was, für ein vierzehnjähriges Mädchen, marmorne Männer ohne Kleider zu sehen.«

Ich schielte zu den Witwen hinüber, aber sie schienen nichts gehört zu haben. Gern hätte ich die Dame gefragt, was sie dort gemacht hatte, in diesem Alter; doch da es klar schien, daß sie kein Mitglied der Familie war (dies anzunehmen, wäre auch eine Art Herablassung gewesen, nur eben spiegelverkehrt), und die einzige plausible Erklärung war, daß sie zum Personal gehört hatte, fiel mir nichts ein, wie ich die Frage hätte stellen können, ohne sie zu brüskieren. Daher sagte ich:

»War Turner dort oft zu Gast?«

»Oh, ja; seine Lordschaft überließ ihm die alte Bibliothek als Atelier; und Turner« – es fiel mir plötzlich auf, daß sie »Turner« sagte, und nicht »Mr. Turner«, was merkwürdig war, wenn der Mann, von dem sie sprach, Gast im Haus ihrer Herrschaft gewesen war –, »Turner schloß sich dort ein, manchmal ganze Vormittage; und niemand durfte ihn stören, außer seiner Lordschaft persönlich.« Sie lächelte. »Einmal, habe ich gehört, soll Sir Francis –«

»Sir Francis?«

»Chantrey. Der Bildhauer.«

»Ach so«, sagte ich.

»Also, er wollte Turner einen Streich spielen; er machte die Schritte seiner Lordschaft auf dem Korridor nach und sein Klopfzeichen an der Tür, und zwar so gut, daß Turner darauf hereinfiel und ihn einließ.«

»Und dann?« fragte ich ungeduldig. Es ärgerte mich, daß ich sogar jetzt, als ich mir schon einbildete, ich würde anfangen, Turner zu verstehen, die Antwort nicht vorhersehen konnte. Alles hing davon ab, an welchen Turner man nun glaubte – den mißtrauischen Eigenbrötler, der eifersüchtig sein Privatleben hütete, oder den munteren Gefährten, wie ihn Gudgeon beschrieben hatte. Ersterer hätte einen solchen Scherz sicher nicht gut aufgenommen; letzterer jedoch hätte sich auf die Schenkel geschlagen und sich amüsiert.

»Oh, er nahm es mit Humor und lachte, als er seinen Irrtum bemerkte«, sagte meine Begleiterin. »Er und Sir Francis waren alte Freunde, so glaube ich wenigstens, sie neckten sich öfter. Beim Abendessen sorgte die Geschichte für große Heiterkeit, wie Sie sich vorstellen können.«

Ein Punkt für Gudgeon, dachte ich. Ich lächelte und sagte: »Das ist eine sehr aufschlußreiche Geschichte. Glauben Sie, daß sich der Colonel an mehr erinnern und es mir erzählen kann?«

»Vielleicht«. Sie zögerte, und um ihre Mundwinkel zuckte es, bevor sie finster sagte: »Aber er ist anders als sein Vater.«

»Inwiefern?«

»Er lebt sehr zurückgezogen. Und er kann sehr jähzornig sein.« Sie schwieg, als hätten sie ihre eigenen Worte überrascht. »Nun, das traf auf seinen Vater eigentlich auch zu. Aber... aber dem Colonel fehlt die Liebe seines Vaters. Das ist der Unterschied.«

»Liebe zu was oder zu wem?« fragte ich.

»Zu allem«, murmelte sie, leicht errötend; und dann, bestimmter: »Zu seinen Leuten.«

»Sie machen ja einen Monarchen aus ihm!« lachte ich.

»Das war er auch!« rief sie. »Gab es nicht einen französischen König, den man den ›Sonnenkönig‹ nannte?«

»Ja«, sagte ich. »Ludwig XIV.«

»Genauso war der Dritte Earl«, sagte sie. »Er war unsere Sonne.«

Wir hatten den Gipfel des Hügels erreicht, und ich spürte, wie die Pferde wieder an Tempo zulegten und das Geschirr, das über ihren Schultern nachgab, wieder frei zu klingeln begann. Meine Begleiterin schaute aus dem Fenster, doch ich blickte ihr weiterhin ins Gesicht, in der Hoffnung, sie würde auf das Thema zurückkommen. Jedoch meinte sie wohl genug gesagt zu haben, und nach einem längeren Schweigen hatte ich das Gefühl, ich müsse ihr ein Stichwort geben, wenn ich nicht riskieren wollte, ihre Aufmerksamkeit ganz zu verlieren.

»Ludwig XIV. war ein Despot«, sagte ich.
»Hm?« Sie wandte sich schlagartig um, wie ein umherstreifendes Tier, das man durch einen Ruck an seiner Leine zurückruft.
»Ein Tyrann«, sagte ich. »Er herrschte durch Angst. Hunderte starben beim Bau seines Palastes. Ich nehme an, sie wollen nicht sagen...«
»Oh, nein!« erwiderte sie. Sie schien wirklich entsetzt, runzelte die Stirn und rollte die Augen auf der Suche nach einer Erklärung für das, was sie meinte. Schließlich sagte sie: »Ich wollte damit nur sagen, die Sonne *scheint* doch auf die Menschen, oder? Und so war seine Lordschaft, er war unsere Sonne. Sogar für die Tiere; er liebte seine Hunde und Pferde und sein Vieh hingebungsvoll, hatte sie gern um sich, und es konnte einem passieren, daß man auf dem Weg zum Küchengarten über eine Sau stolperte oder sie sogar durch das Haus galoppierte, all ihre Kleinen hinterdrein.« Ein Lächeln trat auf ihr Gesicht, und die Erinnerung legte sich wie ein Schleier über ihre Augen. Schließlich senkte sie ihre schweren Lider, um die aufsteigenden Tränen zu verbergen. »Und die Leute auch. Sie spielten Cricket auf seinem Rasen und spazierten in seinem Park, als wäre es ihrer – Mein Gott! Sie hätten sie manchmal sehen sollen – die Buben ritzten ihren Namen in die Mauern und die Fenster, und er sagte nichts dazu.«
»Wirklich?« meinte ich; denn ich konnte mir keinen Gutsbesitzer vorstellen, der so ein Verhalten duldete – ich selbst hätte es in Limmeridge bestimmt nicht zugelassen.
Sie nickte. »Und jedes Jahr gab er an seinem Geburtstag ein großes Fest für die Armen. Einmal, als er schon über achtzig war, konnte es nicht zur gewohnten Zeit stattfinden, weil er krank war; also arrangierte er die Feier im darauffolgenden Mai im Park. Viertausend Einlaßkarten waren ausgegeben worden, doch es kamen viel mehr; und der alte Mann konnte es nicht ertragen, das jemand vor seinem Tor hungrig bleiben sollte, er ging persönlich hinaus und gab Anweisung, die Schranken wegzunehmen, so daß alle hereinkonnten. Sechstausend sollen an diesem

Tag verköstigt worden sein, habe ich gehört – stellen Sie sich das vor! Sechstausend! –, selbst unser Erlöser hat nicht so viele gespeist. Ich war dabei, und gewiß werde ich so etwas nie wieder sehen – ein großer Halbkreis von Tischen vor dem Haus und ganze Wagenladungen mit Plumpudding und Brotlaiben, aufeinandergestapelt wie Munition, und eine endlose Armee von Männern, die hin- und herliefen und Schweine- und Kälberhälften herbeitrugen. Und seine Lordschaft kam dauernd aus seinem Zimmer, ein solches Vergnügen bereitete es ihm, sich das alles anzuschauen und sich an seinem Werk zu erfreuen.«
»Wunderbar«, fing ich an, »aber...«
»Ja, wunderbar«, sagte sie, so mitgerissen vom Strom ihrer Erinnerungen und Gefühle, daß sie nicht mehr zu halten war: »Und er baute Häuser für die Armen und stellte ihnen einen Arzt zur Verfügung; er brachte das Gas in die Stadt, zwanzig Jahre, bevor sie es in Midhurst hatten...«
»Wie die Sonne, tatsächlich«, murmelte ich.
»Wie bitte?« sagte sie, beinahe bissig. Dann lachte sie, als ob ihr jetzt erst aufgegangen wäre, was ich gemeint hatte, und sagte: »Oh, ja, so habe ich das noch gar nicht gesehen!«
»Aber«, sagte ich, um wieder auf mein Thema zurückzukommen, »ein Beispiel, dem ein gewöhnlicher Sterblicher nur schwer nacheifern kann.«
»Sie meinen seinen Sohn, oder?«
Ich nickte; und wirklich, der Colonel tat mir leid; denn man mußte schon ein Engel sein, um im Vergleich mit einer solchen Lichtgestalt nicht schlecht abzuschneiden, und nur ein Heiliger hätte das ohne Groll ertragen können. Bevor ich jedoch etwas sagen konnte, schüttelte die Frau den Kopf und meinte:
»Oh, verschwenden Sie kein Mitgefühl auf ihn.«
»Warum?« sagte ich. »Was hat er denn getan?«
»So wie er anfing, machte er dann weiter«, sagte sie, »indem er mich hinauswarf und viele andere mit mir. Aus keinem anderen Grund, als daß wir von seiner Lordschaft eingestellt worden waren. Wirklich, Sie würden nicht glauben, daß sie von

derselben Art abstammten, geschweige denn aus derselben Familie.«

Und plötzlich kam mir eine Frage in den Sinn, die die ganze Zeit am Rand meines Bewußtseins gewartet hatte.

»Warum ist er nur Colonel, wenn sein Vater doch Earl war?«

»Weil er ein Bastard ist«, sagte sie giftig.

Ich versuchte, noch mehr aus ihr herauszubekommen, aber sie wich allen weiteren Fragen aus, und schließlich verstummte sie ganz. Nur einmal, als wir etwas später an einer kleinen Mautstation bei einer Brücke anhielten (die wie aus einem Märchen aussah mit rautenförmigen Fenstern und einem hohen Schornstein), machte sie noch eine Bemerkung; sie wies auf eine tiefe Narbe im Tal, wo Streckenarbeiter zugange waren, und sagte:

»Dort! Da wird der Bahnhof von Petworth gebaut. Da sieht man, wie sehr Colonel Wyndham die Menschen liebt!«

Der Reiseführer verzeichnete drei Herbergen für Petworth, und ich hatte im voraus, aus einer kindischen Laune heraus, entschieden, daß ich in der ersten absteigen wollte, die ich erblickte. Es war dies das Swan Commercial Inn, ein langgezogenes, weißes, unscheinbares Gebäude unbestimmten Alters, dessen einzige Besonderheit ein großer Schwan über dem mittleren Fenster des ersten Stockwerks war. Nicht das romantische Gasthaus, das ich mir gewünscht hatte – schon von außen glaubte ich zu ahnen, wie es im Innern aussah, das viel zu helle Speisezimmer, das Rauchzimmer, in dem schale Luft hing und schale Geschäftsreisende herumsaßen; doch ich blieb meinem Entschluß treu, und nachdem ich mich dankbar von dem Zeichner und herzlich von meiner Begleiterin verabschiedet hatte, überquerte ich die Straße und trat ein.

Es war sogar noch öder, als ich es mir vorgestellt hatte. In der schmuddeligen Halle roch es säuerlich nach Bier, und mir sank der Mut, als ich auf das Mädchen hinter dem Empfangsschalter zutrat. Doch wieder einmal war das Glück auf meiner Seite; denn sie sagte mir, alle Zimmer seien belegt und empfahl mir den

Golden Angel, wo ich sicher eine zufriedenstellende Unterkunft finden würde.

Sie hatte recht, denn der Golden Angel erwies sich als altes, schiefes Fachwerkhaus mit arthritischen Fugen und müden Dachrinnen, das jedoch innen sauber und ordentlich war und mich in der Halle mit hell geschrubbten Fliesen und einem freundlichen Feuer empfing. Ein alter Mann mit einer steifen Lederschürze begrüßte mich, nahm würdevoll einen Schlüssel vom Brett, der groß genug schien, den Tower in London aufzuschließen, und führte mich nach oben in ein kleines, sauberes Zimmer, in dessen Kamin schon die Kohlen bereit lagen. Aus dem Fenster blickte man auf malerische Häuser. Als er gegangen war, setzte ich mich auf das Bett, lauschte dem schnaufenden Drängen und Stampfen einer Rinderherde, die unten durch die Straße getrieben wurde, und dankte meinem Schutzengel, daß er mich hierhergeführt hatte. Ich fragte mich, wie viele Reisende über die Jahre wohl schon denselben Gedanken gehabt und ihrem Schutzengel gedankt hatten.

Ich sollte bald noch mehr Grund zur Dankbarkeit finden, im Golden Angel gelandet zu sein; doch dies offenbarte sich mir erst ein paar Stunden später, und ich werde am rechten Ort darauf zurückkommen.

Petworth House ist wirklich eine Überraschung. Man geht vom Marktplatz aus durch ein dreckiges, kopfsteingepflastertes Gäßchen, das von kleinen Geschäften und Wirtshäusern gesäumt ist und einen in keiner Weise auf das vorbereitet, was dann kommt, und plötzlich ist es da: Eine Ansammlung von Dächern und Kaminen, von Küchen und Stallungen und Kutschhäusern, die sich wie eine Riesenschlange um den nördlichen Rand der Stadt legt, und offenbar über dem Versuch, den ganzen Ort in ihrer Umarmung zu erdrücken, müde geworden und eingeschlafen ist.

Das Tor mit einem kleinen Pförtnerhäuschen daneben stand offen. Zumindest in einer Hinsicht hatte Colonel Wyndham also die Traditionen des Dritten Earls bewahrt, denn sogar jetzt, an diesem kühlen Septembernachmittag, wälzte sich ein Strom von Menschen hindurch, die entweder im Park spazierengingen oder von dort kamen, so ungezwungen, als schlenderten sie im Hyde Park an der Serpentine entlang – und auch wenn es mich sehr verwundert hätte, eine dieser respektablen Matronen oder einen der nüchtern gekleideten Ladenbesitzer dabei zu erwischen, wie sie ihren Namen auf die Wände kritzelten, so hätten sie es doch mit Leichtigkeit tun können, wenn sie gewollt hätten, denn der Weg verlief auf etwa hundert Yard ganz nah am Hauptgebäude entlang. Ich brauchte nur die Augen zusammenzukneifen, und schon verschwammen die Einzelheiten ihrer Kleidung, und ich konnte mich dreißig Jahren zurückversetzen, als Turner dort sein Atelier gehabt hatte – eine Illusion, die durch die einsetzende Dämmerung und die wehmütig stimmenden Gerüche der welken Blätter und der Herbstfeuer unterstützt wurde, welche die Geister längst vergangener Tage immer so greifbar heraufbeschwören, daß es einem die Kehle zuschnürt und Schauder über den Rücken jagt. In diesem nebelhaften, magischen Moment hegte ich die Hoffnung, meine Reisebegleiterin habe übertrieben, und der Sohn würde mich vielleicht doch ebenso gastfreundlich empfangen wie der Vater.

Betritt man Petworth House, wiederholt sich in etwa die Erfahrung, die man macht, wenn man sich dem Anwesen nähert. Der Mann im Pförtnerhäuschen verwies mich auf eine Tür, die so unscheinbar war, daß ich sie von selbst gar nicht bemerkt hätte – sie befand sich in einem toten Winkel der Mauer, ohne einen der Anhaltspunkte (Stufen, Säulen, Ziergiebel), die normalerweise den Eingang eines herrschaftlichen Hauses markieren –, und ein paar unsichere Sekunden lang fragte ich mich, ob Petworth vielleicht so prachtvoll war, daß selbst die Lieferanten sich kleideten wie ich und der Pförtner mich versehentlich für einen Fleischer oder Krämer gehalten und mich zum Küchentrakt geschickt hatte. Schließlich jedoch öffnete auf mein Läuten ein tadellos gekleideter Lakai, wie ich noch keinen gesehen habe – er trug eine Livree aus dunkelblauem Tuch, eine blaugelb gestreifte

Weste und Hosen aus Moleskin, die selbst einem Botschafter zur Ehre gereicht hätten; und nachdem ich vorgebracht hatte, ich wünschte Colonel Wyndham zu sprechen, nickte er und geleitete mich ins Haus.

Zunächst gingen wir einen unscheinbaren Gang entlang, der für den Vorsaal einer einfachen Landpfarrei zu schmucklos gewesen wäre, geschweige denn für eines der größten Herrenhäuser Englands. Und dann schritten wir ganz unerwartet durch eine Tür, und mit einem Schlag befand ich mich in einer Welt, die nach ganz anderen Maßstäben, ganz anderen Prinzipien erbaut war. Wir betraten sie unterhalb des ersten Aufstiegs einer breiten Treppenflucht, die (man bemerkt es erst, wenn man ins Licht tritt) über drei Wände einer riesigen Halle nach oben führt, bis sie schließlich einen großen Absatz mit Balustrade erreicht, der sich über die ganze Breite der vierten Seite zieht. Über dem mittleren Abschnitt befinden sich zwei riesige Fenster, jedes drei Mann hoch; nahezu die gesamte Fläche des übrigen Raums verschwindet unter Zierat: Ampeln und Blumengehänge; Medaillons und Urnen; lachende *putti*, die Schilde halten; bemalte Statuen mit Togen und Lorbeerkränzen in bemalten Nischen; Marmorbüsten mit wallenden Marmorperücken, die hochmütig auf die Welt der Sterblichen herabsehen. Und alles überragend eine Reihe riesiger barocker Wand- und Deckengemälde – ein hagerer Prometheus, der die Menschheit aus Lehm formt, Jupiter, der Pandora zwingt, ihre Büchse zu öffnen, eine Frau (vielleicht eine Ahnin von Wyndham) in wallendem Gewand auf einem Streitwagen, begleitet von irdischen und himmlischen Dienern sowie einem schwarzweißen Hund. Es war nicht einfach, eine Stelle zu finden, die nicht jemand mit irgend etwas zu bedecken gewußt hatte (sogar die Unterseite der Treppe war in Felder unterteilt und bemalt), bis auf eine Türöffnung, die – der praktischen Notwendigkeit gehorchend, daß Menschen dieses wunderliche Traumland irgendwie betreten und verlassen mußten – rücksichtslos durch eine Frauengestalt geschnitten war, was in ihrer Mitte eine große Narbe hinterlassen hatte.

Man hat den Eindruck, in einen riesigen Wandteppich eingewickelt zu sein; doch so erdrückend ich es fand, so gern hätte ich es mir länger angeschaut – teilweise, um meine Augen an diesem Märchenschatz zu erfreuen, teilweise, um zu versuchen, ihn mit den Augen des Mannes zu sehen, der in Hand Court aufgewachsen ist und dem all dies noch viel fremdartiger vorgekommen sein muß als mir. Der Lakai jedoch – bemüht, sich als Mann von Welt zu beweisen, indem er seiner Umgebung völlige Gleichgültigkeit entgegenbrachte – war vorausgegangen und wartete schon am anderen Ende der Halle. Sein gelangweilter Gesichtsausdruck sagte deutlich: *Der Herr schätzt es nicht, wenn man ihn warten läßt.*

Als ich ihn eingeholt hatte, führte er mich rasch durch zwei kleinere Räume, die gut als Anschauungsmaterial für eine Moralpredigt über die Gefahren des Überflusses hätten herhalten können; waren sie doch mit Preziosen aller Art vollgestopft, von denen jede für sich genommen eine Stunde Aufmerksamkeit verdient hätte, die jedoch in dieser Fülle nur die Sinne abstumpfen konnten, wie ein Überfluß an erlesenen Speisen den Gaumen ermattet. Schließlich klopfte der Lakai an die Tür eines dritten Raumes, und nach einem Augenblick ertönte ein schwaches »Herein!« Er trat vor mir ein und kündigte mich an: »Mr. Hartright, Sir«, um dann beiseite zu treten und mich mit der ruckartigen Grazie eines mechanischen Spielzeugs vorbeizulassen.

Nach meiner sonderbaren Einführung in das Haus war ich nun überrascht (und nicht wenig erleichtert), mich in einer schönen Bibliothek wiederzufinden – nicht viel größer als unser Salon in Limmeridge –, die man beinahe mit dem Begriff *gewöhnlich* hätte beschreiben können. Der unmittelbare Eindruck war Wärme – Wärme von dem hellen Kohlenfeuer im marmornen Kamin; Wärme von der untergehenden Sonne, die durch die Fenster hereinkroch und ihren letzten Schimmer auf den goldgelben Teppich legte; Wärme von den Reihen der Lederbände, die sich an den rotgestrichenen Wänden entlangzogen, und von den beiden zischenden Gaskandelabern am anderen Ende des

Raumes im Eingang zu einem Alkoven, die den Glanz zum Verschwinden brachten und die Goldbuchstaben blitzen ließen. Eine beigefarbene Katze putzte sich auf einem runden Tisch, der mitten im Raum stand; und überall luden dick gepolsterte Sofas und Sessel, weiß bezogen mit schönen Blumenmustern, zum Sitzen und Ausruhen ein.

Colonel Wyndham jedoch war, wie man auf den ersten Blick sah, weniger einladend gestimmt. Ein breitschultriger Mann von ungefähr siebzig Jahren, mit blassem Teint und weißer Mähne, ließ er vom ersten Augenblick an keinen Zweifel daran, daß er sich erst dann wieder wohlfühlen würde, wenn er mich verschwinden sah. Er kam mir zwar entgegen und schüttelte mir die Hand, doch kaum hatte er das erledigt, machte er einen Satz zurück – wie ein Magnet, den man mit Gewalt einem anderen gleicher Polarität annähert und dann plötzlich losläßt –, worauf er im Zimmer auf- und abschritt und sich die Finger an seinem gutgeschnittenen grauen Rock rieb.

Ich wartete, daß er zu reden anfinge; doch er schwieg hartnäckig, und nach einer Weile sah ich ein, daß ich selbst beginnen mußte, wenn eine Unterhaltung in Gang kommen sollte.

»Sie erinnern sich vielleicht, daß ich Ihnen geschrieben habe«, sagte ich. »Wegen Turner.«

Er nickte.

»Ich fragte mich, ob...«

»Ich kann mich kaum an ihn erinnern«, murmelte er, ohne mich eines Blickes zu würdigen (und überhaupt hat er mir die ganze Zeit über nie direkt in die Augen gesehen, sondern schaute ziellos an mir vorbei, über mich hinweg oder auf meine Füße, als hätte das Zimmer ihm noch nicht alle seine Geheimnisse offenbart und er fände ständig neue interessante Dinge, die ihm Zerstreuung böten).

»Aber ich nehme an«, sagte ich, »daß Turner oft hier war, als Sie jünger waren?«

»Ein Soldat ist nicht oft zu Hause, Mr. ... Mr. ... Mr. ...«

»Hartright.«

»Und dies ist ein großes Haus. Hier begegnet man sich nicht zwangsläufig.«
Ich wartete, daß er fortfuhr, doch er wandte sich dem Kamin zu, rieb sich die Hände und hielt sie dann in die Wärme, als betrachte er das Thema damit für erledigt.
»Was ist mit den Dienstboten?« fragte ich. »Ob vielleicht einer von ihnen...?«
»Der größte Teil des Personals ist mit uns gekommen«, entgegnete er kopfschüttelnd. »Von unserem früheren Haus. Ich glaube nicht, daß noch jemand hier ist, der ihn kannte.«
Wieder wartete ich – es mußte doch Scharen von Dienstboten in Petworth geben, und ein Augenblick des Nachdenkens würde doch sicher zumindest einen Namen von jemandem zu Tage fördern, der zu Lebzeiten des Dritten Earl hier gewesen war. Doch vergebens. Er fuhr fort, verdrießlich ins Feuer zu starren; und schließlich war wieder ich gezwungen, das Schweigen zu brechen.
»Wäre es vielleicht möglich, einige der Gemälde zu sehen, die Ihr Vater bei ihm in Auftrag gegeben hat?«
»Fürchte nein«, sagte er und schüttelte wieder den Kopf. »Die Bilder werden im Augenblick gereinigt und katalogisiert.«
»Oder den Raum, in dem er gearbeitet hat?« fuhr ich unverdrossen fort.
»Bereits winterfest gemacht.«
»Dann sein Zimmer vielleicht?«
»Am anderen Ende des Hauses«, sagte er und wedelte ungeduldig mit der Hand.
Das schien mir eine vernünftige Antwort – all diese labyrinthartigen Zimmerfluchten, deren ganze Bestimmung es war, von Menschen, Lachen und Musik erfüllt zu werden, müssen ein ständiger Vorwurf für einen einsamen Mann wie ihn gewesen sein, ihn nur an seine Mickrigkeit und Isolation erinnert haben; und so schien es nur natürlich, daß die meisten geschlossen gehalten wurden. Ich konnte mich jedoch des Verdachts nicht erwehren, daß er log, denn er errötete leicht und begann sich die

Nase zwischen Daumen und Zeigefinger zu reiben, als wäre das die interessanteste Beschäftigung der Welt, und fixierte geistesabwesend eine Marmorbüste auf einem Bücherschrank.
Aber natürlich konnte ich ihm das nicht ins Gesicht sagen; und nachdem ich einige Sekunden darauf gewartet hatte, daß sein schlechtes Gewissen mir zu Hilfe kommen und einen Sinneswandel bewirken würde, sah ich ein, daß ich nur meine Zeit vergeudete – wie er es mir, der Gerechtigkeit halber muß es gesagt werden, angekündigt hatte.
»Gut«, sagte ich. »Besten Dank.«
Er schien meinen Ton, der jeden anderen zu Eis hätte erstarren lassen, gar nicht zu bemerken, sondern nickte einfach nur, als hätte ich endlich einmal etwas gesagt, das seinen Beifall fand, und zog an der Klingel. Während wir warteten, sagte er nichts mehr zu mir, sondern lief gereizt auf und ab, wobei er nervös die Finger verschränkte; mühsam um Haltung ringend, schaute ich aus dem Fenster in den Park hinaus – ein reizend angelegtes Gartenkunstwerk, wie ich noch keines gesehen habe, mit einem griechischen Tempelchen auf einem kleinen Hügel und anmutigen Hängen, auf denen Rehe grasten, und bepflanzt mit Buschwerk und breiten Baumreihen. Die letzten Tropfen Karmesin rannen gerade aus einer sterbenden Sonne und versickerten am Horizont. Sie ließen für einen Augenblick den Himmel röter und die Erde schwärzer erscheinen, als das jede Malerfarbe vermocht hätte; und mir wurde klar, warum Turner diesen Anblick geliebt hatte und immer wieder auf ihn zurückgekommen war.
»Wo bleibt denn der Kerl?« murmelte Colonel Wyndham mit gepreßten Lippen; und wie zur Antwort öffnete sich die Tür, und der Lakai erschien. Ein paar Minuten später – weniger als eine Viertelstunde, nachdem ich es bei meinem Eintritt passiert hatte – fand ich mich beim Pförtnerhäuschen wieder; und deutlich konnte ich den Pförtner durch sein Fenster grinsen sehen, als ob er sagen wollte: *Hab ich mir doch gedacht, daß ich Sie bald wiedersehe.*

Wie Du Dir vorstellen kannst, war ich in der zornigsten Stimmung, als ich meine Schritte zum Golden Angel zurücklenkte. Da war einerseits die Enttäuschung, die Ergebnislosigkeit meiner Reise einsehen zu müssen; doch nagte auch das dunkle Gefühl einer Kränkung an mir, das man empfinden mag, wenn man sich beim Kartenspiel betrogen glaubt, dafür aber keinen Beweis hat. Eine Art Schmach klebte an mir, und ich konnte nicht zum Essen hinuntergehen, bevor ich mich nicht abgewaschen und ein frisches Hemd angezogen hatte.

Als ich dann an einem kleinen Tisch in der Nähe des Feuers Platz genommen, ein Mädchen ein frisches Tischtuch vor mir ausgebreitet hatte, ich überall um mich herum die fröhlichen Gesichter der Gäste sah und der Alte, der mich zu meinem Zimmer geführt hatte – nun in der Rolle eines Kellners – sich beeilte, meinen Wünschen nachzukommen, besserte sich meine Laune; doch ich wußte, das konnte nur von vorübergehender Dauer sein. Diese Stimmung würde mich bis zur Schlafenszeit begleiten, mich jedoch in den frühen Morgenstunden verlassen und beim Aufwachen würde ich mich in Kälte und Dunkelheit mit dem bedrückenden Gefühl der Demütigung alleine wiederfinden.

Doch dann mischte sich erneut das Glück ein, das mir an diesem Tage schon so oft geholfen hatte – nenne es Schicksal, Zufall, Vorsehung oder wie Du willst; ich für meinen Teil bin fest überzeugt, daß hier eine gütige Macht im Spiele war. Ich hatte meine Suppe beendet und nahm gerade meine Fleischpastete in Angriff, als ich eine Frauenstimme hinter mir rufen hörte: »Mr. Hartright, Sie hier!«, und als ich mich umwandte, erblickte ich meine Begleiterin aus der Kutsche, die vor Überraschung und Freude große Augen machte, an ihrer Seite einen bärtigen Mann. Ich war natürlich erfreut, sie hier zu sehen, doch nicht minder erstaunt – denn ich konnte mich nicht erinnern, ihr meinen Namen genannt zu haben, den ihren kannte ich ganz gewiß nicht. Sie muß meine Verunsicherung bemerkt haben; denn sie lachte und nahm meinen Zimmerschlüssel in die Hand, den ich neben meinen Teller gelegt hatte.

»Alles keine Hexerei«, sagte sie. »Giles hat mir gesagt, ein Mr. Hartright habe Zimmer 7 genommen. Allerdings hätte ich nie gedacht, daß Sie das sein könnten.«
»Giles?« fragte ich.
Sie wies mit dem Kinn auf den Portier-Kellner, der gerade mit einem Tablett voller Geschirr aus der Küche trat.
Ich brauchte einen Augenblick, bis ich ganz verstanden hatte, was sie gesagt hatte; unterdessen stand sie vor mir und lächelte mich an wie ein Kind, das es geschafft hat, einen Erwachsenen mit einem Rätsel aus der Fasson zu bringen.
»Ah«, sagte ich schließlich, »Sie sind also ...?«
»Ja«, sagte sie. »Wir führen den Golden Angel.« Sie wies auf den bärtigen Mann und zog ihn damit ins Gespräch. »Mein Lieber, das ist Mr. Hartright, der Herr, von dem ich dir erzählt habe.«
»Freut mich, Sie kennenzulernen, Sir« sagte er. Seine Stimme klang kräftig und weltgewandt, doch errötete er leicht und senkte kurz den Kopf.
»Mr. Hartright, mein Mann, Mr. Whitaker.«
Ich erhob mich, um ihm die Hand zu schütteln. »Darf ich Sie einladen, sich zu mir zu setzen und ein Glas Wein mit mir zu trinken?« sagte ich.
»Nein, Sir – bitte – machen Sie uns die Ehre, eines mit *uns* zu trinken, in unserem Haus«, sagte Mrs. Whitaker.
Ich wollte protestieren; doch sie bestand darauf, und schließlich sah ich ein, daß ich sie nur beleidigen würde, wenn ich weiterhin ablehnte.
»Also einverstanden«, sagte ich. »Vielen Dank.«
»Giles!« rief sie. »Wären Sie so gut?«
Sie rückten Stühle an meinen Tisch, und als eine neue Flasche Wein auf dem Tisch stand und die Gläser gefüllt waren, beugte sie sich vor und fragte leise:
»Und. Wie war der Colonel?«
»Ziemlich genau so, wie sie ihn beschrieben haben«, sagte ich. »Vielleicht noch schlimmer.«
Sie lachte – das boshaft-vergnügte Lachen von jemandem,

der ungehörigen Klatsch erwartet und sich schon darauf freut.

»Erzählen Sie uns alles!« sagte sie in vertraulichem Tonfall – so als wären wir nicht Hotelbesitzer und Gast, sondern drei Freunde, die sich zufällig im Club getroffen haben.

Und, so seltsam es scheinen mag, ich tat es; denn gegenüber Colonel Wyndham fühlte ich mich zu keinerlei Loyalität verpflichtet, und ich hatte nichts zu verlieren, wenn ich rückhaltlos über ihn sprach, schien es doch außerhalb jeder Möglichkeit, daß er mir jemals helfen würde. Um ehrlich zu sein, es erleichterte mich auch, mir die Geschichte vor aufmerksamen Zuhörern von der Seele zu reden – besonders vor solchen, die bereit schienen, meine Partei zu ergreifen.

»Meine Güte!« rief Mrs. Whitaker ausgelassen, als ich geendet hatte. »Das ist wirklich ein starkes Stück, sogar für ihn!«

Ihr Mann lachte leise vor sich hin und schaute in sein Glas – wie jemand, dem die Unverblümtheit seiner Frau peinlich ist (für einen Geschäftsmann in Petworth ist es gewiß nicht ungefährlich, öffentlich den Colonel zu kritisieren), der ihr jedoch nicht Einhalt gebieten kann.

»Und nun fragen Sie sich bestimmt«, fuhr sie fort, »warum Sie überhaupt hierhergekommen sind, wenn das alles ist, womit Ihre Mühe belohnt wird?«

»Ja«, sagte ich, überrascht von ihrem Scharfsinn (obwohl es mich beschämt, das zugeben zu müssen – schließlich ist sie eine intelligente Frau, und warum sollte jemand, der eine Gastwirtschaft führt, weniger gut verstehen, was eine Enttäuschung bedeutet, als wir es tun?).

Sie beugte sich zu ihrem Mann und flüsterte ihm etwas ins Ohr. Er verzog unwillig das Gesicht, nickte aber gleich darauf und murmelte etwas, das ich nicht verstand – das kam so schnell, fast routiniert, daß man nur annehmen konnte, dies sei nicht das erste Mal gewesen, daß ihm ein Vorschlag seiner Frau widerstrebte, er sich aber dann doch gezwungen fühlte, ihn zu befolgen.

»Mr. Hartright«, sagte sie und schaute mich wieder an. »Sind Sie bereit für ein Abenteuer?«

»Ich denke schon«, antwortete ich. »Wenn etwas dabei herauskommt.«

»Also«, sagte sie, beugte sich zu mir herüber und senkte die Stimme.

»Whitakers Neffe, Paul, ist Diener dort im Haus. Und ein guter Junge, der alles für uns tun würde.«

»Weil er hofft, eines Tages den Gasthof zu übernehmen«, sagte Whitaker. »Und deshalb ist er eher seinem Onkel zu Gefallen als seinem Herrn.« Er nickte in sein Weinglas hinein und ließ ein weltmännisches Lächeln sehen, das zu sagen schien: »*Ich mag zwar unter der Fuchtel meiner Frau stehen, aber denken Sie nicht, daß ich ein sentimentaler Schwachkopf bin.*«

»Oh!« sagte Mrs. Whitaker in gespielter Entrüstung und versetzte ihm freundlich einen Klaps. Zu mir gewandt fuhr sie fort: »Wir lassen ihm ausrichten, daß Sie Turners Atelier sehen wollen, dann wird er sie bei den Stallungen abholen.« Der Wein hatte ihr Farbe gegeben, ihre Augen zum Leuchten gebracht und in ihre Stimme war eine unbekümmerte Lebhaftigkeit gekommen.

»Aber das ist doch bestimmt nicht ungefährlich für ihn. Wenn herauskommt...«

Sie schüttelte den Kopf. »Wir geben Sie als Verwandten aus, Besuch aus London.«

»Genau«, sagte ihr Mann mit einem leisen, grimmigen Lachen. »Aus dem vornehmeren Zweig unserer Familie. Gekommen, um sich im Dienerzimmer einen schönen Abend zu machen.«

»Pst!« sagte Mrs. Whitaker. Sie legte den Kopf zurück und sah mich an wie ein Bogenschütze, der ein Ziel anvisiert. »Ein Hut und ein Mantel von Dir, mein Lieber, das könnte gehen.« Sie schaute mich noch einen Moment an und nickte dann, offensichtlich zufrieden mit dem Ergebnis. »Nun, Sir, was meinen Sie?«

Ich weiß immer noch nicht genau, warum – hoffte ich wirklich,

auf diese Weise etwas von Wert zu erfahren, oder lockte mich nur die Möglichkeit, dem Mann, der mich gedemütigt hatte, ein Schnippchen zu schlagen? –, aber ich zögerte nicht.
»Ja«, sagte ich.
Und so geschah es, daß ich mich anderthalb Stunden später zum zweiten Mal nach Petworth House auf den Weg machte, diesmal mit einem Bowler-Hut mit angestoßener Krempe, einem alten Schal und einem schweren Kammgarnmantel ausstaffiert, der an den Schultern zu eng, um die Taille zu weit und an den Ärmeln zu kurz war, so daß sechs Zoll des Handgelenks zu sehen waren. Wärst Du an jenem Abend in Petworth gewesen und wäre ich Dir in einem dieser schmalen Gäßchen entgegengekommen, Du hättest mich gewiß nicht als deinen Gatten erkannt, sondern mich für eine ganz andere Art Mensch gehalten und die Straßenseite gewechselt, um mir nicht zu nahe zu kommen.

Das Tor zu den Kuhställen, so stellte sich heraus, lag an der Straße nach London, ein wenig abseits vom Ortskern – was sehr günstig war, denn ich mußte dort zwanzig Minuten oder sogar noch länger warten, und wäre ich in Sichtweite des Pförtnerhäuschens gewesen oder von neugierigen Passanten gesehen worden, so hätte man mich womöglich angesprochen und gefragt, was ich da mache. Doch obwohl es mir gelang, ungesehen zu bleiben, fühlte ich mich nicht sonderlich wohl. Mich quälte ein Gedanke, der mir erst jetzt gekommen war, ob nämlich der Neffe der Whitakers nicht vielleicht der Diener sein könnte, der mich am Morgen eingelassen hatte. Das schien nicht sonderlich wahrscheinlich, hatten sie doch von einem Jungen gesprochen; aber ich konnte mich erst dann völlig sicher fühlen, als ich einen hochgewachsenen jungen Mann in einem blauen Umhang aus der Finsternis auftauchen und auf mich zueilen sah. Es war mittlerweile schon ziemlich dunkel geworden, und er hielt den Kopf gesenkt; doch erhaschte ich einen Blick auf seine frische Gesichtsfarbe und sein beinahe goldblondes Haar, was mir zweifelsfrei verriet, daß ich ihn noch nie zuvor gesehen hatte.

Er spähte die Straße hinauf und hinunter und sagte dann leise:
»Guten Abend, Sir. Ich bin Paul Whitaker. Tut mir leid, daß Sie so lange warten mußten.«
»Macht nichts«, antwortete ich. »Es ist sehr freundlich, daß du mir hilfst.«
»Ich wollte pünktlich kommen«, sagte er. »Aber Mrs. Smith hat nach mir verlangt; und ich konnte nicht nein sagen, sie ist die Haushälterin.«
»Nein, natürlich nicht.«
»Es war nur eine Kleinigkeit«, sagte er – zweifellos nur für den Fall, daß ich dächte, er hätte einen Teller gestohlen oder den Hilfsbutler ermordet.
Er führte mich rasch über einen feuchten, düsteren Hof, in dem es nach Dung und fauligem Stroh stank, und dann durch einen Torbogen in einen zweiten, vom ersten so verschieden wie der Tag von der Nacht. Er war erfüllt vom Lärm und den Gerüchen der Küche und gepflastert mit dem Lichtschein, der aus ihren Fenstern fiel. Seine Taktik (die ich nur gutheißen konnte, ich hätte dieselbe gewählt) bestand darin, vorsichtig aufzutreten und sich so weit als möglich im Schatten zu halten, um keine unnötige Aufmerksamkeit auf sich zu ziehen – dennoch aber nicht allzu heimlichtuerisch zu erscheinen, damit jemand, der ihn anhielt, nicht gleich dachte, er führe etwas Verbotenes im Schilde.
Er schaute sich vorsichtig um, ob uns nicht jemand beobachte, öffnete eine Tür zum Küchentrakt und ließ mich in einen breiten, hell erleuchteten Gang eintreten. Abgesehen von der schmutziggelben Farbe und dem durchdringenden Duft von sauer Eingelegtem, Marmelade und gekochtem Kohl war er jenem gar nicht so unähnlich, durch den ich das Haus wenige Stunden zuvor betreten hatte. Ein alter, zahnloser Mann mit einem zerfransten weißen Bart, der gerade heraustrat, als wir hineingingen, blieb bei unserem Anblick wie angewurzelt stehen und starrte uns mit offenem Mund hinterher. Ich fürchtete, er habe Verdacht geschöpft und würde sofort Alarm schlagen, wenn wir weg wä-

ren; doch sobald wir außer Hörweite waren, flüsterte der junge Whitaker mir zu:
»Sorgen Sie sich nicht um den, das ist nur ein alter Mann, der sagt nichts; und falls doch, glaubt ihm keiner, er ist halb verrückt.«
Im gleichen Augenblick jedoch schien er eine größere Gefahr zu wittern, denn er faßte mich am Ellbogen und schob mich vorwärts, als sich auch schon zu unserer Rechten eine Tür öffnete, aus der eine Sturzsee von Gelächter, Gesprächsfetzen und dem schweren, betäubenden Geruch von verschüttetem Wein in den Korridor schwappte. Ich hatte gerade Zeit, einen Blick auf einen beleibten Mann in einem schwarzen Rock und die elegant auslaufenden Beine eines altmodischen Sideboards aus Mahagoni zu erhaschen, bevor wir um eine Ecke bogen und eine steinerne Treppe hinabstiegen.
»Der Speisesaal der höheren Dienerschaft«, murmelte Whitaker. »Sollten wir am besten meiden.«
Wir befanden uns nun in einem langen, niedrigen, unterirdischen Gang mit gewölbter Decke und abgenutzten Fliesen. Er war von Leitungen durchzogen und von Gaslampen erleuchtet; in regelmäßigen Abständen zeigte die Wand auch kleine Nischen, in denen früher anscheinend Laternen gestanden hatten. Rechts, ungefähr auf halbem Wege, befand sich ein mit Ziegelsteinen ausgemauertes Gewölbe, das durch ein Eisengitter verschlossen war und ins Leere zu führen schien. Whitaker stieß mit dem Daumen in die Richtung.
»Der Brunnen«, sagte er; und als ob ihn die beiläufige Erwähnung dieses unbedeutenden Details an meine völlige Unkenntnis des Ortes erinnerte und ihm das Gefühl gab, er müsse mir weitere Erklärungen geben: »Dieser Weg führt zum Haupthaus.«
Als wir schließlich wieder ins Freie kamen, gingen wir nicht geradeaus weiter, sondern wandten uns nach rechts in einen kleinen Hof, der wie einer der älteren, muffigen Innenhöfe eines Oxford-College aussah, und – nach der einfachen Bauweise der umgebenden Mauern und der Form und Anordnung der schmucklo-

sen quadratischen Fenster zu schließen – deutlich früheren Datums war als der Rest des Gebäudes. Zu meiner Überraschung jedoch spürte ich keine Luftveränderung, wie man sie normalerweise erlebt, wenn man ins Freie tritt; und als ich nach oben schaute, erblickte ich anstelle der Sterne, die ich dort erwartet hatte, rohgezimmerte Dachbalken, über denen eine Schwärze lag, wie sie selbst der dunkelste Nachthimmel nicht zu bieten hat. Sofort begriff ich, daß dieses raumgreifende Ungetüm über ein komplettes anderes Gebäude hinweg gebaut sein mußte, das innerhalb seiner Mauern, unsichtbar für die Außenwelt, stehengeblieben war – wie der geisterhafte Beinknochen, der den Anatomen zufolge bei den Robben unter der Haut zu finden ist.
»Da oben war Turners Atelier«, sagte Whitaker und wies mit dem Kinn auf eines der oberen Fenster. Er öffnete eine schmale Tür, griff ins Dunkle und zog eine Laterne hervor, die er rasch anzündete – ein weiterer Beweis für seine Intelligenz und Umsicht, denn er mußte sie zuvor hier deponiert haben, um keinen Verdacht zu erregen. Er hielt die Laterne hoch über dem Kopf und führte mich leise eine alte, steinerne Wendeltreppe hinauf, in der ein derart widerwärtiger Geruch von Staub und Moder hing, daß er mir wie Schmierfett am Gaumen klebte – und wirklich, auch jetzt, da ich dies schreibe, habe ich noch diesen Geschmack im Mund. Plötzlich fühlte ich mich mit Macht an einen anderen Ort erinnert – obwohl dieser Gedanke so unerwartet kam, daß er zuerst wie ein halbvergessenes Traumbild am Rande meines Bewußtseins schwebte, bevor ich ihn benennen konnte: Hand Court.
»Einen Augenblick, Sir«, flüsterte Whitaker, als wir oben angekommen waren. Er schien mir nun weitaus nervöser, und er spähte vorsichtig umher, ob die Luft auch wirklich rein sei. Und als er schließlich auf den Treppenabsatz hinaustrat und mir ein Zeichen machte, ihm zu folgen, tat er das so rasch, daß meine nächste deutliche Erinnerung bereits ein großer dunkler Raum ist und daß Whitaker die Tür schloß und sich dagegen lehnte, halb keuchend, halb lachend vor Erleichterung.

»Verzeihen Sie, Sir, wenn ich die Gaslampen nicht anmache«, sagte er, als er wieder zu Atem gekommen war, »aber ich fürchte, man könnte uns sehen.«
Es entsprach vielleicht nicht ganz der Wahrheit, daß der Raum winterfest gemacht worden war, doch machte er auf jeden Fall einen unbenutzten Eindruck. Die Luft war kalt und feucht, und das einzige Anzeichen von Feuer war der schale Geruch längst erloschener Kohlen. In der Mitte der einen Wand befand sich ein großes, bogenförmiges Fenster ohne Läden oder Vorhänge, vor dessen schwachem, grauem Licht ich ein Sofa und zwei, drei Stühle sowie die kurvenreichen Umrisse einer Statue erkennen konnte. Sie stand auf ihrem Sockel wie ein riesiger, zerbeulter Kegel, einem schwankenden Hexenhut gleich, und sollte wohl irgendeinen mythologischen Kampf auf Leben und Tod zwischen zwei Menschen oder Mensch und Tier darstellen. Mehr war kaum auszumachen, denn Whitakers Laterne, die in seiner Hand hin- und herschwang, beleuchtete gerade einmal ein Fleckchen des Teppichs. Als meine Augen sich an die Dunkelheit gewöhnt hatten, erkannte ich an den Wänden Bücherregale. Ich befand mich also wieder in einer Bibliothek. (Wie viele Bücher besitzt denn Colonel Wyndham, in Gottes Namen? Und wie viele davon hat er gelesen?) Nichts ließ darauf schließen, daß der Raum jemals als Atelier benutzt worden war – eigentlich gab es überhaupt keinen erkennbaren Bezug zur Malerei, abgesehen von ein paar Bildern, die über dem Kamin hingen.
Und doch, trotz allem, ich hatte das deutliche Gefühl von Turners Gegenwart – so deutlich, daß ich mir einen flüchtigen Moment lang sogar einbildete, seine kleine Gestalt geistergleich am Fenster vor einer Staffelei stehen zu sehen, einen Pinsel zwischen den Zähnen, einen anderen in der Hand, in den Augen ein Funkeln wilden Vergnügens. Vielleicht komme ich ihm ja allmählich wirklich näher, vielleicht verfolgte ich aber auch nur den Gedanken weiter, der mir im Treppenaufgang gekommen war, doch schien es mir unmittelbar verständlich, warum er sich hier so wohlgefühlt hatte: Es war eine Art ideale Maiden Lane, die ihm,

in viel größerem Maßstab und mit unvergleichlich mehr Bequemlichkeit, dasselbe Verhältnis zwischen menschlicher Nähe und Rückzug geboten hatte, das er als Kind erfahren haben mußte, wenn er in seinem Zimmer malte. Die große Tür, die ihn so wirksam vor den neugierigen Augen der Welt schützte, konnte ihn ebenso leicht wieder in ihre Gesellschaft führen; denn jenseits dieser abgeschiedenen Insel erstreckte sich ein gigantischer Kaninchenbau, in dem es von Dienern und Kindern und Malerkollegen nur so wimmelte, und über all das wachte sein gütiger Mäzen – so wie Jahre zuvor auch der Hand Court voller vertrauter Gesichter gewesen sein mußte.

Stell Dir, meine Liebe, meine Empfindungen vor, als ich, in solche Überlegungen versunken, ohne Vorwarnung, kaum zwölf Yard entfernt, das unterdrückte Kichern eines Mädchens vernahm. Ich möchte den Mann sehen, und sei er noch so unerschrocken – völlig phantasielose Hohlköpfe ausgenommen –, dem nicht wie mir der Atem gestockt und ein Angstschauer über die Kopfhaut gegangen, der Schweiß ausgebrochen wäre.

»Nancy!« rief Whitaker. Er schien ebenso erschrocken wie ich, seine Laterne fing an zu schwanken und verteilte gelbe Lichtflekken auf dem Boden und an den Wänden. In ihrem zittrigen Schein sah ich, wie das Mädchen hinter einem Sofa hervorkam und sich den Staub von ihrem buntbedruckten Rock abklopfte. Sie lachte immer noch, aber etwas unsicher, wie jemand, der hofft, einem Tadel zu entgehen, indem er zugibt, was er getan hat.

»Ich wußte nicht, daß du schon da bist!« sagte Whitaker.

»Ich habe zehn Minuten auf der Treppe gewartet«, antwortete sie beleidigt. »Aber als du ewig nicht gekommen bist, dachte ich, das Beste ist, ich verstecke mich hier.«

Er spürte wohl, daß er ihr keine weiteren Vorhaltungen machen durfte; doch konnte er seinen Ärger, überrascht und erschreckt worden zu sein, nicht ganz verhehlen. »Also«, fuhr er sie an, »hast du es?«

»Natürlich«, sagte sie und kam hinter dem Sofa herum auf uns

zu. Sie ging mit kleinen, unbeholfenen Schritten, und als sie in den Lichtschein trat, konnte ich sehen, warum: Sie hielt etwas unter ihrer Schürze verborgen.
»Nancy«, sagte Whitaker, nun in freundlicherem Ton. »Mein Vetter aus London. Mr. ... Mr. ...«
Ich wußte einen Moment lang nicht, was ich antworten sollte; denn wenn – wie es den Anschein hatte – Nancy eine Mitverschwörerin war, warum stellte er mich dann nicht als den vor, der ich tatsächlich war? Aber beinahe im selben Augenblick kam mir die Antwort: Er versuchte (wieder mit bewundernswerter Umsicht), sie und auch mich zu schützen. Im Falle unserer Entdeckung wäre es so weniger wahrscheinlich, daß sie uns verriete, und außerdem würde sie weniger schuldig erscheinen, wenn sie meine wahre Identität nicht kannte, sondern wirklich glaubte, daß sie nur geholfen hatte, einem Verwandten von Whitaker, der auf Besuch war, ein wenig Unterhaltung zu bieten.
»Jenkinson«, sagte ich – und wenn Du mich gehört hättest, dann hättest Du sicher gesagt: *Da gab's mal einen aus Covent Garden, der hat es weiter gebracht.*
»Freut mich, Mr. Jenkinson.« Sie war jung – höchstens fünfzehn oder sechzehn – mit festen, hübschen Gesichtszügen und einem Teint beinahe so dunkel wie der einer Zigeunerin; sie ergriff meine Hand mit derart bescheidener Aufmerksamkeit, daß ich denken mußte, ihr läge an meiner guten Meinung von ihr, vielleicht als akzeptable Ehefrau für meinen vorgeblichen Vetter.
»Dann zeig schon her«, sagte Whitaker.
Nancy ging in die Hocke, zog einen alten Ölzeugbeutel unter ihrer Schürze hervor und breitete ihn im Schein der Lampe auf dem Fußboden aus. »Das hat er meiner Mutter geschenkt«, sagte sie, zog ein flaches, in Seidenpapier eingeschlagenes Paket heraus und begann es auseinanderzufalten.
»Turner?« fragte ich.
Ich weiß nicht, ob sie mir antwortete oder nicht, denn in diesem Augenblick sah ich unter ihren Fingern den ersten Tupfer jenes mir bereits vertrauten glühenden Orangerot, dann einen dunk-

len Streifen des Vordergrunds, dann den leuchtenden Fleck der Sonne – grausam wie eine frische Wunde –, deren Strahlen sich in einen wolkenverhangenen Himmel ausbluteten.

»Hier«, sagte sie.

Es war, wie ich sah, als ich es in die Hand nahm, ein kleines Aquarell des Parks, vielleicht die Studie zu einem größeren Ölbilds. Das Buschwerk war bloß schemenhaft ausgeführt – manches war nur durch eine einfache Linie oder einen Farbtupfer angedeutet –, so daß es schwierig war, etwas Genaues auszumachen, doch konnte ich das griechische Tempelchen erkennen; und ein Rudel Damwild (eigentlich nur eine Ansammlung von Punkten), das auf dem Hügel graste; und etwas in der linken unteren Ecke, das wie ein leerer Stuhl aussah, wahrscheinlich auf der Terrasse vor dem Haus.

»Hat deine Mutter ihn gut gekannt?« fragte ich.

»Sie hat ihn ziemlich oft gesehen, glaube ich«, sagte Nancy. »Sie war Hausmädchen hier, so wie ich.«

»Und aus welchem Grund hat er es ihr geschenkt?« fragte ich weiter, mit einem derart anzüglichen Ton, daß ich innerlich zusammenzuckte.

»Ich weiß es nicht, Mr. Jenkinson«, sagte sie. »Das hat sie nie gesagt. Warum wohl, glauben Sie?« Sie schaute mir geradewegs in die Augen und lächelte ein wenig, aber es entging mir nicht, daß sie errötete.

Ich spürte, daß ich nicht weiterfragen durfte, wenn ich nicht aus der Rolle fallen wollte; also lachte ich nur, gab ihr das Bild zurück und sagte – wie ein Mann, dessen beschränkte Neugier befriedigt worden ist: »Sehr interessant, Kleine. Ich danke dir.«

Diese Begegnung, denkst Du nun vielleicht, hat mich nicht weitergebracht; und doch gab sie meinem Abstecher nach Petworth Sinn und Bedeutung, deren sie andernfalls entbehrt hätten, und ließ mich – ob zu Recht oder zu Unrecht, weiß ich immer noch nicht – mit dem Gefühl zurück, daß ich etwas Wichtiges über Turner erfahren und Einblick in seinen Charakter gewonnen hatte.

Ich hätte zufrieden weggehen können, wäre es nicht auf meinem Rückweg zu einem Zwischenfall gekommen. Gerade als wir aus dem Tunnel in den Wirtschaftstrakt bogen und meine innere Anspannung nachließ, kam mir mit einem Tablett voller Gläser und einer Karaffe fürs Haus der Mann entgegen, dem zu begegnen ich in diesem Augenblick am meisten fürchtete: der Lakai, der mich am Morgen zu Colonel Wyndham geführt hatte. Es hatte keinen Sinn, mich umzudrehen oder den Mantelkragen hochzuschlagen, um mein Gesicht zu verbergen, denn er musterte mich bereits mit einem fragenden Stirnrunzeln, und eine Geste des Zögerns oder Ausweichens hätte er sicher als Eingeständnis meiner Schuld genommen. Meine einzige Hoffnung, das erkannte ich, bestand darin, ihn an dem zweifeln zu lassen, was ihm seine Augen zeigten; und als er seinen Schritt verlangsamte und auf uns zutrat, blieb ich meinerseits stehen, lächelte ihn offen an und sagte:
»Wer ist das, Paul?«
»Mr. Bond«, sagte Whitaker. »Mr. Bond, Mr. Jenkinson. Mein Vetter aus London.«
»Freut mich, Sie kennenzulernen, Mr. Bond«, sagte ich. Ich streckte ihm nicht die Hand entgegen, denn er hätte sie nicht ergreifen können; aber ich senkte respektvoll den Kopf. »Paul ist ein guter Junger, er schreibt mir oft, und nie, ohne zu erwähnen, welch große Hilfe Sie ihm beim Erlernen seiner Pflichten sind.«
Bond antwortete nicht, sah mir aber tief in die Augen, dann zu Whitaker und wieder zu mir. Schließlich sagte er: »Und wo sind Sie untergebracht, Mr. Jenkinson?«
Bevor ich antworten konnte, sagte Whitaker – zweifellos bemüht zu zeigen, daß er die Mißachtung der Regeln nicht so weit getrieben hatte, mich hier im Haus übernachten zu lassen:
»Im Golden Angel, Mr. Bond.«
Darauf sagte Bond nichts mehr, sondern nickte uns zu und ging weiter. Als er in den Tunnel einbog, wandte er sich jedoch zu mir zurück – mit einem kühlen Blick, der deutlich genug sagte, daß er nicht überzeugt war; und ich wußte, er würde der Haushälterin

berichten, was er gesehen hatte; diese wiederum könnte Colonel Wyndham informieren; und der Colonel könnte im Golden Angel Erkundigungen über mich einziehen lassen. Um Unannehmlichkeiten für meine freundlichen Gastgeber und Ungnade – wenn nicht gar die Entlassung – für ihren Neffen abzuwenden, beschloß ich also, Petworth unverzüglich zu verlassen.

Und so dankte ich Paul Whitaker am Tor der Stallungen und gab ihm einen Sovereign für seine Mühe sowie fünf Shilling für Nancy und ging zum Hotel zurück. Dort bestellte ich eine Droschke nach Horsham, wo ich, wie ich vermutete (zu Recht, wie sich herausstellte), einen Frühzug nach London bekommen würde. Mr. und Mrs. Whitaker beschworen mich eindringlich zu bleiben, sie meinten, weder ihnen noch Paul würden Nachteile drohen; aber ich ließ mich nicht abbringen. Dann wiesen sie die Bezahlung für das Zimmer zurück, da ich ja gar nicht darin geschlafen hatte; doch ich bestand darauf, und schließlich gaben sie nach, und wir verabschiedeten uns unter vielerlei Beteuerungen, Dank und guten Wünschen.

Ich war so erschöpft, daß sogar die kalte Nachtluft mich nicht ganz wachhalten konnte, und versank in einen Dämmerzustand, in dem mir träumte, ich würde aus einem dunklen Gefängnis entfliehen – zusammen mit Turner, der fröhlich über unser Entkommen lachte. Oder war ich nicht vielmehr selbst Turner und lachte?

Aber nun – Du wirst erleichtert sein, es zu hören! – bin ich wieder ganz und gar bei mir selbst.

Dein Dich liebender Gatte,
Walter

XIX

AUS DEM TAGEBUCH VON MARIAN HALCOMBE,
29. SEPTEMBER 185-

Auf Knien habe ich Dankgebete gesprochen. Nun werde ich, das weiß ich wohl, wieder Kummer und Schmerz und Traurigkeit ertragen müssen, wie ich es schon zuvor erlebt habe; aber heute – ich will es froh bekennen – bin ich wirklich glücklich. *Danke, Herr.*
Der Morgen, das muß man sagen, ließ nicht erahnen, was kommen sollte; ich hatte schlecht geschlafen und erschrak vor mir selbst, als ich in den Spiegel schaute und dort anstelle des lebhaften, fröhlichen Gesichtes, das ich erwartete, eine ausgemergelte, mir nur entfernt bekannte Frau mittleren Alters erblickte, mit dunklen Ringen unter den Augen und ersten Silberfäden im verfilzten schwarzen Haar. Doch indem ich energisch mit der Haarbürste arbeitete, ein strahlendes Lächeln aufsetzte (wie man es zeigt, wenn man einem Fremden vorgestellt wird) und mir dazu törichte kleine Aufmunterungen zusprach – »du wirst das schon schaffen, Marian, keine Angst« –, hatte ich das unheilvolle Spiegelbild bald gebannt; als Schreckensvision blieb es jedoch in meinem Gedächtnis haften.
Die Lage hatte sich nicht entscheidend verbessert, als wir uns kurz darauf beim Verlassen des Hauses in dichtem Nebel wiederfanden – so still und eisig wie ein Grab –, der uns in den Augen brannte, uns Mund und Nase verstopfte und unsere Haut mit kleinen Rußpartikeln bedeckte. Ich hatte – wie mir jetzt erst klar wurde – unserer Bootsfahrt mit unvernünftiger, kindlicher Freude entgegengesehen, und die Erkenntnis, daß ich nun wohl darauf verzichten mußte, drückte mich nieder wie eine körperliche Last, beugte meine Schultern und verlangsamte meine Schritte. Aber ich versuchte, meine Enttäuschung zu verbergen; ich hakte mich bei Walter ein, lachte und sagte mit aller Tapferkeit, die ich aufbieten konnte:
»Wir können uns glücklich schätzen, wenn wir überhaupt bis zum Fluß kommen, geschweige denn etwas von ihm sehen.«

Die Fahrt nach Brentford zog sich endlos hin, denn die Kutsche – der Kutscher konnte nicht weiter als bis zu den Ohren seines Pferdes sehen und fürchtete wohl, mit einem anderen Wagen zusammenzustoßen oder ein Kind niederzufahren – kroch im Schneckentempo dahin (dem Tempo einer vorsichtigen Schnecke noch dazu); und aus dem Fenster konnten wir nichts erkennen, das einen Anhaltspunkt gegeben hätte, wo wir uns befanden oder wie weit wir schon gekommen waren. Es hätte ebensogut sein können, daß wir nur langsam im Kreis herumfuhren und nicht weiter als hundert Yard von unserer Haustür entfernt waren. Doch dann lichtete sich der Nebel mit einemmal und enthüllte eine Reihe schwarzer Zinnen (die leider nicht zu einer romantischen alten Burg gehörten, wie ich zuerst dachte, sondern zu häßlichen Backsteinvillen, die versuchten, ihre Geschichtslosigkeit hinter einer Fassade falscher Altehrwürdigkeit zu verstecken); und löste sich bis auf einige Dunstschleier auf; und als wir zehn Minuten später bei Brentford vorfuhren, konnte man bereits durch einen blendenden, kreidigen Schleier hindurch die strahlende Helligkeit eines wolkenlosen Himmels ausmachen.
Wir bogen in eine breite Allee ein und hielten auf halbem Wege vor einem bescheidenen Tor, das zwischen einem Kutscherhaus und einer hohen Umfassungsmauer eingezwängt war. Das Haus selbst stand ein wenig zurückgesetzt hinter einer verwahrlosten, mit Unkraut gesprenkelten Kutschauffahrt und machte von der Straße aus einen unscheinbaren Eindruck: Es war weder groß noch klein, weder alt noch neu; kaum zu beschreiben, es sei denn durch die Angabe von Winkeln und Maßen. Sobald man jedoch durch die Eingangstür trat, befand man sich in einer bezaubernden, wohlproportionierten Halle mit zartgezeichneten Porträtskizzen an den Wänden, frisch gestrichen in blassen, altmodischen Farben, die den Eindruck von Licht und Raum verstärkten.
Ein untersetzter Diener von ungefähr dreißig Jahren mit gesunder Gesichtsfarbe und einem freundlichen Lächeln (dieses Detail allein zeugte von einem besonderen Haushalt, denn wie viele

Diener werden schon angehalten, Besucher *anzulächeln*?) führte uns in ein großes Empfangszimmer auf der Rückseite des Gebäudes. Einen Augenblick lang glaubte ich fast, in Elizabeth Eastlakes Boudoir einzutreten; denn der Raum nahm in diesem Haus nicht nur die gleiche Stelle ein, er übte auch die gleiche architektonische Wirkung aus: Man spürt die schattige Masse der Eingangshalle und des Treppenhauses – sie drückt von oben und drängt unwiderstehlich vorwärts wie eine Hand, die einen am Nacken gepackt hat, während gleichzeitig von der großen Glastür ein Sog ausgeht, der Freiheit und frische Luft verspricht. Doch es dauerte nur einen Augenblick, und ich sah, daß hier ein ganz anderer Geist herrschte; denn während am Fitzroy Square alles Eiche, Lack und titanisches Chaos war, herrschten hier Helligkeit, Eleganz und klassische Ordnung. Die Bücher standen mit militärischer Disziplin in ihren Regalen, kein einziger Deserteur trieb sich auf einem Stuhl oder Tisch herum; es gab keine Raritäten (es sei denn, man nimmt ein paar graziöse Porzellanfiguren auf dem Kaminsims als solche); und anstelle eines wuchtigen Sekretärs gab es nur ein kleines Schreibtischchen mit kannelierten, griechischen Beinen und einem Schubfach, das kaum tief genug schien, um ein Häuflein von Umschlägen zu fassen. Man hätte ohne weiteres glauben können, daß die Kaiserin Josephine daran Billets doux an ihren Gemahl verfaßt hatte.

Eine schlanke Frau von vielleicht fünfundsechzig Jahren, die es irgendwie fertigbrachte, eine gute Figur in einem pulverblauen Kleid zu machen, das man schon vor zwanzig Jahren als *démodé* bezeichnet hätte, erhob sich zu unserer Begrüßung von einer verschnörkelten Chaiselongue.

»Miss Halcombe! Mr. Hartright!« rief sie und kam uns mit ausgebreiteten Armen entgegen. »Sie haben die Sonne mitgebracht!« Ihre Stimme war weich und melodiös, ganz ohne die Brüchigkeit des Alters – hätte man sie nur gehört, aber nicht gesehen, hätte man sie ohne weiteres für eine dreißig Jahre jüngere Frau halten können. Mit einem Blick zum Fenster warf sie wie eine betende Priesterin die Hände nach oben und reichte sie dann uns hin –

das alles in einer einzigen, fließenden Bewegung, so graziös wie eine Tänzerin –, nahm Walters Hand in die eine und meine in die andere, so daß wir dastanden wie Kinder, die Ringelreigen spielen wollen.

»Wenn wir nicht artig sind«, sagte sie, »ist der Tag vorbei. Wollen wir also jetzt gleich unsere Chance nutzen und uns hinauswagen?«

»Ja«, sagten Walter und ich gleichzeitig, ohne einen Augenblick zu zögern.

Sie errötete und nickte mit sichtlichem Vergnügen. »Ich gestehe, ich habe den Mut nicht ganz verloren, als ich den Nebel sah«, sagte sie und ging auf die Tür zu, »aber mein armer Ehemann war ganz und gar überzeugt, daß wir verloren seien. Es wird ihn bestimmt mehr als nur ein bißchen freuen, wenn er hört, daß sich das Wetter gebessert hat.« Sie schwieg einen Moment und fügte dann wie einen Nachgedanken hinzu: »Es macht Ihnen doch hoffentlich nichts aus, die Ruder zu übernehmen, Mr. Hartright? Für den Diener wird der Platz nicht reichen.«

»Nein, gar nicht.«

»Gut.« Sie hob die Schultern und rieb sich aufgeregt die Hände; dann verschwand sie in der Halle – mit einem kleinen »Oh!«, das ebensogut ein begeisterter Ausruf hätte sein können.

Manchmal kann man beobachten, wie sich Eltern ganz still voll Zärtlichkeit, Nachsicht und gemeinsamem Entzücken verschwörerisch anlächeln, wenn ihr kleiner Liebling etwas besonders Liebreizendes getan hat; und genau so ein Lächeln tauschten nun Walter und ich. Dann überließen wir uns ohne ein Wort (denn wozu reden, wenn man sich so perfekt verständigt hat?) der Anziehungskraft, die das Fenster ausübte, und schauten auf die kunstvoll angelegten Wege, Rasenflächen und Rosenbüsche – sie zeigten hier und da noch Blüten, und die letzten Nebelschleier hingen an ihnen wie Tierhaare an einem Dornbusch –, alles von sauber geschnittenen Hecken eingefaßt. So standen wir in einvernehmlichem Schweigen eine ganze Weile da, als mich plötzlich eine Bemerkung von Walter auffahren ließ:

»Anscheinend ist er blind.«
»Wie?«
»Ihr Mann. Sieh mal.« Er wies auf die Glastür; da fiel ihm ein, wie er noch besser verdeutlichen konnte, was er meinte und öffnete sie. »Nein. Riech mal.«
Ich sog die Luft ein; sie war rauh und kalt und schwer von den rußigen Nebelresten; doch darunter mischte sich, wie der letzte Widerhall einer vergessenen Welt, der scharfe Geruch des Thymians, die betäubende Süße des Rosmarins und der sterbende Atem der Rosen.
»Der Garten ist der Düfte wegen angelegt, nicht zum Anschauen.«
»Ein schwaches Fundament für ein großes Gebäude«, sagte ich. »Vielleicht ziehen die beiden ja bloß süße Düfte einem prächtigen Anblick vor.«
Walter schüttelte den Kopf. »Wenn er sehen könnte, hätte er es gewußt, ohne daß man es ihm erst sagen muß.«
»Was gewußt?« fragte ich, halb lachend (und, zugegeben, völlig verständnislos).
Er hob sein Gesicht zum aufklarenden Himmel. »Daß sich das Wetter gebessert hat.«
»Woraus schließt du, daß er das nicht wußte?«
»Weil sie gesagt hat: ›Er wird sich freuen, wenn er *hört*, daß sich das Wetter gebessert hat.‹«
Ich überlegte einen Augenblick. Er hatte natürlich recht: Das hatte Mrs. Bennett tatsächlich gesagt, und jetzt, da ich darüber nachdachte, schien es mir auch merkwürdig, obwohl mir zunächst gar nichts daran aufgefallen war.
»Sehr gut«, sagte ich. »Wir werden dich noch an die Geheimpolizei verlieren.«
In diesem Augenblick wurde mir zum ersten Mal bewußt, daß mit Walter eine Veränderung vor sich gegangen war – eine Veränderung, die ich vielleicht schon früher bemerkt haben sollte, denn die ersten Anzeichen mußten sich schon bei seiner Rückkehr aus Sussex gezeigt haben, und nachdem ich einmal mein

Augenmerk darauf gerichtet hatte, fiel es mir wieder und wieder auf. Anstatt zu lachen und mir eine freundliche Replik zu geben – wie er das noch vor wenigen Wochen getan hätte –, schwieg er und sah weiter aus dem Fenster, die Stirn leicht gerunzelt in der Anstrengung, einem Gedankengang zu folgen, den ich nicht im geringsten erraten konnte. Nicht daß Walter direkt kalt oder reserviert gewesen wäre, nur daß unsere Freundschaft mit ihren Neckereien und ihrer Zuneigung, ihren Ritualen des Spotts und der Herabsetzung der eigenen Person durch etwas Größeres aus seinem Geist verdrängt worden war, zumindest im Augenblick. Ein paar Sekunden lang, das ist wahr (ich konnte nicht dagegen an und kann es jetzt nicht leugnen), fühlte ich mich verletzt und einsam, wie ein Kind, dessen bester Spielkamerad in die Welt der Erwachsenen eingetreten ist und es hinter sich zurückgelassen hat; doch wurde diese bittere Empfindung sogleich durch eine Flut von Freude hinweggespült – denn hatte ich nicht gehofft und gebetet, daß mein lieber Bruder genesen und seinen Mannesmut wiedererhalten sollte? Und war es nicht das, was hier mit ihm geschah, direkt vor meinen Augen? Und würde unsere Freundschaft jetzt nicht noch wahrer, tiefer werden?

»Nun, ich denke, wir sind soweit«, ertönte hinter uns die Stimme von Mrs. Bennett. Wir wandten uns um und erblickten sie in der Tür, neben sich einen rüstigen alten Herrn in einem dikken, schwarzen Gehrock. Er war beinahe kahl, hatte jedoch einen üppigen weißen Backenbart – als ob sein Haar sich zur Wanderung entschlossen hätte wie der Balkon von Mrs. Booth, wenn auch in die entgegengesetzte Richtung, vom Scheitel hinunter zu den Wangen –, was den seltsamen Eindruck hervorrief, als sei sein Gesicht breiter als hoch.

»Mein Lieber, das sind Miss Halcombe und ihr Bruder, Mr. Hartright«, fuhr sie fort. »Aber wir haben später noch genügend Zeit für eine ausführliche Vorstellung.«

Sie war schon wieder in die Eingangshalle getreten; doch ihr Mann blieb stehen, wo er war, hielt seine Hand ausgestreckt und murmelte: »Guten Tag«, wobei er mit dem glasigen Blick des

Blinden einen Punkt genau in der Mitte zwischen Walter und mir zu fixieren schien.

Wir müssen ein schönes Schauspiel geboten haben, wie wir so zum Fluß zogen: Mrs. Bennett, in einem leuchtend roten Mantel und mit einer kleinen Gitarre, marschierte als Vorhut mit Walter plaudernd voran; dann ich, ohne Gesprächspartner, die ich es einfach genoß, wie die Sonne jeden unserer Schritte strahlender beschien; und schließlich der Diener, Mr. Bennett am Arm führend und mit einem Picknickkorb sowie einem Stapel Eisenbahndecken beladen. Schließlich erreichten wir eine kleine, unordentlich geführte Bootswerft, wo überall Planken, Sägespäne und Rollen brüchigen, teerverschmierten Tauwerks herumlagen und der Diener ohne ein Wort verschwand. Mrs. Bennett unterhielt sich angeregt mit Walter über Kutter, Kähne und Fischerboote, wobei ihre Hand wie ein aufgeregter Zaunkönig umherflatterte, wenn sie ihren Vortrag mit einem Hinweis auf einen Mast hier und eine Ruderbank dort unterstrich; ihr Mann stand zwar unbeweglich wie ein Buddha ein wenig abseits, ohne etwas sehen zu können, schien ihr aber mit lebhaftem Interesse zuzuhören; so wagte ich mich also auf den wackligen Steg hinaus, um die Aussicht zu bewundern.

Noch so weit am Oberlauf war die Themse voller Unrat, den die Strömung gegen die Pfeiler des Stegs getrieben und dort zu kleinen Inseln gestaut hatte – Ebenen aus welken Blättern und durchweichtem Papier, Gebirge aus Flaschenhälsen, die aus dem Wasser herausragten und einem kompletten Hinterland in Gestalt einer ertrunkenen Katze, deren vollgesogenes Fell so glatt war wie das einer Ratte. Doch am gegenüberliegenden Ufer tat sich eine andere Welt auf; wie ein exotischer Tempel erhob sich dort das neue Palmenhaus von Kew Gardens mit seinen lichtdurchfluteten Glaskuppeln, daneben die prächtige, flammend rote Krone eines amerikanischen Ahornbaums; und dahinter, nach Richmond zu, die baumgesäumten Hügel und Täler des Old Deer Park, die sich mit der ruhigen Regelmäßigkeit einer stillen See oder einer sanften Hirtenmelodie hoben und senkten und wieder hoben. Nach Assoziationen zu Turner brauchte man nicht lange zu suchen: Die ganze Szenerie war eine Art Spiegelbild der *Ansicht Londons vom Greenwich Park*, der Vordergrund von der mächtigen Themse beherrscht, der Mutter unserer Größe, die Habsucht und Korruption unseres modernen Zeitalters in einen stinkenden Abtritt verwandelt hatten; in der Ferne schien uns eine elysische Landschaft, von der Sonne zu strahlendem Leben erweckt, eine Vision glücklicherer Tage zu geben. Weniger leicht erklärlich ist, daß ich auch an ein anderes Bild denken mußte, das ich in Marlborough House gesehen hatte. Kein Meer war zu sehen und keine Gestalt, die mich an Apollo und die Sibylle hätte denken lassen; es gab keine Ruinen; und obwohl vom Charakter her zweifellos klassisch, hatte der Anblick von Buchen und Nußbäumen, von Unterholz und Wiesen nichts vom sengenden Glanz des Mittelmeers, sondern leuchtete eher in jener dunklen, maßvollen Üppigkeit, die es nur in England gibt. Warum drängte sich mir also mit solcher Macht *Die Bucht von Baiae* in den Sinn und dazu das unbestimmte, verstörende Gefühl eines Geheimnisses, das in meiner Erinnerung immer noch mit ihm verknüpft war? Die Antwort mußte hier vor mir liegen; doch so sehr ich mich auch bemühte, ich konnte sie nicht finden, und ich suchte sie immer noch vergebens, als der Diener wiederkehrte und ankündigte, das Boot sei nun bereit.

»Danke, Jonathan«, sagte Mrs. Bennett. Sie ging durch die Werft und eine Steintreppe hinunter (zu meiner Überraschung schien sie alle Arbeiter persönlich zu kennen und grüßte sie mit Namen, worauf diese ihre schmutzigen Daumen und Zeigefinger an ihre zerfransten Kappen hoben oder »Schönen Tag, Ma'am« murmelten). Unten erwartete uns ein kleines, breites Boot; ordentlich ausgelegt mit Decken und Kissen, der Korb genau in der Mitte; mit zwei Rudern in den Dollen hüpfte und tänzelte es am Ende eines Taus. Mrs. Bennett hielt es fest, während Jonathan ihrem Mann hineinhalf und ihn im Bug unterbrachte; dann kletterte sie flink zum Heck, half mir herunter und lächelte Walter zu:

»Also los, Mr. Hartright, wenn Sie die Güte hätten.«

Und so begannen sechs wundervolle Stunden. Walter nahm in der Mitte des Bootes Platz; Jonathan stieß uns vom Ufer ab und blickte uns dann winkend von den Stufen aus nach (wirklich, er schien eher der Sohn der Bennetts zu sein als ihr Diener), wie wir in die Flußmitte glitten und uns darin stromaufwärts wandten. Es war kein Platz für eine Ruderpinne vorhanden, aber indem Mrs. Bennett geschickt mit einem am Ruderblatt befestigten Band die Richtung vorgab und Walter Anweisungen erteilte – »Links ein wenig fester, Mr. Hartright« oder »Mit dem da sollten wir uns besser nicht anlegen. Warum machen Sie nicht eine wohlverdiente Ruhepause und lassen es vorüberziehen?« – brachte uns Mrs. Bennett sicher an einem Verband von Lastkähnen und am Heck eines stampfenden Kohlenschiffs vorbei, dessen Kielwasser uns schlingern und schaukeln ließ. Einen Augenblick lang schienen wir in der schwarzen Qualmfahne zu verschwinden, die aus seinem Schornstein quoll und bedrohlich über dem Wasser hing, den Himmel verdunkelte und die Sonne zu einer blassen silbrigen Scheibe werden ließ; doch dann war der Spuk vorbei, so wundersam wie der morgendliche Nebel, und wir glitten in jene sonnenbeschienene andere Welt, die ich von der Bootswerft aus gesehen hatte.

Wir konnten nicht die ganze Häßlichkeit der modernen Welt hinter uns lassen: Sie blieb gegenwärtig in dem endlosen Verkehr auf dem Fluß, in dem zerbrochenen Zigarrenkistchen, das gegen die Bootsflanke schlug und den armseligen anonymen Häuschen, die sich am Nordufer dahinzogen. Doch von diesem Moment an, glaube ich, trat eine andere Realität in den Vordergrund. Eingelullt von dem rhythmischen Plätschern und dem Ächzen der Ruder, entzückt vom Anblick eines phantastischen Wurzelgeflechts hier, den bizarren Resten des aufgegebenen Nestes eines Wasserhuhns dort, trieben wir wie verzaubert dahin – ohne zu reden, jeder seinen eigenen Gedanken nachhängend,

deren einziges äußeres Zeichen das träumerische Lächeln war, das sich auf allen Gesichtern zeigte. Ich glaube, ich muß wirklich eingeschlafen sein, allerdings weiß ich nicht, wie lange; denn gerade eben noch hatte ich Mr. Bennett beobachtet, der mit glückseligem Gesichtsausdruck seine Hand über den Rand des Bootes hängen ließ, als ob er die Farben, die er nicht sah, spüren könne, wenn er seine Finger durchs Wasser gleiten ließ; und im nächsten Moment schon stoppten wir mit einem Ruck, und Walter vertäute das Boot an einem überhängenden Ast; und Mrs. Bennett öffnete den Picknickkorb und sagte:
»Ich hoffe, Sie mögen kalte Kalbspastete, Miss Halcombe?«
»Ja«, murmelte ich. »Ja, sehr gerne.«
Sie nahm ein weißes Tuch heraus und legte es zu einem schmalen Streifen gefaltet (denn es gab nicht genug Platz, um es auszubreiten) zu unseren Füßen. »Ich habe das Menü mit Bedacht zusammengestellt, Mr. Hartright«, sagte sie. »Wenn Sie schon nicht an einem Picknick mit Turner teilnehmen können, so sollen Sie wenigstens wissen, wie es geschmeckt hätte. Eine Pastete« – damit begann sie, die Schüsseln eine nach der anderen herauszunehmen und vor uns hinzustellen –, »Rindfleisch. Huhn. Salat, heute morgen frisch in unserem eigenen Gewächshaus geschnitten, wenn Sie die Bemerkung erlauben. Früchtekuchen. Preiselbeerkuchen. Damals wäre es Erdbeerkuchen gewesen, aber wir haben nun mal Herbst.« Sie sprach mit einem Ernst und einer Wehmut, wie ich sie zuvor nicht an ihr bemerkt hatte. Sie dachte wohl bei sich: *Und nicht nur der Herbst des Jahres, sondern auch der Herbst des Lebens.*
»Ich mag Preiselbeeren genauso gern«, sagte Walter.
Sie antwortete nicht, sondern schüttelte nur den Kopf; und da er merkte, daß ihrer Melancholie nicht durch beiläufige Bemerkungen beizukommen war, ging er die Sache anders an und versuchte sie mit einer einfachen, direkten Frage zu zerstreuen:
»Wie haben Sie eigentlich Turner kennengelernt?«
»Oh, sein Onkel war Fleischer in New Brentford«, sagte sie – und ich spürte sofort, daß Walter das Richtige getan hatte, denn

die Lebendigkeit kehrte in ihre Stimme zurück, was zeigte, wie sehr ihr das Thema am Herzen lag, und daß es ihr eine Erleichterung war, darüber zu sprechen. »Mr. Marshall.« Sie schüttelte den Kopf und lächelte. »Ich kann mich noch gut an ihn erinnern. Turner wohnte als Kind bei ihm, glaube ich, und später hat er ihn ab und zu besucht. Wir wohnten ganz in der Nähe – mein Vater war Geistlicher« – hier nickte sie zu Mr. Bennett hinüber und lächelte, der ebenfalls nickte, als hätte er dies auf geheimnisvolle Weise gespürt, (aber vielleicht ahnte er auch nur voraus, was sie gleich sagen würde) – »wie mein Mann; und ein begabter Amateurmaler. Er lernte Turner eines Tages kennen, als sie beide am Fluß zeichneten, und er sah sofort, daß er es mit einem Genie zu tun hatte, aber daß ihm Freunde fehlten.«
»Weil er arm war, meinen Sie?« sagte Walter.
»Ja.« Sie zögerte. »Nun, ob er tatsächlich *arm* war, weiß ich nicht so genau. Er war, glaube ich, damals schon recht erfolgreich. Aber...«
»Verzeihen Sie«, sagte Walter, »wann war das denn?«
»Oh, ich weiß nicht genau. Irgendwann Mitte der neunziger Jahre, vermute ich.«
Walter nickte ihr aufmunternd zu; und nachdem er ein Notizbuch aus der Tasche gezogen hatte, begann er zu schreiben.
»Turner war also damals noch ein junger Mann?«
»Ja. Knapp über zwanzig, würde ich sagen. Aber er stellte schon in der Royal Academy aus – nur Aquarelle, wissen Sie, aber schon damals... Und er arbeitete für Dr. Monro, und...« Sie lächelte über eine plötzliche Erinnerung und hielt inne, um sie ganz zu erfassen, bevor sie wieder ins Dunkel zurücksank. »Einmal hat er mir erzählt«, fuhr sie fort, »der Doktor habe eine große Gemäldesammlung, und er habe ihn und Thomas Girtin angestellt, Kopien für ihn zu machen, für zweieinhalb oder dreieinhalb Shilling den Abend und eine Schüssel Austern.«
Ich lachte. »Verzeihung, vielleicht eine dumme Frage, aber wer war Thomas Girtin?«
»Du hättest von ihm gehört, wenn er nicht so früh gestorben

wäre« sagte Walter rasch, ohne den Blick von Mrs. Bennett abzuwenden. »Auch ein junger Künstler, vermutlich so begabt wie Turner. Aber Dr. Monro...?«
»Ein berühmter Irrenarzt«, sagte Mrs. Bennett mit einer Spur von Stolz in der Stimme, so als ob Monros berufliche Bedeutung irgendwie auch auf Turner einen gewissen Glanz werfen würde. »Er war auch an der Behandlung des verstorbenen Königs beteiligt.«
Ich konnte mir ein Lächeln nicht verkneifen, denn es hatte zwei »verstorbene Könige« gegeben seit jenem, der die Dienste eines Irrenarztes nötig gehabt hatte. Der seltsame Versteinerungsprozeß, der ihre Vorstellungen von Mode zur Erstarrung gebracht und sie für immer auf den Stand von ungefähr 1830 festgenagelt hatte, schien sich auch auf das Gebiet der Geschichte ausgedehnt zu haben.
»Und er reiste auch schon viel«, fuhr sie fort.
»Wohin denn?«
»Oh, ich weiß nicht. Nicht auf den Kontinent natürlich, da war ja noch Krieg. Aber durch ganz England und Wales – wo immer es malerische Ansichten von Seen und Bergen gab, Klosterruinen oder alte Schlösser.« Sie lachte. »Orte, an denen man ein Skelett in einem verfallenen Turm erwartet oder eine Jungfrau in einem Verlies unter den trüben Wassern eines Festungsgrabens. Solche Sujets waren damals sehr beliebt. Aufträge hatte er ja genug.«
»Warum dachte Ihr Vater dann, Turner brauche Freunde?« sagte Walter. »Wenn er schon so erfolgreich war?«
Sie antwortete nicht sogleich, sondern hob zuerst geschäftig Teller und Gläser aus dem Korb, als ob ihr gerade eingefallen wäre, daß sie dies noch nicht erledigt hatte. Schließlich murmelte sie: »Ich glaube, er hatte häusliche Schwierigkeiten«, und dann, bevor Walter reagieren konnte, reichte sie ihm Weinflasche und Korkenzieher und sagte: »Kommen Sie, Mr. Hartright, wir dürfen Ihre Schwester nicht verhungern lassen. Hätten Sie die Güte, die Flasche zu öffnen?«
»Mit Vergnügen«, sagte Walter. Doch wenn sie gehofft hatte, ihn

damit von seiner Frage abzubringen, hatte sie sich getäuscht, denn während er sich ans Werk machte, fragte er: »Was für häusliche Schwierigkeiten denn?«
Sie schien völlig vom Brotschneiden in Anspruch genommen, und ein oberflächlicher Beobachter wäre wohl zu dem Schluß gekommen, daß sie die Frage überhaupt nicht gehört hatte. Doch sie war eine schlechte Schauspielerin und konnte es nicht vermeiden, daß sie unruhig schluckte und mit der Zunge die Lippen befeuchtete.
»Wollen Sie etwa sagen, er hatte Meinungsverschiedenheiten mit seinen Eltern?« sagte Walter freundlich, aber bestimmt. Als sie immer noch nicht antwortete, fuhr er fort:
»Sie können sich sicher vorstellen, Mrs. Bennett, wie schwierig es gewesen ist, jemanden zu finden, der verläßliche Informationen über seine Jugend liefern kann. Alles, was Sie mir also sagen können...«
»Ich weiß wirklich nur sehr wenig«, sagte sie, errötend und mit gesenktem Blick. »Aber... aber – wie man so hört – hatte seine Mutter ein unberechenbares Temperament.«
Walters Blick verlor sich plötzlich in weiter Ferne. »Wie ein Wirbelsturm«, murmelte er.
»Wie bitte?« sagte Mrs. Bennett. Ich kannte Walter gut genug, um zu sehen, daß ihre Worte ihm etwas ins Gedächtnis gerufen hatten, das er schon zuvor gehört oder gedacht hatte, aber sie schien unsicher, ob er nicht einen Scherz machte, und lächelte ihn zaghaft an.
»Wie ein Wirbelsturm«, sagte er lauter und lächelte zurück.
Sie nickte (offenbar immer noch verwirrt, denn ihr Ausdruck wechselte zwischen Ernst und Spott) und sagte:
»Sie war, glaube ich, eine große Prüfung für ihn und seinen Vater, und sie starb im Wahnsinn.«
»Wirklich?« sagte Walter. »Im Irrenhaus, meinen Sie?«
»Ja.« Ihre Stimme war kaum zu hören. »Im Bethlem Hospital, glaube ich. Obwohl – ich bin nicht sicher.« Sie zögerte einen Augenblick; und als sie fortfuhr, sprach sie mit einer Art von

atemloser Dringlichkeit, die sie zum ersten (und letzten) Mal gehetzt und in Verteidigungsposition erscheinen ließ. »Er hat nie mit mir darüber gesprochen. Wir alle wußten, welches Vertrauen er zu meinem Vater hatte, doch das Thema war zu heikel, um offen darüber zu reden.« Sie rang die Hände, als ob sie nicht wisse, wie sie uns das verständlich machen solle. »Sie müssen verstehen, Miss Halcombe – Mr. Hartright –, er war mehr ein Familienmitglied als ein Freund. Und keine Familie kann bestehen, wenn ihre Mitglieder nicht die wunden Punkte und Geheimnisse der anderen respektieren.«

Walter starrte sie einen Augenblick lang an; dann nickte er und legte sein Notizbuch und seinen Bleistift nieder.

»Soll ich uns noch etwas Wein einschenken?« fragte er.

»Bitte sehr«, sagte Mrs. Bennett mit dankbarem Blick.

Bei dem Wort »Wein« streckte ihr Mann die Hand in Bereitschaft aus und hielt sie geduldig so lange, bis Walter ihn am Handgelenk berührt hatte, worauf sie sich wie mechanisch um den dargereichten Becher schloß. Er trank jedoch nicht, bis wir alle versorgt waren, und Mrs. Bennett rief:

»Machen wir es wie immer! Erheben wir unsere Gläser! Gesundheit und Glück für uns alle!«

Hört man Bischöfen und Ministern zu, die uns mahnen, die Unschuld müsse bewahrt und beschützt werden, koste es was es wolle, sollte man meinen, daß keine Tugend in größerem öffentlichem Ansehen stünde. Aber man kann sich keinen Mann von Welt, keine modebewußte Frau, ja nicht einmal eine Obsthändlerin, eine Dienerin vorstellen, die freimütig zugeben würde, unschuldig zu sein, oder sich darüber freuen würde, wenn sie jemand so beschriebe. Nein, denn unschuldig zu sein, bedeutet nicht nur, ohne Fehl und Tadel zu sein – wenn wir wirklich ehrlich sind, bedeutet es auch, kindisch, verrückt und unwissend (Schrecken aller Schrecken!) zu sein und keine Ahnung zu haben, wie es in der Welt wirklich zugeht. Aber wie ich dort saß, einen Becher braunen Sherry in der Hand, und Mrs. Bennetts ungekünstelte Freude über den Sonnenschein auf dem schlammigen Wasser und die Liebkosung der kühlen Luft an ihrer Wange beobachtete; ihr Vergnügen in Gesellschaft von Freunden, die noch am Leben waren, und ihre Erinnerung an jene, die tot waren, da konnte ich nicht umhin, darüber nachzudenken, ob nicht vielleicht *wir* die Verrückten waren – denn haben wir nicht, in unserem gedankenlosen Bemühen, praktisch und vernünftig zu sein, Stärke mit Schwäche und Schwäche mit Stärke verwechselt? Sie ist eine ältere Frau, die ihren Teil an den Tragödien und Niederlagen erfahren hat, die niemandem von uns erspart bleiben; und doch hatte sie das auf wundersame Weise nicht verbittert oder auch nur die mädchenhafte Liebenswürdigkeit ihrer Seele angegriffen – welche Spuren auch immer es an ihrem Äußeren hinterlassen hatte. Immer noch (man konnte es der Heiterkeit dieser so erstaunlich jungen Stimme entnehmen) empfand sie Vergnügen an der schlichten Tatsache zu leben, zu lieben und geliebt zu werden, sich an der Schönheit von Gottes Schöpfung zu erfreuen – und sicher bezog sie daraus mehr Kraft und Lebensmut als der abgebrühteste Zyniker, der glaubt, die Nichtigkeit des Lebens durchschaut zu haben und es sich nun so angenehm wie möglich zu vertreiben sucht, bevor es ihm genommen wird?

»Gesundheit und Glück uns allen!« riefen wir, fröhlich und unbekümmert wie Kinder, gleichgültig gegenüber den verwunderten Blicken, die uns der Kapitän und der Steuermann eines vorbeifahrenden Schleppers zuwarfen.

»Nun, Miss Halcombe«, sagte Mrs. Bennett, nahm einen Teller und suchte im Korb nach Besteck. »Sie sollen nicht verhungern. Etwas Fleisch oder Salat?«

»Danke schön.« Ich hatte den eigentlichen Anlaß unseres Ausflugs schon halb vergessen und wäre damit zufrieden gewesen, wenn den ganzen Nachmittag über niemand mehr darauf zu sprechen gekommen wäre; aber Walter war nicht so leicht abzulenken und betrieb seine Nachforschungen mit einer Hartnäckigkeit, die mich überraschte, auch wenn ich schon früher, bei seinem Kampf um Lauras Glück und Ehre, eine Kostprobe da-

von erlebt hatte. Er setzte sein Glas ab, und indem er wieder nach seinem Notizbuch griff, sagte er:
»Er war also häufig bei Ihnen zu Besuch damals?«
»Wer, Turner?« rief Mrs. Bennett. »Oh, ja, ständig! Wenn ich so zurückdenke, scheint es mir, als seien alle meine frühesten Erinnerungen in der einen oder anderen Weise mit ihm verknüpft. Wirklich, Mr. Hartright, ein so ausgelassener Bursche wie er war schwer zu finden!«
Das Essen war schon wieder vergessen, und sie setzte sich glücklich auf ihrer Bank zurück. Das, man sah es deutlich, war der Turner, über den sie gerne sprach: nicht der Sohn einer Geisteskranken, sondern der fröhliche Spielkamerad.
»Er ist endlos mit uns Kindern herumgetollt«, fuhr sie fort, »hat Häuser aus Holzklötzen für uns gebaut, die er dann wieder zum Einsturz brachte, oder wir haben ihm sein langes Tuch um den Hals gewickelt und wieder aufgedröselt, als wäre er ein Maibaum.«
Walter lachte. »Und hatten Sie auch später noch mit ihm zu tun?«
»Aber ja. Ein paar Jahre lang sahen wir ihn sogar sehr oft, als er das kleine Haus für sich und seinen Vater in Twickenham baute – ich weiß nicht mehr genau wann, es muß so 13 oder 14 gewesen sein, eine Miss Fletcher wohnt jetzt dort; und so wurden wir fast Nachbarn, und wir trafen uns ständig, entweder in unserem Haus oder in seinem, oder wir unternahmen Picknickausflüge auf dem Fluß.« Einem plötzlichen Impuls folgend, streckte sie eine Hand zu ihrem Mann aus und lächelte ihn an, auch wenn er nicht sehen konnte, wie sie den Kopf schräg hielt und ihre Augen voll zärtlicher Erinnerung glänzten. »Charles hier und sein Bruder Tom, der Chirurg geworden ist, ich und meine Schwestern, unser Vater und Miss Phelps, die Sängerin, und Ben Fisher, der nach Indien gegangen ist, und Sam Fisher, der Soldat wurde, und Mr. Maxwell...«
»Hmmh!« äußerte ihr Mann, so laut, daß wir alle auffuhren; denn wenn er nicht die Hand hob, um zu trinken, saß er so unbe-

weglich wie eine Statue da, und dies war beinahe seine erste Äußerung gewesen.
»Mein Mann hat Mr. Maxwell nicht besonders geschätzt«, sagte Mrs. Bennett mit einem neckischen Lachen, das dennoch einen Unterton von Traurigkeit oder Bedauern zu haben schien.
»Warum denn nicht?« fragte ich; doch sie brachte mich zum Schweigen mit einem kurzen Kopfnicken in Richtung von Mr. Bennett, das deutlich sagte: *Warten Sie nur, und er wird es Ihnen gleich selbst erzählen.*
Und tatsächlich, nach einem Weilchen hob Mr. Bennett, gewichtig schnaufend, an:
»Nicht daß ich ihn nicht geschätzt hätte, meine Liebe. Er hat mich deprimiert mit seinem ständigen Gerede über Steine und Knochen, das ist alles.«
»War er denn Geologe?« fragte Walter.
Der alte Herr nickte. »Jede Generation hat ihre Plagen. Die der meinigen waren die Geologen.«
»Nicht die der *ganzen* Generation, mein Lieber«, sagte seine Frau mit einem wehmütigen Lächeln, das vermuten ließ, es handle sich um einen alten Disput, den sie schon viele Male durchgespielt hatten. Dann, offenbar entschlossen, ihm das Gespräch zu entreißen, fuhr sie fort, bevor er antworten konnte: »Für Turner war er bestimmt keine Plage, Mr. Hartright. Mr. Maxwell hat einmal gemeint, er hätte selbst Geologe sein können, so viel verstand er ...«
»Turner mußte auch nie, so wie ich, am Sterbebett einer Frau sitzen«, warf Mr. Bennett ein, wobei die Leidenschaft seiner Worte in seltsamem Gegensatz zu der gemächlichen Art stand, in der er sie vorbrachte, »und sie beschwören, doch auf Gott zu vertrauen, der mit seiner Liebe für sie und das tote Kind an ihrer Brust sorgen werde, trotz all der Zeugnisse, die offenbar im Widerspruch zu seinem Wort stehen. Wenn Gott uns über das Alter Seiner Welt belogen hat, warum sollten wir dann an Sein Versprechen der Wiederauferstehung glauben?«
Es lag etwas Klagendes, ja Verzweifeltes in seinem Ton, so als ob

er selbst in dieser Frage völlig verunsichert sei und sich von uns Hilfe erwarte; doch welchen Zuspruch kann ein Laie – und ein Fremder dazu – einem Kirchenmann spenden, dessen Geist wie ein schlammiges Schlachtfeld geworden ist, so zertrampelt von den ständigen Angriffen und Gegenangriffen, die Glaube und Zweifel vortragen, daß sämtliche Argumente und Gegenargumente abgedroschen klingen müssen? Einige Zeit sprach niemand; dann sagte Walter vorsichtig:

»Dann hat sich Turner also nicht viel aus der Religion gemacht?«

Mr. Bennett schüttelte den Kopf. »Er war ein Heide!«

»Er hat uns in die Kirche begleitet, wenn er bei uns war«, wandte seine Frau sanft ein; doch der alte Herr schüttelte nur um so heftiger den Kopf und ließ ein angewidertes »Bah!« hören.

»Ich habe nie über religiöse Fragen mit ihm gesprochen«, sagte Mrs. Bennett, die ihre Sicht der Dinge sehr gefühlvoll darlegte, »doch habe ich nie jemanden gekannt, der ein tieferes Empfinden für die Leiden seiner Mitgeschöpfe hatte oder energischer versuchte, das Gebot der Nächstenliebe zu erfüllen.«

Dies schien ihrem Mann die Sprache zu verschlagen; er brachte keinen Ton mehr heraus, sondern schüttelte nur noch den Kopf, und zwar so heftig, daß ich fürchtete, ihm werde schwindlig und er falle gleich in Ohnmacht.

»Einige Leute wären sicher überrascht, das zu hören«, sagte Walter freundlich. »Viele denken, er sei kalt und engherzig gewesen und...«

Mrs. Bennett wurde rot vor Zorn – das war ein Angriff auf ihren Freund, und sie mußte in die Bresche springen und ihn verteidigen, selbst wenn dies bedeutete, gegen die guten Sitten zu verstoßen und Walter zu unterbrechen.

»Sie würden nicht so denken, wenn Sie ihn so gekannt hätten wie ich«, sagte sie. »Er konnte gelegentlich grob und mißtrauisch erscheinen, ich weiß – ein Fehler, der seiner Kindheit und Erziehung zuzuschreiben ist. Doch man mußte nur in sein Inneres schauen und fand dort das treueste, mitfühlendste Herz, das je

geschlagen hat.« Sie schwieg, offenbar suchte sie in ihrer Erinnerung nach einem aussagekräftigen Ereignis oder einem Beispiel, das ihre Behauptung belegen konnte. Schließlich fand sie etwas und platzte heraus:
»Ein anderer hätte uns zugunsten modischerer Bekanntschaften links liegenlassen, nachdem er es zu Wohlstand gebracht hatte und sich alle um ihn rissen, oder etwa nicht? Die Geschichte kennt doch zahllose Menschen, die sich so verhalten haben. Nicht so Turner – seine Gefühle für uns waren wie die eines Sohns für seinen Vater, eines Bruders für seine Schwester, sie änderten sich nicht. Am Tag, als mein Vater starb, Mr. Hartright« – und sie hob ihre Stimme, wurde lebhafter, so als käme nun ein unschlagbares Argument, das ihren Standpunkt über alle Einwände erhaben mache –, »da weinte Turner wie ein Kind, er warf sich in meine Arme und schluchzte: ›Oh, Amy, nie wieder werde ich solch einen Freund finden!‹«
Wenn Turner wirklich so ein Ausbund an Tugend gewesen war, dachte ich, dann hätte er etwas mehr Mitgefühl für ihr Leid zeigen können statt nur über seinen eigenen Schmerz zu klagen; doch Walter nickte und sagte:
»Sie haben ihn also nie mürrisch erlebt oder schweigsam?«
»Auch die freundlichsten Menschen sind von Zeit zu Zeit mürrisch, Mr. Hartright«, antwortete sie, wobei sie einen Blick in Richtung Mr. Bennett schickte. »Ich habe Turner auch schwermütig erlebt, besonders in seinen letzten Lebensjahren. Ein paarmal, als ich zu ihm kam, wirkte er ausgesprochen melancholisch, und als ich ihn fragte, was er habe, sagte er (hierbei nahm sie einen verdrießlichen Ton mit ausgeprägtem Cockney-Einschlag an): ›Ich habe mich gerade von einem meiner Kinder getrennt, Amy‹. Er meinte damit, daß er ein Bild verkauft hatte. Doch meine stärkste Erinnerung an ihn – hier draußen in einem Boot oder wenn er mit uns zusammen am Ufer beim Essen saß, oder« – sie wies auf den Park, der sich in der Ferne hinter einem flirrenden Dunstschleier jenseits der Flußbiegung verlor – »wenn er dort oben im Heu lag... – nein! Niemals! Stets hat er gesungen

oder Späße gemacht, auch wenn sie oft keiner verstanden hat. Wenn er still war, dann weil er die Wirkung des Lichts auf dem Wasser beobachtete und versuchte, sie zu zeichnen, oder weil er damit beschäftigt war, Gedichte zu schreiben.«

»Gedichte!« rief Walter überrascht.

»Oh, ja, er liebte die Poesie.« Sie zögerte, und dann fuhr sie leicht errötend fort: »Einmal habe ich nach einem Picknick ein Fetzchen Papier mit einer seiner Dichtungen auf dem Boden des Bootes gefunden, und – ich weiß, ich hätte es zurückgeben sollen, aber bedenken Sie, ich war ja so jung! – ich habe es behalten.« Sie griff in den Ausschnitt ihres Kleides und zog ein kleines Goldmedaillon an einer Kette hervor und öffnete es. »Ich trage es immer noch bei mir, bis zum heutigen Tag«, sagte sie, holte ein kleines Papierkügelchen heraus und reichte es Walter. »Hier.«

Als hätte sie mit dieser einfachen Geste den Bann gebrochen, der sie in der Vergangenheit festgehalten hatte, und als wäre sie nun wieder in der Wirklichkeit der Gegenwart angekommen, legte sie mir eine Hand auf den Arm und sagte: »Ach, ich bin wirklich eine miserable Gastgeberin, Miss Halcombe, und« – hier erhob sie ihre Stimme und rief mit Nachsicht – »ja, ich weiß, meine Liebe, auch eine miserable Ehefrau. Wir müssen jetzt alle unverzüglich etwas essen.« Sie reichte mir den Teller, den sie schon für mich vorbereitet hatte, und füllte schnell einen weiteren. »Mr. Hartright, wären Sie so nett, dies meinem Mann zu geben?«

Doch Walter war noch in seine Lektüre versunken und schien sie nicht zu hören; und als sie ihre Frage wiederholte, sagte er: »Hätten Sie etwas dagegen, wenn ich mir das abschreibe?«

»Nein, ganz und gar nicht«, sagte Mrs. Bennett. »Aber ich fürchte, mein Mann stirbt noch vor Hunger.«

»Warum läßt du mich das nicht machen«, sagte ich (denn Walter, der in der Mitte des Bootes saß, war der einzige, der etwas nach vorne oder hinten durchreichen konnte), »dann kannst du deinen Kellnerpflichten nachkommen.«

Also gab er es mir; und ich hielt in meinem Notizbüchlein die folgenden Zeilen fest:

            rein und klar
Vorbei an ~~Wiesen süßen Wiesen~~ baumgesäumten Wiesen und
gesegneter goldener Scholle
Wo noch die Schatten von Pope und Thomson ruhn;
Und Albions mächtige Werkstatt, ~~gehüllt in nachtschwarzen Rauch~~ geschäftig noch,
Und gehüllt in nachtschwarzen Rauch; bis er zuletzt
Die zerbrechlichen Barken der ~~HOFFNUNG und~~ SCHÖNHEIT, HOFFNUNG und FREUDE
In die tobende See hinausschickte, wo die blutbefleckte Sonne
~~rot,~~ welche die Wolken rötet
Von dem Sturm ~~kündet~~ spricht, der heraufzieht

Als ich damit fertig war, hatten sich Walter und Mr. Bennett bereits mit großem Appetit dem Essen zugewandt; während Mrs. Bennett, die gerade einmal gekostet hatte, es schon wieder vergessen hatte und mitten in einer Geschichte über Turner und Miss Phelps war. Ich hatte den größten Teil davon verpaßt; doch schien es eine Debatte über die Brechung des Lichts bei treibenden Objekten zu betreffen, die Turner schließlich dadurch zu lösen suchte, daß er ein Salatblatt ins Wasser fallen ließ. Dazu hatte er sich allerdings auf die Bank gestellt und schließlich das Gleichgewicht verloren, so daß er selbst ins Wasser fiel, wobei er im vergeblichen Versuch, sich zu retten, wie ein Vogel wild mit den Armen schlug – wozu Miss Phelps (hier begann Mrs. Bennett über ihre eigene Anekdote zu kichern – laut sämtlichen Benimmbüchern die Todsünde schlechthin) gerufen hatte: »Oh, Joseph *Mallard* William Turner!«
Als ich mir die Szene vorstellte und das pure Vergnügen sah, das Mrs. Bennett noch nach so vielen Jahren dabei empfand, mußte ich an meine eigene Erziehung denken. Hatte Papa (der liebe Papa) recht daran getan, mir die unbeaufsichtigte Gesellschaft befreundeter Männer so energisch zu verweigern? Wäre mir tatsächlich so Schlimmes widerfahren – wenn ich mir Amelia Bennett betrachtete, konnte ich mir das kaum vorstellen –, wenn

auch mir der Umgang mit klugen jungen Männern in ungezwungener Gleichheit erlaubt gewesen wäre?
Als die Mahlzeit beendet war (der größte Teil von Mrs. Bennetts Essen verschwand über Bord, als sie achtlos die Teller aufschichtete, so als wollte es sich, ohne Hoffnung, jemals noch ihr Interesse zu erregen, in einem Anfall von Verzweiflung den Enten zum Fraß vorwerfen), nahm sie ihre Gitarre und verkündete, nun werde sie »die guten alten Lieder singen, die Turner so geliebt hat«. Sie nötigte uns nicht auf peinliche Weise zum Mitsingen, wie das manche Amateursänger gerne tun; und doch stimmten wir schließlich aus freien Stücken ein, ob wir die Worte nun kannten oder nicht, denn nur ein Stein hätte sich von solch ungebrochener Freude nicht erweichen lassen. Wenigstens für einen Augenblick schien sie sogar in die Tiefen der Seele ihres Mannes vorzudringen und dem Eisklumpen, der sich dort gebildet hatte, einen Wärmestrahl zu bringen – denn nach etwa einer halben Minute fügte sich zu meiner Überraschung auch sein zitternder Bariton in den Chor.
Keines dieser Lieder hatte ich jemals zuvor gehört, und ich kann mich auch an keines mehr erinnern (abgesehen von dem allgemeinen Eindruck, daß sie sämtlich ziemlich albern waren), außer an den Refrain eines törichten Liedchens über eine Nonne und einen Gondoliere:

> Er klampfte irr wie Kaiser Nero
> Und sang: »Oh, sei doch meine Hero
> Ich bin dein Leander
> Wenn auch bekannter
> Als einfacher Gondolero!«

Oder etwas in dieser Art.
Eingelullt von der Musik, dem Wein, dem Sonnenschein und der frischen Luft, legte ich mich schließlich hin, schloß halb die Augen und ließ mich von meiner Phantasie vierzig Jahre zurücktragen. Derselbe Fluß, dieselben Lieder, dieselbe Stimme: Es war nicht schwer, sich vorzustellen (der Gedanke erfüllte mich mit einemmal mit einem seltsamen, intensiven Gefühl, in dem Freude

und Sehnsucht auf unentwirrbare Weise verbunden waren – einem Gefühl, das aus meiner Magengrube aufstieg und sich in der Kehle festsetzte, das die Bewegung meines Herzens anhielt wie ein Finger, den man auf das Pendel einer Uhr legt), daß auch ich zu jener Gesellschaft junger Menschen gehörte, die sich im weichen Gras ausstreckten und über große Dinge sprachen, als Amelia Bennett noch ein junges Mädchen war und die Bäume von Arkadien ihr sommerliches Grün trugen.

Als wir wieder bei der Bootswerft ankamen, war bereits die Dämmerung hereingebrochen. Walter schien ungewöhnlich schweigsam, als er die Ruder einzog und den Bennetts an Land half, und ich fragte mich, ob ihn der Nachmittag ermüdet oder aus irgendeinem Grund traurig gestimmt hatte. Aber als ich im Schein des Lichts aus dem Bootshaus einen Blick auf sein Gesicht erhaschte, sah ich, daß er nur seinen eigenen Gedanken nachhing, denn er sah frisch und rosig aus, und seine leuchtenden Augen wanderten hin und her als verfolge er eine neue Idee. Daher überraschte es mich nicht, als er höflich Mrs. Bennetts Einladung auf ein Glas und ein leichtes Abendessen ablehnte und sagte, wir müßten uns auf den Heimweg machen. Er wolle den Fluß entlanggehen und es würde dunkel sein, bis wir zu Hause wären. Sie ihrerseits ließ nicht zu, daß er ihr half, den Korb und die Decken ins Haus zurückzutragen, und meinte, nicht im Traum würde sie daran denken, unsere knapp bemessene Zeit in Anspruch zu nehmen, sie würde einem Jungen von der Bootswerft Sixpence dafür geben, sie zu begleiten. Und so ging es mit »Bitte« und »Danke« und »nicht der Rede wert« eine Weile hin und her, bis Mrs. Bennett plötzlich Walters Hand schüttelte und mich (zu meinem großen Erstaunen) auf beide Wangen küßte, »Auf Wiedersehen« sagte, sich auf dem Absatz umdrehte und mit ihrem Mann im Eilschritt und ohne ein weiteres Wort oder einen Blick zurück in der Dämmerung verschwand.

Ich hatte erwartet, Walter werde sein Schweigen brechen, sobald wir allein seien, aber er sagte fast gar nichts, bis wir ein paar Mei-

len gegangen waren und zu einer kleinen, am Fluß gelegenen Schenke kamen, aus deren Fenstern ein einladend gelber Lichtschein drang. Sie hatte eine hölzerne Terrasse, die auf schiefen Pfeilern ins Wasser hinein gebaut war. Die ganze Konstruktion sah aus, als könnte sie jeden Augenblick ins Wasser stürzen und in Richtung Frankreich davontreiben. Walter blieb vor dem Eingang stehen und sagte unvermittelt:
»Wollen wir hier etwas essen?«
Es war nicht die Art von Gaststätte, von der ich erwartet hätte, daß sie Walters Zuspruch fände (zumindest nicht, seit Laura über ihr Vermögen verfügte). Aber ich bilde mir ein, daß er an diesem Abend vorgehabt hatte, hier oder in einem ähnlichen Etablissement einzukehren, denn als wir uns einen Weg durch die Gaststube bahnten, in der es nach Rauch und fauligem Flußwasser roch, wo kleine Grüppchen von Fährleuten, die Gesichter vom Wetter gegerbt und vom Trinken verwüstet, sich neugierig nach uns umwandten – vorbei an einer dumpfigen Küche, aus der die Hitze wie aus einem Backofen schlug, schließlich die Treppe hinauf in den Kaffeeraum –, da hatte er das zufriedene Aussehen eines Mannes, dessen Leben sich ganz nach seinem Plan entwickelt.
»Laß uns Rippchen bestellen«, sagte er mit verschwörerischem Lächeln, als wir uns an einen Tisch am Fenster setzten. »Die kann man kaum verderben, selbst in einer Küche wie dieser nicht. Und dazu Porter, wenn's dir recht ist, zu Ehren von Turner?«
Wenn ich jetzt seine Haut berühre, dachte ich – ich sah auf seine geröteten Wangen, deren Wärme ich über den Tisch hinweg spürte –, wird sie klingen wie eine Trommel oder wie die Schale einer reifen Melone: er ist so erfüllt, so getragen von flammender Erregung, daß er in einen irrsinnigen Wortschwall ausbrechen muß oder in einen wilden Tanz – wenn er nicht unversehens einen Felsen schrammt und zerplatzt und alles verloren geht, im nackten Boden versickert.
»Also, was denkst du? Was denkst du?« fragte er. »Hatte Ruskin nicht recht?«

»In welcher Beziehung?«
»Turner. War er ein gequältes Genie?«
»Ein Genie, das mit Sicherheit«, sagte ich vorsichtig. »Aber *gequält*... was denkst du?«
Er schob die Frage mit einem Kopfschütteln beiseite.
»Mach schon. Was für eine Art von Mensch war er?«
»Nun«, begann ich tastend (denn ich wollte ihn nicht erschrekken, indem ich eine allzu sehr abweichende Ansicht äußerte und so unversehens selbst zum Felsen werden würde). »Was wissen wir über ihn? Er ist von einfacher Herkunft; ein wenig exzentrisch vielleicht – aber vielleicht auch nicht mehr als jeder andere, der sich so kompromißlos seiner Kunst verschreibt; ein Mann, der England liebte – das Land, seine Küsten, die Menschen.«
Ich schaute Walter fragend an. Er nickte mir begeistert zu, was mir den Mut gab, fester fortzufahren:
»Er war irgendwie etwas grobschlächtig – das müssen wir seiner schweren Kindheit zuschreiben – und konnte manchmal streng, sogar hart erscheinen, aber im Grunde war er gutmütig und ein treuer Freund.«
Wieder nickte Walter; doch dann schien ein Schatten über sein Gesicht zu gehen, und er sagte:
»Und wie stand es mit seiner Tugendhaftigkeit?«
»Seiner Tugendhaftigkeit«, wiederholte ich langsam. Sein Blick war so eindringlich, daß ich ihm nicht in die Augen sehen konnte, und einen Moment lang zu verwirrt war, um antworten zu können. Dann sagte ich:
»Ich frage mich – ich frage mich allen Ernstes, Walter, ob es möglich ist, ein großer Künstler zu sein und dabei ein Leben in mönchischer Abgeschiedenheit und Reinheit zu führen?«
Ich konnte nicht erkennen, ob er verblüfft oder erschrocken war über das, was ich gesagt hatte, oder ob es ihn gar nicht berührte, denn seine Miene änderte sich um kein Iota, er starrte mich unverändert an. Schließlich (denn es war mir unangenehm, in dieser Weise gemustert zu werden, und doppelt unangenehm, da es

mein eigener Bruder war, der mich so durchdringend ansah), blickte ich an ihm vorbei durch das Fenster auf die Themse hinaus. Lautlos kehrte der Nebel wieder und zog einen weißen Schleier über den Fluß, der allmählich wieder verschwand. Seinen Lauf konnte man bald nur noch anhand des Widerscheins der Gaslaternen und Öllampen und der roten Glut eines Schiffskessels erkennen, die wie eine zerquetschte Frucht auf seine Oberfläche geschmiert schien.
Schließlich wandte Walter den Kopf, um zu sehen, was ich mir da anschaute, und stieß einen Laut des Erstaunens aus.
»Hätte Turner das nicht gefallen?« sagte er. »So geisterhaft. So ungenau.«
»Ja«, sagte ich.
»Nicht bloß ein großer Künstler«, sagte er. Damit wandte er sich wieder zu mir und ergriff meine Hand. »Der *größte* Künstler der Weltgeschichte!«

XX

BRIEF VON JOHN FARRANT AN WALTER HARTRIGHT,
1. OKTOBER 185-

Trotter Street 20,
Farrington

Werter Herr,
wie ich gehört habe, beabsichtigen Sie, eine Lebensgeschichte des verstorbenen Mr. J.M.W. Turner zu schreiben, und ich finde keine Ruhe, bevor ich Ihnen erzählt habe, was ich über ihn weiß; ich fürchte nämlich, daß Sie von Turners »Künstlerkollegen« – ich meine Mr. Jones, Mr. Davenant &c., &c. – oder von den feinen Damen, mit denen er in Isleworth und Brentford Umgang pflegte, niemals die Wahrheit erfahren werden. Sie alle bekamen nur das Gesicht zu sehen, das er der Welt zu zeigen beliebte; ich sah sein anderes Gesicht.
Ich war Kupferstecher von Beruf und wäre es bis heute, wenn

meine Augen mir ihren Dienst nicht versagten. Sie werden mich hoffentlich nicht für eingebildet halten, wenn ich behaupte, daß ich ein gutes Auge und eine sichere Hand hatte; darin waren sich alle einig, die meine Arbeiten kannten. So kam es, daß auch Turner von mir hörte und mich bat, ein paar Platten für ihn zu stechen. Das war, wenn ich mich recht entsinne, im Frühjahr 180-. Er sagte mir, ein Verleger hätte mit ihm vereinbart, eine Anzahl von Küstenansichten zu stechen und in einem Band zu veröffentlichen; es sei aber zu Meinungsverschiedenheiten gekommen und er habe beschlossen, die Stiche selbst herauszubringen. Diese Geschichte hätte mir eine Warnung sein sollen, aber ich war jung und hatte wenig Ahnung von der Welt, und ich freute mich, daß ein aufstrebender Künstler wie Turner mich mit der Ausführung seiner Entwürfe beauftragte. Er machte einen äußerst vernünftigen Eindruck auf mich und trat sehr geschäftsmäßig auf, und daher kamen wir rasch überein. Er sollte die Umrisse ätzen und die Platten dann an mich weitergeben, um Aquatinta, Mezzotinto und alle weiteren Arbeiten auszuführen. Pro Platte sollte ich dafür acht Guineen erhalten.

Das Leben eines Kupferstechers ist auch in den besten Zeiten einsam und anstrengend; man verbringt zwölf bis vierzehn Stunden pro Tag im Ziselierraum, sitzt mit einem Vergrößerungsglas über einer Platte und versucht, die raffiniertesten Entwürfe eines Künstlers umzusetzen, indem man behutsam kleinste Teile des Metalls aushebt; und wenn man am Schluß einen Probedruck macht und auch nur einen winzigen Fehler auf der Platte entdeckt, ist die Arbeit mehrerer Tage umsonst gewesen, und man muß noch einmal von vorne anfangen.

Glauben Sie nicht, daß ich übertreibe, wenn ich sage, daß Mr. Turner mir dieses schwere Leben zur Hölle gemacht hat.

Punkt eins: Er hielt nicht Wort, die Umrißlinien selbst zu stechen, sondern verlangte dies von mir, weil er selbst »zu sehr mit anderen Angelegenheiten beschäftigt« sei, »um sich darum kümmern zu können«. Damit bürdete er mir eine beträchtliche Mehrarbeit auf, wo mir doch die Zeit kaum reichte, die Arbeiten auszuführen, die ich mit ihm vereinbart hatte. Als ich um Aufschub bat, wurde er wütend und sagte, wenn ich nicht in der Lage sei, seinen Anforderungen zu genügen, würde er sich andere Stecher in London suchen, die sich glücklich schätzen würden, für ihn zu arbeiten.

Punkt zwei: Er fand an meiner Arbeit ständig etwas auszusetzen und verlangte von mir, Platten neu zu machen, an denen weder ich noch meine Frau noch sonst jemand eine Unvollkommenheit zu entdecken vermochte. In der Zeit, die ich brauchte, um eine einzige Platte zu seiner Zufriedenheit herzustellen, hätte ich einem anderen fünf Stiche liefern können.

Punkt drei: All das wäre noch erträglich gewesen, wenn er mich wenigstens wie seinesgleichen behandelt hätte – als einen Künstler, der mit ihm gemeinsam ein Werk schafft; aber sein Verhalten mir gegenüber war das eines jähzornigen Meisters gegenüber einem eigensinnigen, nichtsnutzigen Gehilfen. Eines Tages im November, kurz nachdem ich Mr. Turner den Probedruck einer Platte geschickt hatte, an der ich viele Stunden gearbeitet hatte, auf die ich – wie ich glaube zu Recht – stolz war und für die ich großes Lob erwartete, fand ich meine Frau (die damals gerade mit unserem ersten Kind schwanger war) weinend im Wohnzimmer sitzen. Als ich fragte, was passiert sei, zeigte sie mir einen eben eingetroffenen Brief von Mr. Turner. Darin bedankte er sich förmlich und schrieb (ich erinnere mich noch genau an seine Worte, obwohl seither fünfzig Jahre vergangen sind), er habe gesehen, daß ich die Aquatinta ins Meer hinein habe ausgreifen lassen, ein Entgegenkommen, um das er mich nicht gebeten habe; es täte ihm leid für die Zeitverschwendung, aber so ginge es nicht und ich müsse nochmals von vorn anfangen.

Meine Frau sagte, sie könne das nicht länger ertragen, und flehte mich an, auf der Stelle zu ihm zu gehen, mit ihm zu sprechen und die Sache zu regeln; ich fürchtete um ihre Gesundheit und um die des Kindes (das wir tatsächlich kaum einen Monat später verloren) und tat, worum sie gebeten hatte. Und jetzt kommen wir zum Kern der Geschichte.

Mr. Turner wohnte seinerzeit in der Harley Street, wo ich ihn zu Hause antraf; als ich aber anfing, ihm meine Schwierigkeiten zu erläutern, und ihm sagte, er müsse mir für die zusätzliche Arbeit, die er von mir verlange, pro Platte zehn statt acht Guineen geben, wurde er fuchsteufelswild, er bekam einen Tobsuchtsanfall und brachte kein Wort mehr heraus; er zitterte und knirschte mit den Zähnen und schlug mir die Tür vor der Nase zu.

Ich war, wie Sie sich denken können, innerlich viel zu aufgewühlt, um auf geradem Weg nach Hause zu meiner Frau zu gehen. Daher suchte ich eine Schenke am Ende der Straße auf, wo ich etwas trank, um mich wieder zu fassen; aber statt ruhiger wurde ich nur noch bedrückter und kam schließlich auf die verwegene Idee, zu Mr. Turner zurückzukehren, ihm erneut meine Forderungen zu unterbreiten und, falls nötig, seiner Wut die meinige entgegenzusetzen.

Ob ich tatsächlich den Mut gehabt hätte, diesen Plan auszuführen, kann ich heute nicht mehr sagen; denn als ich auf seine Haustür zustrebte – meine Beine wurden mit jedem Schritt schwerer, wie ich zugeben muß –, wurde sie plötzlich aufgerissen, und Mr. Turner selbst stand da, den hohen Hut auf dem Kopf und in einen langen Rock gehüllt und blickte sich verstohlen um, wie um sich zu vergewissern, daß niemand ihn beobachtete. Ich stand kaum fünfzig Yard von ihm entfernt, und ganz gewiß hätte er mich erkannt, aber es war finster, Nebel zog auf, und ich hatte die Geistesgegenwart, mich rasch in einen Toreingang zurückzuziehen, von wo aus ich ihn beobachten konnte, ohne selbst gesehen zu werden.

Mr. Turner blickte sich noch ein paarmal um und machte sich dann mit schnellen Schritten davon. Ich zögerte zunächst einen Augenblick, dann folgte ich ihm. Schon gleich, ich weiß es noch, verwirrte mich das, was ich tat. Ich rechtfertigte es damit, es werde sich bestimmt eine Gelegenheit finden, noch einmal mit ihm zu sprechen, und dann sollte er mir nicht so leicht davonkommen. Heute erkenne ich, daß dies die Selbsttäuschung eines jungen Mannes war und daß mein wahrer Beweggrund die Hoffnung war, etwas zu erfahren, das mir mehr Macht über ihn geben und mir helfen würde, das Ungleichgewicht zwischen uns auszugleichen, das mir so zu schaffen machte.

Ohne sich noch einmal umzublicken, schlug Mr. Turner den Weg nach Osten in die Weymouth Street ein, überquerte die Portland Road, bog in die Carburton Street und dann in die Norton Street. Dann das Überraschende: Auf halbem Weg blieb er unvermittelt vor einem Haus stehen und blickte sich erneut argwöhnisch um. Entdeckt zu werden konnte ich nur dadurch vermeiden, daß ich schnell hinter einen vorbeifahrenden Brauereikarren sprang und auf die andere Straßenseite flüchtete; von dort aus beobachtete ich, wie er im Hausflur verschwand und die Tür hinter ihm ins Schloß fiel. Mein erster Gedanke war, es müsse ein Bordell oder eine Pension sein, warum sonst würde er so sehr darauf bedacht sein, nicht gesehen zu werden? Aber nur die unteren Fenster waren erleuchtet, und ich sah weiter niemand hinein- oder hinausgehen; schon nach wenigen Minuten kam Mr. Turner wieder – viel zu schnell, als daß das, was ich vermutete, hätte stattfinden können. Er schien jedoch noch immer zu fürchten, erkannt zu werden; denn er hatte sich die Mühe gemacht, sich zu verkleiden. Anstelle seines Rocks trug er jetzt einen schweren Mantel und hatte sich einen Schal um den Kopf geschlungen; und bevor er auf die Straße trat, sah er sich noch einmal verstohlen um.

Er kehrte aber nicht in die Harley Street zurück, sondern bog wieder in die Carburton Street ein und ging dann im selben zügigen Tempo wie zuvor weiter in östliche Richtung. Darauf achtend, nicht ein zweites Mal von ihm überrascht zu werden, folgte ich ihm in größerer Entfernung, so daß ich mich verstecken konnte, sollte er erneut unerwartet stehenbleiben. Aber ich hatte den Nebel nicht bedacht, der mit der hereinbrechenden Nacht so dicht wurde, daß ich meinen Mann am Fitzroy Square aus den Augen verlor. Ich rannte los, um ihn einzuholen, und stieß nach etwa einer Minute in der Grafton Street auf eine finstere Gestalt, die aber für Mr. Turner etwas zu groß war. Er mußte also, so schlußfolgerte (oder besser, mutmaßte) ich, die Upper John Street genommen haben; daher wandte ich mich dorthin. Und das war zum Glück richtig; denn in der kalten, ungesunden Luft war ich im Laufschritt und schwer atmend noch keine fünfzig Schritte weit gegangen, als er plötzlich vor mir stand.

Solange ich lebe, werde ich das Bild nicht vergessen, wie er im Nebel vor einer schäbigen Haustür stehenblieb; das Haus trug die Nummer 46 (ich sehe es noch vor mir, die »4« nicht ganz gerade, die »6« fleckig und verunstaltet, wie vom Moder zerfressen). Seine Hand lag schon auf dem Türgriff; aber noch immer zögerte er und blickte über die Schulter zurück, um sich zu vergewissern, daß ihm niemand folgte. Seine kleinen Vogelaugen waren ganz gelb vom schwefeligen Nebeldunst und glühten mit dem bösartigsten Ausdruck, den ich je gesehen hatte. Einen Moment lang dachte ich, er hätte mich erkannt, denn er zuckte zusammen wie ein aufgeschrecktes Tier; aber ich senkte rasch den Blick und eilte weiter, und als ich mich umdrehte, ging er gerade ins Haus hinein.

Auf der anderen Straßenseite befand sich eine Schenke, von der aus man einen guten Blick auf das Haus mit der Nummer 46 hatte. Ich suchte mir einen Platz am Feuer und beobachtete, was weiter geschah. Aber eine Stunde und eine weitere Stunde verstrich, und Mr. Turner kam immer noch nicht heraus, und es ging auch niemand hinein. Am Ende beschloß ich, zu meiner Frau nach Hause zurückzukehren, und so sagte ich zu dem Wirt, ich hätte einen Freund in ein Haus gegenüber eintreten sehen, und fragte so beiläufig wie möglich, ob er wisse, wer dort wohne. Er wich meinem Blick aus und errötete (er muß geglaubt haben, mein »Freund« sei Mr. Turner), dann senkte er den Blick auf den Krug, den er gerade abtrocknete, und murmelte:

»In diesem Haus wohnt eine junge Witwe, Sir, eine gewisse Mrs. Danby. Sie wird von einem Künstler ausgehalten, heißt es, der

sie, verzeihen Sie, wenn ich offen spreche, als seine Hure behandelt – und nicht allzu freundlich, wie man hört.«
Das ist alles, was ich mit Sicherheit weiß; ich lüge Sie nicht an oder gebe vor, mehr zu wissen, als in Wirklichkeit der Fall ist. Inzwischen habe ich von anderen erfahren, daß Mr. Turners Geheimniskrämerei und Unehrlichkeit in späteren Jahren noch zunahm. Er hat sogar seine besten Freunde getäuscht und, ohne daß sie es wußten, unter falschem Namen in einem ärmlichen Landhäuschen in Chelsea gelebt. Lassen Sie sich, ich bitte Sie, von gewissen Personen nicht davon abschrecken, Ihre Pflicht zu tun, und versuchen Sie herauszufinden, was er mit diesem ungewöhnlichen Verhalten verbergen wollte.
Denn ich für meinen Teil kann nur sagen, daß J.M.W. Turner ein geiziger und boshafter Teufel war, wie ich sonst keinem begegnet bin. Ich träume heute noch von ihm, und wenn ich aufwache, danke ich Gott, daß er keine Macht mehr hat, mir und meiner Familie zu schaden.

Mit besten Grüßen,
John Farrant

XXI

BRIEF VON MISS MARY ANN FLETCHER AN
MARIAN HALCOMBE, 1. OKTOBER 185-

Sandycombe Lodge, Twickenham
Werte Miss Halcombe,
ich würde mich freuen, Sie und Ihren Bruder gleich an welchem Tag vormittags hier zu empfangen. Ich muß Sie jedoch vorwarnen. Die meisten Besucher erwarten sich eine große Villa, in der sie sich einen ganzen Tag lang gewinnbringend umsehen können. Sandycombe Lodge ist jedoch nur ein Haus en miniature, für das Sie nicht länger als eine halbe Stunde brauchen werden. Trotzdem glaube ich (aber Sie werden mich für voreingenommen halten!), daß es Ihnen die Reise wert sein wird. Es ist eine bezau-

bernde kleine Kuriosität und erlaubt einen interessanten Einblick in Turners Denken und in seine ungewöhnliche Lebensweise.

Mit freundlichen Grüßen,
Mary Ann Fletcher

XXII

BRIEF VON WALTER HARTRIGHT AN LAURA HARTRIGHT,
2. OKTOBER 185-

Brompton Grove,
Samstag

Liebste Laura,
Dein befremdlicher Brief kam heute mit der Morgenpost. Du Dummerchen! Wie kannst Du etwas Derartiges denken, geschweige denn schreiben? Glaubst Du wirklich, daß ich unsere Trennung leichter ertrage als Du (wo Du doch wenigstens den kleinen Walter und Florrie als Trost hast)? Oder daß ich meinen Aufenthalt auch nur eine Stunde länger als nötig hinauszögern würde?
Es betrübt mich – wie es jeden anderen Mann betrüben würde –, zu hören, daß unsere Kinder fragen: »Hat Papa uns vergessen? Liebt er uns nicht mehr?«; aber was mich tausendmal mehr verletzt, ist die Tatsache, daß Du meinst, Du wüßtest nicht, was Du ihnen antworten sollst. Großer Gott! Wie kannst Du nur so etwas sagen? Kennt Dein Herz denn nicht die Antwort: »Natürlich nicht, meine Lieblinge; er denkt an euch, und er vermißt euch jede Minute eines jeden Tages; aber er arbeitet an einer großen Sache, die euch eines Tages mit Stolz erfüllen wird«? Oder denkst Du so gering von mir, daß nicht einmal Du selbst das glaubst, sondern tatsächlich annimmst, mir liege nichts an Familie und Heim und ich würde in London herumlungern wie ein leichtsinniger, nichtswürdiger Lebemann, der dem eitlen Nichtstun und seinem Vergnügen frönt?
Du schreibst, meine Briefe seien nicht mehr die Deines »lieben

alten Walter«, und obwohl sie an Dich gerichtet sind, hättest Du das Gefühl, ich spräche zu jemand völlig anderem. Liebste – habe ich es Dir denn nicht erklärt?! Meine Zeit reicht nicht aus, um Tagebuch zu führen *und* Dir zu schreiben (wenn ich das täte, käme ich vom Schreibtisch überhaupt nicht mehr weg, und meine Abreise würde sich nur noch weiter verzögern!), deshalb sind meine Briefe an Dich gleichzeitig die Niederschrift meiner Gedanken und Eindrücke. So Gott will, werden auf diese Weise eines Tages andere lesen, was ich geschrieben habe – aber möchtest Du denn statt dessen, daß ich meine Worte einem Tagebuch anvertraue und Dich, die Gefährtin meines Lebens, aus dem innersten Kern meiner Erfahrung ausschließe?

Laß es mich frei heraus sagen, auch wenn ich hoffte, es sei unnötig: Dieses Buch liegt mir sehr am Herzen. Mit ihm werde ich, davon bin ich überzeugt, etwas über das Leben eines großen Künstlers und über das Wesen der Kunst selbst zum Ausdruck bringen, das bleibenden Wert besitzt. Wenn ich aber täte, worum Du mich bittest, und jetzt nach Limmeridge zurückkehrte, wären alle meine Bemühungen (und die Entbehrungen, die wir beide erduldet haben) vergeblich gewesen; denn ich muß noch weitere Türen öffnen, in andere Ecken spähen und noch mehr Fragen stellen, bevor ich mir ein zuverlässiges Urteil über diesen so schwer faßbaren Mann und sein Werk bilden kann. Ich will Dir daher nichts vormachen (wie ich es unbewußt bisher getan habe) und Dir sagen: Ich werde in soundsoviel Wochen zu Hause sein. Ich werde nach Hause kommen, wenn ich getan habe, was ich tun muß; und zwar sobald es mir möglich ist.

Wie immer alles Liebe. Ich küsse die Kinder,
Walter

XXIII
AUS DEM NOTIZBUCH VON MARIAN HALCOMBE, 5. OKTOBER 185-

Sandycombe Lodge, Twickenham
Gepflegt, einfach, geometrisch
Weißgetünchte Wände, niedriges Schieferdach
So klein, daß ich zunächst dachte, es sei bloß eine Hütte und es käme ein Tor, eine lange Auffahrt und an deren Ende eine herrschaftliche Villa.
Erst drinnen erkennt man es als das, was es ist – eine winzig kleine klassische Villa von ganz anderen Dimensionen als die modernen Häuser in der Umgebung (die vermutlich zu Turners Zeiten noch gar nicht hier standen).
Selbst an einem trüben Tag – erster Eindruck (wie auf Turners Gemälden): Licht
Kleine Eingangshalle – Tonnengewölbe – einfache Ausstattung – der Eingang zu einem eleganten Puppenhaus
Linkerhand: eine gewundene Treppe, von ovalem Dachfenster erhellt, führt hinauf zu zwei Schlafzimmern
Jenseits der Eingangshalle ein quer verlaufender Korridor: an dessen einem Ende das Speisezimmer, am anderen die Bibliothek; in der Mitte Turners Atelier mit einem großen Fenster und Blick auf den Garten. Licht! Licht! Licht!

Miss Fletcher – öffnete selbst die Tür. Um die Vierzig – längliches, blasses besorgtes Gesicht, ziemlich eng beieinanderstehende Augen. Gebrechlich, zitternd wie vor Kälte. Saß bei ihr, während Walter hinausging, um Haus und Garten zu zeichnen.
Etwas kränklich – es macht ihr Spaß, »alles, was ich kann, über Turner und seine eigentümliche Lebensweise hier herauszufinden«. Hält ihn für einen »komischen Kauz«. [Schon wieder dieses »komischer Kauz«]
Turner zog 1813 hierher.

Warum Twickenham? Luft. Licht. Blick auf Sir J. Reynolds' Haus
und auf das des Dichters James Thomson.
Solus – Solis
Blackbirdy
»Billy«
Pony & Einspänner – Skizzen
»Daddy« oder »Old Daddy« – kümmerte sich um das Haus
Auch Galerie [eigenartig!]
Marktgärtner – Karren – Gin
Gab es 1826 auf
Haus verkauft an Mr. Ford – verkauft an Miss Fletchers Vat

AUS DEM TAGEBUCH VON MARIAN HALCOMBE,
5. OKTOBER 185-

Ich sitze seit einer geschlagenen Stunde hier und habe nicht mehr
als »5. Oktober« zu Papier gebracht – bald werde ich auch diese
Angabe ändern müssen, denn wenn ich auf die Uhr schaue, sehe
ich, daß in zehn Minuten der 6. Oktober beginnt. Walter wartet
auf einen Bericht über die Ereignisse dieses Tages, und ich werde
ihm am Ende nur meine Notizen geben können.
Sobald ich aber anfange, für mich selbst anstatt für ihn zu schreiben – siehe da! – da kommen die Worte. Warum? Fühle ich mich
ihm gegenüber befangen? Vertraue ich ihm nicht mehr?
Freilich, sein Verhalten heute hat mich verblüfft und gehörig in
Verlegenheit gebracht. Er war so in sich gekehrt, so in seine Gedanken versunken, daß er minutenlang kein Wort sprach, sondern sich benahm, als sei er allein; er öffnete Schranktüren oder
die Fensterläden, ohne um Erlaubnis zu fragen und ohne irgendeine andere Bemerkung. Miss Fletcher schien diese Eigenmächtigkeit weniger zu kränken als vielmehr in Erstaunen zu versetzen;
vielleicht nahm sie an, dieses Verhalten gelte in der Londoner
Gesellschaft als ganz normal; sie sah ihm mit offenem Mund zu
wie ein Kind, das von den Absonderlichkeiten der Erwachsenen-

welt zwar verwundert, aber dennoch entschlossen ist, ihre Geheimnisse zu ergründen. Nur einmal versuchte sie ihn in ein Gespräch zu verwickeln, als er im Stehen den Kamin im Speisezimmer zeichnete. Da platzte sie bewundernd heraus: »Oh! Wenn ich nur so zeichnen könnte! Was für ein Glück, wenn einem die Muse der schönen Kunst ebenso hold ist wie die der Literatur!«
Walter erwiderte gar nichts (ein bescheidenes »Ich fürchte, Sie überschätzen meine Talente« oder ein höfliches »Ich bin überzeugt, daß auch Sie bemerkenswerte Begabungen haben, Miss Fletcher« hätte ihn doch weiß Gott nichts gekostet); aber er blickte nur zur Seite mit einem angedeuteten Lächeln, das zu sagen schien: *Ja, Sie haben recht, ich bin Ihnen haushoch überlegen; und Sie sind so bedeutungslos, daß es sich nicht einmal lohnt zu widersprechen.* Die Ärmste stand da und japste nach Luft wie ein gestrandeter Fisch; bis sie schließlich die Demütigung nicht länger ertragen konnte und zu dem jämmerlichen Vorwand Zuflucht nehmen mußte, die ganze Zeit mit mir gesprochen zu haben, und murmelte:
»Hm, Miss Halcombe?«
»Ja, in der Tat«, sagte ich. Ich überlegte, ob ich hinzufügen sollte: *Aber leider scheint die Muse des Anstandes ihn vollkommen im Stich gelassen zu haben*, als Walter mir zuvorkam:
»Ich würde, glaube ich, jetzt gern hinausgehen, wenn es gestattet ist«, sagte er unvermittelt. Ich hätte ihn liebend gern begleitet, aber dann entschloß ich mich zu bleiben und mich mit Miss Fletcher zu unterhalten – um ihm zu zeigen, wie ärgerlich ich auf ihn war, aber auch aus Mitleid mit ihr.
»Sie müssen meinem Bruder verzeihen, wenn er etwas zerstreut wirkt«, sagte ich, als er gegangen war. »Er ist sehr von seinem Buch in Anspruch genommen«.
»Oh! – Nein – ich verstehe vollkommen!«
»Turner ist, wie sich herausstellt, ein schwieriger Gegenstand.«
»Ja, ja«, sagte sie bekümmert, als wäre sie aufgrund der Tatsa-

che, daß sie Turners Haus bewohnt, auch irgendwie für seine Grillen verantwortlich. »Aber ich denke, das ist das Vorrecht des Genies, nicht wahr? Ein wenig sonderbar zu sein.«
»Glauben Sie, er wäre Ihnen sympathisch gewesen?«
»Wer, Turner?« fragte sie überrascht (genau das hatte ich bezweckt; denn sie auf einen anderen Gedanken hinzulenken war die einzige Möglichkeit zu verhindern, daß sie mir einen alles andere als originellen Vortrag über das Temperament eines Künstlers hielt). »Ich weiß es wirklich nicht.« Sie dachte einen Augenblick intensiv nach. »Es hängt ganz davon ab, glaube ich. Sol*us* oder Sol*is*.«
»Verzeihung?«
»Ich weiß nicht, warum er später das Haus in ›Sandycombe Lodge‹ umbenannte, aber als er hier einzog, nannte er es ›Solus‹...«
»Einsam«, sagte ich.
Sie nickte. »Aber mein Bruder glaubt, er meinte ›Solis‹, S-O-L-I-S. ›Von der Sonne‹. Oder auch nur ›sonnig‹. Turner hat kaum die Schule besucht, wissen Sie, und er hat kein Latein gelernt, daher könnte es leicht sein, daß ihm ein solcher Fehler unterlaufen ist.«
Sofort wurde mein geistiges Auge von den vielen Sonnen geblendet, die wir in Marlborough House gesehen hatten. »Das ist wahrscheinlicher, nicht?«
»Vielleicht«, sagte sie. »Aber man kann durchaus denken, daß er die Einsamkeit suchte, denn er ließ alle Fenster vergittern und bepflanzte den Garten mit einem dichten Weidengestrüpp.«
Ich sah hinaus. In ein paar Meter Entfernung entdeckte ich Walters Kopf. Dahinter befand sich eine dichte Mauer aus Bäumen.
»Und die Buben nannten ihn ›Blackbirdy‹, Schwarzdrossel«, fuhr Miss Fletcher fort, »weil er ihnen verbot, die Vogelnester auszunehmen.«
Vielleicht mochte er einfach Vögel, dachte ich; aber noch bevor ich etwas antworten konnte, fuhr sie fort:

»Und sie wohnten ja nur zu zweit im Haus.«
Zu zweit? Dann gab es also eine Frau? Eine junge Mrs. Booth? Mir fiel keine Möglichkeit ein, diskret danach zu fragen; aber sie muß es mir angesehen haben, denn sie sagte:
»Turner und sein Vater.«
»Sein Vater!«
Sie nickte. »›Billy‹ und ›Daddy‹.«
»Und nicht einmal ein Dienstbote?«
»Daddy war der Dienstbote, Miss Halcombe. Ich weiß – ein bizarres Arrangement, aber so war es. Während ›Billy‹ mit seinem Pony und Einspänner unterwegs war und zeichnete, kümmerte sich Daddy um Haus und Garten. Er war aber keineswegs nur der Koch und der Kammerdiener seines Sohnes, sondern er mußte auch die Leinwände spannen, die fertigen Gemälde firnissen und nach London fahren, um die Galerie zu betreuen.«
»Welche Galerie?« fragte ich.
»Oh, wußten Sie das nicht? Turner behielt sein Haus in der Queen Anne Street, solange er hier wohnte; und dort befand sich eine Galerie, wo interessierte Käufer seine Werke anschauen konnten. Und Daddy war natürlich ein geiziger alter Mann – das scheint geradezu ein Charakterzug der Familie gewesen zu sein, wie Sie gewiß schon entdeckt haben. Um also für die Kutsche nach London nichts bezahlen zu müssen, spendierte er einem Gemüsehändler ein Glas Gin, damit er ihn auf seinem Karren mit in die Stadt nahm.«
Sie fing an zu lachen, hörte aber unvermittelt auf, als Walter hereinkam. Die ganze Zeit über, während ich mit Miss Fletcher gesprochen hatte, hatte ich im Geist die Strafpredigt formuliert, die ich ihm halten wollte, wenn er zurückkam; ich wollte ihn ein wenig aufrütteln, damit er wenigstens den Schein des Anstands wahrte. Aber ich sah sofort, daß das gar nicht nötig war. Seine Stumpfheit und Unnahbarkeit schienen sich aufgelöst zu haben wie Nebel in der Sonne, und er war, wie nach seiner Rückkehr aus Petworth und während unseres Besuchs bei den Bennetts, auf einmal die Begeisterung und Aufmerksamkeit selbst. Die

Ursache für diesen Sinneswandel konnte ich mir zwar nicht erklären, ich merkte aber schnell, daß es nicht nur sein schlechtes Gewissen war; in seinem Verhalten lag eine unverkennbare Zielstrebigkeit, als er sich neben Miss Fletcher auf das Sofa setzte, ihren Garten lobte und sie mit einer albernen Geschichte über ein schwarzes Kätzchen erheiterte, das hinter einem Johannisbeerstrauch hervorgesprungen war und sich auf seinen Stiefel gestürzt hatte. Bald war Miss Fletcher sichtlich entspannt und warf mir einen vor Dankbarkeit glühenden Blick zu – *sehen Sie! er mag mich also doch!* –, der mich vor Mitleid schaudern ließ.
»Ich habe mich gefragt«, sagte Walter nach einer kurzen Pause, der ich entnahm, daß er jetzt zum eigentlichen Thema kam, »wo die Küche und die anderen Wirtschaftsräume sind.«
»Ah, ja!« sagte Miss Fletcher beflissen. »Eine gute Frage, Mr. Hartright. Ich zeige es Ihnen.«
Sie erhob sich und führte uns in die kleine Halle hinaus.
»Hier«, sagte sie und deutete auf eine schlichte, unauffällige Tür unterhalb der Treppe. »Turners ganzer Stolz. Man würde nie erraten, daß es hier ist, wenn man es nicht weiß, nicht wahr?«
»Nein«, sagte Walter.
Und ich muß zugeben, daß auch ich die Tür vorhin nicht bemerkt hatte, und wenn, dann hätte ich angenommen, es sei nur ein einfacher Schrank.
»Warum sein Stolz?« fragte ich.
»Nun, er hat doch das Haus entworfen«, erwiderte sie mit der Selbstgefälligkeit einer Frau, die eine wohleinstudierte Vorstellung gibt und an meiner verblüfften Reaktion erkennt, daß ihr Auftritt die erwünschte Wirkung erzielt. »Oh, ja, er hielt sich für den Architekten. Das da« – dabei langte sie nach dem Türknauf und drehte ihn – »muß er sich ausgedacht haben.«
Zugegebenermaßen kann ich mir bis heute nicht vorstellen, was »das da« sein mochte – außer daß Turner, der Meister des Helldunkel, der die oberen Stockwerke als lichtdurchflutete Räume entworfen hatte, im Gegensatz dazu das Untergeschoß so finster wie möglich haben wollte; denn hinter der versteckten Tür war

nichts zu sehen als der obere Absatz einer einfachen Wendeltreppe, die sich nach wenigen Stufen in dem düsteren grauen Dunkel eines Verlieses verlor. Mein Drang, weiter hinunterzusteigen (der sich angesichts dieser wenig einladenden Aussicht sehr in Grenzen hielt), wurde erstickt von einem unangenehm kalten Luftzug und schalen Küchengerüchen, die aus der Dunkelheit heraufwehten. Daher begnügte ich mich damit, an Miss Fletcher gewandt, zu bemerken:
»Ja, äußerst raffiniert.«
Aber Walter ließ sich nicht so leicht abschrecken; er drängte sich an mir und Miss Fletcher (die gerade im Begriff war, die Tür wieder zu schließen) vorbei und stieg die ersten paar Stufen hinunter. Nach wenigen Sekunden blieb er stehen und rief: »Das ist ja großartig!«; und setzte dann seinen Weg fort.
»Sie tun gut daran hierzubleiben, Miss Halcombe«, sagte Miss Fletcher und trat einen Schritt von der Tür zurück. »Es ist, fürchte ich, ziemlich kühl dort unten. Man holt sich schnell eine Erkältung.«
Seither habe ich mich gefragt, ob es etwas an ihrem Verhalten gab – eine böse Vorahnung oder ein geheimes Wissen –, das mich hätte vor dem warnen können, was gleich darauf geschah. Aber ich sehe nur eine gebrechliche, gebeugte Frau vor mir, die mit verschränkten Armen fröstelnd dastand, ein humorvoll entschuldigendes Lächeln auf den schmalen Lippen.
Nur knapp zwei Minuten vergingen, bevor wir Walters Schritte erneut auf der Treppe vernahmen. Ich werde, glaube ich, nie den Anblick vergessen, den er bot, als er gleich darauf wieder auftauchte: die Kraft seiner Bewegungen, die Vitalität seines Körpers (der urplötzlich gewachsen zu sein schien und aus allen Nähten seiner nüchternen Stadtkleidung zu platzen drohte); vor allem aber seine Miene, ein Gesichtsausdruck, den ich an ihm nie zuvor bemerkt hatte und von dem ich nicht weiß, ob ich ihn je noch einmal sehen möchte – ein Ausdruck innerer Erregung, Befriedigung und (wie mir schien) wilden, verzweifelten Entsetzens.

Vielleicht liegt hierin der wahre Grund für mein Unbehagen. Denn in diesem Augenblick erkannte ich zwar Walters Gesichtszüge wieder, nicht aber die Stimmung, die Überzeugungen und Gedanken, die sie zum Ausdruck brachten. Erst letzte Woche hatte ich geglaubt, er sei erstmals nach Jahren wieder ganz er selbst geworden (und ich beglückwünschte mich dazu, ich armes eingebildetes Ding, daß ich diese Veränderung herbeigeführt hatte, indem ich ihn Lady Eastlake vorstellte); jetzt frage ich mich, ob das, was mir damals als sein wahres Selbst erschien, nicht nur ein vorübergehender Zustand war – kein Endpunkt, sondern lediglich eine kurze Zwischenstation, die er auf dem Weg zu einem Anderswo längst wieder verlassen hatte. Und dieses Anderswo ist ein mir unbekannter Ort, der ihn mir entfremden wird. Oder ...

Später
Himmel! Warum habe ich wieder aufgehört zu schreiben? Ein eigenartiger Sturm tobt in meinem Kopf – meine Gedanken jagen so wild durcheinander, daß ich sie nicht entwirren kann.
Es ist jetzt zwei Uhr früh vorbei, und Walter ist immer noch nicht zurück.
Er hatte mir gesagt, er wolle Mayalls photographisches Atelier in der Regent Street aufsuchen. Dort kann er jetzt nicht mehr sein. Wo ist er dann?
Vielleicht hat mir die Angst die Fähigkeit geraubt, über ihn nachzudenken und zu schreiben.
So geht es nicht.
Ich muß mich konzentrieren.

Eine Frage hat mich natürlich beschäftigt, als wir in unsere Droschke stiegen und Sandycombe Lodge verließen.
Was hatte Walter im Untergeschoß gesehen?
Ich spürte aber, daß ich ihn nicht unumwunden danach fragen konnte; ich befürchtete, das könnte ihn noch weiter von mir entfernen. Die Wahrheit war, so erkannte ich jetzt, daß ich seine

Verhaltensweise gar nicht mehr einzuschätzen wußte. Wenn ich ihm offen gesagt hätte, ich hätte gesehen, wie tief betroffen er gewesen war, hätte er sich mir womöglich anvertraut; aber im nächsten Augenblick konnte ich mir vorstellen, wie lebhaft er dies abstreiten würde (*Du hast zuviel Phantasie, Marian; nie hätte ich gedacht, daß ich dir das vorwerfen müßte*); oder wie er in Verlegenheit und Verwirrung geriet.
Eine Weile sagte ich gar nichts, in der Hoffnung, er würde selbst das Schweigen brechen und es mir ersparen, meiner Neugier Ausdruck zu verleihen; aber er saß nur stumm da und starrte aus dem Fenster. Schließlich hielt ich es nicht länger aus und sagte:
»Ein hübsches Häuschen, wie ich finde. Zumindest der Teil, den ich gesehen habe.«
Eine unwiderstehliche Aufforderung, möchte man meinen, jene Bereiche des Hauses zu beschreiben, die ich *nicht* gesehen hatte; aber er nickte nur geistesabwesend. Ich mußte entweder schweigen oder die Sache gezielter angehen.
»Wie war es im Untergeschoß?« fragte ich.
Man hätte meinen können, er sei stocktaub geworden.
»Was ist denn los, Walter?« sagte ich. »Warum sagst du es mir nicht?«
Doch noch immer schwieg er; nach ein paar Minuten klappte er sein Notizbuch auf und fing an, die Zeichnungen, die er angefertigt hatte, eindringlich zu studieren.
Es war unerträglich – ich mußte einfach herausbekommen, was er gesehen hatte –, und doch hatte ich keine Vorstellung, wie ich es ihm entlocken sollte. Doch eins war klar: Je verzweifelter ich jetzt in ihn drang, desto widerspenstiger würde er werden; daher beschloß ich, die Sache in aller Stille zu bedenken.
Was konnte man in einem Kellergeschoß vorfinden, das eine solche Reaktion auslöste?
Etwas, das Turner dort hinterlassen hatte – ein oder mehrere unentdeckte Gemälde. In diesem Fall hätte aber doch Miss Fletcher sie uns ganz gewiß gezeigt oder zumindest auf ihre Existenz hingewiesen.

Spuren eines Verbrechens – ein Blutfleck (der Himmel steh uns bei!). Schwer zu glauben – aber war es nicht tatsächlich merkwürdig, daß Miss Fletcher die einzige Bewohnerin des Hauses sein sollte? Vielleicht hatte sie sich mit der Haushälterin gestritten und sie in der Spülküche mit einer Axt erschlagen? Oder war es ein Liebhaber gewesen, der sie verschmäht hatte?
Nein, nein – unvorstellbar –, wenn tatsächlich etwas Derartiges dort stattgefunden hätte, hätte Miss Fletcher Walter nicht die Gelegenheit gegeben, es zu entdecken, und er hätte darüber bestimmt nicht Stillschweigen gewahrt.
Warum nur beschäftigte sich mein Geist mit so entsetzlichen Dingen? Nur deshalb, weil dieser Ort mich so sehr an ein Verlies erinnerte?
Ein Verlies. Ein Verlies. Ein lichtloser Raum. Eine verriegelte Tür. Feuchte, moosüberzogene Wände. Verrostete Handeisen...
Der Ruf eines Straßenhändlers draußen weckte mich aus meinen Träumereien, ich blickte aus dem Fenster und sah, daß wir soeben in Putney einfuhren. Auf der Straße tummelten sich Kutschen und Karren; auf dem Bürgersteig drängelten sich gelangweilte, unbescholtene Menschen, deren Gedanken einzig und allein darauf gerichtet waren, ob es regnen würde oder wo es den besten und billigsten Kohl gab. Könnten sie meine Gedanken lesen, sie würden mich zweifellos für verrückt halten.
Diese Überlegung war gewissermaßen eine Läuterung für mich (denn wenn ich sonst nichts habe, dessen ich mich rühmen kann, dann doch wenigstens einen gesunden Menschenverstand); aber dann kam mir der Gedanke, daß ich meine neuentdeckte Schwäche doch zu meinem Vorteil nutzen könnte, indem ich sie ganz offen zur Schau stellte.
Dann war dort unten also ein Gefangener in Ketten, Walter? Hast du nach fünfzig Jahren den alten Dad entdeckt, der dort immer noch eingesperrt ist und im Delirium vom Firnissen phantasiert?
Ich wandte mich ihm vorsichtig zu, während ich mir in Gedanken diese Worte aufsagte. Er war noch immer in sein Notizbuch

vertieft, fügte hier eine Zeile hinzu, kritzelte dort ein Wort hin, wann immer es ihm das Schaukeln der Kutsche erlaubte. Etwas an seiner Haltung, die Verkrampfung von Nacken und Schultern sagten mir klar und deutlich, daß er sich ärgern würde und daß ich mir wieder eine Abfuhr holen würde.
Plötzlich überkam mich eine Müdigkeit, eine Schläfrigkeit, die mich, ob ich wollte oder nicht, auf meinem Sitz niederdrückte und meine Lider bleischwer werden ließ. Keine Alpträume – überhaupt keine Träume, soweit ich mich erinnere; und nur wenige Minuten später wurde ich geweckt – wir waren erst etwa eine Meile vorangekommen und immer noch ein gutes Stück von zu Hause entfernt –, und zwar von einem scharfen, klatschenden Geräusch. Walter war das Notizbuch vom Schoß herunter auf den Boden geglitten. Im ersten Moment war ich überrascht, daß er sich nicht bückte, um es aufzuheben; dann sah ich, daß er ebenfalls eingeschlafen war, und ich hob es auf.
Unsere Erziehung schärft uns ein, daß Briefe und Tagebücher unantastbar sind und daß es ein unverzeihlicher Frevel ist, in ihre Geheimnisse einzudringen – aber wie steht es mit Notizbüchern? Das, so sagte ich mir, ist doch etwas völlig anderes – eine bloße Faktensammlung, neutral wie eine Zahlenreihe –, das nicht als persönliche Angelegenheit aufgefaßt werden kann. Erst als ich das Notizbuch aufschlug, stellte ich mir vor, was *ich* empfände, wenn die Situation umgekehrt wäre und ich entdeckte, daß sich Walter ohne meine Erlaubnis an *meinem* Notizbuch zu schaffen machte.
Ich hielt inne, aber zuvor hatte ich einen flüchtigen Blick auf eine seiner Skizzen erhascht. Es war nicht das düstere Innere des Hauses, das ich erwartet hatte, sondern eine Außenansicht von der Gartenseite her. Da waren die beiden einstöckigen Flügelbauten mit ihren Stuckwänden und schmucken Schieferdächern; in der Mitte Turners Atelier, wo Miss Fletcher und ich uns die ganze Zeit unterhalten hatten, während Walter dies zeichnete (ich konnte im Fenster tatsächlich zwei gespensterhafte kleine Halbmonde ausmachen, die womöglich unsere Köpfe waren).

Aber darunter befand sich ein weiteres Fenster, das ich vorher nicht gesehen hatte: eine Lünette mit einem Eisengitter davor, halb verdeckt hinter dichtem Buschwerk. Dahinter mußte das Untergeschoß liegen.

Die Lünette erinnerte mich an etwas – etwas Unerwartetes, selbst wenn ich nicht auf Anhieb sagen konnte, was es war. Der geschwungene obere Teil; das Glas, das (wenigstens auf Walters Skizze) so dunkel war, daß es aussah wie eine leere Höhle – warum nur kam es mir so bekannt vor?

Und dann, mit der Wucht einer körperlichen Erschütterung, fiel es mir ein: die halb verschütteten Bögen der *Bucht von Baiae*.

Noch später

Er ist wieder da. Ich kann mir nicht vorstellen, wo er war – ich möchte es mir gar nicht vorstellen –, aber er ist wieder da. Gott sei Dank.

Das Geräusch der Tür weckte mich. Ich hatte mir gesagt, ich sei fertig, und war am Schreibtisch eingeschlafen.

Soeben habe ich überflogen, was ich geschrieben habe. Ich war keineswegs fertig. Ich habe nicht beschrieben, wie wir zu Hause ankamen.

Als wir endlich aus der Droschke stiegen, verfehlte ich das Trittbrett. Walter fing mich zwar auf, aber da hatte ich mir schon den Fuß verstaucht. Der Schmerz stand mir wohl ins Gesicht geschrieben, denn als ich an Walters Arm zur Tür humpelte, sagte der Kutscher:

»Alles in Ordnung mit Ihrer Frau, Sir?«

Es war so freundlich gemeint. Und doch legten diese Worte mein Herz so unbarmherzig bloß, daß selbst meine armen, sich selbst täuschenden Augen dies nicht verkennen konnten.

O Gott, wie bin ich elend.

XXIV
AUS DEM TAGEBUCH VON WALTER HARTRIGHT,
6. OKTOBER 185-

Täusche ich mich? Habe ich mich täuschen lassen?
Ein photographisches Atelier läßt einen an der Zuverlässigkeit der eigenen Sinne zweifeln. Der gemalte Hintergrund sagt einem, man befände sich in der Bibliothek eines Landhauses oder in einem mit Statuen geschmückten Garten; halb von einem Vorhang verdeckte Kopfstützen halten das Objekt minutenlang in einer scheinbar natürlichen Pose fest.
Aber ist es nicht ein kindischer Aberglaube, einem Menschen nur deshalb zu mißtrauen, weil er davon lebt, Illusionen zu erschaffen?
Gibt es einen vernünftigen Grund, warum Mayall mich hätte belügen sollen?
Ich kann mir keinen denken. Er macht einen ehrlichen, ungekünstelten und nüchternen Eindruck. Als Amerikaner hat er hier keine Beziehungen. Wenn er heute der erfolgreichste Photograph Londons ist (es war, da bin ich mir sicher, Sir William Butteridge, den ich soeben aus seinem Atelier habe kommen sehen), dann hat er das aus eigener Kraft und aufgrund seiner hervorragenden Arbeit geschafft. Es stimmt, er schien mit einemmal entgegenkommender, als ich Lady Eastlakes Namen erwähnte, aber gewiß nur deshalb, weil sie an seiner beruflichen Tätigkeit so regen Anteil nimmt.
Was genau hat er also gesagt?
»In den Jahren siebenundvierzig, achtundvierzig und neunundvierzig kam Turner mehrmals zu mir ins Atelier. Unsere ersten Begegnungen hatten etwas Geheimnisvolles. Einmal machte er mich glauben, er sei Richter am Kanzleigericht, und er bemühte sich später nicht, diesen Eindruck zu zerstreuen.«
Machte mich glauben. Merkwürdig, aber nicht ausgeschlossen, daß es nur ein Mißverständnis war. Schließlich war Turner ein alter Mann (er muß – wie alt? – zweiundsiebzig? – gewesen sein,

als sie sich kennenlernten); vielleicht verhinderte sein schwaches Augenlicht, daß er die Verblüffung in Mayalls Gesicht wahrnahm, oder er hatte eine Frage falsch verstanden.
Und doch...
»Er kam immer wieder – so oft, daß meine Leute von ihm als ›unser Mr. Turner‹ sprachen. Und stets hatte er neue Ideen über das Licht. Eines Tages, ich erinnere mich noch genau, saßen wir drei Stunden zusammen und sprachen über die merkwürdigen Effekte des Lichts auf präparierten Silberplatten. Das Thema schien ihn zu faszinieren. Er fragte, ob ich jemals Mrs. Somervilles Experiment durchgeführt hätte, eine Nadel in den Strahlen des Farbenspektrums zu magnetisieren, und sagte, er würde gern eine Aufnahme des Regenbogens sehen.«
Dies waren nicht die Gespräche eines Mannes, dessen Kräfte schwanden. Und wohl auch nicht die eines Kanzleigerichtsbeamten. Mayall war doch gewiß neugierig genug gewesen, ihm weitere Fragen zu stellen? »Wenn Sie erlauben, Sir, Sie wissen besser über Optik Bescheid als jeder Richter, den ich kenne...«
Das wäre für Turner doch der Moment gewesen, ihm zu widersprechen, wenn es ein Mißverständnis gewesen war. *Aber er bemühte sich später nicht, den einmal entstandenen Eindruck zu zerstreuen.*
Es ist freilich richtig, daß Turner keinen Versuch unternahm, seinen Namen zu verheimlichen, aber die Wahrscheinlichkeit, daß er sich durch seinen Namen verriet, war sehr gering. Es muß Tausende von Turners in London geben.
Was war dann mit den Photographien?
»Anfangs war er darauf aus, die Wirkung des Lichts auszuprobieren, wenn es von oben auf die Person fällt, und er saß für diese Experimente selbst Modell. Später fertigte ich mehrere Daguerrotypie-Porträts von ihm an. Eines zeigte ihn lesend – eine für ihn vorteilhafte Pose, denn seine Augen waren schwach und gerötet. Eine Dame hat ihn begleitet [vermutlich Mrs. Booth], und ich erinnere mich, daß er ihr eine dieser Photographien gab.«
Aber keines der Porträts zeigte sein Gesicht von vorn; und als ich

Mayall fragte, ob er noch welche hätte (denn abgesehen von dem frühen Selbstbildnis, das mir Ruskin gezeigt hatte, habe ich bisher noch kein Bild Turners gesehen und kann mir keine Vorstellung machen, wie er in seinen späteren Jahren ausgesehen hat), antwortete er:

»Leider nein. Ich hatte ein interessantes Porträt von ihm im Profil beiseitegelegt, das ich natürlich sofort suchte, als ich erfuhr, wer mein geheimnisvoller Besucher wirklich war. Aber unglücklicherweise hat einer meiner Assistenten die Platte ohne meine Erlaubnis poliert [hat mich Mayall dabei vielleicht allzu stark fixiert, wie es Leute oft tun, wenn sie lügen?].«

Und wie hatte er erfahren, wer sein »geheimnisvoller Besucher wirklich war«?

»Oh, ich begegnete ihm bei der Soirée der Royal Society, ich glaube, das war im Frühjahr 1849. Er begrüßte mich sehr herzlich und fing sofort an, über sein altes Thema, das Farbenspektrum, zu sprechen. Dann kam jemand und fragte mich, ob ich Mr. Turner kenne, und als ich bejahte, sagte er bedeutungsvoll: ›Ja, aber wissen Sie auch, daß er *der* Turner ist?‹

Ich muß gestehen, daß ich völlig überrascht war. Ich bot Turner an, ihm behilflich zu sein und Experimente zu seinen Ideen der Behandlung von Licht und Schatten für ihn durchzuführen, und als wir uns verabschiedeten, vereinbarten wir, daß er zu mir kommen sollte. Aber das tat er nicht, und ich sah ihn nie wieder.«

Vielleicht irre ich mich tatsächlich. Wäre es Turners Absicht gewesen, Mayall zu täuschen, dann hätte er doch bei der Soirée bestritten, ihn zu kennen.

Und trotzdem...

Wir haben also folgendes:

– Bei seinen Besuchen im Atelier gab Turner vor, Richter zu sein.
– Er ließ sich photographieren, vermied aber Posen, die ihn leicht erkennbar machten.

– Sobald Mayall herausgefunden hatte, wer Turner wirklich war, suchte dieser ihn nie wieder auf, obwohl er es versprochen hatte.

Genies verhalten sich anders als gewöhnliche Menschen.
Aber steht dies nicht ganz im Einklang mit Sandycombe Lodge?
Du bist ein Künstler – du betest die Sonne an –, du weißt, daß seit Anbeginn der Zeit kein Mensch jemals ihre Stimmungen und Wirkungen mit solcher Präzision und Kraft eingefangen hat.
Du hast ein Haus gebaut, das so lichterfüllt ist, daß jeder Besucher sagen muß: *Das ist ein Sonnentempel.*
Aber was, wenn Farrant recht hat? Was, wenn dies nur das Gesicht ist, das du der Welt zeigen wolltest, und es ein anderes gibt, das hinter einer beinahe unsichtbaren Tür verborgen ist?
Als ich in diesem Keller stand und durch die höhlenähnliche Öffnung mit den furchterregenden Eisengittern hinaussah, überwältigte mich da nicht ein einziger Gedanke: *Dieses Haus wurde von einem Mann entworfen, der ein Geheimnis hat?*
Farrant könnte natürlich gelogen haben. Das darf ich nicht vergessen. Ein Brief, der zu allem, was ich sonst in Erfahrung gebracht habe, derart in Widerspruch steht, ist womöglich nur die Ausgeburt eines kranken und neiderfüllten Geistes. Wenn nicht mehr dahintersteckt – und das war wohlgemerkt mein erster Gedanke, als ich ihn las –, dann ist diese ganze Spekulation reine Phantasie und belegt nichts Schlimmeres als seine Exzentrik.
Aber wenn er die Wahrheit sagt...
Es hilft nichts. Ich muß ihn aufsuchen und mit ihm sprechen.

Knapp fünf Stunden sind vergangen, seit ich dieses Heft zugeklappt habe – aber was waren das für Stunden! In dieser Zeit habe ich meinen Rock gegen einen anderen eingetauscht; ich habe meinen Namen geändert; ich bin vom Reform Club zu einer billigen Schenke und von dort zu den Marston Rooms am Piccadilly gegangen (einem Ort, den zu betreten ich mir noch vor einer Woche nicht hätte träumen lassen), wo ich jetzt sitze, am

Nachbartisch eine Frau und ein später Theaterbesucher, die betrunken sind und sich lachend unterhalten, vermutlich über den Preis. (Kein Wunder, daß London so voller Laster ist, wenn ein Mann, der sich spätabends ausruhen und etwas trinken will, gezwungen ist, ein solches Etablissement aufzusuchen.)

Und was soll ich von all dem halten? Ich weiß es nicht – zu viele Eindrücke, Vermutungen und neue Erfahrungen. Ich muß einfach versuchen, alles genau aufzuschreiben, und darauf vertrauen, daß es sich zu einem Bild zusammenfügt.

Die Vorstellung, daß Farrant der Schlüssel zur Auflösung aller meiner Zweifel ist, bemächtigte sich meiner mit solcher Macht und erfüllte mich mit einer solch nervösen Erregung, daß mein einziger Gedanke war: *Du mußt ihn aufsuchen!* Erst nachdem ich eine gute halbe Meile weit gegangen war und der naßkalte Nebel mein erhitztes Gemüt abgekühlt hatte, merkte ich, wie überstürzt ich handelte. Angenommen, ich fand ihn tatsächlich – was dann? Ich wollte doch herausfinden, warum er mir geschrieben hatte und ob seine Vorwürfe gegen Turner auf Wahrheit beruhten; aber ein Mensch, der mich auf dem Papier anlügt, kann mich doch ebenso leicht anlügen, wenn er mir Aug in Aug gegenübersteht. Zudem konnte ich mir keine Formulierung der Frage vorstellen (das Beste, was mir einfiel, war: »Eine derart ungewöhnliche Geschichte ist schwer zu glauben, Mr. Farrant«), die nicht unausgesprochen den Vorwurf enthielte, daß ich ihm nicht glaubte. Damit würde ich Gefahr laufen, ihn mir zum Feind zu machen; doch das wollte ich unbedingt vermeiden, da er mir vielleicht auch später noch von Nutzen sein könnte.

Aber ein Impuls, dem ich nicht widerstehen konnte, trieb mich weiter. Ich wußte, wenn ich die Suche jetzt abbrechen und nach Hause zurückkehren würde, ohne die Wahrheit erfahren zu haben – oder zumindest ohne die Genugtuung, alles in meiner Macht Stehende getan zu haben, um sie herauszubekommen –, würde ich keine Ruhe finden. Ich hatte keine Wahl, ich mußte weitermachen, mußte mich der Führung des Schicksals und meines Verstandes anvertrauen.

Dieser Entschluß sorgte für einen klaren Kopf, und ich erkannte alsbald, daß ich mir taktisch kühl wie ein General am Vorabend der Schlacht eine Strategie überlegen mußte. Ich mußte das Terrain inspizieren, die Stärken und Schwächen meiner Streitmacht abschätzen und die Truppen entsprechend aufstellen. Sofort sah ich, daß ein direkter Angriff fehlschlagen würde. Wenn Farrant wußte – oder auch nur den Verdacht hegte –, wer ich war oder welche Beweggründe ich hatte, das Gespräch mit ihm zu suchen, hatte ich keine Chance. Meine einzige Hoffnung blieb daher, mich ihm auf einem Umweg zu nähern, ihn möglichst unter einem Vorwand in ein Gespräch zu verwickeln und auf das Thema Turner zu lenken. Wenn er dann dieselbe Geschichte einem Menschen erzählte, der offensichtlich kein Interesse an der Sache hatte, sondern nur neugierig war und in dessen Macht es nicht lag, die Ansichten anderer zu beeinflussen – dann war die Wahrscheinlichkeit groß, daß sie auf Wahrheit beruhte. Wenn er aber log, würde ich es möglicherweise an seinem Verhalten merken, denn ein Lügner entlarvt sich oft durch Gesten der Unsicherheit und tut seine Unredlichkeit entweder durch ein zaghaftes Lächeln und durch Nervosität kund oder sucht sie durch die übertriebene Zurschaustellung vorgeblicher Ehrlichkeit zu verbergen.

Mein vorrangiges Ziel mußte es daher sein, so unauffällig wie möglich zu wirken. Ich mußte seine Straße aufsuchen und mich, falls nötig, eine Weile vor seinem Haus aufhalten, um seine Gewohnheiten zu beobachten, ohne aufzufallen. Und da stieß ich schon auf eine Schwierigkeit: Denn ein Mann, der für geschäftliche Erledigungen im West End und für einen Abend im Reform Club gekleidet ist, kann nicht darauf hoffen, in den finsteren Seitengäßchen von Farringdon der Aufmerksamkeit zu entgehen. Gewiß, zu Hause hatte ich andere Kleidungsstücke, aber sie waren entweder zu offiziell, zu ländlich oder aber zu hell und vermittelten nicht jenen tristen Anschein ärmlicher Unbescholtenheit, die allein mich unsichtbar machen würde.

Zwanzig Minuten oder länger wälzte ich derartige Gedanken im

Kopf, während ich zügig meinen Weg fortsetzte – denn wenn ich zögerte, war es aus, das wußte ich. Ich mußte wie der Pilger in John Bunyans *Pilgrim's Progress* darauf bauen, daß mein Glaube stark genug war, alle Hindernisse zu überwinden.

Und so geschah es. Als ich mich Covent Garden näherte, fiel mir plötzlich ein, daß der Hand Court nur eine Viertel Meile entfernt war und es daher nur ein kleiner Umweg war, wenn ich dort vorbeiging. Dann konnte ich Turners Geburtsort noch einmal besichtigen – diesmal mit dem Blick des Ortskundigen und nicht des Unwissenden. Vielleicht gelang es mir dann, ihn als Mensch besser zu verstehen, und das, was ich von Farrant erfahren hatte, angemessener zu beurteilen.

Das jedenfalls sagte ich mir damals; aber jetzt frage ich mich, ob mich nicht etwas anderes dorthin trieb: eine Erinnerung, die so offenkundig nebensächlich war, daß sie mir nicht sofort deutlich vor Augen stand, sondern erst eine gänzlich andere Gestalt annehmen mußte, bevor ich sie als solche erkannte. Dieser Augenblick kam, als ich in die Maiden Lane einbog und plötzlich in einer beleuchteten Ladenfront drei rote Kugeln auf blauem Grund entdeckte. Da! – Heureka! – Die Lösung meines Problems! Der Laden befand sich im Besitz der Mutter des Mädchens, das mir bei meinem letzten Besuch den Weg gezeigt hatte, und es war nicht ausgeschlossen, daß sie sich an mich erinnerte. Und wenn schon? Sie würde sich ein Geschäft mit mir deswegen kaum entgehen lassen; und wenn sie mich unmittelbar darauf ansprach, würde ich rundweg leugnen, jemals hiergewesen zu sein. Heute abend mußte ich ein völlig anderer Mensch werden, und hier würde sich mir die Gelegenheit bieten, mein schauspielerisches Talent auf die Probe zu stellen und zu testen, ob mir die Verwandlung gelang.

Wie oft in solchen Etablissements gab es zwei Eingänge; einen zur Straße hin und einen zweiten seitlich durch einen kleinen Hof, wo jene, die noch ein Fünkchen Stolz besitzen, unbemerkt (wie sie hoffen) hineinschlüpfen, um die ihnen verbliebenen Habseligkeiten in der Abgeschiedenheit eines Hinterzimmers ungestört zu versetzen. Diese zweite Tür war abgeschlossen, wohl in der Annahme, so spät abends würden nur die Verzweifeltsten einen Pfandleiher aufsuchen. Obwohl niemand, der mich als Walter Hartright kannte, mich gesehen haben konnte, muß ich gestehen, daß ich einen Augenblick zögerte und das klägliche Schauspiel aufführte, die Auslage zu betrachten und so zu tun, als überlegte ich mir, den ausgestopften Fasan im Glaskasten oder einen der billigen Ringe und Broschen zu kaufen, die wie geologische Fundstücke ordentlich nebeneinander aufgereiht lagen. Schließlich nahm ich meinen ganzen Mut zusammen und trat ein.

Die einzige Gaslampe befand sich im vorderen Teil des Ladens, so daß ihr Licht auch auf die Straße fiel und jenen Ärmsten als Leuchtfeuer diente, die solch bitteren Beistand nötig hatten. Der Raum selbst wurde von zwei Öllampen erhellt, deren fahler Schein den zu Pyramiden aufgeschichteten, niederschmetternd banalen Gegenständen – einem mit einem Uhrwerk betriebenen Bratspieß, Uhren und Schnupftabakdosen, Becher, Geschirr und Vasen – einen ungewöhnlich romantischen Anstrich verlieh, sie in geheimnisvolles Dunkel hüllte und die Illusion erzeugte, daß man hier einen seltenen, schönen Fund machen könnte. Hinter dem Ladentisch befanden sich Regale mit etikettierten Bündeln und eine weitere Tür – ins Auge fallend allein durch einen unregelmäßigen Lichtspalt –, die offenbar zu den Wohnräumen führte, wie ich aus dem Gemurmel dahinter schloß.

Eine automatische Glocke verkündete mein Eintreten, und augenblicklich wurde es still, die Tür im Hintergrund öffnete sich, und jemand trat ein. Es war aber nicht die Frau, sondern das Mädchen, das ich an seiner schlanken Gestalt und den schnellen kindlichen Bewegungen erkannte. Die Kleine blieb stehen und sah mich an, aber ob sie stutzte, weil sie mich erkannt hatte (das Licht der Gaslampe befand sich allerdings in meinem Rücken, weshalb mein Gesicht sicher nur undeutlich zu erkennen war) oder nur weil sie überrascht war, einen so gutgekleideten Mann zu dieser Stunde an einem solchen Ort zu sehen, konnte ich nicht sagen.

»Guten Abend«, sagte sie nach einer Weile und lächelte zaghaft.
Ich zog meinen Rock aus. »Den würde ich gern hierlassen«, sagte ich (und war überrascht zu hören, daß ich unbewußt in eben den Ton verfallen war, den ich zuletzt in Petworth benutzt hatte). »Und dafür einen anderen mitnehmen.«
Sie schien verblüfft und warf einen unschlüssigen Blick hinter sich.
»Komm schon, Mädchen«, sagte ich. »Er ist mindestens ein Pfund wert. Fünf Shilling wirst du mir doch dafür geben können. Hast du etwas für ein, zwei Shilling, das ich statt dessen anziehen könnte, egal wie alt, je älter, desto besser?«
Vielleicht fragte sie sich, ob ich den Mantel gestohlen hatte (ein Gedanke, der einem Pfandleiher wohl täglich zehnmal durch den Kopf geht); denn sie ließ ihren Blick über meine Halsbinde, Weste und Stiefel gleiten, wie um zu sehen, ob sie zu dem Mantel paßten. Schließlich sagte sie, offensichtlich zufrieden:
»Was ist denn los? Kein Glück mit den Pferden?«
»Genau«, sagte ich, dankbar, daß sie für mich eine Geschichte parat hatte, und zugleich ärgerlich, daß ich nicht den Weitblick gehabt hatte, mir selbst eine auszudenken. »Aber morgen wird sich das Blatt wenden. In der Zwischenzeit braucht ein Mann Geld, um seinen Durst zu stillen.«
»Ja«, sagte sie; und dann sah sie mir mit ihren großen braunen Augen geradewegs ins Gesicht und meinte mit einer verständnisvollen Weltläufigkeit, die mir durch und durch ging: »Und um noch etwas anderes zu stillen, nehme ich an.«
Wußte sie in diesem Augenblick, wer ich war? Hatte ihre Mutter sie doch noch überzeugt, daß hinter meinem damaligen Besuch die Absicht gestanden hatte, sie zu verführen? Oder hatte das Leben sie gelehrt, dies von jedem Mann anzunehmen, der spätabends hierherkam, weil er Geld brauchte?
Ich sah zur Seite und tat, als hätte ich nichts gehört. »Also, Mädchen, was meinst du? Fünf Shilling?«
Ich erwartete, daß sie sagen würde, sie müsse zuerst ihre Mutter

fragen; aber sie antwortete, ohne zu zögern, und mit dem Selbstbewußtsein einer routinierten Feilscherin:
»Vier.«
Ich hätte zufrieden sein können, wenn ich auch nur einen Penny dafür erhielt, vorausgesetzt, ich bekam dafür einen guten Ersatz; aber weil ich ihr das nicht sagen konnte, antwortete ich barsch:
»Mal sehen, was du mir anzubieten hast.«
Im Nu stand sie mit zwei Röcken vor mir. Der eine war lang und schwarz, aus feinem Kammgarn, gut geschnitten und mit Flikken sauber ausgebessert; ich hätte ihn am liebsten genommen, denn ich wußte, daß er mich fast genauso warm halten würde wie mein eigener. Er war aber dermaßen altmodisch, daß er an einem Mann meines Alters seltsam ausgesehen hätte. Daher entschied ich mich schließlich für den anderen, einen billigen Konfektionsrock aus brauner Serge, mit beigen Ziernähten, aufgesetzten Taschen und Ärmelaufschlägen, wie sie womöglich ein Schreiber mit modischem Ehrgeiz (falls es so etwas gibt) tragen mochte.
»Der ist teurer«, sagte das Mädchen. »Drei Shilling Sixpence.«
Ich glaube, sie erwartete, daß ich mit ihr feilschte, aber dies war nicht der Augenblick für Diskussionen, daher nickte ich nur und sagte:
»In Ordnung.«
Sie reichte mir den Schein für meinen Rock und ein Sixpence-Stück. »Dafür werden Sie nicht viel bekommen«, sagte sie mit demselben wissenden Blick und einem beinahe anzüglichen Grinsen. »Ein paar Krüge Bier und dann ab nach Hause zu Ihrer Frau.«

Wenn ich bedenke, wie dürftig meine Erinnerungen an meinen Ausflug nach Farringdon sind und wie wenig ich von dem behalten habe, was ich unterwegs sah und hörte, habe ich das Gefühl, ich sei schlafgewandelt. Alle meine Gedanken, die nicht von der Aufmerksamkeit für den Weg und seine Hindernisse in Anspruch genommen waren, richteten sich nur auf eins: mir eine plausible Geschichte auszudenken. Daß ich im Pfandleihhaus eine solche Geschichte nicht parat gehabt hatte, hatte mich lediglich in Verlegenheit gebracht – oder vielmehr, das Mädchen hatte mir diese erspart. Bei Farrant wäre das mein Verhängnis. Aber was konnte ich mir ausdenken, das allen Eventualitäten genügen würde? *Ich suche einen Freund, der mir gesagt hat, er wohne hier.* Was aber, wenn Farrant gar keinen Untermieter hatte, oder noch schlimmer, wenn er einen hatte, der bestritt, mich je zuvor gesehen zu haben? *Cousin Farrant! Erkennst du mich denn nicht? Freilich, ich war noch ein Kind, als wir uns nach Australien einschifften, aber bestimmt...?* Nein, das war zu melodramatisch; außerdem wußte ich nichts von seinen Familienverhältnissen. Schließlich kam ich zu dem Ergebnis, daß ich einfach nur all meinen Verstand zusammennehmen mußte; ich mußte mich auf mein Glück verlassen, das mir schon einen Vorwand liefern würde, mit ihm ins Gespräch zu kommen, und auf meine Findigkeit, dann auch eine entsprechende Rolle zu spielen.

Trotter Street verdient, wie sich herausstellte, kaum, eine »Straße« genannt zu werden. Die hohen und schmalen grauen Häuser überragen die dazwischen verstreut liegenden Werkstätten, Bauhöfe und verwahrlosten Freiflächen. Nur die eine Straßenfront ist von Gaslaternen erleuchtet, die ihrer Aufgabe, die Straße zu erhellen, kaum gewachsen waren – jedenfalls nicht in einer mondlosen Nacht wie dieser, wo vom Fluß her dichter Nebel heraufzog. Selbst wenn sich die Augen an die Dunkelheit gewöhnt haben, gibt es wenig, woran sie sich erfreuen könnten. Die Straße ist holprig und das Kopfsteinpflaster von tückischen Löchern durchsetzt; an einem Ende – wenn man glaubt, endlich um eine Ecke biegen und an einen weniger trostlosen Ort entfliehen zu können – ist der Weg durch die Tore einer Schuhwichsfabrik versperrt. Natürlich war es möglich, daß Farrants Geschichte auf Wahrheit beruhte; aber wie leicht konnte ein Mensch, der hier lebte, sich *einbilden*, ihm geschehe maßloses

Unrecht, wo sich doch sein Unmut letztlich gegen das Leben selbst richtet, das ihn an einen so trostlosen Ort verschlagen hat.

Haus Nummer 20 unterschied sich kaum von den Nachbarhäusern, wobei die aufgemalte Ziffer an der Tür verblaßt war und man das Haus nur aufgrund seiner Lage zwischen Nummer 19 und Nummer 21 identifizieren konnte. Hinter dem Rundfenster oberhalb der Tür schien ein trübes Licht, das Fenster im ersten Stock war heller erleuchtet, sonst aber war das Gebäude dunkel. Ich blickte mich um, wie es Farrant, will man ihm Glauben schenken, wohl selbst getan hatte, als er Turner gefolgt war. Ich suchte einen Gasthof oder eine Schenke, wo ich Erkundigungen über ihn einholen und von wo aus ich ungestört das Haus beobachten konnte; aber weit und breit war nichts dergleichen. Ich lehnte mich an einen verbogenen Zaun auf der gegenüberliegenden Straßenseite, in der Hoffnung, daß jemand hineinginge oder herauskäme. Aber nichts geschah, und nach zehn Minuten waren meine Hände und Füße taub vor Kälte. Höchste Zeit, die Taktik zu wechseln.

In Haus Nummer 19 brannte kein Licht; und als ich mich Nummer 21 näherte, hörte ich von drinnen ein Geräusch zerspringenden Glases und zwei Betrunkene – eine Männer- und eine Frauenstimme –, die einander im Streit zu übertönen versuchten. Daher schlich ich mich davon, ohne jedoch Farrants Haus aus den Augen zu verlieren, und klopfte an Nummer 18. Nach einer Weile öffnete eine etwa dreißigjährige Frau einen Spaltbreit die Tür und streckte den Kopf heraus.

»Ja?«

»Mrs. Farrant?« fragte ich.

Sie runzelte die Stirn, biß sich auf die Unterlippe und schüttelte den Kopf.

»Hier wohnt doch Mr. Farrant?«

»Das ist das falsche Haus«, sagte sie.

»Oh, Verzeihung. Dann...?« Ich zeigte die Straße hinunter und hob die Augenbrauen.

»Was wollen Sie von ihm«, fragte sie. »Sind Sie ein Schuldeneintreiber?«
»Nein«, sagte ich; aber bevor ich weitersprechen konnte, rief ein Kind hinter ihr:
»Was ist, Ma?«
»Pscht!« sagte sie; aber der Junge drängte sich an ihr vorbei, indem er die Tür etwas weiter aufstieß, bis er vor ihr stand und mich ansah. Er war etwa acht Jahre alt, hatte blonde Locken und neugierige blaue Augen.
»Er ist möglicherweise mein Onkel«, sagte ich.
»Möglicherweise!«
»Meine Mutter sagte immer, sie hätte einen Bruder in London, der Kupferstecher ist«, sagte ich. »Sie hatte sich allerdings in jungen Jahren mit ihm zerstritten, und ihre letzten Worte auf den Sterbebett waren: ›Such deinen Onkel und söhne dich mit ihm aus.‹«
Wenn ich erwartet hatte, sie durch diese rührselige Geschichte zu erweichen, hatte ich mich getäuscht; sie musterte mich weiterhin mit argwöhnischem Blick, und in ihren Augen schimmerte keine Träne. Doch dann kam mir der Junge zu Hilfe.
»Wen meint er?« sagte er und zog an der Schürze seiner Mutter. Er ergänzte die Frage, indem er Daumen und Zeigefinger beider Hände zu einem Kreis formte und sich vor die Augen hielt.
»Mach dich nicht über ihn lustig«, sagte die Frau. »Wo er so freundlich zu dir war.«
Ich erinnere mich, daß mich plötzlich eine große Müdigkeit überfiel, meine Beine wurden schwer und mir schwand der Wille weiterzumachen. Es war spät, es war kalt, und ich hatte den ganzen weiten Weg zurückgelegt, nur um zu erfahren, daß Farrant einmal zu einem Kind freundlich gewesen war, und ohne die Aussicht, mehr herauszufinden.
Doch dann ging alles so schnell, daß ich immer noch alles durcheinanderbringe. Der Junge schoß auf die Straße, bevor seine Mutter ihn zu fassen bekam. »Kommen Sie, ich zeig's Ihnen!« rief er; er rannte ein paar Schritte weiter und blieb dann unvermittelt stehen.

»Da!« sagte er und deutete auf eine Gestalt, die sich langsam von uns entfernte. »Das ist er!« Etwas an der Art, wie der Junge seine Kräfte sammelte und den Kopf schräg legte, verriet mir, daß er ihn rufen wollte; doch ich konnte ihn gerade noch zurückhalten.

»Still«, sagte ich. »Ich will ihn überraschen«; und noch bevor er dies bezweifeln oder dagegen protestieren konnte, reichte ich ihm das Sixpencestück, das mir das Mädchen im Pfandleihhaus gegeben hatte. Der Junge und seine Mutter starrten mir nach, während ich dem Mann hinterherlief.

Mehr als fünfzig Jahre zuvor hatte Farrant Turner durch den Nebel verfolgt; jetzt war *ich* es, der Farrant verfolgte. Diese Symmetrie beschwingte mich so, wie die Auflösung einer Melodie dem Ohr schmeichelt oder die perfekte Harmonie einer Komposition (beispielsweise Turners Gemälde *Odysseus verhöhnt Polyphem*) das Auge erfreut. Ja, ich wurde dadurch derart abgelenkt, daß ich anfing, sorglos zu werden, und mich fast verraten hätte. Denn törichterweise nahm ich an, er sei noch der stramme junge Mann, der er damals gewesen war, und bildete mir ein, ich müsse mich gehörig ins Zeug legen, um mit ihm Schritt zu halten. Daher legte ich ein enormes Tempo vor und kam viel zu schnell in seine Nähe. Als er meine Schritte hörte, blieb er stehen und drehte sich um wie ein alter Bär, der Witterung aufnimmt; er hätte mich ganz gewiß gesehen, wenn er nicht so schlechte Augen gehabt hätte; seine dicken Brillengläser und die halbgeschlossenen Augen ließen daran keinen Zweifel. Ich blieb stehen und hielt den Atem an, bis er schließlich mit hochgezogenen Schultern weiterhumpelte, mit einem Stock seinen Weg ertastend. Ich hatte meine Lektion gelernt, genau wie er – schmunzelnd rief ich es mir in Erinnerung – seinerzeit in der Norton Street seine Lektion gelernt hatte. Ich wartete eine halbe Minute, bevor ich weiterging, diesmal vorsichtiger und auf sichere Entfernung bedacht.

Das ging nicht lange so. Am Ende der Straße bog er in die Hauptverkehrsstraße ein, und nach etwa fünfzig Yard betrat er eine kleine Schenke, die White Post, an der ich auf dem Hinweg vorbeigekommen sein mußte, obwohl ich mich nicht daran erinnerte. Wenn ich gleich nach ihm eintrat, könnte er, so befürchtete ich, mich mit den Schritten in Verbindung bringen, die er gehört hatte, und richtig schlußfolgern, daß ich ihm gefolgt war. Daher beschloß ich, noch ein Weilchen draußen zu warten. Links von der Tür befand sich ein niedriges vorhangloses Fenster, durch das ich eine überfüllte, von Tabakrauch vernebelte Gaststube erkennen konnte. Ich vernahm fröhliches Gläserklirren und an- und abschwellendes Gelächter und Gemurmel. Ich konnte zwar nicht unmittelbar vor dem Fenster stehenbleiben, ohne entdeckt zu werden, aber wenn ich mich gegen die Mauer des Nachbarhauses drückte und den Kopf reckte, konnte ich gut die Hälfte der Schankstube überblicken. An der Wand hingen grobe Stiche; ich erkannte das Ende eines langen Tisches (die Gäste, die dort saßen, waren größtenteils meinem Blick entzogen, aber ich sah mehrere Ellenbogen, zwei Bierkrüge und einen Hut) und einen kleinen modernen Kamin, in dem Kohlen glühten. In der Kaminecke standen zwei bequeme Stühle; der eine war leer, auf dem anderen saß ein alter Mann mit einer schmutzigen roten Halsbinde und einem runden, fleischig roten Gesicht. Etwas an der Art, wie er ungeduldig mit den Fingern trommelte und dann fragend aufblickte, ließ mich vermuten, daß er auf Farrant wartete; und genauso war es, denn nach wenigen Sekunden kam mein Opfer ins Blickfeld und schüttelte dem alten Mann die Hand.

Ich sage »dem alten Mann«, aber als Farrant seinen Mantel auszog und sich sachte auf den freien Stuhl setzte, erkannte ich, daß er der ältere von beiden war. Die Zeit hatte ihre traurigen Spuren an ihm hinterlassen, aber er muß einst eine beeindruckende Erscheinung gewesen sein. Und selbst jetzt noch, gebeugt und gebrechlich wie er war, wirkte er mit seiner massigen Gestalt und den breiten Schultern in dem kleinen Raum viel zu groß, und sein Gesicht mit der markanten Nase, dem breiten Mund und der zerfurchten Stirn verliehen ihm das Aussehen eines römischen Kai-

sers – ein Eindruck, der durch seine Haut noch verstärkt wurde, welche in der kalten Luft weiß und leuchtend wie Marmor geworden war.
Es dauerte nicht lange, und die beiden waren in ein Gespräch vertieft. Farrant beugte sich vor und gestikulierte, um seinen Worten Nachdruck zu verleihen; der andere nickte zustimmend (wenngleich ich in seinen Augen eine gewisse Skepsis zu lesen vermeinte) und trommelte mit den Fingern unablässig auf seinen Handrücken. Als das Schankmädchen ihnen ihre Bierkrüge brachte, sah der Mann mit der roten Halsbinde sie an und lächelte ihr zu. Farrant jedoch schenkte ihr keine Beachtung und sprach ohne Pause weiter. Ich wartete noch ein paar Minuten, und als Farrant sich schließlich zurücklehnte und sich seinem Bier zuwandte, hielt ich den Augenblick für gekommen, einzutreten.
Ein paar der Männer am Tisch warfen mir einen flüchtigen Blick zu, aber ansonsten schien mein Erscheinen kein Aufsehen zu erregen, und ich wußte, daß ich zumindest mit dem Rock die richtige Entscheidung getroffen hatte. Die warme verqualmte Luft schlug mir ins Gesicht, handfest und erstickend wie eine Decke, und machte mir schlagartig bewußt, wie durchgefroren ich war. Daher kostete es mich auch keine große schauspielerische Anstrengung, mir zwischen Tischen und Stühlen meinen Weg zu bahnen, mich zu schütteln, mir die Hände zu reiben und zwischen den Zähnen »brr« zu murmeln – bis ich in Farrants Hörweite kam und inmitten eines mir unverständlichen Wortschwalls etwas zu hören vermeinte, das mir den Atem verschlug: »Turner.«
Mein erster Impuls war natürlich, stehenzubleiben und zuzuhören; aber das hätte die beiden Männer stutzig gemacht; mit einer enormen Willensanstrengung zwang ich mich daher, meine stumme Darbietung fortzusetzen. Sie hörten auf zu sprechen, als ich näherkam; aber der Mann mit der roten Halsbinde sah mich mit kühler Belustigung an, wie jemand, der auf der Straße zufällig einem Gaukler begegnet. Ich stellte mich vor das Feuer,

stampfte mit den Füßen, hauchte meinen Händen Wärme ein und schüttelte die Feuchtigkeit aus meinen nebelnassen Kleidern.
»'N Abend«, sagte ich schließlich, als ich merkte, daß ich selbst die Initiative ergreifen mußte, wenn ich mit ihnen ins Gespräch kommen wollte. Sie nickten, sagten aber nichts; und als wäre mit diesem stummen Zeremoniell unserer Kommunikation Genüge getan, beugte sich Farrant schon im nächsten Augenblick zu seinem Begleiter und sagte mit einer merkwürdig hellen, weiblichen Stimme:
»Zweifellos hätte es ein stärkeres Gewicht, wenn es von dir käme.«
Ob es dem Mann mit der roten Halsbinde unangenehm war, das Gespräch in meiner Anwesenheit fortzusetzen, oder ob ich lediglich seine Neugier geweckt hatte, weiß ich nicht; jedenfalls schenkte er Farrant nicht weiter Beachtung, sondern richtete seine ganze Aufmerksamkeit auf mich. Nach einer Weile sagte er:
»Wohl schon den ganzen Abend unterwegs?« Er warf Farrant einen Blick zu. »Sieh mal, Jack. Er ist pudelnaß.«
Farrant kniff die Augen zusammen und sah mich an. Durch die Anstrengung verzog sich sein Gesicht mißbilligend; aber der finstere Ausdruck verschwand schlagartig aus seinem Gesicht, als er mit einem leisen, mitleidigen Pfeifen Luft holte und sagte:
»Sie Ärmster. Was ist denn mit Ihnen passiert?«
»Seine Frau hat ihn rausgeworfen«, sagte der Mann mit der roten Halsbinde und lachte. Ich wollte schon einstimmen, aber Farrant hob, Ruhe gebietend, seine große Hand und schüttelte den Kopf.
»Nein«, sagte er ernst. Er sah mich weiterhin an, keineswegs unfreundlich, sondern wie um mir Gelegenheit zu geben, die Sache richtigzustellen.
»Ich wollte meine Schwester besuchen«, sagte ich. »Aber sie war nicht zu Hause.«
Farrant nickte. »Wo wohnt sie denn?«

»Trotter Street.« Das war ein Fehler, wie ich merkte, noch während ich sprach; aber mir war in der Eile kein anderer Straßenname in der Nähe eingefallen. Ich verfluchte meine Unachtsamkeit und machte mich darauf gefaßt, daß er mich fragen würde, wie meine Schwester hieß und in welchem Haus sie wohnte. Aber er nickte nur erneut und fragte dann:
»Und wo wohnen *Sie*?«
»Am anderen Ende der Stadt. Putney«, sagte ich.
»Ein ganz schönes Stück«, sagte Farrant. Er blickte sich um und tastete mit dem Fuß in der Luft, bis er an einen Schemel stieß, hakte dann seinen Schuh darunter und zog ihn zu mir heran. »Hier. Sie wollen doch bestimmt nicht stehen nach so einem Fußmarsch.«
»Danke«, sagte ich und setzte mich.
»Etwas Dringendes, oder?« sagte Farrant. »Ich könnte ihr etwas ausrichten, wenn Sie möchten. Ich wohne in Hausnummer 20.«
Im ersten Augenblick wußte ich absolut nicht, was ich antworten sollte. Aber dann, als hätte jemand eine Fackel entzündet und eine Landschaft erleuchtet, die bis dahin im Dunkeln gelegen hatte, sah ich mit vollkommenerer Klarheit die richtige Antwort vor mir.
»Das ist sehr freundlich von Ihnen; aber die Sache ist die, daß ich soeben von Petworth komme.«
Habe ich es mir eingebildet, oder tauschten Farrant und sein Begleiter tatsächlich verstohlene Blicke?
»Der Sohn meiner Schwester«, fuhr ich fort, »steht dort in Dienst; und ich wollte ihr berichten, wie es ihm geht.« Ich machte eine Pause, aber keiner von beiden sagte etwas; sie schienen mich jedoch so gespannt zu beobachten, daß ich das Gefühl hatte, ich müsse darauf reagieren, wenn ich nicht erneut Gefahr laufen wollte, ihren Verdacht zu erregen. »Sie kennen wohl Petworth?« sagte ich und blickte von einem zum anderen. »In Sussex?«
»Nur vom Hörensagen«, erwiderte Farrant und verzog das Gesicht zu einem dünnen Grinsen.

»Mein Gott! Sie sollten es sehen! Die reinsten Katakomben. Es steht größtenteils leer, und die Bediensteten laufen von morgens bis abends von einem Ende zum anderen.« Ich lachte. »Mein Neffe, ein drolliger Bursche, sagt, die Bezeichnung ›Laufbursche‹ für einen Diener sei absolut treffend, denn er laufe sich buchstäblich die Hacken ab.«
Die Kellnerin, ein schmächtiges dunkelhaariges Mädchen von etwa achtzehn Jahren, nahm meine Bestellung entgegen. Ich überlegte, ob ich die beiden zu einem Bier einladen sollte, verwarf den Gedanken aber wieder; es wäre wohl allzu vorschnell gewesen.
»Tu 'nen guten Tropfen rein, Kate, zum Aufwärmen!« rief ihr der Mann mit der roten Halsbinde nach. »Sonst kriegt er noch eine böse Erkältung!«
Sie drehte sich um und rief ihm über die Schulter etwas zu, das aber in einem allgemeinen Gelächter unterging, das durch die ganze Schankstube schwappte und schließlich auch Farrants Begleiter erfaßte.
»Um ehrlich zu sein«, sagte ich. »Ich habe gehofft, dort selber eine Stelle zu finden; denn Paul ist ein tüchtiger Bursche; und ich dachte, sie nehmen vielleicht gern noch jemanden, der sozusagen aus demselben Stall kommt. Aber...«
Farrant hob die Hand und beugte sich zu mir herüber. »Eine Stelle als was, Mr. ...?«
»Jenkinson«, sagte ich. »Ach, wissen Sie, als Hausdiener. In meiner letzten Stellung war ich Hilfsbutler« – hier machte ich eine effektvolle Pause und senkte die Stimme –, »aber der alte Herr starb so rasch, daß er mir kein Zeugnis ausstellen konnte.« Ich lachte – oder besser gesagt, Jenkinson lachte, denn das gerissene Hohnlachen zynischer Männlichkeit, das mir über die Lippen kam, kann ich mir kaum wirklich zuschreiben. Auch der Mann mit der roten Halsbinde gluckste in sich hinein; aber sofort wurden wir von Farrant in die Schranken gewiesen, der keine Anstalten machte, sich anzubiedern, indem er in unser Gelächter einstimmte (oberflächliche, herzlose Leutseligkeit ist stets die

Basis, auf der sich Männer am einfachsten verständigen, und dieser Verlockung zu widerstehen erfordert nicht wenig Mut).
Farrant sah mich weiterhin mit ernster Miene an.
»Aber es hat sich herausgestellt, daß Colonel Wyndham – die jetzige Herrschaft – nur Dienstboten haben will, die schon im alten Haus bei ihm tätig waren.« Ich zwinkerte dem Mann mit der roten Halsbinde zu. »Seine Frau ist evangelisch, wissen Sie, und legt auf die Moral der Dienerschaft großen Wert.«
Das Mädchen brachte mein Bier; und ich zwinkerte auch ihr zu.
»Zum Wohl, meine Herren.«
Farrant erhob feierlich sein Glas, trank aber nicht.
»In den alten Zeiten hätte ich es mir dort gut gehen lassen«, sagte ich. »Wenn man glauben kann, was Paul so erzählt. In dem Haus verkehrten nämlich alle möglichen Leute, Maler, Dichter und so weiter und jede Menge Frauen – kein Winkel und kein Kämmerchen, in dem nicht ein Mitglied der Royal Academy wohnte oder einer der Bastards seiner Lordschaft.« Ich schüttelte den Kopf im Bedauern darüber, daß ich dieses turbulente Treiben verpaßt hatte.
»Sie sprechen von der Zeit des Dritten Earl?« fragte Farrant.
»Ja«, sagte ich und machte ein überraschtes Gesicht. »Kannten Sie ihn etwa?«
»Dem Namen nach«, sagte Farrant. »Alle wußten, wer er war, zumindest in meiner Branche.«
»Ach ja?« Ich wollte soeben fortfahren: *Dann sind Sie also ein Künstler?*, überlegte es mir aber dann doch anders. Ich mußte aufpassen, nicht allzu viele richtige »Vermutungen« zu äußern und mich nicht allzu geflissentlich einzuschmeicheln. Daher warf ich dem Mann mit der roten Halsbinde einen Blick zu und sagte dann mit einem schelmischen, etwas anzüglichen Grinsen:
»Und welche Branche ist das, Mr. ...?«
Aus den Augenwinkeln sah ich, daß Farrants Begleiter den Mund verzog. Farrant selbst sah mich weiterhin regungslos an,

aber ich bemerkte, wie sich die geplatzten Äderchen auf seinen blassen Wangen röteten.
»Farrant«, sagte er. »Ich bin Kupferstecher von Beruf.«
»Ah«, sagte ich und gab mich gleichgültig. Ich nahm einen kräftigen Schluck Bier und grinste den Mann mit der roten Halsbinde an. »Zur Stärkung, Mr....«
»Hargreaves«, sagte er und lachte.
»Jedenfalls stärkt es mehr als eine Wärmflasche.« Ich achtete kaum auf die kritische Stimme in meinem Kopf, die mir sagte: *Eine dumme Bemerkung – Wärmflaschen stärken doch nicht;* ich war viel zu sehr damit beschäftigt zu überlegen, wie ich das Gespräch wieder auf Petworth zurücklenken konnte, auf Künstler und auf...
»War da auch von Turner die Rede?« fragte Farrant unvermittelt.
Ich konnte mein Glück kaum fassen. »Turner?« fragte ich.
»Der Landschaftsmaler«, sagte Farrant und sah nicht mich, sondern Hargreaves mit bedeutungsvoller Miene an, die zu sagen schien: *Siehst du, ich weiß genau, was ich will.*
»Zufällig ja«, sagte ich und lachte. »Obwohl ich nicht weiß, was man davon halten soll.«
Farrant beugte sich vor. »Was hat man Ihnen denn erzählt?«
»Ach«, sagte ich. »Daß er ein sonderbarer und verschlossener kleiner Unhold war, der sich gern in der Bibliothek eingesperrt hat und niemanden hereinließ, bis auf den Earl.«
Farrant nickte. »Ist das alles?«
»Er war mit einer Haushälterin... befreundet – Sie wissen schon, was ich meine, Mr. Hargreaves –, und er hat ihr zur Erinnerung ein kleines Gemälde geschenkt. Das zumindest stimmt, ihre Tochter hat es mir gezeigt. Die Ärmste hat sich, glaube ich, in Paul verguckt, hat wohl gedacht, auch auf seinen Onkel Eindruck zu machen.«
Hargreaves brach in ein anzügliches Gelächter aus.
»Und dieses Bild – was glauben Sie, was es darstellt?«
Hargreaves zuckte die Achseln und sah weg, während Farrant,

gespannt auf das Ende meiner Geschichte wartend und daher keine Abschweifung duldend, ungeduldig den Kopf schüttelte.
»Sie oder ich hätten ihr zum Abschied doch bestimmt eine gefühlvolle Miniatur geschenkt, nicht wahr, Mr. Hargreaves? Oder etwas Friedlich-Ländliches. Nicht aber Turner; er schenkte ihr einen blutroten Sonnenuntergang und dazu einen aufziehenden Sturm. ›Hier, meine Liebste. Zur Erinnerung an mich‹.«
Hargreaves fing erneut an zu lachen, aber Farrant fuhr dazwischen.
»Das überrascht mich nicht«, sagte er. Er sprach mit leiser, aber bebender Stimme, und er ballte die Fäuste wie ein Mann, der eine tiefe innere Bewegung zu bezähmen sucht. »Nichts von dem, was Sie sagen, überrascht mich – nur daß er ihr überhaupt etwas geschenkt hat.«
»Wie?« sagte ich. »Dann kannten Sie ihn also?«
»Ziemlich gut sogar«, murmelte er. »Ziemlich gut.«
Ich erwiderte nichts und wartete, daß er fortfuhr; aber nach einer Weile schüttelte er den Kopf und sagte:
»Spielt aber gar keine Rolle.«
»Nein«, sagte ich; und dann, als es mir unverdächtig erschien: »Ich würde gern mehr davon hören.«
Er schüttelte erneut den Kopf. »Klatsch und Tratsch führen zu nichts. Ich sage Ihnen, was ich weiß, und Sie erzählen es dem nächsten weiter, würzen es mit der einen oder anderen Zutat; und der nächste macht es genauso, und bald kursieren hundert verschiedene Geschichten, die keiner mehr glaubt. Die Leute sollen die Wahrheit erfahren, schwarz auf weiß lesen. Und das werden sie, und zwar bald.«
Seine Miene war so ernst und seine Stimme so drängend, daß ich mir in diesem Augenblick unmöglich vorstellen konnte, er habe mich belogen.
»Wie denn«, fragte ich, »schreiben Sie etwa ein Buch?«
»Nein«, sagte er knapp. »Aber es gibt andere, die sich für Turner interessieren.«
Ich erschauderte wie im Fieber. War »andere« nur ein rhetori-

scher Schnörkel, oder meinte er tatsächlich »mehr als einer«? Wenn er herausbekommen hatte, daß ich über Turner schrieb (was er ja tatsächlich geschafft hatte; wie, das vermochte ich allerdings nicht zu sagen), mußte man dann nicht davon ausgehen, daß er auch von Thornbury wußte und sich womöglich bereits mit ihm in Verbindung gesetzt hatte? Aber was, wenn es einen dritten – und einen vierten – Biographen gab, von dem ich noch nichts wußte?

»Wirklich?« sagte ich so beiläufig wie möglich. »Wer?«

Er nahm langsam einen Schluck, stellte sein Glas wieder ab und wischte sich den Schaum vom Mund. »Sie werden mir verzeihen, Sir«, sagte er mit einem Seufzer und ohne mich anzusehen, »aber ich kenne Sie kaum; und hier handelt es sich um eine heikle Angelegenheit.« Und ich bemerkte – Himmel! Wie kompliziert und widersprüchlich sind unsere Gefühle! –, daß zwar seine Schultern wie unter dem Gewicht einer schweren Last gebeugt waren, seine Augen jetzt aber im Bewußtsein einer Überlegenheit blitzten, die er durchaus genoß.

»Die Wahrheit ist«, sagte Hargreaves mit einem schmeichlerischen Grinsen und ohne Farrant aus den Augen zu lassen, »daß Geschichten über Turner im Moment hoch im Kurs stehen. Es gibt einen Gentleman, der gutes Geld dafür bezahlt. Mr. Farrant will sagen: Wenn er Ihnen etwas erzählen soll, müssen Sie schon in die Tasche greifen...«

»Nein!« brüllte Farrant so laut, daß es im Raum mit einemmal mucksmäuschenstill wurde und sich alle Gesichter uns zuwandten. »Darauf lege ich überhaupt keinen Wert. Ich will, daß die wahren Tatsachen auf den Tisch kommen, erstens; und zweitens, daß keiner davon erfährt, ehe sie gedruckt sind. Das ist die erste Regel im Krieg: Gib dem Feind deine Geheimnisse nicht preis.«

»Und wer ist der Feind?« sagte ich.

Farrant antwortete nicht gleich, sondern sah nachdenklich vor sich hin. Schließlich wandte er sich abrupt zu mir und sagte: »Turner hatte mächtige Freunde.«

»In der Tat...«, begann ich; aber Farrant schickte sich bereits an zu gehen; er schlüpfte in seinen Rock und tastete nach seinem Stock. »O bitte«, sagte ich und berührte seinen Arm. »Bleiben Sie doch noch. Ich lade Sie ein.«
Er stieß meine Hand weg und schüttelte entschieden den Kopf. »Ich wünsche Ihnen eine gute Nacht.«
Meine Hände waren trocken und leer. Allzu gern hätte ich ihn am Ärmel gepackt und zurück auf seinen Stuhl gezerrt, aber ich wußte, daß ich damit nichts gewinnen würde. Wenn er noch nicht ärgerlich auf mich war (offensichtlich war es Hargreaves gewesen und nicht ich, der ihn provoziert hatte), so würde er es bald werden, falls ich ihn zum Bleiben drängte. Während der unendlich langen Zeit, die er benötigte, um sich zum Gehen bereitzumachen, blieb mir nichts anderes übrig, als ins Feuer zu starren und mit Hargreaves ein dümmliches Grinsen zu tauschen. Endlich hatte er auch den letzten Knopf geschlossen, und ohne noch ein Wort zu sagen, machte er sich gemessenen Schritts auf den Weg zur Tür.
»Sie könnten *mich* einladen«, sagte Hargreaves, als Farrant außer Hörweite war. »Dann erzähle ich Ihnen, was ich weiß.«
»Über den Gentleman?«
Sein Gesicht nahm den verdrießlichen, verblüfften Ausdruck eines begriffsstutzigen Menschen an, der den Verdacht hegt, daß man sich über ihn lustig macht. »Welchen Gentleman?«
»Den Gentleman, der für Geschichten über Turner gutes Geld bezahlt.«
»Oh!« Damit hatte er offensichtlich nicht gerechnet, und er machte ein finsteres Gesicht, während er sich den Kopf darüber zerbrach, warum ich mich dafür wohl interessierte. Da ich befürchtete, zu weit vorgeprescht zu sein und zu viel verraten zu haben, sagte ich hastig:
»Ich dachte an meinen Neffen. Er könnte ihm die eine oder andere Geschichte erzählen.«
»Ah, ich verstehe!« Er lächelte und nickte, und einen Augenblick dachte ich, er würde mir den Namen verraten, denn er sah

mich listig von der Seite an, wie um zu sagen: *Jetzt verstehe ich; Sie sind ein gerissener Bursche, genau wie ich.* Ich deutete seine Miene als Einleitung, mit mir ins Geschäft zu kommen. Aber dann sah er plötzlich weg und sagte: »Ich möchte Ihnen nichts vormachen – ich weiß nicht mehr, als das, was mir Jack Farrant gesagt hat, und das ist ziemlich wenig.«
»Wie heißt der Mann?«
Hargreaves schüttelte den Kopf.
Ich stieß innerlich einen Fluch aus. Konnte es Thornbury sein? Das war am wahrscheinlichsten, aber dann gäbe es für Farrants Brief an mich keine Erklärung. Ein Schriftsteller könnte zwar einem nützlichen Informanten Geld geben; aber er würde ihn wohl kaum dafür bezahlen, daß er seine Geschichte an einen Konkurrenten schickt. Vielleicht gab es ja tatsächlich noch jemanden...? Oder vielleicht hatte Farrant nur durch Davenant oder George Jones von mir erfahren (er erwähnte ja diese beiden Namen in seinem Brief) und mir aus eigenem Antrieb und eigenen Gründen geschrieben? Gern hätte ich mir die Antwort fünfzig Pfund kosten lassen, auch wenn ich mich hütete, dies zu sagen. Er muß jedoch meine Enttäuschung gespürt haben, denn noch bevor ich etwas erwidern konnte, fuhr er beflissen fort:
»Aber ich kann Ihnen etwas anderes über Turner erzählen, etwas sehr viel Deftigeres.«
Ich zwang mich zu einem gleichgültigen Lächeln und sagte lakonisch: »Etwas, das so gut ist wie das mit der Haushälterin?«
»Oh, viel besser!«
»Ausgezeichnet.«
Er schüttelte den Kopf und drohte mir mit dem Finger. »Zuerst etwas zu trinken!«
Ich rief nach dem Schankmädchen. Die Frage, was er auf meine Kosten bestellen sollte, schien Hargreaves schwer zu beschäftigen, und er brütete darüber eine Weile, ehe er sagte:
»Einen Krug Porter, wenn ich bitten darf, und ein Schlückchen Branntwein dazu« – dabei schielte er mich komisch an –, »zum Nachspülen.« Und als fürchtete er, ich würde solche Extrava-

ganzen mißbilligen und mein Angebot zurückziehen, legte er mir seine schmutzige Hand auf den Arm und sagte: »Es ist den Preis wert, Mr. Jenkinson. Sie werden sehen.«
Er hatte recht. Und dies war seine Geschichte, die ich hier wiedergebe, so gut ich mich erinnere. Während er sprach, streckte er den Kopf vor und sah mich mit dem ängstlichen Blick eines Hundes an, der einen weiteren Leckerbissen von seinem Herrchen erwartet, falls diesem sein Kunststück gefällt, oder – im anderen Fall – einen Fußtritt:
»Ich bin Fährmann von Beruf; früher hatte ich eine Lizenz für die Stadt, aber dann haben sie neue Brücken gebaut, und man konnte sein Brot nicht mehr damit verdienen; also fahr ich jetzt nach Wapping raus, fünfzehn Jahre schon. Und da hab ich ihn getroffen, bestimmt ein dutzendmal, mindestens.
Er war ein komischer Vogel, man brauchte ihn nur anzusehen; kaum größer als ein Kind, mit einem großen Hut und einem langen Rock. Sein Gesicht hab ich nie nicht genau gesehen, denn er hatte sich immer in einen Schal gewickelt, damit die Kälte draußen bleibt, wie er gesagt hat, und außerdem war es meistens dunkel; aber ich erinnere mich an seine große Judennase, Augen wie ein Frettchen hatte er und graue Haare, die unter seinem Hut hervorstanden; jung war er nicht mehr damals.
Er mochte mich, sagte er, weil ich ein Seemann war; und meistens hat er mich extra holen lassen, um ihn nach Rotherhithe rüberzubringen. Es war immer das gleiche: Samstagabend rüber, Montag früh zurück. Gesprochen hat er nicht viel, er saß nur da und starrte vom Boot aufs Wasser, als ob er was suchen würde; und einmal... ein- oder zweimal hat er einen Notizblock rausgenommen und was reingekritzelt.
Ich hatte keine Ahnung, wer er war – seinen Namen hat er mir nie gesagt –, aber ich hätte nie gedacht, daß er ›Turner‹ heißt, denn einmal, als wir in Rotherhithe anlegten, kam ein alter betrunkener Matrose auf ihn zu und sagte: ›Wieder da, Mr. J.? Mein Gott, gönnen Sie den Mädels doch mal eine Verschnaufpause!‹ Er könnte ›Jay‹ gesagt haben, aber es klang anders –

nicht so kurz, wenn Sie wissen, was ich meine. Vielleicht gab er sich als ›Jones‹ aus oder als ›Johnson‹.
Aber einmal, als er in Wapping an Land geht, steigt gerade ein anderer Gentleman hinunter, um ein Boot zu nehmen, er sieht ihn und sagt: ›Ach, Turner!‹; aber der schüttelt nur den Kopf und geht weiter ohne ein Wort. Der Herr ist ganz baff und sagt: ›Wissen Sie, wer das war? Turner, *der* Turner! J.M.W.! R.A.! Ich hab zwar schon viele Geschichten über seine Abenteuer gehört, aber geglaubt habe ich sie bis jetzt nie.‹
Ich sage: ›Was für Geschichten, Sir?‹ Und er darauf: ›Daß er am Samstagabend den Pinsel weglegt, sich eine Fünf-Pfund-Note in die Tasche steckt, um in irgendeiner Matrosenspelunke am Fluß bis zum Montagmorgen dem Laster zu frönen!‹
Und das Komische ist, danach hab ich ihn nie mehr gesehen!«
Mein Mund war trocken; mein Puls dröhnte mir in den Ohren; ich verspürte jenen seltsamen Schwindel, der einen erfaßt, wenn die abenteuerlichsten Vermutungen mit einemmal zur Gewißheit werden. Hargreaves muß gemerkt haben, welchen Eindruck seine Schilderung auf mich machte, denn er beschloß sie, indem er theatralisch ausatmete und sich triumphierend zurücklehnte, als wolle er sagen: *Na? Hab ich Ihnen zuviel versprochen?*
»Nun«, sagte ich, bemüht, einen lässigen Ton zu finden, obwohl mich meine glühenden Wangen sicher verrieten. »Das war wirklich deftig.« Ich stand auf und sah auf die Uhr über der Theke.
»Noch einen Krug?« beeilte er sich.
Ich zögerte, dann lachte ich und sagte:
»Ja, warum nicht? Aber den müssen Sie allein trinken; ich muß nach Hause.«
Während wir auf das Schankmädchen warteten, lehnte sich Hargreaves plötzlich zu mir herüber und zupfte mich am Ärmel.
»Ich hab noch was für Sie«, sagte er und sah sich um, ob uns jemand zuhörte. »Das Allermerkwürdigste. Hat mir fast den Magen umgedreht. Einmal, wir waren fast schon am Südufer, und Turner schaute wie immer aufs Wasser, deutet er plötzlich auf etwas und ruft: ›Da drüben! Rudern Sie da hin!‹ ›Was gibt's da?‹

frag ich; denn ich kann rein gar nichts sehen; aber er nur: ›Rudern Sie! Rudern Sie!‹ Dann holt er sein Buch raus und fängt an zu zeichnen, ganz wild, als könnte es im nächsten Augenblick verschwinden.«

Hargreaves sah sich erneut um; und als er sich mir wieder zuwandte, entdeckte ich in seinen Augen eine solche Unruhe, daß ich spürte: Es ging ihm diesmal nicht um eine Belohnung. Er wollte sich eine Last von der Seele reden.

»Was es war, Mr. Jenkinson, das hab ich erst gesehen, als ich mit dem Ruder drangestoßen bin. Eine Leiche – ein armes Mädchen, höchstens sechzehn; ins Wasser gegangen. Und Turner hatte alles um sich herum vergessen und zeichnete ihr Gesicht.«

XXV
AUS DEM PERSÖNLICHEN NOTIZBUCH VON
WALTER HARTRIGHT, 7. OKTOBER 185-

Andere mögen ein Tagebuch lesen.
Dies hier darf niemand lesen.

Was ist ein Mann, der einem wie Quecksilber durch die Finger rinnt, der nie da ist, wo man ihn vermutet, der sich unter falschem Namen und mit geborgter Identität in die Welt begibt?
Ein Mann, der nie heiratet, keinen Haushalt führt und selbst an den Orten, wo er sich vor der Welt versteckt, geheime Schlupfwinkel hat, in die er sich noch weiter zurückzieht?
Ein Mann, der sich in übelriechenden Schenken mit Huren herumtreibt? Ein Mann, der bei der Entdeckung einer Leiche nicht einen frommen Ausruf des Mitleids ausstößt, sondern seinen Skizzenblock zur Hand nimmt und sie zeichnet?
Er ist ein Genie.

Letzte Nacht war ich zum erstenmal in meinem Leben wie Quecksilber.

Noch nie war ich so frei gewesen.
Nachdem ich die White Post verlassen hatte, hätte ich...
Was?
Überallhin gehen können. Alles tun können. Zu den Docks hinuntergehen und mich nach Java einschiffen können. In die Maiden Lane zurückkehren, ein Mädchen ansprechen und sie in der Gasse, wo sie stand, nehmen können. Niemand hätte sagen können: Das war Walter Hartright. Niemand hätte *mir* einen Vorwurf machen können. Die Schwerkraft hielt mich nur noch an einem seidenen Faden. Ich hätte ihn jeden Augenblick durchtrennen und mich treiben lassen können, egal wohin.
Aber ich ließ mich heimwärts führen wie ein von einem Kind gezogener Papierdrachen.
Bis ich zum Piccadilly kam. Und zu den Marston Rooms.

Ich habe sie nicht gesucht.
Aber ich habe sie auch nicht weggeschickt.
Ich hatte soeben mein Tagebuch aus der Hand gelegt. Ich war so müde, daß ich jedes Zeitgefühl verloren hatte. Ich beobachtete einen Betrunkenen, der zur Tür torkelte.
Sie sagte: »Einen Penny für Ihre Gedanken.«
Ich wandte mich nach ihr um. Sie mochte fünfundzwanzig Jahre alt sein, trug ein eng anliegendes blaues Kleid mit einer Krinoline. Ihr dickes blondes Haar war locker im Nacken zusammengebunden. Sie roch nach Moschus.
»Was machen Sie da?« sagte sie.
Ich lächelte und wog das offene Heft in der Hand.
»Dann sind Sie also Schriftsteller?«
Ich schwieg.
»Muß eine einsame Tätigkeit sein, Schriftsteller. Von Zeit zu Zeit sehnen Sie sich aber doch bestimmt nach ein bißchen Gesellschaft, oder?«
Ich nickte.
»Das ist gut«, sagte sie und setzte sich neben mich. »Ich bin auch

nicht gern allein.« Sie rückte nah zu mir heran. Sie war warm. Ich roch den Puder auf ihren Wangen.
»Spendieren Sie mir was zu trinken?«
Ich nickte dem Kellner zu.
»Ich mag Champagner«, sagte sie. »Es macht mich fröhlich.«
Der Betrunkene war endlich auf die Straße hinausgestolpert. Durch das Fenster sah ich, wie eine Frau mit einem breitkrempigen Hut an ihn herantrat.
»Ich bin Louise«, sagte meine Tischgenossin. Sie spitzte aufreizend die Lippen und nickte kurz – eine Aufforderung, ihr *meinen* Namen zu nennen.
Ich sagte nichts, sondern sah sie nur lächelnd an.
»Die feinen Herren sind da immer so genant«, sagte sie. Sie legte den Kopf schief und taxierte mich, wobei sie sich mit der Zunge über die blutroten Lippen fuhr. »Wie wär's mit *Leo*?« sagte sie beinahe im Flüsterton.
»Leo«, hörte ich mich sagen.
Sie spreizte die Hand über der aufgeschlagenen Seite meines Tagebuchs und strich darüber, als könne sie ihm so seine Geheimnisse entlocken. »Also, Leo, was schreiben Sie?« Als ich schwieg, nahm sie das Heft in die Hand und fing irgendwo an zu lesen: »Was haben wir hier: ›In irgendeiner Matrosenspelunke am Fluß dem Laster frönen‹?« Sie unterbrach sich und lachte. Ich entriß ihr das Buch.
»Du böser Junge«, sagte sie »Darauf bist du also aus?«
Der Kellner kam. Sein Lächeln schien zu sagen: *Ich weiß, was hier vorgeht*. Vor Scham hätte ich am liebsten das Gesicht in den Händen vergraben. Gleichzeitig aber wollte ich seinen Blick erwidern und seine Bewunderung genießen.
»Champagner«, hörte ich mich sagen.
»Sehr wohl, Sir.«
»Und für Sie selbst auch. Um den Abend ein wenig zu versüßen.«
»Ein feiner Herr, nicht wahr?« kicherte die Frau und fing einen Blick des Kellners auf.

Er grinste noch breiter. »Danke, Sir.«
Als er gegangen war, nahm sie meine Hand in ihre heißen Hände und schmiegte sich noch näher an mich. Ihr Atem roch nach Lakritze und Wein.
»Ich fröne gern dem Laster«, flüsterte sie.
»Das glaube ich.«
Wie kann ich es erklären? Dies war unbestreitbar meine Stimme. Aber es war die Stimme von jemandem in mir, von dessen Existenz ich nichts geahnt hatte. Er muß schon immer da gewesen sein, weggesperrt in tiefer Dunkelheit, in die vorzudringen ich mir nie vorzustellen gewagt hätte. Aber jetzt waren die Fensterläden aufgestoßen, und wir sahen und hörten einander.
»Ich kenne einen netten Ort«, sagte sie. Ihre Lippen streiften meine Wangen, und sie flüsterte mir ins Ohr: »Was möchtest du mit mir machen?«
Wir standen einander gegenüber, Leo und Walter; in perfektem Gleichgewicht.
Es ist doch ganz natürlich. Ein Mann und eine Frau sind dafür geschaffen, einander Lust zu bereiten.
Denk an ...
~~Tu doch nicht so, also ob du nicht ...~~
Tu doch nicht so, als ob du nur deine Frau vögeln willst.
Ich sah den Puls an ihrem Hals zucken, als ob unter ihrer Haut ein winzig kleines Tier eingeschlossen wäre.
Siehst du? Auch ihr schlägt das Herz.
Wenn ich mit ihr gehe, bin ich nicht mehr ich selbst.
Geht es nicht genau darum?
»Hm?« murmelte sie wieder. »Was möchtest du mit mir machen?« Sie nahm mein Ohrläppchen in ihren Mund, saugte daran, fuhr mit der Zunge darüber.
Ich kann es mir vorstellen. Das reicht. Ich sehe es und kann es mir vorstellen.
Ich muß diesen Augenblick für immer festhalten; die Zeit zum Stillstand bringen; ich muß den Atem anhalten; so geschickt sein wie ein Seiltänzer mit seiner Balancierstange.

Ich legte zwei Sovereigns auf den Tisch und ging wortlos hinaus.

XXVI
BRIEF VON LAURA HARTRIGHT AN MARIAN HALCOMBE, 7. OKTOBER 185-

Meine liebe Marian,
Walter hat mir einen so kalten, ärgerlichen Brief geschrieben. Warum ist er bloß so böse auf mich? Weißt du, warum? Ich habe keine Ahnung, was ich ihm getan habe, außer daß ich ihm geschrieben habe, wir vermissen ihn und sehnen uns nach seiner Rückkehr. Das hätte den alten Walter niemals geärgert. Er wäre zu uns geeilt. Ganz bestimmt.
Ich bin so unglücklich. Heute morgen sagte Florrie: »Warum bist du nicht mehr hübsch, Mama?« Ich konnte ihr nicht sagen, warum: Die halbe Nacht habe ich wach gelegen und Tränen über ihren Vater vergossen.
Werde ich – ich kann es kaum niederschreiben –, werde ich ihn verlieren? Hat er sich verändert? Ich bete zu Gott, daß es nicht so ist. Aber ich bin so weit weg von ihm – ich kann ihn nicht berühren, sein liebes Gesicht sehen oder seine Stimme hören.
Du bist so viel klüger und erfahrener als ich. Bitte, kannst du nicht etwas machen, damit es zwischen uns wieder gut wird?

Deine Dich liebende Schwester,
Laura

XXVII
AUS DEM TAGEBUCH VON MARIAN HALCOMBE, 9. OKTOBER 185-

So kann es nicht weitergehen.
Gott, besteht denn das Leben in nichts weiter als darin, die Zähne zusammenzubeißen und seine Pflicht zu tun?

XXVIII
INHALTSNOTIZ EINES BRIEFES VON WALTER HARTRIGHT AN MR. HAWKESWORTH FAWKES, 10. OKTOBER 185-

1. Arbeite an einer Lebensgeschichte Turners.
2. Mr. Ruskin sagt, Sie hätten ihn gut gekannt – könnten mir Auskünfte von unschätzbarem Wert geben.
3. Werde Donnerstag in der Nähe von Farnley sein und überlege, ob ich nicht bei Ihnen vorbeikommen könnte.
4. Bitte, verzeihen Sie, daß ich Sie nicht schon früher benachrichtigt habe. Hätte natürlich Verständnis dafür, wenn es Ihnen so kurzfristig nicht paßt.

XXIX
AUS DEM TAGEBUCH VON WALTER HARTRIGHT, 12. OKTOBER 185-

~~Gut, daß~~

Gut, daß ich nicht geschrieben habe, ich werde kommen, denn jetzt werde ich am morgigen Tag doch nicht zu Hause sein können. Ein merkwürdiger Zwischenfall hält mich auf, der mir eine tiefere Bedeutung zu haben scheint.

Kurz bevor wir in Leeds einfuhren, hörten wir einen furchtbaren Knall im vorderen Zugteil, es ruckelte und schaukelte, und schließlich blieben wir stehen. Mein Sitznachbar, ein rotgesichtiger, grauhaariger Mann um die Fünfzig in einem braunen Anzug, aber ohne Mantel, als reichte seine innere Glut aus, ihn warm zu halten, schob das Fenster hinunter und sah hinaus.

»Können Sie sehen, was los ist?« fragte ich.

»Der Dampfkessel ist explodiert«, antwortete er und wandte sich um. »Meine Damen und Herren, ich fürchte, wir werden ein Weilchen hierbleiben müssen. Da muß erst eine neue Lokomotive geholt werden.« Damit lehnte er sich wieder hinaus, entriegelte die Tür und ließ sich vorsichtig hinuntergleiten.

Ich war überzeugt, daß dies gegen die Vorschriften verstieß, aber keiner machte ihm Vorhaltungen, und nach einer Weile nahm ich meinen Skizzenblock und meinen Bleistift und sprang auch hinaus – teils aus Neugier, teils um mich der Qual zu entziehen, mit meinen Mitreisenden eine Stunde oder noch länger Platitüden austauschen zu müssen.

Zuerst sah ich nur eine dichte Dampfwolke und schwarzen Rauch, der die Lokomotive und den halben vorderen Waggon einhüllte; aber als ich näher herantrat, machte ich undeutlich Gestalten aus, die hastig umherliefen oder in Grüppchen zusammenstanden. Unter ihnen entdeckte ich auch meinen Mitreisenden im braunen Anzug, scheinbar tief versunken ins Gespräch mit einem bärtigen Mann mit runder Mütze und weißer Segeltuchhose, in dem ich den Lokführer vermutete. Niemand schien verletzt zu sein, und dennoch hatte die Szene etwas Furchterregendes: das Gestänge und die Kolben; die gewaltigen Dampffontänen, die zischend aus dem geborstenen Kessel schossen (die ungeheure Kraft dieser Bestien erkennt man erst, wenn sie verwundet sind); die wilde Glut der Kohlen, ein Höllenschlund inmitten all des Qualms.

Schrecklich und doch von eigentümlicher Schönheit. Ich nahm meinen Bleistift und fing an zu zeichnen.

Ich war so vertieft in meine Tätigkeit, daß ich den Mann im braunen Anzug erst bemerkte, als er unmittelbar neben mir stand.

»Sind Sie Künstler?« fragte er nach einer Weile.

Ich nickte.

»Sie erinnern mich an Turner. Er liebte den Nebel und den Dampf, das Feuer und die Maschinen. Kennen Sie seine Arbeiten?«

»Ja«, sagte ich. »Ich bewundere sie sehr.«

»Ich habe ihn gekannt«, sagte er. Seine Stimme klang zwar nüchtern, aber er schob die Daumen rechts und links in die Westentaschen und wippte mit den Füßen, als müsse sich sein Geltungsdrang, der sich nicht durch Worte hatte äußern können, in anderer Weise Ausdruck verschaffen. »Ich bin Elijah Nisbet.«

Er erwartete sichtlich, damit Eindruck auf mich zu machen, und ich denke, mein »Oh!« ließ ihn das auch glauben, obwohl ich seinen Namen noch nie in meinem Leben gehört hatte.

»Ich besitze einige seiner späten Gemälde«, fuhr Nisbet fort. Er warf erneut einen Blick auf meine Zeichnung und nickte anerkennend. »Ich würde mich freuen, sie Ihnen zeigen zu dürfen, wenn Sie einmal nach Birmingham kommen. Jemand vom Fach wie Sie wird die Bilder vermutlich mehr zu schätzen wissen als meine Nachbarn.«

»Danke. Sehr gern.«

»Ich gebe Ihnen meine Adresse.« Er nahm den Skizzenblock und kritzelte auf die Rückseite. »Hier, bitte«, sagte er und reichte mir den Block zurück. »Aber jetzt muß ich eine Beschwerde schreiben.« Er warf einen nachdenklichen Blick auf die fahruntüchtige Lokomotive. »Der Lokführer ist schuld. Er hat sie gestern abend inspiziert, aber der Fehler muß sich da bereits gezeigt haben.«

Er erklärte mir nicht, was ihn dazu befugte, so zu sprechen, oder wieso es seine Aufgabe war, eine Beschwerde zu schreiben; und ich fragte auch nicht, aus Angst, damit preiszugeben, daß ich tatsächlich nicht wußte, wer er war.

Erst als er gegangen war, merkte ich, daß ich ihm auch nicht gesagt hatte, worin *meine* Tätigkeit bestand. Warum diese Geheimniskrämerei? War es nur deshalb, weil er mich mit Turner nicht als Biographen, sondern als Künstlerkollegen in Verbindung brachte und ich ihn gern in diesem Glauben lassen wollte?

Die Ersatzlokomotive traf erst nach zwei Stunden ein, mit der Folge, daß ich den Zug nach Arthington verpaßte und viel zu spät in Otley ankam, um noch Mr. Fawkes aufzusuchen. Daher schickte ich ihm per Boten die Nachricht, ich könne erst am nächsten Vormittag kommen und müsse mich für die Nacht im Black Bull einquartieren, wo ich diese Zeilen schreibe.

Man sieht gleich, warum Turner diesen Ort so sehr mochte. Wenn Lord Egremonts Petworth – ein Renaissancepalast unter der Herrschaft eines Renaissancefürsten – die klassische Seite seines Wesens ansprach, so muß Mr. Fawkes' Farnley seinen

Hunger nach dem Erhabenen gestillt haben. In den Straßen von Petworth spürt man auf Schritt und Tritt die Gegenwart des Palastes. In den Straßen von Otley – einem etwa gleich großen Ort – spürt man nur die Gegenwart der Natur. Die Stadt wird auf der einen Seite vom Fluß Wharfe begrenzt, hinter dem eine majestätische Moorlandschaft beginnt; auf der anderen Seite ragt ein Berg in die Höhe – dem Kutscher aus Arthington zufolge heißt er »Chevin« –, der den halben westlichen Himmel verdunkelt. Als ich ankam, ging hinter diesem Berg soeben die Sonne unter, und ich nahm meinen Block zur Hand und machte rasch ein paar Skizzen. Dabei mußte ich die Augen zusammenkneifen und den Hals recken, um die schroffen Felsen auf dem Gipfel zu erkennen. Als es schließlich zu dunkel wurde, um noch weiterzuzeichnen, ging ich zum Gasthof.

Der Black Bull ist ein stattliches, einladendes und zugleich unauffälliges Haus am Hauptplatz, das wie alle anderen Gebäude in Otley aus dem grob behauenen Stein der Region gebaut und vom Ruß der nahegelegenen Fabriken überzogen ist. Als ich auf den Platz kam, wurden im Licht der Laternen soeben die letzten Marktstände abgebaut, und ein paar Jungen wälzten sich zwischen den zertrampelten Kohlblättern und zerplatzten Rüben am Boden und balgten sich. Einen Moment lang dachte ich an meinen ersten Besuch in der Maiden Lane, wenngleich die Kinder hier gesund und fröhlich aussahen. Ihr Atem hing in kleinen Dampfwolken in der Kälte, und ihr Lachen erfüllte die Luft. Ob Turner wohl in Otley jemals eine solche Szene erlebt und vielleicht ähnliche Gedanken gehabt hatte? Diese Vorstellung schreckte mich plötzlich auf: Welche Bilder, welche persönlichen Erinnerungen und Assoziationen, von denen ich niemals erfahren werde, sind ihm wohl durch den Kopf gegangen; und welcher alte Schmerz, welche Nöte und welcher Hunger wurde dadurch wohl in ihm aufgewühlt? Ob ich hier Spuren dieses geheimen, verborgenen Turner finden würde, wie in Twickenham und Farringdon? Oder würde ich hier nur auf Spuren seines künstlerischen Schaffens stoßen und Mr. Fawkes die offizielle

Version wiederholen hören: *ein komischer Kauz, ein Exzentriker, aber so weichherzig und ein treuer Freund wie man keinen zweiten findet.*
In der Halle, die mit Fliesen ausgelegt war, wurde ich von einem stämmigen, pausbackigen Mann begrüßt. Er trug eine schwere Schürze und ein kragenloses weißes Hemd, dessen aufgekrempelte Ärmel seine kräftigen Unterarme sehen ließ, während sein offener Hemdausschnitt graue Brusthaare entblößte. Durch die halb geöffnete Tür rechts sah ich eine auf Böcken ruhende Tischplatte, an der einfach gekleidete Männer und Frauen saßen, und vernahm das laute Dröhnen von zwanzig, dreißig Stimmen. Bauern und ihre Frauen, dachte ich, die sich nach dem Markttag ausruhen.
»Guten Abend, Sir«, sagte der Gastwirt. »Suchen Sie ein Zimmer?«
»Ja«, sagte ich. »Wenn Sie gerade eins frei hätten.«
»Eins könnte noch frei sein«, antwortete er – keineswegs anmaßend, sondern mit gutmütiger Behaglichkeit. Seine Augen wanderten die Haken an der Wand entlang und leuchteten auf, als er bei einem Schlüssel anlangte.
»Wollen Sie es sich anschauen?« fragte er.
»Nein, ich nehme es«, sagte ich hastig, denn ich spürte auf einmal, wie müde ich war und wie wenig Lust ich hatte, in der Stadt umherzulaufen und mir eine andere Unterkunft zu suchen. »Wenn es nur ein Bett und einen Tisch gibt, an dem ich sitzen und schreiben kann.«
»Das, denke ich, kann ich Ihnen versprechen«, sagte er lächelnd.
Während ich hinter ihm her die Treppe hinaufging, versuchte ich, sein Alter abzuschätzen. Er war zwar noch rüstig und körperlich kräftig, aber die tiefen Falten in seinem fleischigen Nakken und die silbergrauen Haarbüschel um seine Ohren ließen mich vermuten, daß er um die Sechzig war. Walter Fawkes, das wußte ich aus meinen Recherchen, war 1825 gestorben; und Turner war nie mehr nach Farnley zurückgekehrt, daher mußte

sein letzter Besuch etwa vierzig Jahre zurückliegen. Unwahrscheinlich also, aber nicht unmöglich... Oben angekommen, fragte ich ihn:
»Erinnern Sie sich zufällig an Turner?«
»Turner?« wiederholte er überrascht. »Den Eisenhändler?«
»Den Maler.«
»Maler! Nein. War er denn hier in Otley?«
»Gelegentlich.«
Er schüttelte den Kopf. »Ich habe ihn nicht gekannt. Aber wissen Sie, ich bin erst vor etwa fünfzehn Jahren aus Ilkley hierhergekommen.« Er öffnete die Zimmertür und trug meine Taschen hinein. »Bitte sehr. Ich mache Ihnen gleich ein Feuer an.«
Während er damit beschäftigt war, trat ich an das kleine Fenster und blickte hinaus. Das Zimmer ging auf eine Seitenstraße, bot aber einen schönen Blick auf die Stadt – ein unregelmäßiger Horizont aus Dächern und Schornsteinen, Öllampen, die hinter vorhanglosen Fenstern flimmerten, und die Laternen entlang der Straßen, deren Licht zum Fuß des Chevin hin rasch schwächer wurde, als würde es einsehen, daß es gegen den dunkel-bedrohlichen Berg nichts ausrichten und es ebensogut aufgeben kann. Irgendwo inmitten dieses zauberhaften Spiels von Licht und Schatten, dachte ich, muß es doch jemanden geben, der sich an Turner erinnert – jemanden, der etwas über ihn weiß, was ihn mir näherbringt und mir gegenüber Thornbury, meinem Konkurrenten in London, der mir so weit voraus zu sein scheint, einen Vorteil verschafft. Vor mir lag ein unausgefüllter Abend; und in diesem Augenblick beschloß ich, daß ich ihn nutzen würde, um diese Person ausfindig zu machen und zu hören, was sie mir zu erzählen hatte.
Mein erster Gedanke war, mich zu den Bauern zu setzen und mit ihnen mein Abendessen einzunehmen; unter ihnen befand sich vielleicht jemand von Farnleys Gut, der, wenn er Turner schon nicht persönlich gekannt hatte, mir doch zumindest weiterhelfen konnte. Als ich aber hinunterging und den Speiseraum betreten wollte, stellte sich mir der Wirt in den Weg.

»Wenn Sie bitte in die hintere Stube gehen möchten, Sir, dort ist ein Tisch für Sie gedeckt.«

»Oh, bitte, machen Sie sich bloß keine Umstände«, sagte ich in der Annahme, er glaubte, ich fände es unter meiner Würde, an dem gemeinsamen Tisch zu essen. »Ich bin gern unter Leuten.«

»Das macht keine Umstände, Sir«, erwiderte er, und ich glaube, meine Worte hatten ihn verblüfft. Denn er errötete und fuhr dann mit einem trägen Unterton in der Stimme fort: »Ganz im Gegenteil; die dort sind fast fertig, und meine Frau möchte alles wieder sauber und ordentlich haben, bevor die Mädchen heimgehen.«

Und so saß ich schließlich allein an einem weißgedeckten Tisch vor einem knisternden Feuer in einem gemütlichen kleinen Raum im hinteren Teil des Hauses. Ich vergaß aber keineswegs mein Vorhaben, auch nicht, als ich – zu meiner Enttäuschung – von einem pickligen, etwa vierzehnjährigen Mädchen bedient wurde, das sich ganz gewiß nicht an Turner erinnerte und dessen Mutter zu dem Zeitpunkt, als er zum letztenmal hier war, wahrscheinlich noch nicht einmal geboren war.

»Sag mal«, fing ich an, als die Kleine meine Bestellung entgegengenommen hatte (währenddessen sie regungslos und mit verkniffenem Gesicht dastand und sich vor lauter Konzentration auf die Unterlippe biß). »Wer ist der älteste Bewohner, den du hier in Otley kennst?«

Aus einem unerfindlichen Grund veranlaßte meine Bemerkung sie zu einem unbeherrschten Kichern; unfähig zu sprechen, schüttelte sie den Kopf und zog sich in die Küche zurück. Ein paar Minuten später jedoch, als sie mit meiner Suppe wiederkam und den Teller vor mich hinstellte, sagte sie:

»Die Herrin sagt, Sie sollen es beim Apotheker Thompson versuchen.«

»Wie?« fragte ich, unsicher, ob dies tatsächlich eine verspätete Antwort auf meine Frage war oder ob es sich auf etwas ganz anderes bezog. Sie erstarrte wie ein erschrockenes Kaninchen; daher beruhigte ich sie, indem ich fragte:

»Ist er sehr alt?«
Sie schüttelte erneut den Kopf und ging wortlos davon; erst als sie mir (ganze zwanzig Minuten später) meine Fleischpastete brachte, sagte sie:
»Nein, aber alle alten Leute holen sich bei ihm ihre Pülverchen. Es ist gar nicht weit. Gleich drüben auf dem Marktplatz.«
Und so war es – besser gesagt, dort befand sich sein Laden. Denn als ich mit dem Essen fertig war, mir meinen Rock aus meinem Zimmer geholt hatte und nach draußen ging, hatte »Thompson: Apotheker« bereits geschlossen.
Wenn ich sofort wieder in den Black Bull zurückkehrte, war nichts gewonnen, daher entschied ich mich für einen Spaziergang. Auf diese Weise konnte ich wenigstens das kindliche Vergnügen genießen, das ich noch immer empfinde, wenn ich eine neue Umgebung erkunde, die Namen von Geschäften und Schenken lese, im Vorbeigehen in die Häuser blicke und mir vorstelle, wie es wäre, dort zu wohnen; und mit etwas Glück würde ich durch eine zufällige Begegnung sogar etwas über Turner herausfinden. Ein rauher Wind kam von Nordwesten auf und brachte den Geruch des Heidemoors mit, der den Gestank einer nahegelegenen Gerberei übertönte. Das erfüllte mich mit Abenteuerlust. Und in einem plötzlichen Anflug guter Laune schlug ich den Mantelkragen hoch und machte mich auf der schmalen Straße, die am Gasthof entlangführte, auf den Weg.
Sobald sich meine Augen an die Dunkelheit gewöhnt hatten, fand ich mich in einem Gewirr armseliger Gäßchen wieder, die sich wanden und schlängelten und wieder zurückliefen, so daß ich schon nach wenigen Minuten kaum mehr zurückgefunden hätte. Ich hatte jedoch keine Angst, mich zu verlaufen, denn irgendwo mußte ich ja herauskommen – und das konnte nicht sehr weit vom Black Bull entfernt sein, den ich mit Leichtigkeit wiederfinden würde, wenn ich mich an den Hauptstraßen orientierte. Ich blickte in jedes erleuchtete Fenster, in der Hoffnung, einen älteren Menschen allein am Kamin sitzen zu sehen – denn falls Turner dieses Gewirr verschwiegener Gassen gekannt hatte,

war er ganz gewiß immer wieder hierher gekommen, angezogen von den Möglichkeiten, hier unerkannt und ungesehen zu bleiben. Womöglich konnte sich tatsächlich noch jemand an ihn erinnern, wenn ich ihn genau genug beschrieb. Aber außer einem weißbärtigen Greis, der mit einer Gruppe jüngerer Männer in einem Wirtshaus saß und zechte, sah ich in den Häusern überall nur Kinder mit ihren Müttern. (Einmal entdeckte ich durch die dampfbeschlagenen unebenen Scheiben eine Zinnblechbadewanne vor dem Feuer, in der ein Säugling planschte. Ich weiß nicht, warum, aber diese Szene rief so schmerzlich die Erinnerung an meine eigene Familie in mir wach und machte mir bewußt, wie weit sie in letzter Zeit aus meinen Gedanken entschwunden war; ich mußte mir auf die Lippen beißen, um nicht zu weinen.)

Als ich schließlich um eine Ecke bog, peitschte mir ein heftiger Windstoß Regen ins Gesicht. Wenig später gelangte ich auf einen offenen Hof am Ende einer Straße, die ich nicht wiedererkannte. Unmittelbar vor mir erhob sich der Chevin, nur eine gute Meile entfernt; ich hatte den flüchtigen Eindruck, er sei größer geworden, seit ich ihn zuletzt gesehen hatte. Seine dunkle Masse schien sich in ungeahnte Höhen zu erheben. Dann merkte ich, daß sich die vermeintliche Bergspitze bewegte und als dicke schwarze Sturmwolke mit bedrohlicher Geschwindigkeit auf uns zusteuerte. Jetzt bedauerte ich, daß ich nicht besser auf meinen Weg geachtet hatte, denn wenn ich nicht sofort ins Gasthaus zurückkehrte, würde ich naß bis auf die Knochen werden und hätte am nächsten Morgen nur feuchte Kleider anzuziehen.

Von irgendwoher zu meiner Linken hörte ich Musikklänge, es mußte also ein Saal oder sonst ein Versammlungsraum in der Nähe sein; vielleicht, so meine Überlegung, könnte ich meine Notlage in einen Vorteil ummünzen, mich unterstellen, bis der Sturm vorüber war, und womöglich mit einem älteren Türsteher ins Gespräch kommen. Also machte ich mich entschlossen in diese Richtung auf. Nach etwa zweihundert Yard gelangte ich an ein hell erleuchtetes, schlichtes Steingebäude, das aussah wie

eine ehemalige Kapelle, die sich dreist weltlichen Dingen zugewandt hatte. Denn über der Tür hing eine große bemalte Tafel mit der Aufschrift »Technisches Institut Otley«. Die Musik drang aus einem Raum im ersten Stock, und als ich näherkam, stutzte ich, auch wenn ich im ersten Augenblick nicht hätte sagen können, weshalb. Die Melodie war mir bekannt, ich glaube, es war ein Stück von Mendelssohn, und die Darbietung für einen so abgelegenen Ort mehr als gekonnt; und dennoch...
Und dann wußte ich, was mich stutzen ließ: Ich erkannte zwar auf Anhieb die beiden ersten Instrumente – Geige und Klavier –, aber was um Himmels willen war das dritte? Eine Pikkoloflöte? Zu tief. Eine Querflöte? Zu voll und tief.
Ich grübelte noch über dieses Rätsel nach, ohne auf den Regen zu achten, der mir schon auf den Kopf klatschte, als sich die Tür öffnete, ein großgewachsener, schlanker Mann herausschaute und mit einer Grimasse zum Himmel hinaufsah. Er trug einen Regenschirm, den er aufzuspannen im Begriff war; aber als ein heftiger Windstoß seine Bemühungen zunichte machte, gab er auf und zog sich nur entschlossen den Rock fester um Nacken und Schultern, bevor er losging. Er war nicht mehr als fünf Schritte gegangen, als er mich entdeckte. Die Verwirrung stand mir wohl ins Gesicht geschrieben, denn seine Miene veränderte sich schlagartig von grimmiger Strenge zu einem breiten Grinsen, und er sagte:
»Wissen Sie, was das ist?«
Ich schüttelte den Kopf.
»Kommen Sie.«
Er legte einen knabenhaften Eifer an den Tag, der den Eindruck erweckte, ihm käme der Vorwand gerade recht, seinen Aufbruch hinauszuzögern – sei es, weil er nicht naß werden wollte, sei es, weil ihn das, was er vorhatte, nicht sonderlich reizte. Und noch ehe ich etwas sagen konnte, hatte er auf dem Absatz kehrt gemacht und führte mich ins Institut. Das Erdgeschoß war kalt und düster, die dunkel gestrichenen Türen trugen Aufschriften wie »Bibliothek«, »Lesesaal« und »Klassenzimmer«, aber auf

die Treppe fiel ein heiteres Licht, als führte sie in eine andere Welt. Und tatsächlich, als wir die von Gaslampen beleuchteten Stufen hinaufstiegen, hörten wir, mit jedem Schritt lauter, die zarten Klänge eines Adagio – wenn schon kein Engelschor, so doch himmlisch genug, um einen markanten Gegensatz zum Prasseln des Regens auf Dach und Fenster zu bilden.
Oben angekommen, standen wir vor zwei schweren Kassettentüren. Mein Begleiter öffnete die eine und hielt sie mit seinem Körper auf, so daß ich an ihm vorbei in den Raum blicken konnte. Nur wenige der Anwesenden wandten sich nach uns um – sei es weil sie uns gehört hatten, sei es weil ein plötzlicher kalter Windstoß sie streifte – und taxierten mich mit einem Blick, der weder feindselig noch freundlich, sondern bloß neugierig war; doch sie nickten und lächelten, sobald sie meinen Begleiter sahen, der seinerseits nickte und lächelte.
Der Raum erstreckte sich über die gesamte Länge des Gebäudes; es war ein Vortragssaal mit dicht gedrängten Stuhlreihen, die, soweit ich sehen konnte, allesamt besetzt waren; am anderen Ende saßen vier, fünf Männer hinter einem filzüberzogenen Tisch erhöht auf einem Podium. Die Musiker waren auf der einen Seite der Bühne um das Klavier herum gruppiert; ein Blick genügte, und ich wußte, warum mich mein Begleiter hierhergeführt hatte und warum er jetzt in Erwartung meines Erstaunens meinen Blick suchte. Die Klavierspielerin und der Geiger waren junge Leute, wie man sie in jedem öffentlichen Saal jedes Provinzstädtchens finden konnte; der dritte Musiker aber war nicht älter als achtzehn, neunzehn; er hatte eng beieinanderliegende Augen, dunkle Locken und eine Hakennase. Er stand vor einem Notenpult und las vom Blatt wie die anderen beiden – nur daß sein Instrument seine Lippen waren, mit denen er seinen Part pfiff, und zwar in einem Tonumfang und mit einer Gefühlstiefe, wie ich es, hätte ich ihn nicht mit eigenen Augen gesehen, nie für möglich gehalten hätte.
Mein Begleiter berührte mich am Arm und flüsterte mir ins Ohr:

»Das ist Whistling Albert.«
»Whistling Albert?«
»Der Sohn des Druckers Walker.«
»Ah«, sagte ich, um den Eindruck zu erwecken, ich wüßte, wer der Drucker Walker war. Die Nennung seines Namens war offensichtlich eine ausreichende Erklärung für den wundersamen Pfeifer. Ich hatte wohl nicht zu überzeugen vermocht, denn mein Begleiter sagte:
»Sie haben noch nichts von dem Drucker gehört?«
Ich schüttelte den Kopf.
»Ich dachte, Sie seien seinetwegen gekommen«, sagte er. Er trat einen Schritt auf den Gang hinaus, behielt aber seinen Fuß in der Tür. Dann setzte er mit lauterer Stimme hinzu: »Es kommen nicht viele Leute nach Otley, und die meisten wegen ihm. Oder wegen Dawson und Payne.«
Es hatte keinen Sinn, länger zu heucheln. Ich lächelte und zuckte hilflos mit den Schultern.
»Unsere Hausmarke«, sagte er; und als er sah, daß bei mir der Groschen immer noch nicht gefallen war, fügte er hinzu: »Druckmaschinen. Dafür sind wir bekannt hier, heutzutage, Mr. ...«
»Hartright.«
»Hartright. Ja, der Drucker sagt, in ein paar Jahren werden die Maschinen von Otley weltberühmt sein. Oder vielmehr ›gepriesen unter allen Klimaten des Globus‹; denn er benutzt nie normale Wörter, wenn es auch geschraubt und hochgestochen geht.« Sein angenehmes Lachen war frei von Boshaftigkeit. »Es würde ihm aber, denke ich, schwerfallen, das zu schaffen, was ich mir einmal zum Ziel gesetzt habe: eine Predigt ganz aus einsilbigen Wörtern abzufassen.«
Ein Geistlicher, aber welcher Konfession? Wahrscheinlich Methodist, an einem Ort wie diesem. Einen unbehaglichen Augenblick lang stellte ich mir vor, wie seine scharfen Augen die Geheimnisse meiner Seele ergründeten und alle Leichtfertigkeiten und Liederlichkeiten darin registrierten, die mich zu ewiger

Verdammnis bestimmten. Ich war erleichtert, als er schließlich sagte:
»Ich bin Joshua Hart, der Vikar hier am Ort.« Er streckte mir seine Hand entgegen. »Und was führt *Sie* nach Otley, Mr. Hartright, wenn nicht das Druckgewerbe?«
»Ich schreibe ein Buch.«
»Ah, also doch das Druckgewerbe, im weiteren Sinn. Sie hätten heute abend hier sein sollen.« Er machte eine kleine anmutige Verbeugung zum Saal hin. »Literaten schätzen sie sehr. Wahrscheinlich weil sie dauernd an all das Papier aus den Mühlen und die Arbeit für ihre Maschinen denken.« Er lachte, wieder ganz ohne Boshaftigkeit. »Und worüber, wenn ich fragen darf, schreiben Sie?«
»Über das Leben Turners.«
Sein Blick strahlte auf. »J.M.W., R.A.?« sagte er und setzte hinzu, noch bevor ich etwas erwidern konnte: »Ah, ich verstehe. Farnley Hall.«
»Da gehe ich morgen hin«, sagte ich.
Er nickte. Ermuntert durch sein freundliches Interesse und mit der plötzlichen Eingebung, daß ein Vikar eine mindestens ebenso gute Auskunftsperson sein müßte wie ein Apotheker, fuhr ich fort: »Ich habe gehofft, heute abend hier in Otley jemanden zu finden, der sich noch an ihn erinnert.«
»Da, fürchte ich, kann ich Ihnen nicht helfen«, sagte er lächelnd. »Ich kam erst im Jahr siebendunddreiß-«
In diesem Augenblick hörte die Musik auf; und das plötzliche Klatschen machte in der nächsten halben Minute eine Verständigung unmöglich; wir standen nur da und lächelten uns hilflos an. Als der Applaus verebbt war, schweifte sein Blick in die Ferne, dann nickte er, als wäre ihm etwas eingefallen. Schließlich neigte er sich zu mir herüber, berührte wieder meinen Arm und sagte:
»Nein, ich kann Ihnen vielleicht doch helfen.« Er hob die Hand zum Zeichen, ich solle warten, und warf einen Blick in den Saal, wo einer der Männer am Tisch angefangen hatte, mit tiefer, salbungsvoller Stimme zu sprechen:

»Danke, Miss Binney, danke, meine Herren – ein reizendes musikalisches Zwischenspiel. Nun aber kommen wir zu dem Augenblick, auf den manche kleine Jungs schon sehnsüchtig gewartet haben« – Gelächter aus dem Publikum –, »nämlich zum Vortrag über Elektrizität des Herrn Doktor Kerr und des Herrn Apotheker Thompson. Zart besaitete Damen seien vorgewarnt, daß während der Vorführung mit Hilfe eines elektrischen Funkens eine versteckte Kanone abgefeuert wird.« (Erneutes Gelächter und Gekreische.) »Daher wird es Ihnen niemand verübeln, wenn Sie jetzt gehen.«

»Kommen Sie«, sagte Mr. Hart. »Gehen wir, bevor uns die Reißaus nehmenden Damen niedertrampeln.« Während er mich zur Treppe führte, sagte er:

»Als wir uns begegneten, war ich gerade auf dem Weg zu drei meiner Schäfchen. Eines von ihnen, Mrs. Swinton, ist Witwe. So um die Sechzig, würde ich meinen. Aber sie ist in Farnley aufgewachsen.«

»Ach ja?«

»Sie lebt in betrüblichen Verhältnissen, die Ärmste; sie ist sehr einsam, seit ihr Mann gestorben ist, und leidet an Gicht; aber ein bißchen Gesellschaft würde ihr sicher guttun, sofern ich sie dazu überreden kann. Wo wohnen Sie?«

»Im Black Bull.«

Auf der Treppe hinter uns waren Schritte zu hören. Er warf einen raschen Blick über die Schulter und drängte mich eilends zur Tür.

»Wenn Sie dort auf mich warten möchten«, sagte er. »Ich will sehen, was ich tun kann, und komme auf dem Heimweg bei Ihnen vorbei, um Ihnen Bescheid zu sagen.«

Ich danke ihm und fragte ihn

Später
Sehe ich Gespenster in der Dunkelheit?
Auch der nüchternste Mensch könnte sich nach einem solchen Abend einbilden, er habe in den Schatten etwas gesehen.

Aber ganz bestimmt
Nein. Ich muß mich zusammenreißen.
Es gibt nur das eine: aufschreiben, was geschehen ist – ein Urteil darüber hebe ich mir für später auf.

Er kam so gegen zehn, als ich schon gar nicht mehr damit rechnete. Er sah müde aus und vom Wetter gebeutelt; seine Kleider hingen triefend an ihm herunter; aber er machte einen ganz munteren Eindruck.
»Tut mir leid, daß es so lange gedauert hat; aber ich mußte zuerst zu einer Mutter, die ihren Sohn verloren hat, so etwas braucht Zeit. Aber das Fazit ist: Mrs. Swinton ist bereit, mit Ihnen zu sprechen, wenn Sie noch wollen. Sie ist schon eine kauzige Alte, und ich weiß nicht, ob es Ihnen etwas nützt; aber wer nichts wagt...«
Ich folgte ihm wie ein Blinder, orientierte mich mehr nach dem Gehör, denn als wir aus dem Haus traten, peitschte uns der Regen mit solcher Wucht ins Gesicht, daß ich nichts mehr sehen konnte. Sogar wenn ich mein Gesicht mit den Händen schützte, sah ich nur eine dichte Regenwand vor mir, die die Häuser rechts und links verschluckte, so daß ich keine Ahnung hatte, wohin wir gingen. Außer dem Klacken seiner Stiefel und dem Rauschen und Gurgeln aus den überfluteten Rinnsteinen war ein anderes, weiter entferntes Geräusch zu hören: ein bedrohliches Grollen, so unheimlich, als künde es – wie der Chevin – von einer Macht, die unvorstellbar größer ist als wir selbst und die uns mitsamt unseren kläglichen Schöpfungen jeden Augenblick vom Antlitz der Erde hinwegfegen könnte, ohne daß eine Spur zurückbliebe.
»Was ist das?« rief ich und deutete in die Richtung, aus der das Tosen kam.
»Das Wehr.«
»Ist es immer so laut?«
Er schüttelte den Kopf. »Es wird heute nacht Hochwasser geben, wenn es nicht bald aufhört zu regnen.«

Ich kann nicht sagen, wie lange wir so gingen, denn wenn man dermaßen durchnäßt ist (und das war ich schon nach zwei Minuten), wenn die Kleider förmlich an einem kleben wie Ertrinkende an ihrem Holzbalken und man im Weitergehen keine Veränderung der Umgebung feststellen kann, verliert die Zeit rasch an Bedeutung. Schließlich aber gelangten wir zu einer Straße mit kleinen Steinhäuschen, deren von Wind und Wetter arg zerzauste Reetdächer triefen und deren kleine schiefwinklige Fenster ohne Rücksicht auf Symmetrie oder Proportion eingesetzt schienen. Am zweiten Haus blieb Mr. Hart stehen, klopfte an die Tür, drückte die Klinke herunter, ohne auf eine Antwort zu warten, und trat ein.
Der Geruch von Rauch, Fett und Speck, das schwache Glimmen von ein paar Talgkerzen, ein helles Kaminfeuer, von dem sich die dunklen Umrisse eines Kochtopfes abhoben, sowie ein alter Blasebalg – das waren meine ersten Eindrücke. Erst nach einer ganzen Weile entdeckte ich in einer dunklen Ecke neben dem offenen Feuer die Frau. Sie trug ein schwarzes Kleid und eine schmuddelige, zerknitterte alte Haube und umschlang mit den Armen schützend eine große Schüssel in ihrem Schoß, als fürchte sie, wir wären Diebe und wollten sie ihr entreißen. Neben ihr lag ein umgekippter Stuhl, über dessen Rückenlehne Bretter gelegt waren und der ihr als Tisch diente. Ihr lebhafter ernster Blick hing unverwandt an mir, als Mr. Hart sagte:
»Dolly, das ist Mr. Hartright.«
»Guten Abend«, sagte ich und nahm den Hut ab. Sie rührte sich nicht und nickte stumm. Dabei beleuchtete das Kaminfeuer ihr Gesicht – die breite Stirn, die hohen Wangenknochen und einen Mund, der so fest zusammengekniffen war, daß er zwischen Nase und Kinn nur einen schwarzen Strich bildete.
»Die arme Mrs. Swinton, sie kommt nicht mehr so gut hoch«, sagte Mr. Hart wie zur Erklärung.
»Oh, bitte, bemühen Sie sich meinetwegen nicht«, sagte ich – überflüssigerweise, denn es war offensichtlich, daß sie gar nicht die Absicht hatte, sich zu erheben.

»Gut«, sagte Mr. Hart leise und streckte mir die Hand entgegen.
»Ich lasse Sie jetzt allein.«
»Danke«, sagte ich.
»Hoffentlich haben Sie Erfolg.« Er lächelte. »Wenn ja, könnten Sie mir zur Belohnung ein Exemplar Ihres Buches schenken.« Er wandte sich zu Mrs. Swinton und sagte lauter:
»Gute Nacht, Dolly.«
»Nacht, Mr. 'Art«, murmelte sie, und ihre Stimme, tief wie die eines Mannes, überraschte mich. Sie blickte ihm nach, wachsam wie ein wildes Tier; dann sagte sie:
»Hat 'n Schnapper vergessen.«
»Wie bitte?« sagte ich.
»Schnapper«, wiederholte sie. Sie streckte den Arm aus und machte eine Drehbewegung im Handgelenk, woraus ich schloß, daß sie den Riegel meinte. »In soner Nacht hebt der Wind glatt die Tür ausn Angeln, wenns nich richtig zugemacht is.«
Und wie zum Beweis flog die Tür just in dem Augenblick auf, als ich darauf zuging, und hätte mich zu Boden geworfen, wenn ich nicht rechtzeitig zurückgesprungen wäre. Meine Anstrengung, sie wieder zu schließen und sicher zu verriegeln (kein leichtes Unterfangen, denn das Holz war stark verzogen) muß ein unterhaltsames Schauspiel geboten haben; denn als ich mich wieder Mrs. Swinton zuwandte, sah ich, daß sie von lautlosem Lachen geschüttelt wurde. Kaum merkte sie aber, daß ich sie beobachtete, setzte sie wieder ihre vorige strenge Miene auf und sagte:
»'Artright? Nie und nimmer.«
»Wie bitte?« sagte ich, viel zu überrascht, als daß mir eine andere Erwiderung eingefallen wäre.
»Ihr richtiger Name is gar nich' Artright«, sagte sie und sah mir geradewegs in die Augen.
»Wie ist er denn?« sagte ich und grinste verlegen; mir schnürte sich die Kehle zu. Ich hielt den Atem an, einen schwindelerregenden Augenblick lang überzeugt, sie würde sagen: »Jenkinson«. Nachdem sie mich aber ein Weilchen gemustert hatte, zuckte sie nur die Achseln und meinte:

»Sei's drum. Sind ja klatschnaß. Immer ran ans Feuer, da werdn Sie trocken.«

Ich nahm ihre Einladung dankbar an, obwohl der stechend scharfe Geruch nach gebrutzeltem Speck, schmutzigen Kleidern und ungewaschener Haut beim Näherkommen immer stärker und erstickender wurde. Ich überwand meinen Ekel, indem ich durch den Mund atmete und auf diese Weise überhaupt nichts roch. Auf dem behelfsmäßigen Tisch neben ihr lagen kleine, frisch gebackene Küchlein aufgereiht, und von einem der Holzbalken an der Decke hing ein raffiniert konstruiertes Gestell herab – ähnlich wie ich es in Landhäusern in Limmeridge gesehen hatte, nur daß es an einer Seilrolle befestigt war, so daß man es bequem hoch- und runterziehen konnte, ohne aufstehen zu müssen. Auf dieses Gestell hatte sie bereits etwa ein Dutzend dieser Küchlein abgelegt. Sie muß meinen Blick gesehen haben, denn sie sagte:

»Haferkekse. Mal kosten?«

Schon allein bei dem Gedanken daran drehte sich mir der Magen um; aber da es unhöflich gewesen wäre abzulehnen, streckte ich den Arm aus, um mir eines herunterzuholen.

»Nee«, sagte sie, »'n heißes, das wärmt den Bauch; ich mach Ihnen 'n frisches«; damit nahm sie ein Klümpchen Teig aus der Schüssel in ihrem Schoß und knetete und kniff daraus rasch einen kleinen runden Fladen. Während sie das Küchlein auf den Backstein im Feuer legte, versuchte ich mir einzureden, daß die dunklen Flecken auf dem Teig nur eine Täuschung des trüben Lichts und nicht etwa die Spuren ihrer schmutzstarrenden Hände seien; trotzdem kostete es mich einige Überwindung, es aus ihrer Hand entgegenzunehmen und hineinzubeißen.

»Danke, es schmeckt ausgezeichnet«, sagte ich.

»Sie müssn da nich rumstehn«, sagte sie und deutete auf einen alten Stuhl, der halb versteckt im Dunkel neben dem Kamin stand. Mit den dicken, an Beinen und Rückenlehne aufgenagelten Holzlatten, die ihn zusammenhielten, erinnerte er mich seltsamerweise an ein Kind, das auf dem Boden sitzt und seine Arme um die Knie schlingt.

»Sie warn im Institut, sagt der Pfarrer«, meinte sie, während ich den Stuhl hervorzog und mich setzte. »Und, wie fanden Sie's?«
»Es hat mich sehr beeindruckt«, erwiderte ich. »Ich weiß nicht, wann ich schon einmal etwas Besseres gehört habe; ich glaube, selbst in London nicht.«
»Ach ja?« sagte sie mit einem befremdlich schmalen Lächeln, das ich nicht deuten konnte und etwas beunruhigend fand.
»Ja. Es ist ein schöner Saal. Und Albert ist wirklich ein Phänomen.«
Fast unhörbar entfuhr ihr ein spöttischer Laut, ob es aber mir, Albert dem Pfeifer oder dem Institut galt, vermochte ich nicht zu sagen.
»Und Sie?« sagte ich. »Was meinen Sie dazu?«
Sie lachte. »Die halten mich allesamt für bekloppt. Und sind doch selbst nur 'n Haufen Gimpel.«
»Gimpel?«
»Haben ihrn Schädel für nichts aufm Hals«, sagte sie. »Meine Meinung. Wenn se was nich sehen, dann is für sie auch nichts da.«
Ich fröstelte ohnehin, aber jetzt lief mir plötzlich ein eiskalter Schauder über den Rücken. »Was nicht sehen?« fragte ich.
Vielleicht hatte sie meine Frage überhört, denn sie antwortete nicht, sondern starrte nur ins Feuer, schüttelte traurig den Kopf und murmelte vor sich hin: »Ja, ja«. Nach einer Weile nahm sie einen Schürhaken und stocherte damit in der Glut; und ohne mich dabei anzusehen, sagte sie:
»Warn Sie aufm Chevin?«
»Noch nicht«, sagte ich.
Sie nickte und sah schweigend in die Flammen. Schließlich fragte ich:
»Was gibt's denn da oben?«
Sie lachte. »Nichts, wenn man 'm Drucker und 'm Apotheker Thompson und 'm Herrn Doktor mit ihrm Blitz und Donner glauben soll.«
»Aber Sie...«, begann ich.

»Schon mal was vom ›Barguest‹ gehört?« fragte sie und sah mir geradewegs in die Augen.
»*Barguest?*«
Sie nickte und ließ ihren Schürhaken gegen den Kochtopf scheppern.
Einen Augenblick kam ich ins Grübeln, dann aber – wie durch ein Wunder, wie es mir im nachhinein vorkommt – glaubte ich plötzlich zu wissen, was sie meinte.
»Wie?« sagte ich. »Hat er Ketten?«
Sie nickte. Jetzt betrachtete sie mich aufmerksam; und ich wußte, hätte meine Miene auch nur den leisesten Anflug von Spott oder Unglaubigkeit verraten, wäre sie verstummt, und ich hätte nichts mehr aus ihr herausbekommen.
»Was ist das für ein Wesen?« fragte ich. »Ein Geist? Ein armer Kerl, den man vor langer Zeit gehängt hat?«
Sie schüttelte den Kopf. »'n Tier«, sagte sie, und ihre Stimme war nur noch ein Flüstern. »Ich habs selbst gehört, ewig ist's her, da warn die Kinder noch klein und wir ham da oben Blaubeeren gepflückt. Stockdunkel wars und 'n Nebel, daß man rein gar nichts sehen konnte; Adam, das ist mein Sohn, hat die Mädels erschreckt – ›Wer hat Angst vorm Barguest‹ und so –, und wir ham gesagt, er soll still sein. Und dann auf 'n mal – hörn wir hinter uns 'n furchtbares Geräusch, 'n Schnaufen und Keuchen und...«
»Keuchen?« sagte ich.
Sie streckte die Zunge heraus und atmete ein paarmal in kurzen Stößen ein, bevor sie fortfuhr: »'n Knurren und Scharren« – dabei krümmte sie ihre Finger zu Krallen und fuhr damit kratzend durch die Luft – »und an der Kette hat er gezerrt – wir ham sie klirren hörn.«
»Wie nah denn?« fragte ich.
»So nah«, sagte sie und deutete auf die Tür. »Keine zehn Schritte weg.«
»Und haben Sie es gesehen?«
Sie schüttelte den Kopf. »Wir hatten viel zu viel Angst, wir ham

uns nich umgedreht. Losgerannt sind wir, den Berg runter, holterdipolter; aber Gott sei Dank, keiner hat sich was gebrochen. Und zu Haus warn wir weiß wie der Tod und klitschnaß, und der Herr wär vor Schreck fast tot umgefallen.«

Ich nickte. Vermutlich ein Hund, eine entlaufene Dogge vielleicht; aber wenn ich das gesagt hätte, wäre sie gewiß gekränkt gewesen. Sie schien jedoch meine Gedanken zu erraten, denn sie sagte:

»Ja, die Doktors und Apotheker und annern Schwätzer sagen, da war nichts, wir ham uns das alles bloß eingebildet. Oder 's war 'n Hund, 'n Schaf, 'n Kalb oder so was, aber 's war was anners, ganz bestimmt, und ich hab nie so 'n Tier gehört, nich davor und nich danach.«

»Das muß ziemlich schlimm gewesen sein«, murmelte ich, in der Hoffnung, ein wenig Mitgefühl genüge, sie davon zu überzeugen, daß ich sie ernst nahm, und sie davon abzuhalten, mich zu fragen, ob ich ihr wirklich glaubte.

Sie schien mir aber gar nicht zugehört zu haben. Sie schwieg eine Weile, lachte dann auf und sagte:

»Eine aus der methodistischen Gemeinde hat gesagt: ›Mrs. Swinton, das war bestimmt nur 'n Stinktier.‹ 'n Stinktier! Ich sag zu ihr: ›Nie hat wer 'n Stinktier so brüllen hörn. Aber den Barguest ham schon viele gesehen; was also, glauben Sie, ist wahrscheinlicher?‹ Sie darauf ganz schlau: ›Es gibt keinen Barguest, Mrs. Swinton.‹ ›Was?‹ sag ich, ›und Boggards gibt's wohl auch keine, oder?‹ ›Nee‹, sagt sie, wie wenn sie mir 'ne Predigt halten will, ›die Wahrheit ist, es gibt zu viel Dunkelheit in der Welt, Mrs. Swinton, und in unsern Köpfen auch; deshalb ham wir ja Straßenlaternen un Schulen, damit man sieht, was da ist und was nich. Ham Sie schon mal jemand getroffen, der einen Boggard gesehen hat, seitdem wir Gasbeleuchtung haben?‹ Also...«

»Ein Boggard«, sagte ich, »was ist das? So was wie ein Gespenst?«

Sie nickte. »Ich sag zu ihr: ›Natürlich zeigen sie sich nich bei hellem Licht und viel Geschnatter.‹« Sie lehnte sich auf ihrem Stuhl zurück und musterte mich mit zusammengekniffenen Augen. Sie schien zu überlegen, ob sie mir ein noch größeres Geheimnis anvertrauen könne. Ich hielt jedoch ihrem Blick stand und entspannte ganz bewußt meine Gesichtsmuskeln. Schließlich beugte sie sich wieder zu mir herüber.

»Oft, inner Nacht«, sagte sie so leise, daß ich es kaum verstand, »seh ich den Herrn aufm Stuhl da sitzen, grad wie Sie jetzt. Ich zünde dann nie 'ne Kerze an, weil – ich weiß ja, das würd ihn bloß erschrecken, und ich hab ihn gern auf Besuch.«

Unwillkürlich erschauderte ich. Meine feuchten Kleider waren klamm wie ein Leichentuch, und ich hätte sie am liebsten abgelegt. Fast hätte ich mich umgedreht, um zu sehen, ob der »Herr« hinter mir stand und darauf wartete, seinen Platz einzunehmen. Ich zwang mich, normal weiterzuatmen, und beschloß, das Thema zu wechseln.

»Mr. Hart sagt, Sie sind in Farnley aufgewachsen«, begann ich, und die Zunge klebte mir am Gaumen.

Sie nickte.

»Erinnern Sie sich zufällig an Mr. Turner, den Maler?«

»Ja, ich erinner mich«, erwiderte sie schroff, ohne mich eines Blickes zu würdigen. Sie griff zum Schürhaken und machte sich erneut am Feuer zu schaffen. Ich wartete darauf, daß sie fortfuhr.

»Er hat's gewußt«, murmelte sie schließlich.

»Was gewußt?«

»War immer draußen, bei jedem Wetter«, sagte sie, als wäre damit meine Frage beantwortet. »Je scheußlicher, desto besser. Oben aufm Chevin. Bei strömendem Regen draußen im Moor.« Sie wedelte mit dem Finger zu dem verdunkelten Fenster hin. »Jetzt wär er dort gewesen, da hätten Sie ihn finden können.«

»Vermutlich hat er gezeichnet oder gemalt...«, begann ich.

»Ja, so hat er gesagt.«

»Er hat gern Stürme gemalt.«

Sie unterbrach mich mit einem heftigen Kopfschütteln.

»Nicht?« fragte ich. »Was glauben Sie, was er gemacht hat?«

»Er hats angelockt, und 's war ihm zu Willen«, sagte sie.
»Was?« fragte ich. Ich hatte keine Ahnung, was sie meinte. Den Barguest? Das Wetter?
Sie schwieg eine Weile, bevor sie fortfuhr:
»Nehmen Sie 'n Blasebalg, bißchen das Feuer anfachen.«
Ich kniete mich vor den Kamin. Als die ersten Funken sprühten, gab sie ein zufriedenes Murmeln von sich, das wie das Schnurren einer Katze klang. Dann räusperte sie sich und sagte langsam und leise:
»Ich hab 'n Mädel gekannt, früher, Mary Gallimore. War wie meine Schwester, meine Freundin; wir sind gemeinsam aufgewachsen und warn ständig zusammen. Sie war nicht ganz richtig im Kopf, bißchen schwerfällig, wissen Sie, tapsig und unbeholfen. Wenn sie 'ne Treppe hochging, isse garantiert gestolpert. Aber vonner Herzensgüte war sie wie sonst niemand. Sie tat nichts und niemandem was zuleide.«
Sie machte eine Pause. Ich sah zu ihr hin. Sie schüttelte den Kopf und stieß die Luft mit einem tonlosen Pfeifen aus, das mir sonderbar zu Herzen ging. Sie erwiderte meinen Blick und fuhr fort:
»Einmal hat sie 'n ganzen Vormittag lang versucht, 'ne Katze aus 'm Kamin zu holen, weil sie Angst hatte, daß sie verbrennt, wenn ihre Mutter Feuer macht. Die anderen Kinder han sie ausgelacht, aber sie hat sich nichts daraus gemacht. So war sie.«
Ich hängte den Blasebalg an seinen Platz zurück und setzte mich wieder. Vielleicht kam in meinem Verhalten eine gewisse Ungeduld zum Ausdruck, denn sie sagte:
»Ich hab Ihrn Mr. Turner nich vergessn.«
»Nein, nein«, sagte ich. »Bitte. Was ist mit ihr geschehen?«
»Ja, der alte Mr. Fawkes war 'n großmütiger Mann, in seiner Art, und er hat sich ihrer angenommen. Er hat gewußt, daß sie nie so sein würde wie wir annern, und hat zu ihrer Mutter gesagt: ›Wenn Sie dreizehn ist, schicken Sie sie zu mir, wir finden was für sie‹. Das hat sie gemacht; und Mary hat den Stubenmädchen geholfen und die Nachttöpfe ausgeleert.«

Ich spürte ein merkwürdiges Kribbeln der Bedrohung und Erregung im Magen.
»Ja«, fuhr sie fort. »Dort hat sie ihn getroffen. So ums Jahresende, es war...«
»In welchem Jahr?« fragte ich und zog mein Notizbuch heraus; zum Glück hatte ich die Weitsicht gehabt, es in Wachstuch einzuwickeln.
»Oh, elf oder zwölf, würd ich sagen. Auf jeden Fall im November; weil zum letzten Mal hab ich sie in der Nacht gesehen, als ich mit meim Bruder unten am Fluß beim Herbstfeuer war.«
Zum letzten Mal! Gott! Wo mochte das enden?
»Ich werd's nie vergessen, plötzlich stand sie vor uns, unten am Ufer, zwischen 'n Weiden. Wir ham sie wohl erschreckt, denn sie ist zusammengezuckt und hat gezittert, als sie uns gehört hat, und fast wär sie ins Wasser gefallen; und als sie sich zu uns umgedreht hat, war sie kreidebleich – und ihre Augen, die warn ganz rot, vom Weinen. ›Mein Gott, Mary‹, sag ich, ›was is denn mit dir los?‹; aber sie kann nich sprechen; schüttelt nur 'n Kopp. Ich leg mein Arm um sie, und nach 'ner Weile sagt sie 's mir.«
Sie machte eine Pause und stocherte erneut im Feuer, das jetzt hell auflodert. Ich spürte, wie Ärger in mir hochstieg, denn sie spannte mich offenbar absichtlich auf die Folter, es schien ihr Spaß zu machen. Dann aber überlegte ich mir, wie selten sie dieses Gefühl genoß, daß jemand ihr an den Lippen hing und daß sie an der Miene dieses Zuhörers die dramatische Wirkung ihrer Geschichte ablesen konnte, für die sich vielleicht nie jemand interessiert hatte. Es war ein verständliches und unschuldiges Vergnügen, und es war kleinlich, es ihr zu mißgönnen.
»Das erste, was sie sagt«, fuhr sie fort und lehnte sich auf ihrem Stuhl zurück, war: ›Bin ich 'n schlechtes Mädchen, Doll?‹ ›Nein‹, sage ich, ›warum fragst du das?‹ ›Mr. Turner‹, sagt sie, ›wenn er hier ist. Heute früh war ich in sein Zimmer, und er war da‹ – sie kann kaum sprechen –, ›und er war so gemein zu mir‹. ›Was hat er dir denn getan?‹ frag ich. Sie schnieft nur und schüttelt den

Kopf, aber ich laß nicht locker, bis sie sagt: ›Er hat mich beschimpft und gesagt, ich bin eine Schlumpe und eine dumme Trine.‹«

Was auch immer an der Geschichte dran war – ich konnte es einfach nicht glauben. Denn wenn Turner überhaupt mit ihr gesprochen hatte (war er doch berüchtigt für seine Einsilbigkeit Fremden gegenüber), dann benutzte er ganz sicher nicht solche regional eingefärbten Ausdrücke wie »Schlumpe« und »dumme Trine«, die ihm bestimmt so wenig vertraut waren wie mir. Wieder schien Mrs. Swinton meine Gedanken zu erraten, denn sie sagte:

»Ich glaub aber nicht, daß es so war – ich glaub, da war was anners, und sie hat sich bloß geniert, es zu sagen.«

»Sie meinen, er hat sich ihr gegenüber unschicklich verhalten?«

Sie zuckte mit den Schultern. »Was denken Sie? Er und ein dreizehnjähriges Mädchen – in 'm Schlafzimmer?‹

Das war durchaus möglich, ich mußte nur an die Kleine in Petworth denken, um es mir vorzustellen. Aber nicht weniger wahrscheinlich war, daß sie ihn nur bei der Arbeit gestört hatte und daß ihre Schilderung seiner Reaktion darauf – ein Ausbruch ihr unerklärlicher Wut – zutraf, auch wenn sie Turners Worte tatsächlich in ihren eigenen Dialekt übersetzt hatte.

»Wie auch immer«, fuhr Mrs. Swinton fort. »Mehr war nicht aus ihr rauszukriegen; ich geb ihr also 'n Kuß und sag: ›Wenn du dich darüber ärgerst, behalts nich für dich, sonst gehts dir schlecht. Geh zu Mr. Fawkes und sags ihm, er is 'n gerechter Herr und 'n guter Mensch. Versprichst du mir das?‹ Und sie verspricht's mir; danach beruhigt sie sich ein wenig und lächelt uns sogar zaghaft an, als wir gehen.«

Auf einmal fing ihre Stimme an zu zittern und sie begann zu keuchen, als bekäme sie keine Luft und müsse ihre ganze Kraft aufbieten, um nicht zu schluchzen. Sie beruhigte sich, indem sie einen Zipfel ihrer Schürze fest in der Hand zerknüllte, dann fuhr sie fort:

»Am nächsten Morgen seh ich diesen Mr. Turner, wie er im langen schwarzen Rock den Chevin raufsteigt, und er schaut nicht nach rechts und nicht nach links, so schnell, daß man meinen könnt, der Teufel is hinter ihm her. Kurz darauf fängts an zu regnen; es regnet in Strömen, genau wie heut, 's gießt, daß man nich mal mehr die eigene Nasenspitze sehen kann; es gibt Hochwasser, heißt es, und die Bauern holen ihre Tiere von den Weiden unten am Fluß.« Ihre Lippen bebten, sie preßte sie zusammen und ballte wieder die Hand zur Faust.

»In dieser Nacht hören wir, daß unsere Mary vermisst wird und daß Männer mit Laternen im Sturm nach ihr suchen. Am Morgen ham sie sie gefunden, nich weit vonner Stelle, wo wir sie am Abend vorher getroffen ham. Ganz verdreht im Gestrüpp bei den Weiden, ertrunken.«

»Guter Gott!« sagte ich. »Wie schrecklich.«

»Sie haben sie in eine Scheune getragen und aufgebahrt. Und dieser Mr. Turner, hieß es, ist hingegangen und hat sie gezeichnet, wie sie so dalag.«

Schon wieder, dachte ich. *Warum?*

»Das tut mir sehr leid«, sagte ich.

Sie sagte nichts, aber sah mich unverwandt an, als wartete sie darauf, daß ich aus dem, was sie gesagt hatte, selbst die Schlußfolgerungen zog. Auf einmal kam mir ein furchtbarer Gedanke.

»Sie glauben doch nicht etwa«, sagte ich, »daß er für ihren Tod verantwortlich war? Es war bestimmt ein tragischer Unfall, Sie haben ja selbst gesagt, daß sie ungeschickt war, und es ist doch leicht möglich, daß ein solches Mädchen...« Angesichts ihres unerbittlichen Blicks verschlug es mir die Sprache.

»Als ich 'n Mädel war«, sagte sie langsam, »hat hier 'ne alte Frau gelebt, die hat 'n bösen Blick gehabt und konnt ein Schwein verhexen; sie konnt's auch regnen lassen.«

»Wollen Sie etwa?... Sie wollen doch nicht sagen, daß Turner...?«

Sie lächelte, und ich fragte mich, ob sie mich etwa auslachte. Aber ich verwarf den Gedanken. Sie zeigte vielmehr die gemarterte

und resignierte Miene einer Frau, die sieht, wofür andere blind sind, und die es gewohnt ist, daß man sie dafür verspottet.
»Tut mir leid«, sagte ich – wohl wissend, daß sie mich damit unter die Ärzte, Apotheker und Methodisten einreihte, und mit schlechtem Gewissen –, »aber das kann ich beim besten Willen nicht glauben.«
Nein, das konnte ich wirklich nicht glauben. Ich unterhielt mich noch zehn Minuten lang höflich mit ihr (dabei blickte sie verdrießlich abweisend drein – woran ich schuld war und was ich durch Worte nicht wiedergutmachen konnte). Und als ich schließlich aufstand, ihr dankte und durch Nacht und Regen meinen Weg zum Black Bull suchte, ging mir ihre Geschichte nicht aus dem Kopf.
War es nur die Sache mit dem ertrunkenen Mädchen, die mir Hargreaves' Erzählung in Erinnerung rief und Mrs. Booths Schilderung von Turners letzten Lebenstagen? Oder war es die Vorstellung von Turner als einem Hexenmeister, die mich so seltsam an Davenants Beschreibung seines Verhaltens an den Firnistagen erinnerte:
Ein Wilder hätte geschworen, es sei reine Magie. Ich erinnere mich an einen jungen Schotten, der leichenblaß wurde, als er das sah, und etwas von Hexerei murmelte.
Ich weiß nicht.
Ich muß zu Bett.

XXX

AUS DEM TAGEBUCH VON WALTER HARTRIGHT,
13. OKTOBER 185-

Gott! Was für eine Nacht!
Ich habe geträumt, ich befände mich an einem See. Er war rabenschwarz und unnatürlich reglos und wurde von Bäumen gesäumt, die halb im Wasser standen, daher wußte ich, daß es erst kürzlich Hochwasser gegeben hatte. Da trat der Mond hervor,

und ich entdeckte etwas Weißes unter der Wasseroberfläche. Zunächst dachte ich, es sei ein großer Schwarm Fische; aber dann entdeckte ich, daß es sich nicht bewegte, sondern nur in einer unsichtbaren Strömung dümpelte. Und auf einmal wußte ich: Es waren Leichen, Hunderte, Tausende von Leichen, die durch die Überschwemmung aus ihren Gräbern gespült worden waren.

Im selben Augenblick wurde ich mir bewußt, daß ein Mann neben mir stand. Er war klein und trug einen langen schwarzen Rock und einen schwarzen Hut. Im nachhinein weiß ich, daß es Turner war; aber im Traum nahm ich an, er sei Leichenbestatter, obwohl er mir irgendwie bekannt vorkam. Ich spürte, daß eine große Trauer, eine schreckliche Last ihn bedrückte. Auf einmal stieß er einen furchterregenden Seufzer aus, als könne er den schrecklichen Augenblick nicht länger ertragen, und fing an zu pfeifen.

Wie zur Erwiderung stieg ein Mädchen aus dem See auf, weiß, so strahlend weiß, daß es mich blendete; und ich wußte, daß sie gerufen worden war, ihren Mörder anzuklagen (wie, kann ich nicht sagen, denn ich hörte keine Stimme).

Ich wartete. Mir war übel. Ich konnte mich nicht bewegen.

Sie zeigte auf mich.

Und in diesem Augenblick ertönte die Posaune des Jüngsten Gerichts.

Ich erwachte halb – in meinem Zimmer im Black Bull. Immer noch hörte ich das Horn: Es ertönte ganz deutlich von draußen. Ich trat ans Fenster und spähte hinaus, aber es war stockdunkel, und ich konnte nichts sehen. Ich entzündete die Lampe und sah auf meine Uhr. Es war fünf vorbei. Ich hatte nicht viel mehr als neunzig Minuten geschlafen.

Ich kehrte ins Bett zurück; aber das Horn verstummte nicht, und in meinem aufgekratzten Geisteszustand wurde ich den Gedanken nicht los, daß es mich rief, auch wenn mir die Lächerlichkeit dieser Idee zugleich deutlich bewußt war. Ich wußte, ich würde nicht mehr einschlafen können, also stand ich nach einer Weile auf, kleidete mich an und ging auf die Straße hinaus.

Über mein Verhalten in der folgenden Stunde kann ich nicht vollständig Rechenschaft ablegen, ich kann nur sagen, daß es war, als würde ich wachen und schlafen zugleich. Mein waches Ich wußte, daß ich mich in Otley befand, daß in der Nacht ein Unwetter gewütet hatte, weshalb das Kopfsteinpflaster naß glänzte; daß der Sturm die Wolkendecke aufgerissen hatte und Sterne zu sehen waren; daß dies auch der Grund für die flimmernde schwarze Weite war, die sich vor mir ausbreitete; und daß die Klänge, die ich hörte, von einem sterblichen Wesen stammten, das mit größter Wahrscheinlichkeit von meiner Existenz nicht einmal wußte und aus einem ganz plausiblen (wenn auch mir unbekannten) Grund in sein Horn blies, der mit mir absolut nichts zu schaffen hatte. Und trotzdem war es immer noch, als träumte ich; die schwarze Fläche war der dunkle See; und das Horn blies ausschließlich für mich und führte mich im Guten wie im Bösen meinem Schicksal entgegen.

Zwar sah ich den Rattenfänger nicht, hörte aber ganz deutlich, wie er durch das Gewirr enger Gassen gen Osten zog. Als ich mich anschickte, ihm zu folgen, sah ich, wie in den Fenstern der Schlafzimmer zu beiden Seiten der Straße Licht gemacht wurde, wie um mir zu bestätigen, daß ich die richtige Richtung eingeschlagen hatte, und mir den Weg zu weisen. Aber nach einer Weile wurden die Klänge des Horns schwächer; und als ich schließlich auf einer breiten Straße anlangte, waren sie so schwach geworden, daß ich nicht mehr mit Sicherheit sagen konnte, woher sie kamen und ob ich mich nach rechts oder nach links wenden mußte, um ihnen zu folgen. Die Stimme meines wachen Bewußtseins sagte mir: *Du hast ihn verloren; geh wieder schlafen;* aber für mein träumendes Ich war klar, daß mich das Horn aus einem ganz bestimmten Grund hierhergeführt hatte (denn in der Welt der Träume gibt es keine Zufälle), und sofort blickte ich mich um, ob ich entdecken könnte, was es war.

Vor mir, mitten auf der Straße, stand eine Säule, so etwas wie ein Maibaum; dahinter lag drohend und unausweichlich die schwarze Masse des Chevin. Und als ich ihn ansah – die messerscharfe Kammlinie, die verstreuten Felsen auf seinem Gipfel, unerbittlich und häßlich wie ein Klumpen Blut – da überwältigte mich plötzlich der Gedanke, daß ich diesen Berg besteigen mußte. Wenn es mir nur gelänge, diese Dunkelheit zu erobern, würde sich meine Verwirrung auflösen, und endlich könnte ich klarsehen.

Die erste Meile der Wegstrecke – vorbei an einem Gaswerk, einer Gerberei und durch einen sorgfältig angelegten kleinen Obstgarten, in dem die Bäume reglos und gleichförmig aufgereiht standen wie Soldaten – war einfach genug; aber mit jedem Schritt wuchs der Chevin vor mir an Größe und Bedrohlichkeit; und als ich schließlich am Fuß des Berges stand und nur eine offensichtlich unzugängliche Wand aus Felsen und Büschen vor mir sah, fragte ich mich, ob die Aufgabe, die ich mir gestellt hatte, überhaupt zu bewältigen war. Mein waches Ich (das sich bewußt war, daß ich in wenigen Stunden in Farnley Hall sein sollte und gewiß keine gute Figur machen würde, wenn meine Augen von Schlaflosigkeit trübe und meine Kleider zerrissen und schmutzig wären), war bereit aufzugeben; aber der Held meines Traums, für den die Größe des Hindernisses, das es zu überwinden galt, nur der Beweis für die Bedeutung seiner Aufgabe war, wollte davon nichts wissen. Nach einer Weile fand ich zwischen zwei wuchernden Büschen einen schmalen Durchschlupf und erblickte im Hang darüber eine gewundene dunkle Einkerbung; das mußte ein Weg sein.

Und so ging es vielleicht zweihundert Yard auf schlüpfrigem Pfad bergauf; als aber der Hang steiler wurde, war der Weg bald nur noch ein matschiges Bachbett mit all dem Regen der vergangenen Nacht, der den schlammigen Hang hinunterlief. Ich zog mich hoch, klammerte mich an Stechginster und Brombeersträucher und suchte mit den Füßen festen Boden, bis die Steigung abnahm und ich (mit ausgestreckten Armen das Gleichgewicht haltend, mich Schritt für Schritt vorwärtstastend, um nicht abzurutschen) hundert Yard weiterkam bis zum nächsten Wasserfall, wo mein Kampf mit Felsgestein und Gebüsch von neuem begann.

Ich kann nicht sagen, wie lange ich mich auf diese Weise den Berg hinaufkämpfte, kletternd und rutschend, kletternd und rutschend; aber am Ende wurde das Gehen leichter, und ein kalter Wind strich über mein verschwitztes Gesicht. Kaum vierhundert Yard vor mir sah ich verschwommen die Wipfel einiger verkrüppelter Bäume, die über den Bergkamm ragten; und ich wußte, daß sie auf der anderen Seite standen, ich mich also dem Gipfel näherte. Und dann, urplötzlich, war ich am Ziel, oben, bei den Felsen.

Sie waren sehr viel größer, als ich mir vorgestellt hatte, und dunkler; die Morgendämmerung erhellte gerade den Himmel, und sie türmten sich als chaotische Silhouette über mir auf. Als ich die Felsen so nah vor mir sah und erkannte, wie riesengroß sie waren, fragte ich mich unwillkürlich, welch gewaltige Kräfte sie hierhergebracht hatten. Sie schienen so achtlos über den Gipfelgrat verstreut wie Kieselsteine, die ein Kind aus den Fingern gleiten läßt. Aber nicht dies war es, was mich stillstehen und erbeben ließ, sondern ein jähes, verstörendes Wiedererkennen. Es dauerte nur einen Augenblick, dann verstand ich:

Was ich für Felsen gehalten hatte, war in Wirklichkeit ein riesiger Drache.

Ich kniff die Augen zusammen und sah noch einmal hin. Es gab keinen Zweifel: Deutlich war der massige Kopf zu erkennen (den ich eben erst für eine riesige Felsspitze gehalten hatte), das Maul wurde von dem schweren Unterkiefer auseinandergerissen, der Blick war hinunter auf die Stadt gerichtet; dann der gezackte Rücken, die Falten und Ausbuchtungen des geschlängelten Rumpfes.

Ich wußte, dies war kein Drache; und gleichzeitig wußte ich, daß es einer war und daß ich ihn besiegen mußte.

Ich kletterte hinauf auf die Spitze, über den rauhen zerklüfteten

Panzer, die knochig gezackten Flügel und hielt schaudernd inne. Es dauerte nicht lange, und zu meiner Rechten ging die Sonne auf und überzog den Himmel mit violettem Orange. Als ihre ersten schwachen Strahlen das Tal erreichten, streiften sie die Fassade eines Hauses jenseits des Flusses. Es war nur ein weißer Fleck in der Ferne, aber ich wußte: Das war Farnley Hall. Wenig später war die Sonne wieder verschwunden hinter einem Dunstschleier, der aus der feuchten Erde aufstieg. Bald war die ganze Szenerie in einen durchscheinenden Nebel getaucht, aus dem braune, gelbe und grüne Flecken hervortraten – reine Farbe, die keinem bestimmten Gegenstand zugehörte. Und ich wußte mit absoluter Sicherheit, daß Turner an einem Morgen wie diesem hier gestanden und der Natur jene Effekte abgeschaut hatte, die seine Kritiker als unnatürlich ablehnten.

Ich blickte auf meine Füße hinunter. Keine Schuppen. Keine Flügel. Keine Krallen. Ich stand auf einem Felsen.

Vor Erleichterung mußte ich lachen.

Der Wirt des Black Bull tat sein Bestes, um meine Kleider zu säubern und zu trocknen. Seine Frau nähte einen zerrissenen Ärmel.

Beim Frühstück fragte ich das Mädchen nach dem Hornbläser.

»Ach, das ist John, Sir«, meinte sie kichernd. »Macht er jeden Morgen so, nach 'er Nachtschicht. Die zur Arbeit müssen, wissen dann, daß es Zeit ist aufzustehen.«

Um elf Uhr traf ich in Farnley ein; aber als ich dem alten Mann im Pförtnerhäuschen mein Anliegen vortrug, kniff er nur den zahnlosen Mund zusammen und schüttelte den Kopf: »Sie können's versuchen, Sir. Aber ich hab gehört, der Herr wird heute verreisen.«

Das war ein Schlag; aber es wäre nichts gewonnen, wenn ich jetzt zurückfahren würde, wo ich doch eigens diesen weiten Weg hierher gemacht hatte. Es bestand noch immer die Möglichkeit, daß der Alte sich irrte oder daß Mr. Fawkes mir wenigstens ein

halbes Stündchen widmen würde, bevor er aufbrach; also eilte ich mit forschen Schritten die Auffahrt hinunter.
Ich war kaum fünf Minuten gegangen, als mir ein schwarzer Zweispänner entgegenkam. *Vielleicht nur ein Besucher*, sagte ich mir; aber der Augenschein sagte mir etwas anderes, denn der leichte Galopp der Pferde und die entspannte Haltung des Kutschers deuteten darauf hin, daß sie sich auf heimischem Boden befanden. Die Kutsche wurde langsamer, als sie näherkam, und als ich beiseite trat, um sie vorbeizulassen, hielt sie neben mir an. Ein Mann um die Sechzig mit kantigem Kinn und gewelltem weißem Haar schob das Fenster hinunter und streckte den Kopf hinaus.
»Sie sind bestimmt Mr. Hartright«, sagte er.
»Mr. Fawkes?«
Er nickte. »Ich habe Ihre Nachricht erhalten«, sagte er und streckte mir die Hand entgegen. »Und ich hätte Ihnen auch geantwortet, wenn ich gewußt hätte, wo Sie logieren. Das Dumme ist, daß ich heute nach London muß.«
»Dann hätte ich ein paar Tage länger bleiben sollen, um Sie dort zu sehen«, sagte ich.
Er lachte und öffnete den Verschlag. »Wenn es Ihnen nichts ausmacht, mit mir nach Arthington zu fahren, könnten wir uns unterwegs ein wenig unterhalten. Hayes könnte Sie dann nach Otley zurückfahren oder wohin Sie sonst wollen. Mehr, fürchte ich, kann ich Ihnen nicht bieten.«
»Das ist sehr freundlich von Ihnen«, sagte ich und setzte meinen Fuß auf das Trittbrett, um ihm gegenüber Platz zu nehmen. Als ich aber in die Kutsche steigen wollte, sah ich, daß der Platz bereits von einem dünnen, verdrießlich dreinblickenden Diener besetzt war, der vor mir zurückschreckte, als wäre ich ein Aussätziger. Ängstlich blickte er zu Mr. Fawkes.
»Soll ich mich zu Hayes setzen, Sir?«
»Wenn Sie so gut wären, Vicary.«
Der Mann stürmte durch die Tür auf der anderen Seite hinaus; draußen knöpfte er gemächlich seinen Mantel zu und zog seine

Handschuhe an, um sich gegen das Wetter zu schützen. Mr. Fawkes klopfte an die Scheibe und hielt seine Uhr in die Höhe.
»Bitte, Vicary.«
Eiligst kletterte er auf den Kutschbock.
»Ich fürchte, ich bin ein kapriziöser Reisender«, sagte Mr. Fawkes, als die Kutsche mit einem Ruck anfuhr. »Ich bin nicht gern von zu Hause weg und habe ständig Angst, daß ein Rad bricht, ein Pferd ein Eisen verliert oder wir von Straßenräubern überfallen werden.« Sein Gesicht verzog sich zu einem ehrlichen Grinsen, und so sah er aus wie der Inbegriff des rauhen, aber herzlichen Engländers – bis man merkte, daß das Lachen seine Augen nicht erreichte, sie blieben wachsam und verschattet, als hätte ihn das Leben gelehrt, immer das Schlimmste zu erwarten. »Daher breche ich stets frühzeitig auf und muß am Ende eine halbe Stunde am Bahnhof warten, was die Dienerschaft furchtbar ärgert.« Er lachte und drohte mir mit dem Finger. »Aber Sie zumindest sollten sich freuen, denn das bedeutet, daß wir mehr Zeit haben.«
Und er behielt recht; denn trotz allem konnte ich ganz zufrieden sein. Die Umstände unserer Begegnung verhinderten zwar, daß ich die Gemälde in Farnley zu sehen bekam; aber – gewissermaßen als Entschädigung dafür – schien die Situation auf Mr. Fawkes eine geradezu elektrisierende Wirkung zu haben. Eingeschlossen in die hin- und herschaukelnde Kutsche und unter Zeitdruck, erzählte er mir in fünfzig Minuten mehr, als er mir zu Hause, abgelenkt durch einen großen Haushalt, in ein paar Stunden anvertraut hätte. Das ständige Ruckeln und die Tatsache, daß ich ihn ohne Unterbrechung sprechen lassen mußte (denn schon die geringste Pause hätte mich wertvoller Informationen beraubt), erschwerten es mir, alles ordentlich mitzuschreiben.
Hier also die wichtigsten Passagen unseres Gesprächs, so gut ich mich entsinne:
HF: Ich wünschte, ich hätte ihm mehr Beachtung geschenkt, Mr. Hartright; aber Sie wissen ja, wie Kinder sind. Die Kunst interessierte mich herzlich wenig, Hauptsache, es ging lustig und ver-

gnüglich zu. Meine frühesten Erinnerungen an ihn sind daher mit Spaß, Ausgelassenheit und der Jagd verbunden. [*Er macht eine ausladende Handbewegung zum Moor hin.*]
WH: Dann war er also ein eifriger Jäger?
HF: Eifrig, wenn auch nicht besonders zielsicher. [*Lacht.*] Einmal brachte er es sogar fertig – weiß der Himmel wie –, einen Kuckkuck zu schießen. Noch wochenlang zogen wir ihn damit unbarmherzig auf, aber er nahm es mit Humor. Ja, oft spielte er selbst auf die Geschichte an und erzählte sie dann, wobei er sich selbst nicht schonte.
Ich weiß nicht, was andere Ihnen über sein Temperament und seinen Charakter gesagt haben, aber in den Mußestunden, die wir zusammen verbrachten, lernte ich ihn als einen ausgesprochen freundlichen, humorvollen und fröhlichen Menschen kennen.
[*Hier war sie wieder, die offizielle Version.*]
WH: War er bei der Dienerschaft beliebt?
[*HF zuckt mit den Schultern. Findet die Frage offensichtlich merkwürdig. Dann:*]
HF: Sie hielten ihn wahrscheinlich für ein wenig exzentrisch.
WH: Erinnern Sie sich an ein Mädchen namens Mary Gallimore?
HF: Nein. Warum? Hat sie sich über ihn beschwert?
WH: Sie sagte, er wäre ihr in seinem Zimmer einmal zu nahe getreten.
HF: Zu nahe getreten? Sie meinen...?
WH: Hätte sie eine dumme Trine genannt.
[*HF lacht.*]
HF: Er haßte es, wenn man ihn beim Arbeiten störte.
WH: Warum?
HF: Dahinter steckt kein großes Geheimnis. Er arbeitete am liebsten allein, das ist alles. Vielleicht befürchtete er, die Leute würden ihn für sonderbar halten, denn seine Malmethode war unbestreitbar eigentümlich.
WH: Können Sie sie beschreiben?
HF: Zufällig ja. Denn ich hatte einmal das Glück, dabei sein zu

dürfen. [*Wunderbar! – endlich!*] Eines Morgens beim Frühstück nötigte mein Vater Turner, ihm eine Zeichnung anzufertigen, die ihm eine Vorstellung von der Größe eines Kriegsschiffes vermitteln könnte. Turner gluckste in sich hinein, wandte sich dann mir zu und sagte: »Komm, Hawkey, sehen wir, was wir für deinen Papa tun können.«

Und in den folgenden drei Stunden saß ich da und sah ihm zu. Zuerst dachte ich, er sei verrückt geworden; denn er fing an, wäßrige Farbe aufs Papier zu gießen, bis es ganz durchtränkt war. Dann riß er daran, kratzte und schabte wie besessen, er ritzte die Oberfläche mit seinem Daumennagel, den er eigens zu diesem Zweck lang wachsen ließ – es war ein vollkommenes Chaos. Aber dann, wie durch Zauberhand, nahm das Schiff auf einmal Gestalt an, und gegen Mittag war es fertig – jedes Tau, jede Spiere und jede Geschützpforte absolut vollendet, wir trugen das Bild im Triumph nach unten, und Turner sagte: »Hier. Ein Linienschiff erster Klasse bei der Übernahme von Vorräten!«

WH: Hatte er keine Vorlage, nach der er arbeitete?

HF: Nein.

WH: Wie hat er dann...?

HF: Ich habe mir diese Frage immer wieder selbst gestellt und bin zu dem Schluß gekommen, daß er eine einzigartige Begabung besessen haben muß. Wie manche Musiker nach einmaligem Hören ein Stück aus dem Gedächtnis spielen können, so behielt er ein einmal gesehenes Bild im Kopf. Und dann vervollkommnete er natürlich seine Begabung immer weiter, indem er unablässig zeichnete und sich zu allem, was er sah, Notizen machte. Wenn er dann vor dem leeren Papier stand, mußte er nur noch die Farben so auftragen, daß sie dem Bild glichen, das er bereits fertig im Kopf hatte.

WH: Also doch keine Zauberei im Spiel?

HF: [*Lacht*]. Es sah aus wie Zauberei, für mich als jungen Mann. Ein andermal – ich muß zwölf, dreizehn Jahre alt gewesen sein – rief er mich ans Fenster, um mir ein Gewitter zu zeigen. Draußen

über dem Chevin grollte der Donner und zuckten die Blitze, und er sagte: »Ist das nicht großartig, Hawkey? Ist es nicht wunderbar? Ist es nicht erhaben?« Und dabei machte er sich die ganze Zeit auf der Rückseite eines Briefes Notizen zu Form und Farbe. Ich schlug ihm vor, einen besseren Zeichenblock zu nehmen, aber er sagte: »Nein, nein, das reicht.« Als er fertig war, sagte er: »Hier, Hawkey! In zwei Jahren wirst du das hier wiedersehen, und dann heißt es *Hannibal überquert die Alpen*.«
Und so war es. Er hatte sich alles so genau gemerkt, daß er es bis in die kleinste Einzelheit wiedergeben konnte.
[*Vielleicht finden wir in seinen Werken deshalb immer wieder dieselben Motive? Weil er sie nicht mehr auslöschen konnte, wenn sie einmal in sein Gedächtnis eingebrannt waren.*]
HF: Ich kann wohl sagen, daß mein Vater Turners bester Freund war, solange er lebte; als er starb, kamen Turner jedesmal die Tränen, wenn er seinen Namen erwähnte. Aus diesem Grund, glaube ich, kam er in späteren Jahren nie mehr hierher zurück, obwohl er sehr oft eingeladen wurde. Deshalb sah ich ihn nur bei meinen seltenen Besuchen in London; aber bis zuletzt, bis etwa ein Jahr vor seinem Tod, war er immer derselbe mir gegenüber, er rief mich beim Vornamen und begegnete mir mit der allergrößten Herzlichkeit, als könne er damit seine Verbundenheit mit meinem Vater zum Ausdruck bringen und seine Erinnerungen an die gute alte Zeit aufleben lassen, die er hier verbracht hatte.
[*Wieder die offizielle Version.*]

Ja, aber das bedeutet nicht, daß es die Unwahrheit ist.
Wer kann Turner wohl genauer beschreiben? Ein Mann, der ihn fünfzig Jahre lang kannte und liebte, oder einer, der ihn ein paarmal in einem Augenblick der Schwäche sah?
Ich habe Drachen gesehen, wo nur Felsen waren.

Noch eine Nacht im Black Bull, um mich von meinem Wahn zu läutern.
Und morgen dann nach Hause.

XXXI
BRIEF VON WALTER HARTRIGHT AN MARIAN HALCOMBE, 22. OKTOBER 185-

Limmeridge, Sonntag

Liebe Marian,
Du hattest recht – ich muß es gestehen (wann hattest Du eigentlich jemals unrecht?) –, es war tatsächlich das Beste für mich. Die Nachforschungen über Turner hatten meinen Geist zeitweilig verwirrt, und hier bei meinen Lieben zu sein ist die beste Kur. Ich fürchtete, ich wäre ihnen fremd geworden – ja sogar, ich selbst würde mir im sanften Licht und in der häuslichen Ruhe von Limmeridge fremd sein und wie ein Gespenst durchs Haus geistern, finster und trübsinnig. Aber die Schatten sind verschwunden und mit ihnen das Gespenst. Ich bin wieder ich selbst, sogar Florence ist glücklich, und sie ist so lieb und unbekümmert, als wäre ich nie fortgewesen!

Was Turner betrifft: Ich bin mir schmerzlich bewußt, wieviel Zeit ich damit verschwendet habe, Schatten nachzujagen. So vieles ist liegengeblieben. (Manchmal quält mich nachts der Gedanke, was Lady Eastlake wohl sagen würde. *Ist das alles, was Sie herausgefunden haben, Mr. Hartright? In beinahe fünf Monaten? Daß Turner ein sonderbarer Mensch war?*) Es stimmt mich nachdenklich, daß ich deshalb Dein Angebot annehmen muß – aber ich nehme es aus dankbarem Herzen und mit der sicheren Gewißheit an, daß kein Mensch je eine treuere und großmütigere Schwester hatte. Versprichst Du, mir regelmäßig über deine Entdeckungen zu berichten? Ich für meinen Teil gelobe Dir, diese Entdeckungen mit derselben Sorgsamkeit und Leidenschaftslosigkeit zu betrachten wie ein Paläontologe das Skelett eines Dinosauriers. Wie dieser ausgestorbene Riese wird auch der meinige allein aus Tatsachen wiederauferstehen. Keine wilden Phantastereien mehr!

Dein treuer Bruder,
Walter

Zweites Buch

XXXII
AUS DEM TAGEBUCH VON MARIAN HALCOMBE, OKTOBER/NOVEMBER 185-

Montag
Nichts.

Dienstag
Brief von Walter. Mich hingesetzt, um ihn zu beantworten, aber keine Worte gefunden. Schließlich sehr müde geworden, konnte kaum die Augen offenhalten.
Morgen.

Mittwoch
Wieder ein verlorener Tag. Morgen muß ich mich aber an die Arbeit machen!

Donnerstag
Heute nachmittag fand ich endlich den Mut für den Besuch. Oder vielleicht war es gar nicht Mut, sondern reine Torheit; denn ich hatte mich schließlich, nach einer ausgiebigen Selbstbefragung vor dem Spiegel, davon überzeugt, daß ich eine Visite wagen könne, ohne mich selbst oder Walter zu verraten. Doch irgendwie muß ich auch die ganze Zeit gewußt haben, daß ich mich einer Selbsttäuschung hingab – es war schließlich Elizabeth Eastlake, die der jungen Mrs. Ruskin die Geheimnisse ihrer unglücklichen Ehe entlockt hat; und es war lächerlich zu glauben, daß einer so scharfsinnigen Frau *mein* Unglück entgehen würde; doch ohne diese armselige Beschwichtigung meiner Eigenliebe hätte ich wahrscheinlich gar nicht die Kraft gefunden hinzugehen.
Die verdiente Strafe ließ nicht lange auf sich warten.
»Marian!« rief sie und ergriff meine beiden Hände. »Was für eine Freude! Sie haben gewiß etwas auf dem Herzen.«
»So ist es in der Tat.«

Sie nickte verständnisvoll. »Stokes, ich bin nicht zu Hause.« Sie nahm mich am Arm und führte mich ins Boudoir. »Ich hatte mich schon auf Mrs. Madison gefaßt gemacht oder auf eine andere der zahllosen unerschrockenen Matronen.« Im Vorbeigehen wies sie mit der Hand in Richtung des Tisches im Salon. »Was halten Sie von meiner *aide-conversation*?«

Ich wandte mich um und erblickte ein kleines ungerahmtes Bild, eine Madonna mit Kind, das auf einem zusammengefalteten Tuch lag. Es hatte viele Risse und war stark verblaßt, doch der Hals der Jungfrau wirkte noch immer anmutig, und ihr Ausdruck war von lieblicher Einfalt.

»Filippino Lippi«, erklärte Lady Eastlake. »Wir haben es aus Italien mitgebracht. Es wird mir fehlen, wenn es in die Galerie kommt, denn als Gesprächsstoff ist es ein wahres Himmelsgeschenk. Noch die stumpfsinnigste Besucherin verfällt vor dem Bild in minutenlanges Gurren, um dann einen lebhaften Monolog über Babys zu beginnen.«

Ich hatte das Gefühl, sie erwartete, daß ich ihr scherzhaft widersprechen würde; aber mein armes müdes Gehirn weigerte sich hartnäckig. Lady Eastlake tat so, als merke sie es nicht, und räumte geschäftig einen Stapel Papiere von einem Stuhl; doch kaum hatten wir uns gesetzt, sah sie mich eindringlich an und sagte:

»Geht es Ihnen gut, meine Liebe?«

»Ja, danke«, antwortete ich, wohl wissend, daß meine Worte von einer bleiernen Trägheit waren, die der Aussage widersprach.

»Und Ihnen?«

»Oh, aber ja! – Es war herrlich. Zwei Monate nichts als Berge, Bauwerke und Gemälde, und nicht ein einziges Dinner, kein einziger langweiliger Empfang. Aber schließlich wird man all den Schmutz und die Verderbtheit leid. So freut man sich dann auch, wieder nach Hause zu kommen, an einen Ort, wo alles erträglich geordnet ist.« Sie lächelte; doch ihre Augen, die mich nicht losließen, schienen mich auf meinem Sitz festzunageln und mir die Redefreiheit zu verweigern.

»Und was macht Ihr Bruder?« fuhr sie nach einer Weile fort.
»Er... er...« Meine Stimme war ganz ruhig – ich hatte diese kleine Rede wieder und wieder geübt, um sie mit der rechten Ungezwungenheit vorbringen zu können –, aber ich spürte, wie meine Wangen verräterisch zu glühen begannen, was mich verwirrte und aus dem Takt brachte. Zwar faßte ich mich rasch; doch konnte ich Lady Eastlakes unverwandtem Blick entnehmen, daß ihr meine Verlegenheit nicht entgangen war.
»Er mußte für einige Wochen nach Cumberland zurück«, sagte ich.
Sie nickte, als ob sie das nicht nur schon wüßte, sondern auch verstünde warum, ohne daß ich es ihr erklären müßte.
»Ich habe mir seinetwegen Sorgen gemacht, als ich weg war – um Sie beide. Mir sind Zweifel gekommen, ob ich ihm wirklich etwas Gutes getan habe, als ich ihn fragte, ob er dieses Buch schreiben möchte.«
»Aber nein! Denken Sie nicht so etwas!« sagte ich. »Er... er... er ist sehr glücklich!« Es war eine so offensichtliche Lüge (denn ich konnte ihr nicht in die Augen sehen, meine Zunge rebellierte, und ich kam ins Stottern), daß ich dachte: Jetzt wird sie mich aber ins Gebet nehmen; aber sie sagte nur:
»Freut mich, das zu hören. Doch ich fürchte, es könnte schwieriger sein, als Sie beide erwartet hatten. Ein Mann sollte nicht monatelang von seiner Familie getrennt werden, wenn es sich vermeiden läßt – das macht selbst den besten Ehemännern zu schaffen. Und Turner hat zweifellos etwas Unheimliches, ich hätte Ihren Bruder warnen sollen, wollte ihn aber nicht voreingenommen machen. Nur wenige Menschen, die sich näher mit seinem Leben beschäftigt haben, sind davon unberührt geblieben.«
Sie hielt inne. Ich wollte widersprechen, aber das wäre ebenso aussichtslos gewesen, wie wenn man den Vormarsch einer Armee dadurch hätte aufhalten wollen, daß man ihr Holzprügel in den Weg warf.
»Ist es Ihrem Bruder auch so gegangen?« fragte sie.
»Vielleicht. Ein wenig.«

Sie nickte wieder. »Mit wem hat er denn bisher gesprochen?«
Ich sagte es ihr. Sie schwieg einen Moment; als sie merkte, daß ich fertig war, ging ein Schatten von Verwunderung über ihr Gesicht.
»Sonst mit niemandem?«
»Nicht daß ich wüßte.«
Sollte ich etwas sagen? Sollte ich ihr die Wahrheit gestehen: daß ich es nicht genau wußte, weil ich immer noch nicht gewagt hatte, Walter zu fragen, was er am Abend unseres Besuchs in Sandycombe Lodge getan oder mit wem er sich getroffen hatte? Ich hatte gehofft (oder halb gehofft und halb befürchtet), er würde es von sich aus sagen; aber da ich vergeblich darauf gewartet hatte, wollte ich ihn nicht in eine Lage bringen, in der er entweder genötigt war, mich anzulügen oder mir etwas anzuvertrauen, von dem er mir sowieso bald berichten würde.
»Und wie steht es mit Ihnen, Marian?« fragte sie. Ihre Stimme klang sanft und besorgt und hatte so gar nicht ihren sonst so herausfordernden Tonfall, daß ich sofort wußte, sie hatte mir in die Seele geblickt und dort meine Traurigkeit entdeckt. Und plötzlich hatte ich das Gefühl, daß es keinen Sinn hatte, mich weiter zu verstellen – ich hatte soviel Widerstand geleistet, wie ich nur konnte, doch die Zitadelle war gefallen, und mir blieb nur noch, mich zu ergeben und ihr die Geheimnisse zu gestehen, die sie ohnehin schon erraten hatte. Und war es nicht auch eine große Erleichterung, die Last meines Unglücks mit einem Menschen zu teilen, anstatt sie nur einem gefühllosen Buch anzuvertrauen?
Ich formte Worte – ich öffnete den Mund – und schloß ihn wieder. Ich konnte nichts sagen, ohne Walter zu verurteilen und mich selbst dazu; und dazu hatte ich kein Recht. Zumindest redete ich mir das ein; aber jetzt, wo ich dies schreibe, scheint es mir, mein vorherrschendes Gefühl in diesem Augenblick war die *Angst* – die Angst, so glaube ich, vor Mitleid. Meine Güte! Wie zäh ist doch der Stolz, und welche Verkleidungen kann er annehmen, um uns zu täuschen!
»Für mich ist es leichter«, sagte ich. »Ich bin nur sein Famulus.

Meine Aufgabe besteht lediglich darin, für ihn die Fakten zusammenzutragen, ohne mir Gedanken über ihre Bedeutung zu machen. Er hingegen ...«
»Ach, was für ein Unsinn!« sagte sie und lachte dabei. »Ich glaube Ihnen kein Wort.«
»Nein – wirklich – deshalb bin ich hier«, sagte ich (und war überrascht, daß meine Stimme mit einemmal wieder energisch klang). »Zwangsläufig erinnert sich die Mehrzahl der Personen, die Walter befragt hat, an den Turner der mittleren und späten Jahre. Er steht nun vor der schwierigen Aufgabe, alles durchzugehen, was sie ihm mitgeteilt haben, und es zu einem stimmigen Bild zusammenzusetzen. Und ich in London versuche unterdessen, soviel ich kann, über Turners Jugend und die Anfänge seiner Karriere in Erfahrung zu bringen.«
Sie kniff auf irritierende Weise die Augen zusammen. »Ich persönlich hätte ja gedacht, daß gerade *das* viel schwieriger sein müßte.«
»Nur im praktischen Sinn«, fuhr ich fort. »Es lebt wahrscheinlich niemand mehr, der Turner noch aus dieser Zeit kennt. Ich suche also nach allem, was irgendwelche Hinweise enthalten kann – Erinnerungen, Briefe, private Papiere, die sich erhalten haben und wertvolle Einblicke oder Informationen liefern könnten. Die ganze Kunst besteht darin herauszubekommen, wo man suchen soll, und die Erlaubis zu erlangen, die Sachen einzusehen. Die eigentliche Arbeit des Lesens aber und das Abschreiben von verwertbarem Material – das ist etwas, was jeder fähige Schreiber erledigen könnte.«
Sie war nicht überzeugt. Unverwandt sah sie mich an, die Lippen zu einem skeptischen Halblächeln verzogen, das zu sagen schien: *Sehr schön. Jetzt sag mir aber mal die Wahrheit.* Ich hielt ihrem Blick jedoch stand, und schließlich gab sie auf.
»Ich bin wohl nicht die Person, die Ihnen da helfen kann«, sagte sie und läutete. »Sie sollten mit meinem Mann reden. Er kannte Turner und seinen Kreis, gesellschaftlich *und* beruflich, und zwar mehr als vierzig Jahre lang.«

Ich fragte mich, warum sie uns dann nicht schon früher mit ihm zusammengebracht hatte; die Antwort gab sie mir sogleich.
»Ich störe ihn nur ungern, wenn er so viel zu tun hat.« Sie schüttelte den Kopf. »So viel Verantwortung – und von Tag zu Tag wird es mehr. Heute morgen war er im Palast – am Abend ist er zum Dinner bei Lansdowne –, und morgen steht das House of Lords an, glaube ich.« Sie schien plötzlich ihr gewohntes Selbstvertrauen zu verlieren und wandte sich mir mit einem beinahe flehentlichen Ausdruck zu. »Er ist kein Jüngling mehr, Marian, und ich mache mir große Sorgen um seine Gesundheit. Aber was soll ich machen?«
Mir blieb es erspart, darauf etwas zu sagen, denn der Diener erschien. Lady Eastlake fand sofort zu ihrem Kommandoton zurück:
»Ah, Stokes. Würden Sie Sir Charles fragen, ob er die Zeit erübrigen kann, uns einige Minuten Gesellschaft zu leisten?« Als Stokes das Zimmer verlassen hatte, schwieg sie einen Augenblick gedankenverloren; wohl in der Hoffnung, sich selbst zu überzeugen, indem sie mich überzeugte, sagte sie dann:
»Aber vielleicht tut es ihm gut, glauben Sie nicht? Für einen kurzen Augenblick die Last seines Amtes abzulegen, meine ich?«
Der Schnelligkeit nach zu urteilen, mit der Sir Charles erschien, und der Freundlichkeit nach, mit der er uns begrüßte und mir die Hand schüttelte, hätte man annehmen können, daß sie recht hatte – oder, daß *er* dies dachte, denn er machte den Eindruck, nur auf unsere Einladung gewartet zu haben, um die Plackerei seiner Pflichten abzuschütteln wie ein Häftling, der die wenigen kostbaren Minuten des Tages herbeisehnt, in denen man ihm erlaubt, seine Zelle zu verlassen, und er die Sonne auf seinem Gesicht spüren kann. Zunächst nahm ich an, Elizabeth Eastlake habe mit dem tieferen Verständnis, wie es manchmal zwischen Eheleuten herrscht, einfach den richtigen Moment getroffen, ihn in seiner Arbeit zu unterbrechen; doch bald wurde mir klar, daß die Erklärung nicht bei ihr zu suchen war, sondern bei ihm. Sir Charles ist (auf eine stille, melancholische, englische Art) einer

der charmantesten Männer, die ich je kennengelernt habe. Sicherlich nicht der bestaussehendste – seine Augen sind zu tiefliegend, sein Mund etwas zu breit; und doch strahlt sein ganzes Gesicht eine solche Einsicht, ein solches Mitgefühl und einen solch gutmütigen Humor aus, daß die körperliche Wohlgestalt daneben nichtssagend und banal erscheinen muß. Man versteht rasch, wie er zu einer solch gehobenen Stellung gekommen ist und warum sich alle um ihn reißen. In kürzester Zeit gelingt es ihm – gleich, ob man der Prinzgemahl ist, ein Mitglied der Royal Academy oder nur der unverheiratete Schützling seiner Frau –, daß jedermann in seiner Gesellschaft das Gefühl bekommt, er wolle gerade in diesem Augenblick just mit ihm und mit niemandem sonst auf der Welt zusammen sein.

»Wir benötigen deine Hilfe, mein Lieber«, sagte seine Frau, nachdem er sich mir gegenüber niedergelassen hatte, »um Turner zu retten.«

»So?« sagte er leise und sah mich dabei mit einem amüsierten Lächeln an.

»Er schmachtet, wie du weißt, in den Fängen dieses nichtswürdigen Thornbury.«

»Armer Thornbury«, meinte Sir Charles lakonisch.

Seine Frau schien dies nicht gehört zu haben. »Miss Halcombes Bruder«, fuhr sie fort, »versucht ihm wacker entgegenzutreten und eine eigene Lebensgeschichte zu schreiben.«

»Aha.« Er lächelte immer noch; aber obwohl er ein mit allen Wassern gewaschener Diplomat war, ließ er sich doch eine Spur von Überraschung anmerken.

Himmel! dachte ich. *Hat sie ihm nicht einmal das erzählt?*

Zu meiner Verwunderung wurde Lady Eastlake plötzlich rot und begann leise zu lachen, wie ein ungezogenes Kind, das schuldbewußt seine Missetaten eingesteht. Sir Charles fing ihren Blick auf und antwortete mit einem reuigen Lächeln, dessen Grund ich beim besten Willen nicht erraten konnte.

»Da hat er es bestimmt nicht einfach«, murmelte er und wandte sich wieder zu mir. »Mein Mitgefühl gilt jedermann, der eine

Lebensgeschichte von Turner in Angriff nimmt. Sogar Thornbury.«

»Sir Charles ist gar zu weichherzig«, sagte Lady Eastlake. »Er würde es fertigbringen, sich für das Leben einer Ratte einzusetzen. Dieser Thornbury ist ein Schuft – und ein selten einfallsreicher dazu. Er verdient die öffentliche Auspeitschung und die anschließende Deportation.«

Sir Charles lächelte und schüttelte den Kopf.

»Eine Sträflingskolonie wäre genau der richtige Ort für einen Autor seines Schlages«, sagte Lady Eastlake. »Bei dem Sensationsmaterial, das ihm dann zur Verfügung stände, bräuchte er seine eigene Einbildungskraft kaum noch zu bemühen.«

»Turner ist kein einfaches Thema«, wandte Sir Charles gutmütig ein. »Ich weiß gar nichts über Ihren Bruder, muß ich leider zugeben, Miss Halcombe, außer dem, was Elizabeth mir von ihm erzählt« – meine Güte! Wie hätte das den armen Walter gekränkt! –, »aber ich bin sicher, er ist für diese Aufgabe bestens qualifiziert. Trotzdem, kommt er nicht manchmal in Verwirrung, angesichts all der Geheimnisse und Widersprüche?«

Ich ließ Walters seltsame Entwicklung während der letzten Monate im Geist Revue passieren – die Momente des Übermuts und der Verzweiflung, seine jungenhafte Begeisterung und sein stummes Unverständnis; und bemüht wie ich war, die Eastlakes nur das Beste von ihm denken zu lassen und ihr Vertrauen in seine Fähigkeiten zu bewahren, fiel mir zur Antwort nichts ein als:

»Ja.«

»Manchmal denke ich«, fuhr Sir Charles fort, »Turner hat mit Bedacht ein Erbe der Verwirrung hinterlassen.«

»Das ist aber, wie du selbst zugeben mußt, eine sehr voreingenommene Ansicht«, sagte Lady Eastlake. In ihrer Stimme lag eine Härte, die mich überraschte – und vielleicht war sie selbst überrascht davon, denn sie beugte sich plötzlich zu ihm und fügte freundlicher hinzu: »Aber unter den gegebenen Umständen durchaus verständlich.«

Was für Umstände? Ich hoffte, Sir Charles würde merken, daß ich nicht gut danach fragen konnte, und soviel Erbarmen zeigen, es mir zu erklären; doch er lächelte nur müde und schüttelte den Kopf.

»Er hatte eine Schwäche für Verrätselungen und Geheimnisse, meine Liebe«, sagte er. »Denk nur an seine Bilder. Sie stecken voller Wortspiele und Anspielungen.«

»*What You Will*«, warf Lady Eastlake trocken ein.

Sir Charles nickte und lachte. (Erst jetzt, da ich dies schreibe, verstehe ich warum. Wie war ich doch schwer von Begriff und blind dazu!) »Kennen Sie das Bild, Miss Halcombe?«

»Ich glaube nicht.«

»Eine Szene aus der *Zwölften Nacht*. Sir Toby Belch – Sir Andrew Aguecheek – Olivia und ihr Gefolge – Täuschung und Versteckspiel im Garten. Stothard hat das Stück kürzlich illustriert...«

»Sie wird Stothard kaum kennen, mein Lieber«, bemerkte Lady Eastlake.

»Nein, natürlich. Ein älteres Mitglied der Akademie. Zeichnet sich vor allem dadurch aus, daß er stocktaub ist. Und dadurch, daß er ein treuer Gefolgsmann von Watteau ist.«

Er schwieg und lächelte mich erwartungsvoll an. Offenbar lag eine bestimmte Bedeutung in seinen Worten, doch wie sehr ich mich bemühte, ich kam nicht dahinter. Schließlich sprang mir Lady Eastlake mit einem Stichwort bei:

»Wie lautet der andere Titel der *Zwölften Nacht*?«

»*What You Will*.«

Sie nickte mir aufmunternd zu.

»*Watteau*?« sagte ich äußerst belustigt. »*Watteau You Will*?«

Beide lachten.

»Das ganze Bild«, sagte Sir Charles, »ist eine humorvolle Anspielung auf Stothard. Und zugleich ist es auch noch Turners eigentümliche Hommage an Stothards Lehrmeister.«

Ich fühlte mich ohne Vorwarnung in eine Welt versetzt, die von einer anderen Art Logik regiert wird, wie einem das manchmal im Traum geschieht: eine Welt, in der man von wunderlichen

Sackgassen und Echos genarrt wird, wo ein Stück Seil drei Enden hat und man es nicht schafft, zwei davon zusammenzuknoten. Es war, man konnte es nicht leugnen, erschreckend und verwirrend; doch zugleich auch aufregend, denn mit einemmal schien sich mir ein Schlüssel zum Verständnis einiger Bilder und *Motive* zu bieten (wenn auch nur, indem man alles auf den Kopf stellte), die mich in Marlborough House so ratlos gemacht hatten. Vielleicht – fiel mir ein – könnte Sir Charles ja sogar *Die Bucht von Baiae* erklären und mir sagen, wieso das Bild einen so befremdlichen Eindruck hinterließ. Noch einen Monat zuvor hätte ich ihn direkt und ohne Zögern danach gefragt; nun jedoch fand ich nicht den Mut dazu. Immerhin war er ja (so redete ich mir zu) der Direktor der National Gallery und der Präsident der Royal Academy; und würde ich mich ihm gegenüber nicht in noch größeren Nachteil setzen und dazu riskieren, die hohe Meinung seiner Frau zu verlieren – die mir die Ehre erwiesen hatte, mich als geistig ebenbürtige Freundin zu behandeln –, wenn ich sie auf diese Weise in die Abgründe meiner Unwissenheit und Ratlosigkeit blicken ließe? Gibt es etwas, womit man sich die Wertschätzung anderer Menschen mehr verscherzt, als wenn man seine Selbstachtung verliert?

»Viele Künstler haben Ähnliches getan, wenn auch nicht ganz so umständlich«, sagte Lady Eastlake. »Rembrandt. Tizian.«

»Aber er lebte das nicht bloß in seiner Kunst aus«, bemerkte Sir Charles. »Die gleichen Neigungen waren auch in seinem Leben zu beobachten. Wenn er zu uns zum Essen kam in seinen letzten Jahren, hat er sich da nicht immer peinlich bemüht, vor uns zu verbergen, wo er wohnte?«

»Das ist nicht sonderlich überraschend«, meinte Lady Eastlake, »wenn man bedenkt, in welchem Schmutz er dort gelebt hat.«

Sir Charles schüttelte den Kopf. »Es war immer dasselbe mit ihm. Wenn man ihn vor einer Reise fragte, wohin es denn gehe, dann bekam man, wenn überhaupt, nur eine vage Antwort oder sogar eine glatte Lüge aufgetischt.« Mit einemmal lächelte er und legte seiner Frau eine Hand auf den Arm. »Du wirst dich nicht daran erinnern – damals hast du noch die Bürger von Norwich entzückt –, aber achtzehnfünfundzwanzig oder -sechsundzwanzig war er auf dem Kontinent, als es dort in der Nähe von Ostende zu einer schrecklichen Pulverexplosion kam. Sein armer Vater war überzeugt, Turner sei ums Leben gekommen, weil er dies als sein Reiseziel angegeben hatte. Es gab sogar einen Bericht darüber – ich glaube, im *Hull Advertiser*, aus einem unerklärlichen Grund. Doch als Turner zurückkam, stellte sich heraus, daß er ganz woanders gewesen war.«

Lady Eastlake lachte. »Das läßt sich auch mit seinem schrulligen Charakter erklären.«

Eine wirre, kaum faßbare Idee, in die sich auch Bilder mischten – die Fischmaulfelsen aus *Odysseus verspottet Polyphem*, der Felsdrachen aus *Die Göttin der Zwietracht* –, begann sich in meinem Kopf zu bilden. Ich befürchtete, sie könne sich auflösen, bevor ich sie überhaupt erfaßt hatte, doch in diesem Moment kam Stokes mit einem Teetablett, was mir Zeit zum Nachdenken ließ. Als er wieder fort war und Lady Eastlake uns einschenkte, hörte ich mich zu meiner eigenen Verwunderung sagen:

»Nein – ich glaube, jetzt verstehe ich –, sein ganzes *Leben* war eine Art Wortspiel. Ist es das, was Sie sagen wollen, Sir Charles?«

Er nickte, doch es war bloß eine Geste der Höflichkeit – er wußte eindeutig nicht, wovon ich sprach. Und auch ich war mir dessen nicht sicher, als ich fortfuhr:

»Das Wesen des Wortspiels ist doch, daß ein Wort, ein Klang zwei Bedeutungen hat – manchmal sogar mehr als zwei.«

»Turners Leben war aber das genaue Gegenteil davon«, sagte Lady Eastlake lachend. »Eine Bedeutung und zwei Wörter: Turner und Booth.«

»Nein, aber... nein, aber...« Wieder fühlte ich meine Wangen erglühen, und innerlich verfluchte ich mich dafür, den Mund aufgetan zu haben.

»Nein, das ist ein sehr interessanter Punkt, Miss Halcombe«, sagte Sir Charles freundlich. »So viele Widersprüche in einem einzigen Menschen. Das ist in der Tat eine Art von Wortspiel. Möchten Sie noch etwas Tee?«

»Danke schön.«

Ich segnete ihn im stillen für die Galanterie, mit der er mich gerettet hatte; aber ich fühlte mich enttäuscht (und auch nicht wenig gedemütigt), daß ich diese Rettung so offensichtlich nötig gehabt hatte. War meine Beobachtung tatsächlich so unsinnig gewesen? Trotz meiner Verlegenheit glaubte ich das nicht – und auch jetzt, im Rückblick, glaube ich es nicht.

»Schrullig«, sagte Sir Charles zu seiner Frau gewandt, »scheint mir noch ein viel zu schwacher Begriff für Turner. In letzter Zeit habe ich manchmal daran denken müssen, daß seine Mutter verrückt war.«

Vielleicht war sie von der Müdigkeit berührt, die sich in seinem Gesicht abzeichnete, und von dem traurigen Ernst in seiner Stimme; denn statt ihm lachend vorzuwerfen, er übertreibe (wie ich es erwartet hatte), schaute sie ihn bloß schweigend mit großen, ruhigen Augen an – ich glaubte, darin sogar Tränen schimmern zu sehen.

»Ist es denn nicht verrückt, Miss Halcombe, sein ganzes Vermögen für wohltätige Zwecke zu spenden und die Gemälde dem Staat zu vermachen – und dabei mit den paar Pfund zu geizen, die ein fähiger Rechtsanwalt verlangt hätte, um ein ordentliches Testament aufzusetzen, so daß die Sache schließlich vor Gericht endet?«

»Nein«, meinte Lady Eastlake, bevor ich etwas sagen konnte. »Das ist nur ein armseliger Witz. Nicht besonders lustig, gebe ich zu – vor allem wenn man, wie du, in die wenig beneidenswerte Lage kommt, seinen Letzten Willen einem phantasielosen Richter zu erklären. Aber ein Witz ist es trotzdem.«

Ihr Mann setzte zum Sprechen an, doch fest entschlossen, die Gesprächsführung zu behalten, fuhr sie fort:

»Ich weiß nur zu gut, mein Lieber, daß wir dich von der Arbeit abhalten. Miss Halcombe möchte wissen, wo sie etwas über die Anfänge von Turners Karriere erfahren kann.«

Bildete ich es mir ein, oder war ihr die Erwähnung von Geisteskrankheit – oder letztlich unser ganzes Gespräch über Turners Charakter – unangenehm? Dabei entfachten sonst gerade solche Themen ihr Interesse und stachelten sie zu brillanten Betrachtungen an; und nun schreckte sie davor zurück wie jene langweiligen, dummen Frauen, über die sie sich so gern ausließ.
»Nun, als *ich* ihm zum ersten Mal begegnet bin«, sagte Sir Charles, »war ich fast noch ein Kind, und als ich viele Jahre später in Rom lebte, traf ich ihn nur selten. Wir verbrachten einige Monate zusammen, neunundachtzig und neunzig, als er in Italien war – er arbeitete in meinem Atelier, und anschließend veranstaltete er eine Ausstellung seiner Werke in der Quattro Fontane.« Er lachte. »So etwas hatten die ausländischen Künstler, auch die Kritiker, noch nie gesehen – ich meine nicht nur die vorherrschend gelben Töne der Gemälde, sondern auch die Art der Hängung; denn um sich die Kosten für die Rahmung zu sparen, hat er einfach Taue um die Bilder genagelt und sie ockerfarben angepinselt.«
»Damals war Turner schon über fünfzig«, wandte Lady Eastlake ein. »Das waren nicht seine *Anfänge*.«
Ich dachte zunächst, Sir Charles wäre gekränkt, denn er antwortete nicht sogleich, sondern betrachtete seine schmalen, blassen Hände, als überlege er, wie er sie malen könne. Schließlich schaute er jedoch zu seiner Frau auf und sagte:
»Was ist denn aus der Familie von Haste geworden?«
»Haste?«
»Er hat ein Tagebuch geführt, glaube ich.«
»Bestimmt keines, das ein besonders schmeichelhaftes Bild seiner Künstlergenossen zeichnet.«
Sir Charles hob die Schultern. »Nun, was das betrifft, meine Liebe, so glaube ich, daß wir Miss Halcombe und ihrem Bruder zubilligen können, sich ein eigenes Urteil zu bilden. Etwas anderes fällt mir jedenfalls im Augenblick nicht ein. Sie sind alle gestorben – Farington, Girtin, West –, alle.« Seine Stimme versagte, und er schüttelte den Kopf, als hätte ihn dieser vollständige Sieg des Todes in stumme Verzweiflung gestürzt.

»Und wie könnte ich die Verwandten von Mr. Haste finden?« sagte ich rasch – denn Lady Eastlake hatte ihr Gesicht in ungeduldige Falten gelegt, aus denen ich nur schließen konnte, daß sie von dem Vorschlag wenig begeistert war und vielleicht versuchen würde, die Sache zu hintertreiben.
»Nun... nun... War denn sein armer Sohn nicht...?« sagte Sir Charles leise, wie zu sich selbst.
»Sein armer Sohn!« schnaubte seine Frau.
Sir Charles erhob sich mit einem Ruck, als wollte er einer Auseinandersetzung entgehen. »Ich werde mich erkundigen und gebe Ihnen dann Bescheid.« Er verbeugte sich vor mir und hielt seiner Frau schlaff die Hand hin. Sie ergriff sie nicht, sondern berührte sie nur an den Fingerspitzen; und indem er murmelte, wie schön es gewesen sei, mich endlich einmal kennenzulernen, ging er an seine Arbeit zurück.
So sind wir also verblieben.

Als ich wieder zu Hause war, fiel mir noch etwas ein. Der banale Auslöser war ein flackerndes Gaslicht in der Eingangshalle, das groteske Schatten auf den Stich von *Ansicht Londons vom Greenwich Park* warf, was mir das Original in Marlborough House und daran anknüpfend meine Unterhaltung mit Lady Meesden in den Sinn brachte. Sie würde mir doch sicher mehr über Turners frühe Künstlerjahre erzählen können; und ich setzte mich sogleich hin und schrieb an ihre Tochter, erklärte ihr, worum es ging und fragte, ob ich sie besuchen könne.
Nicht schlecht. Noch ein Eisen im Feuer. Vielleicht würde ich doch keine so schlechte Detektivin abgeben.

Freitag
Keine Post heute morgen.
Nach dem Frühstück setzte ich mich noch einmal hin und versuchte, an Walter zu schreiben. Es gelang mir noch immer nicht. Ich fühle mich wie ein Fluß, der plötzlich durch einen Damm in seinem Lauf gehemmt wird und es nicht schafft durchzubrechen,

wie sehr er auch dagegen anstürmt und tobt. Vielleicht geht es leichter, wenn ich wirklich etwas zu berichten habe.
Schließlich bin ich ruhiger geworden. Es ist doch auch ein kleiner, stiller Segen – aber immerhin ein Segen –, die Gewißheit zu haben, daß ich einfach durchs Haus laufen kann, ohne fürchten zu müssen, unerwartet auf ihn zu treffen und diesen schrecklichen Stich in der Brust zu fühlen und mir mit dicker, belegter Zunge eine beiläufige Bemerkung abringen zu müssen. Und wenn ich ehrlich bin, ist es eine Erleichterung zu wissen, daß ich auch niemandem sonst begegnen werde. Vielleicht. (Seltsam, was ich da schreibe! Sind die Davidsons etwa »niemand«? Nein – sie sind nette, freundliche Leute, und sie mögen mich, so darf ich glauben, genau wie ich sie; doch die unsichtbare Barriere, die ihre Welt von der meinen trennt, ist zu stark, um durchbrochen zu werden. Was auch immer sie denken mögen, niemals würden sie etwas sagen oder tun, das mich in Gefahr bringen könnte, meine wahren Gefühle zu enthüllen oder mehr von mir erwarten, als Anweisungen für das Essen.) Vielleicht hat das Alleinleben – wenn es denn mein Schicksal sein soll – auch seine guten Seiten.
Abends ein Brief von Sir Charles, der Wort gehalten und herausgefunden hat, wo der Sohn von Haste wohnt (unweit von Turners Geburtshaus in Covent Garden), und ihm geschrieben hat, er werde bald von mir hören. Bevor ich zu Bett gehe, werde ich ihm noch selbst schreiben.

Samstag
Einer Frau bleiben viele Türen verschlossen, die sich einem Mann wie selbstverständlich öffnen. So erklärte, wie ich mich erinnere, Lady Eastlake, warum sie davon Abstand genommen hat, das Buch selbst zu schreiben; und wenn ich heute sonst nichts herausgefunden habe, so zumindest, daß sie in diesem Punkt recht hatte. Walter hätte das, was ich heute erledigt habe, in der halben Zeit und mit einem Viertel des Aufwands geschafft. Ich kann nur hoffen, daß meine Beute letztendlich doch die Mühe wert war, sie zu ergattern.

Cawley Street ist ein schmales Sträßchen östlich von St. Martin's Place, das mit der strengen Regelmäßigkeit seiner Häuser den Eindruck erweckt, als hätte es zunächst schnurgerade verlaufen sollen, dann aber doch einen Knick machen müssen, um sich dem vorhandenen Raum anzubequemen. Die hohen Fenster und eleganten Lünetten über den Türen lassen ahnen, daß dies einst eine vornehme Adresse gewesen war; doch nun kann man die Armut wie mit Händen greifen. Sie zeigt sich in der abblätternden Farbe, den rostenden Geländern und den blinden Fensterscheiben, deren Läden, wie mir auffiel, vielfach sogar am frühen Nachmittag geschlossen waren (entweder, um die Wärme zu halten oder um zudringliche Blicke von Passanten abzuwehren).

Nummer 8 hatte keine Klingel, und der Türklopfer war so eingerostet, daß ich ihn kaum anheben konnte. Daher konnte ich mich nicht lauter bemerkbar machen, als wenn ich mich geräuspert hätte. Ein junger Mann, der auf der Straße vorbeikam – seiner Schirmmütze und seinem sauberen Rock mit den Messingknöpfen nach ein Eisenbahnschaffner –, sah meine mißliche Lage und blieb stehen.

»Kann ich Ihnen helfen, Miss?«

»Danke schön.«

Selbst er hatte zu kämpfen; doch schließlich gelangen ihm zwei deutlich vernehmbare Schläge, die die altersschwache Tür erschütterten. Von drinnen kam das Echo so laut und schallend, daß ich einen Moment lang annahm, Sir Charles müsse sich geirrt haben und das Haus stehe leer; doch dann hörten wir entfernte Schritte, die eine Treppe ohne Teppichbelag herabpolterten.

Mein Retter nahm das zum Zeichen, sich zurückzuziehen. Ich war nahe dran, ihm Geld anzubieten, aber die verbindliche Tüchtigkeit, mit der er zu Werke gegangen war, machte auf mich den Eindruck, als betrachte er seine Hilfe nur als Erweiterung seiner Dienstpflicht; zudem fiel mir ein, daß es verboten ist, Eisenbahnbediensteten Trinkgelder zu geben, und so dachte ich, es könne ihn vielleicht beleidigen. Ein forschender Blick in sein

Gesicht zeigte mir, daß ich recht hatte, denn was ich dort erblickte, war nicht Erwartung oder Enttäuschung, sondern nur die rein professionelle Genugtuung, gute Arbeit geleistet zu haben. In diesem Augenblick öffnete sich hinter mir die Tür, und sein Ausdruck wechselte schlagartig zu ungläubigem Staunen.
Ich wandte mich um und erblickte einen Mann von etwa fünfzig Jahren. Seine Erscheinung hatte ganz unbestreitbar etwas Ungewöhnliches, ja Unangenehmes. Er war von durchschnittlicher Größe, doch von jener feisten Fleischigkeit, die manche Männer träge erscheinen läßt, ihm aber animalische Kraft und Bedrohlichkeit zu verleihen schien. Dieser Eindruck wurde noch durch seinen abgewetzten schwarzen Rock verstärkt, der viel zu eng war und so aussah, als wäre er gerade im Begriff, den langanhaltenden Kampf um Zusammenhalt verloren zu geben und an allen Nähten aufzuplatzen. Abgesehen von einigen silbernen Stoppeln über beiden Ohren war der Mann vollkommen kahl, und die Adern an seinem Hals und auf seiner Stirn traten so stark hervor, daß man den Pulsschlag sehen konnte. *Blut* war der erste Gedanke, wenn man ihn ansah – er schien so prall damit gefüllt wie ein satter Blutegel, und es drängte sich einem die Vorstellung auf, daß der kleinste Ritz in seine gespannte Haut einen roten Sturzbach auslösen würde.
»Mr. Haste?« fragte ich.
Er antwortete nicht, sondern blickte mich nur finster an.
»Ich bin Marian Halcombe. Haben Sie meinen Brief bekommen?«
Sein Blick ging an mir vorbei. »Wer ist das da?« Seine Stimme war laut und nörgelnd und unerwartet hoch.
Ich wandte mich um. Der junge Mann stand immer noch da – sicherlich nicht wegen eines Trinkgelds, sondern um abzuwarten, ob ich weitere Hilfe benötigte. Und tatsächlich war ich mir keineswegs sicher, ob das nicht der Fall war; doch konnte ich nicht gut in Begleitung eines Eisenbahnschaffners eintreten, und so nickte ich ihm zu und sagte:
»Noch einmal besten Dank.«

Er zögerte einen Augenblick; dann tippte er an seine Mütze und sagte: »Wie Sie wünschen, Miss« und ging seines Weges.

Haste sagte immer noch nichts. Er blickte mich aus kleinen Augen abschätzig an und zupfte zerstreut an einem Taschentuch, das er fest um die Knöchel seiner linken Hand geschlungen hatte. Dann trat er ohne ein weiteres Wort unvermittelt zur Seite und hielt mir die Tür auf.

Ich ging an ihm vorbei in einen kleinen Flur, in dem es keinerlei Möbel zu geben schien. Er schloß die Tür hinter mir und stieg mir voran die Treppe hinauf. Eine Sohle, die sich von einem seiner Schuhe gelöst hatte, klapperte laut auf den hölzernen Stufen.

»Dieses Haus ist nicht für eine Dame hergerichtet«, sagte er mit einem Blick über die Schulter, als wir den Treppenabsatz erreicht hatten. »Auch nicht für einen Gentleman. Nicht einmal für einen Hund.«

Er deutete mit einer vagen Handbewegung auf ein Zimmer, das zur Straße hinausging. Im ersten Moment glaubte ich, er fordere mich auf einzutreten; doch zeigte er es mir wohl nur, um seine Aussage zu unterstreichen, denn das Zimmer war vollständig leer, und er war schon unterwegs zum nächsten Stockwerk.

Ich folgte ihm mit wachsender Unruhe, denn jeder Schritt machte deutlicher – der geisterhafte Umriß eines Schranks an der verblassenden Wand, ein einsamer Haken, der vergessen an einer Bilderleiste hing –, daß das Haus leer stand und wir alleine waren; und mein Unbehagen steigerte sich zu nackter Angst, als wir ganz oben ankamen und ich vor mir eine schlichte, schmale Tür sah, die mit einem Beschlag und einem Vorhängeschloß versehen war. Mit einemmal mußte ich an die Geschichte von Blaubart denken; und auch wenn ich nicht wirklich glaubte, die Leichen seiner früheren Frauen hinter der Tür zu finden, fragte ich mich doch, warum er mich hier heraufgebracht hatte. Falls er vorhatte, mir etwas anzutun, so wäre ich ihm hilflos ausgeliefert und hätte keine Möglichkeit, Hilfe herbeizurufen. Trotzdem, so überlegte ich, war es sinnlos, jetzt den Rückzug anzutreten: Wenn er tatsächlich etwas Schändliches im Schilde führte, würde er mich ohne weiteres einfangen, noch bevor ich die Haustür erreicht hätte; und falls nicht, so hätte ich mich meiner einzigen Chance beraubt, mehr über Turner zu erfahren. Ich schöpfte auch etwas Mut aus seinem Verhalten; denn hätte Grund zur Angst bestanden, so hätte er dies sicherlich gemerkt und versucht, mich zu beschwichtigen. Aber als er geistesabwesend einen Schlüssel aus der Tasche zog, die Tür aufschloß und sie aufstieß, nahm er kaum Notiz von meiner Gegenwart, geschweige denn von meinen Empfindungen.

Wir betraten einen langgestreckten, dunklen Raum, der so karg eingerichtet war wie die meisten Dachstuben, und doch war er nicht ganz ohne Bequemlichkeit. Ein spärliches Feuer in einem schmucklosen kleinen Kamin nahm der Kälte das Schneidende, und davor stand ein bequemer, alter Sessel. Auch Bücher gab es, die meisten am Rücken gebrochen und mit abblätternden Goldbuchstaben – auf die Schnelle erkannte ich unter mehr als hundert anderen, deren Titel unleserlich geworden waren, die Stücke von Shakespeare, die *Aeneis* und den *Waggoner* von Wordsworth –, sämtlich in einen winzigen Bücherschrank gequetscht, der sinnreich so gebaut war, daß er sich unter die niedrige, schräge Decke fügte.

»Jemand hat mir gesagt, daß Sie die Tagebücher meines Vaters lesen möchten«, sagte Mr. Haste, den Blick zum Fenster gerichtet.

»Jemand! Sie meinen Sir Charles Eastlake?«

Er antwortete nicht, sondern klaubte aus einer Kiste neben dem Kamin etwas, das wie ein Stuhlbein aussah, legte es ins Feuer und kniete sich hin, um in die erlöschende Glut zu blasen. Er hatte mich nicht aufgefordert, Platz zu nehmen, also blieb ich – unsicher, was ich sagen oder tun sollte – bei der Tür stehen und sah mich um. Trotz aller Kargheit und Ärmlichkeit machte das Zimmer einen überraschend ordentlichen Eindruck und wirkte keineswegs heruntergekommen. Auf der Matratze, die als Bett diente, lag eine saubere weiße Steppdecke, und die Papierstapel auf dem Fußboden und dem schmalen Tischchen schienen eine

gewisse Ordnung zu haben – welche, hätte ich nicht sagen können. Die einzige Unstimmigkeit bewirkte ein großes, ungerahmtes Gemälde, das in schrägem Winkel ganz hinten im Zimmer stand (es war zu groß, um flach an der Wand zu lehnen). Es schien zu einer anderen Wirklichkeit zu gehören, und in dieser engen Welt wirkte es wie ein Eindringling, so fehl am Platz wie ein Riese, der in eine kleine Hütte tritt. Es stellte König Lear dar, wie er, die Hände gen Himmel gereckt, mit regennassem Bart auf der Heide den Sturm verflucht.
Ich spürte den Blick von Mr. Haste. »Ist das von Ihrem Vater?« fragte ich.
Er nickte. »Das ist alles, was mir die Gerichtsvollzieher gelassen haben. Ich habe es hier verwahrt und ihnen draußen auf der Treppe mit dem Schürhaken in der Hand erklärt, sie würden es bereuen, wenn sie es wagten, einzutreten. Das hat sie erst einmal abgeschreckt – es waren armselige Bürschchen –, aber ich fürchte, sie werden wiederkommen.«
Daher also das Schloß, dachte ich: offenbar eine Vorsichtsmaßnahme, die er jedesmal ergriff, wenn er zur Haustür ging. Erleichterung überkam mich und ein merkwürdiges Gefühl von Dankbarkeit gegenüber dem Bild, das mir eine derart einleuchtende Erklärung geliefert hatte. So war ich auch gleich ganz unvernünftig bereit, es zu mögen; doch als ich es mir noch einmal ansah, war ich doch enttäuscht. Vielleicht kam es auch nur daher, daß es an diesem Ort wie ein Fremdkörper wirkte, doch irgend etwas schien mir damit nicht zu stimmen.
»Ein beachtliches Bild«, sagte ich.
Falls er den Zweifel aus meiner Stimme herausgehört hatte, ließ er es sich nicht anmerken. »Mein Vater war ein Genie«, meinte er. »Aber ein Genie zu sein, das genügt in England natürlich nicht.«
»Wie meinen Sie das?«
Er schüttelte den Kopf. »Wenn man Erfolg haben will, muß man lernen, zu kriechen und zu scharwenzeln und seine Zunge im Zaum zu halten. Wie dieser Kerl.«
»Welcher Kerl?« fragte ich – und im selben Augenblick wurde

mir klar, daß er Sir Charles meinte. »Warum nennen Sie ihn nicht bei seinem Namen?«
»Kommen Sie«, sagte er und trat zum Fenster. »Wissen Sie, was das ist?«
Ich reckte den Hals, um zu sehen, was er mir zeigen wollte; doch es befand sich in einem derart steilen Winkel, daß ich nichts sehen konnte, ohne seinen Standpunkt einzunehmen. Als er merkte, wie ich mich reckte und streckte, trat er sofort zur Seite.
»Das große Gebäude dort«, sagte er.
Ich konnte mit Mühe und Not ein graues Band über den Dächern ausmachen. »Die National Gallery?« fragte ich.
Er nickte. »Und die Royal Academy. Wissen Sie, was dahinter liegt?«
Ich schüttelte den Kopf.
»St. Martin's – das Armenhaus. Deutlicher könnten sie es nicht ausdrücken, selbst wenn sie es über dem Eingang in Stein meißeln ließen. *Das erwartet ein Genie, wenn es sich nicht beliebt zu machen versteht.* Was will er von Ihnen?«
»Verzeihung?«
Unvermittelt fuhr er mich an: »Dieser Kerl! Warum hat er Sie eigentlich zu mir geschickt?«
Wut stieg in mir auf. Ich wollte ihm sagen, wie fehl am Platz seine Befürchtungen waren und daß Sir Charles nur die allerbesten Absichten hatte; aber ich befürchtete, daß ihn das nur noch ungehaltener machen würde. Und da ich spürte, daß seine Wut unvergleichlich größer war als meine, trat ich in die Zimmermitte zurück und sagte beschwichtigend:
»Hat er das in seinem Brief denn nicht erklärt?«
»Eine Lebensgeschichte?«
Ich nickte. »Von Turner.«
Und ich setzte ihm die Sache auseinander, so einfach ich konnte, denn ich ging davon aus, daß jede kleinste Schmeichelei, jeder Hinweis auf etwas Unehrenhaftes seinem Mißtrauen mir gegenüber neue Nahrung geben würde. Und damit tat ich wohl recht; denn wenn er auch nicht völlig überzeugt schien, als ich

geendet hatte, so fuhr er mich wenigstens nicht gleich wieder an, sondern fiel in nachdenkliches Schweigen und nestelte zerstreut an dem Taschentuch, das er um die Hand geschlungen hatte.

Dies war eindeutig nicht der geeignete Moment, weiter in ihn zu dringen; also überließ ich ihn seinen Gedanken und schaute mich wieder um, verstohlen nach einem Anhaltspunkt suchend, der mir seine Heftigkeit und die traurigen Verhältnisse, unter denen er lebte, erklären konnte. Dabei fiel mein Blick auf den Tisch und die Papiere. Sie waren von unterschiedlicher Größe und Handschrift; und aus der Art, wie sie geschrieben und arrangiert worden waren, konnte man schließen, daß es sich um Beiträge für irgendeine Zeitschrift oder eine Zeitung handelte, die bald in Druck gehen sollten. Manche Abschnitte hatten Überschriften, wie das bei solchen Artikeln üblich ist – »Ein ehrenwerter Mann«; »Die diebische Elster ihrer Hoheit« –, und auf dem obersten Blatt Papier stand geschrieben: »Das Augenglas«, was ich für den Titel der Publikation hielt, von der ich allerdings noch nie gehört hatte.

»Zwei Shilling am Tag«, sagte er plötzlich.

Ich verstand nicht, was er damit meinte – wenn es sich nicht vielleicht auf den Preis für die Zeitschrift bezog oder auf den kargen Lohn, den er als Mitarbeiter erhielt. Ich wandte mich ihm zu mit einem törichten Grinsen, wie ich wohl wußte. Ganz offensichtlich rang er sehr heftig mit sich, denn sein Unterkiefer arbeitete, und er zog so heftig an dem Taschentuch, daß seine Fingerknöchel ganz weiß wurden.

»Leihgebühr«, sagte er.

»Leihgebühr!«

»Für das Tagebuch.«

Das Blut schoß mir in die Wangen. Von Walter, da war ich mir sicher, hatte bisher niemand Geld für eine Auskunft verlangt, und mir war nie in den Sinn gekommen, daß jemand eine solche Forderung an mich stellen könnte. Erlaubte sich Haste Unverschämtheiten, nur weil ich eine Frau war?

»Ich bin nicht davon ausgegangen, daß wir hier ein Geschäft abschließen«, sagte ich entschieden.
Er begann zu zittern, ob aus Angst oder Wut, konnte ich nicht unterscheiden. »Hat jemand von seinem Vater ein Haus geerbt, findet niemand etwas dabei, wenn er es vermietet.«
Das stimmte – ich konnte es nicht bestreiten – und doch, dachte ich ungehalten, war denn das wirklich dasselbe? Ich überlegte, worin der Unterschied bestand, konnte aber so schnell keinen finden, und daher sagte ich schließlich nur:
»Ein Tagebuch ist kein Haus.«
»Es ist das ganze Vermächtnis meines Vaters«, gab Mr. Haste zurück. »Dies und« – er wies auf das Bild und die Bücher – »was Sie dort sehen. Den Rest haben sich die Gläubiger unter den Nagel gerissen. Soll ich also nicht ein wenig Vorteil davon haben dürfen?«
Er richtete sich auf und warf sich in die Brust; aber er weckte eher mein Mitleid, als daß er mich beeindruckte, denn er blickte matt und verzweifelt, und seine Hand zitterte unablässig. Er sah eigentlich mehr wie ein großer, ängstlicher Hund aus, der auf gespielte Kampfeslust setzt, aber bereit ist, davonzulaufen, wenn sein Gegner sich standhaft zeigt. Er muß das Mitleid in meinem Gesicht gesehen haben, denn seine Stimme wurde mit einemmal drängender, flehentlicher.
»Ich habe alles verloren, Miss Halcombe. Sogar meine Familie.«
»Ihre Familie!«
Er nickte. »Meine Frau ist für ein solches Leben nicht geschaffen. Sie hat es versucht, aber es ging über ihre Kräfte; schließlich hat sie mich mit unseren beiden Töchtern verlassen und lebt jetzt bei ihrer Schwester in Surrey.«
»Oh, wie furchtbar!« sagte ich und dachte an die Veränderung, die nur einige Wochen der Trennung von Walter für Laura und die Kinder bedeutet hatten – und das ohne die Plage der Armut oder den geringsten Zweifel, daß er eines Tages zu ihnen zurückkehren werde.
»Und dort müssen sie auch bleiben«, sagte Mr. Haste. »Sofern sich unser Schicksal nicht wendet.«

»Und besteht irgendeine Aussicht darauf?« fragte ich, wobei ich mir durchaus bewußt war, dadurch meine Verhandlungsposition zu schwächen. Aber ich war nicht in der Lage, mein Herz zu verhärten und Gleichgültigkeit vorzugeben, wie es ein Mann vielleicht getan hätte.

»Nicht wenn... wenn es nach dem Willen gewisser Leute geht«, sagte er und verzog das Gesicht beinahe zu einem Lächeln, wenn auch nur zu einem trüben und freudlosen. Er wies zum Tisch auf die Papiere. »Aber sie werden mir nicht wie meinem Vater die Hoffnung rauben können.«

»Was ist das?« fragte ich.

»Ein neuer Versuch.«

»Eine Zeitschrift?«

Er nickte. »Sie werden versuchen, mich zum Schweigen zu bringen, wie sie es schon oft getan haben. Aber selbst wenn sie Erfolg haben sollten, das wird nicht von Dauer sein. Ich werde einfach eine neue gründen. Und eine dritte und falls nötig, auch noch eine vierte.«

War das Wahnsinn, oder war es die Unbeugsamkeit eines Mannes, dem Unrecht geschehen war? Ich vermochte es nicht zu sagen. Aber er machte mich so neugierig – gleichzeitig fürchtete ich, einen Sturzbach eingebildeter Nöte und phantastischer Behauptungen auszulösen –, daß ich mehr herausfinden wollte.

»Welchem Thema ist sie gewidmet?« fragte ich vorsichtig.

»Ach, das Thema! Mein Thema ist stets das gleiche, Miss Halcombe. Irrwitz, Schamlosigkeit und Verderbtheit.« Er ließ ein scharfes, bellendes Lachen hören, mehr ein Schmerzensschrei als ein Ausdruck von Fröhlichkeit. »Es ist wohl meine Bestimmung, bis zu meinem Tode dagegen zu kämpfen.«

So verrückt er schien – wenn er tatsächlich Sir Charles Eastlake unter seine »irrwitzigen« und »verderbten« Feinde zählte, mußte er ja verrückt sein –, so konnte ich ihm eine gewisse Bewunderung für seinen Mut und seine Entschlossenheit angesichts der Widrigkeiten des Lebens doch nicht versagen, und ich empfand auch Mitleid für sein Unglück.

»Nun gut«, sagte ich und setzte mein freundlichstes Lächeln auf. »Ich bin einverstanden mit ihren Bedingungen.«
Seine Miene entspannte sich unmittelbar, und er legte ein ganz anderes Verhalten an den Tag, in dem sich Erleichterung und Triumph mischten.
»Wo ist das Tagebuch?« fragte ich.
Er zeigte auf sechs Bände unterschiedlicher Größe auf dem obersten Bord des Bücherschranks. Ich überschlug, daß mich das Durchsehen und Markieren der interessanten Stellen pro Band einen Tag kosten würde; zwei oder drei weitere Tage würde es dauern, die entsprechenden Passagen für Walter abzuschreiben. Aus Mildtätigkeit (und auch, wie ich zugebe, um die Peinlichkeit zu vermeiden, nach Wechselgeld zu fragen) nahm ich einen Sovereign aus meinem Ridikül.
»Hier«, sagte ich. »Ich nehme sie für zehn Tage mit.«
»Mitnehmen?« fragte er, sofort wieder in seinen gereizten Ton verfallend. »Mitnehmen können Sie sie nicht, Miss Halcombe. Sie müssen sie schon hier lesen.«
Es war eine Zumutung – ungeheuerlich – einfach indiskutabel; und zugleich wußte ich, daß ich es mir selbst zuzuschreiben hatte, meiner Freundlichkeit, die ihn ermuntert hatte, mit mir zu verfahren, wie es ihm beliebte. Soviel Mitgefühl ich hatte und so sehr es mir widerstrebte, nun war es an der Zeit, Unnachgiebigkeit zu zeigen.
»Nein«, sagte ich. »Wo sollte ich hier denn arbeiten?«
»Ich besorge Ihnen einen Tisch und einen Stuhl, die stelle ich Ihnen unten auf.«
»Sie haben ja kaum genug Möbel für sich selbst«, sagte ich.
»Und was ist« – ich begann zu lachen, mit einem Selbstvertrauen, das ich gar nicht wirklich empfand –, »was ist, wenn der Gerichtsvollzieher kommt?«
Er schüttelte den Kopf und setzte zum Protest an; doch bevor er etwas sagen konnte, fuhr ich fort:
»Und außerdem ist es hier viel zu kalt.«
»Ich kaufe Kohlen – Sie geben mir noch etwas Geld für Kohlen«,

sagte er; aber sein Poltern wurde schon durch eine Spur ängstlichen Eifers untergraben und drohte, jeden Augenblick gänzlich in Flehen umzukippen.
»Mr. Haste«, sagte ich. »Ich werde bestimmt nicht hier in diesem Haus arbeiten. Ich bin in guter Absicht gekommen und habe Ihnen, glaube ich, ein großzügiges Angebot gemacht. Ich bedaure, aber Sie können es ablehnen oder annehmen.«
»Sie sind alles, was ich habe!« sagte er jämmerlich, riß sich das Taschentuch von den Knöcheln und begann, es sich krampfhaft um den Zeigefinger zu wickeln. Auf seinem Handrücken bemerkte ich kleine Kratzer, als wäre er an einer Mauer entlanggeschrammt.
»Wovor haben Sie Angst?« fragte ich. »Glauben Sie etwa, das ist ein Komplott von Sir Charles, um an das Tagebuch Ihres Vaters zu kommen und es zu vernichten?«
Er stieß einen unwillkürlichen Seufzer aus, so als ob er einen Schlag erhielte, woraus ich entnahm, daß ich richtig geraten hatte.
»Wenn das die Absicht von Sir Charles sein sollte«, fuhr ich fort, »er etwas derart Schändliches vorhätte – was, wie ich Ihnen versichern kann, nicht der Fall ist –, glauben Sie wirklich, ihm wäre nichts Besseres eingefallen, als mich zu schicken?«
Er fand keine Antwort, sondern starrte mich nur an.
»Wenn Sie mir die Bücher anvertrauen wollen, so verspreche ich Ihnen, daß ich sie mit aller Sorgfalt behandle; wenn Ihnen das aber nicht genügt, so tut es mir leid; dann muß ich wohl mit leeren Händen abziehen.«
Er sah so verzweifelt aus, daß ich einen Augenblick fürchtete, er werde sich das Geld auch so schnappen oder vor Wut auf mich einschlagen; aber er rührte sich nicht und gab keinen Ton von sich. Als ich dieses stumme Unglück in seinen Augen sah, wurde ich fast weich; doch dann nahm ich mich zusammen, wandte mich um und verließ mit einem kühlen »Auf Wiedersehen« das Zimmer.
Enttäuschung und Erleichterung, in ungefähr gleichem Maße,

waren meine vorherrschenden Gefühle, als ich die Treppe hinabzusteigen begann, und sie nahmen mit jedem Schritt zu. Doch als ich den letzten Absatz erreichte, wurde mir plötzlich wieder bange; denn über mir hörte ich das Vorhängeschloß einschnappen und darauf polternde Schritte. Was, wenn er versuchte, mich aufzuhalten? Ich beschleunigte meine Schritte, raffte mit einer Hand mein Kleid und ergriff mit der anderen das Geländer. Ich hatte bereits die Tür erreicht und nestelte fieberhaft an den Ketten und Riegeln herum, als er vom Treppenabsatz des ersten Stocks aus herunterschrie: »Warten Sie!«
Aber ich blieb nicht stehen. Ich stürzte auf die Straße hinaus, schlug die Tür hinter mir zu und rannte bis zur nächsten Kreuzung, wo ich vor einem Haus mit hellerleuchteten Fenstern, aus dem fröhliches Lachen und Stimmen drangen, anhielt, um Atem zu schöpfen.
Und dort holte er mich ein. Ich hatte mich schon in Sicherheit gewähnt und ihn nicht kommen hören. Da spürte ich seine Hand auf meinem Arm und hätte vor Entsetzen beinahe aufgeschrien.
Aber als ich mich umwandte, sah ich, daß ich keine Angst zu haben brauchte. Seine hängenden Schultern zeugten von seiner Niederlage, Hitze und Leidenschaft waren aus seinem Gesicht gewichen, das auf einmal totenbleich aussah. Wie ein Bittsteller hielt er mir die Tagebücher entgegen.
»Hier«, sagte er.
Ich gab ihm seinen Sovereign und winkte eine Droschke heran.

Ich habe sie noch nicht aufgeschlagen. Was, wenn sie sich nach dem ganzen Abenteuer als wertlos herausstellen?
Genug für heute. Ich werde sie mir morgen anschauen.

Sonntag
Schlechte Nachrichten. Ein Brief von Mrs. Kingsett: Ihre Mutter ist sehr krank. Ich kann sie besuchen, wenn es ihr besser geht, was wahrscheinlich erst in einigen Wochen der Fall sein wird –

falls überhaupt eine Besserung eintritt (in ihrem Alter muß man stets mit dem Schlimmsten rechnen). Ich könnte mich ohrfeigen, daß ich mich in Marlborough House so angestellt und nicht mehr herausbekommen habe.

Habe in der Kirche für Lady Meesdens Genesung gebetet. Natürlich waren es keine selbstlosen Gebete. Ich hoffe, es wird mir verziehen werden.

Konnte mich immer noch nicht überwinden, die Tagebücher aufzuschlagen. Sie sind im Augenblick meine einzige Hoffnung, und wenn sie sich als Enttäuschung erweisen, wird es mich sicher grämen, und ich werde vor Kummer nicht schlafen können, womit niemandem geholfen ist.

Morgen früh. Ich schwöre es.

Montag.
Fehlende Tage – fehlende Wochen – ein ganzes fehlendes Jahrzehnt – und wenig genug (bis jetzt zumindest) über Turner. Aber ich habe noch nicht allen Mut verloren. Sir Charles hat recht: Wenn nichts sonst, so erfahre ich doch etwas über die Welt der Kunst vor fünfzig, sechzig, siebzig Jahren, was nur hilfreich sein kann.

Und was für eine Welt das ist! So anders als die unsere! Hier die erste Erwähnung von Turners Namen, 18. April 1793:

> Im Old Slaughter Chop House mit Perrin gespeist, dann von 7 bis 8 in der Akademie gezeichnet. Danach Perrin, Hynd und Larkin zum Tee, wir haben die halbe Nacht geredet. Perrin berichtete ganz aufgeregt von einem »jungen Genie«, William Turner, dessen Arbeiten er gestern gesehen hat. Der Junge ist noch keine achtzehn – hat die Große Silberpalette für Landschaftszeichnung gewonnen –, soll die »strahlende Hoffnung der englischen Schule« sein etc. etc. Ich sagte ihm, in diesem Fall solle er sich auf eine Enttäuschung gefaßt machen; denn in ein paar Jahren, wenn sich die Sache abgenutzt hat, werde sich keiner mehr für ihn interessieren und man würde nach einem neuen »jungen Genie« suchen, das die Lücke füllt.

»Völlig egal!« schreit Larkin (der, glaube ich, betrunken war, denn er und Hynd kamen aus dem Wirtshaus; der Alkohol hatte ihn allerdings rührselig und leichtsinnig, nicht fröhlich gemacht) – »in ein paar Jahren brauchen wir keine Hoffnung für die englische Schule mehr oder für sonst ein englisches Irgendwas; weil dann die Geschichte über uns hinweggegangen ist, wir werden ins Nichts versinken wie Venedig.«
»Ach, was für ein haarsträubender Unsinn!« brüllte Hynd, schnaubend wie ein Bulle.
»Die Welt steht kopf, du mußt blind sein, wenn du das nicht siehst!« fiel Larkin hitzig ein. »Wer hätte vor zwanzig Jahren gedacht, daß wir über kurz oder lang Amerika verlieren würden und der französische König seinen Kopf!«
»Was das betrifft«, sagte Hynd mit einem grimmigen Lachen, »da gibt es Köpfe, die uns näherstehen, die könnten auch so eine Behandlung vertragen und es wäre kein Schaden für uns.«
Und wenn Perrin nicht vorgeschlagen hätte, ein Lied anzustimmen, und sofort losgesungen hätte, es wäre vielleicht zu einer Prügelei gekommen.
Was mich betrifft (Gott vergebe mir!) – ich möchte nur meinen Erfolg, und die ganze Welt mag kopfstehen oder sich meinetwegen im Kreis drehen oder über mir zusammenbrechen, mir ist das gleich!

Wenn ich das lese, denke ich, vielleicht hatte ich doch recht, daß Turner seinen *Untergang des Karthagischen Reiches* als eine Warnung an England verstand. Gewiß, es ist etliche Jahre später entstanden; doch die Eindrücke, die ein jugendlicher Geist sammelt, prägen ihn fürs Leben; und vielleicht hat ihn nie die Furcht verlassen, die es mit sich bringt, in eine Zeit grausamer Kriege und Revolutionen hineingeboren zu sein, in der sogar das Überleben des eigenen Landes zweifelhaft erscheinen muß.

Weiter nichts Bemerkenswertes (läßt man die Fehlschläge und Enttäuschungen von Hastes Karriere beiseite) bis zum Jahre 1799:

1. *Dezember.* Ein verlorener Tag. Habe nicht so gearbeitet, wie ich sollte.

Abends Perrin bei Lord Meesden getroffen. Er erzählt mir, der junge William Turner sei als außerordentliches Mitglied in die Royal Academy gewählt worden und vom Covent Garden in die Harley Street umgezogen, nachdem ihm seine Akademiekollegen klargemacht haben, daß dies schicklicher sei.

Es ist schmerzlich, über den Unterschied unseres Alters und unserer Aussichten nachzudenken; Perrin sagt, Turner, der gerade vierundzwanzig ist, behaupte, mehr Aufträge zu haben, als er ausführen könne, während ich, der ich neun Jahre älter bin, keinen einzigen Auftrag habe und mir die Miete für meine wahrlich unschickliche Unterkunft dadurch verdiene, daß ich die Katze meines Vermieters porträtiere.

Gott gebe mir die Kraft, mich noch härter zu bemühen, auf daß mir bei meiner großen Aufgabe endlich Erfolg beschieden sei. Und er bewahre mich vor der Sünde des Neids. Amen.

Armer Haste. Als ich diese Worte las, mußte ich an seinen Sohn denken und an die armselige kleine Dachstube und das seltsame, übergroße Gemälde von Lear, und aus all dem konnte ich nur schließen, daß seine Gebete unerhört geblieben waren.

Aber wenigstens erwähnt er Lord Meesden! Das läßt hoffen – allerdings nur, wenn Lady Meesden nicht stirbt.

Ob ich noch einmal für sie beten soll? Oder entwerten wir unsere Gebete, wenn wir das, worum wir bitten, allzu bestimmt wollen?

Ich muß nächsten Sonntag Mr. Palmer danach fragen.

Morgen begleite ich Haste ins neunzehnte Jahrhundert.

Dienstag
Den ganzen Vormittag mit Haste verbracht. Manchmal ist er fast unerträglich zu lesen, so unbarmherzig ist der Mahlstrom

der Fehlschläge, des Unglücks und der Mißverständnisse. Und, um alles noch schlimmer zu machen, sie sind oft nicht bloß furchtbar, sondern furchtbar komisch, so daß ich zugleich lachen und weinen muß und mir am Ende noch Vorwürfe mache für meinen Mangel an Mitgefühl.

Aus einem unbestimmten Grund findet sich nichts zum Jahr 1801, außer einem kurzen Eintrag für den 31. Dezember:

31. Dezember. Und was bleibt mir, als wieder einmal meine Laster, Schwächen und Fehler des vergangenen Jahres zu bereuen und um mehr Festigkeit im folgenden Jahr zu beten?

Abends erneut Reynolds über Poesie und Malerei gelesen. Die Poesie, sagt er, »erstreckt ihren Einfluß auf beinahe alle Leidenschaften«, darunter »eine unserer hervorstechendsten Neigungen, die Angst vor der Zukunft«. Sie »wirkt, indem sie unsere Neugier hebt und den Geist nach und nach dazu führt, ein Interesse für den Gegenstand zu entwickeln, diesen Gegenstand dann in der Schwebe hält und uns am Ende mit einer unerwarteten Katastrophe überrascht«. Malen sei im Gegensatz dazu »beschränkter, es hat nichts, was dieser Kraft entspricht oder ihr gleichkommt, diesem Vermögen, den Geist zu führen, bis die volle Aufmerksamkeit erlangt ist. Soll etwas mit Malerei erreicht werden, so muß dies auf einen Schlag geschehen; die Neugier erhält sofort alle Befriedigung, die sie nur haben kann...«

Meine Bilder sollten dieser edlen Anforderung gewachsen sein – sie sollten überraschen – sie sollten verblüffen – sie sollten in einem einzigen, unwiderleglichen Streich all das erreichen, was ein Gedicht auf zehn, zwanzig oder hundert Seiten erreicht.

Aber tun sie das? Ach! Ich fürchte nein. Gott möge mich der heiligen Aufgabe würdig machen, zu der er mich berufen hat.

War nicht auch Turner ein Bewunderer von Reynolds, und liebte nicht auch er die Poesie? Könnten ihm nicht auch solche Gedanken durch den Kopf gegangen sein?

1802 tritt er erneut auf:

> 27. *Mai.* Heute nachmittag, als ich schon jeden Gedanken daran aufgegeben hatte, ihn wiederzusehen, kam Sir George Beaumont vorbei. Zu meiner Verwunderung tat er, als habe es zwischen uns keinerlei Verstimmung oder Entfremdung gegeben und als seien unsere Beziehungen so herzlich wie eh und je. Beim Eintritt in mein Atelier blieb er eine ganze Weile vor dem *Lear* stehen; und während ich auf sein Urteil wartete, schlug mein Herz so wild, daß ich ihm wahrscheinlich nicht hätte antworten können, wenn er mich etwas gefragt hätte. Schließlich sagte er jedoch gar nichts, sondern wollte nur wissen, ob ich die laufende Ausstellung in der Royal Academy gesehen habe.
>
> Kaum fähig zu sprechen – denn ich fragte mich, ob er nicht vielleicht ärgerlich geworden sei –, verneinte ich; und forderte ihn dann geradewegs auf, mir seine Meinung *dazu* kundzutun. Er verstand mich schlicht und einfach nicht, sondern antwortete auf die höflichste Weise: »Wirklich, Haste. Es gibt ein paar schöne Sachen da; aber was ich von dem jungen Turner und seinen Nachahmern gesehen habe, gefällt mir nicht. Das sieht alles so unfertig aus.« (Wie hätte ich nicht bei diesen Worten eine finstere Genugtuung empfinden sollen?)
>
> Und dann ging er, ohne ein einziges Wort über meine Arbeit verloren zu haben, und ließ mich sprachlos zurück, so daß ich ihm nichts nachrufen konnte.

Und zwei Jahre später, 1804:

> 19. *April.* Sir George kam mit Perrin, der ganz begeistert von Turner und seinen Arbeiten ist, nachdem er gestern an der Eröffnung seiner Privatgalerie teilgenommen hat. Er war aufgeregt wie ein Kind, das gerade den König gesehen hat. »Sie ist siebzig Fuß lang, Haste – und zwanzig breit – und befindet sich hinter seinem Haus in der Harley Street, am Durchgang zur Queen Anne Street« – und so weiter, als ob eine Aufzählung architektonischer Einzelheiten das Interessanteste auf der Welt wäre. Endlich, zu meiner Erleichterung, unterbrach

ihn Sir George: »Das ist ja alles gut und schön, Perrin; aber er sollte nicht so viele Bilder auf einmal zeigen. Und seine Himmel sind zu heftig, sie harmonieren nicht mit den anderen Bildteilen.«

»Aber, aber«, rief Perrin bestürzt. »Würden Sie nicht auch sagen, daß er Talent hat«?

»Talent hat er«, sagte Sir George, »aber von der falschen Sorte. Er hat etwas Verkehrtes – er ist zu roh und unnatürlich, er mißachtet die großen Meister, und das aus reiner Effekthascherei. Es besteht die Gefahr, daß andere ihm diese Fehler nachmachen, denn man kann nicht leugnen, daß er ein Verführer ist; und daher sollten sich ihm alle widersetzen, die über Geschmack und Verstand verfügen.«

Auf Perrins Wangen traten rote Flecken, und ich sah deutlich, daß er Sir George widersprechen wollte; aber er hielt seine Zunge im Zaum – ohne Zweifel aus Furcht, seinen eigenen Auftrag zu verlieren. Aber die Worte von Sir George brachten mich dazu, meinen ganzen Mut zusammenzunehmen und ihn endlich geradeheraus nach seiner Meinung zu meinem *Lear* zu fragen – ist dies doch ein Werk, das unerschütterlich auf jenen ewigen Prinzipien errichtet ist, die er eben mit so viel Wärme gepriesen hatte. Und obwohl er sich bislang nicht dazu geäußert hatte, so hätte er dies doch gewiß nicht gesagt, wenn er mein Bild nicht schätzen würde.

Es schien ihn zu überraschen, daß ich überhaupt eine solche Frage stellte; aber dann stand er eine Minute davor, in Betrachtung versunken. Am Ende sagte er: »Es ist zu groß, Haste.«

Zu groß! – Ich traute meinen Ohren nicht! Ich hätte so klug wie Perrin sein und den Mund halten sollen; aber ich war empört, und die Worte drängten sich mir mit Macht über die Lippen: »Wenn Sie die Güte hätten, Sir George, sich daran zu erinnern, daß *Sie* es waren, der befand, mein erster Entwurf sei zu klein geraten, und mir empfahlen, es in Lebensgröße zu malen!« Darauf antwortete er gar nicht, sondern sagte nur: »Ich hätte keinen Platz dafür«, und ging.

Einen Augenblick später steckte Perrin noch einmal seinen Kopf zur Tür herein und sagte lachend: »Sie müssen sich halt auch eine Galerie in der entsprechenden Größe bauen.« Bevor ich ihm antworten konnte, war er verschwunden.

Ist je ein Künstler übler geschmäht worden? Mich überkam eine schreckliche Wut und Verzweiflung, daß ich mir das Hirn zerschmettern, das Bild mit einem Messer in Fetzen schneiden wollte, hätte die arme Alice nicht gehört, wie ich tobte, und daher hielt ich mich zurück.

Sie ist ein Engel in meinem Elend. Gott segne sie und belohne trotz allem meine Bemühungen!

Dreiundzwanzig Monate und noch immer hatte er seinen *Lear* nicht fertig! Wie viele Jahre seines Lebens mochte ihn das gekostet haben? Sicherlich ist nicht oft ein solcher Aufwand für ein derart kleines Resultat getrieben worden. Obwohl man es eigentlich nicht als klein bezeichnen kann – denn falls es sich um das Bild handelt, das ich in der Dachstube gesehen habe, kann wohl niemand behaupten, daß es zu klein ist – eher unbefriedigend. Der Stil ist zu bombastisch – die Figuren falsch proportioniert – das Ganze irgendwie weniger als die Summe seiner Teile. Ich stimme mit Sir George Beaumont nicht überein, was Turner betrifft, aber seine Abneigung, dem *Lear* Beifall zu spenden, kann ich voll und ganz verstehen.

Aber warum stimme ich in bezug auf Turner mit ihm nicht überein? Liegt der Grund lediglich in unserer natürlichen Neigung zur Verehrung der Vergangenheit? Das Ideal Beaumonts waren die alten Meister (die zweifellos zu ihrer Zeit ebenfalls geschmäht wurden, weil sie die überkommenen Konventionen mißachteten), und alles, was davon abwich, wurde als »Irrtum« betrachtet; während für mich Turner bereits durch die Zeit geheiligt ist, und seine Werke in einer natürlichen Schönheit zu strahlen scheinen, die den kranken Machwerken der Gegenwart völlig abgeht.

Das kann nicht die ganze Wahrheit sein (sonst müßte ich auch den *Lear* bewundern); und doch kann ich nicht bestreiten, daß

Hastes Welt für mich einen besonderen Zauber besitzt – die Welt des Regency, voller Geschäftigkeit und Eleganz, als Islington noch ein Dorf war und in Vauxhall die Stutzer paradierten – und auch das Wissen darum, daß sie lasterhaft und verdorben war, hat diesen Zauber nicht völlig gebannt, so wenig wie die Erkenntnis aus Hastes Tagebuch, daß sie nicht minder voller Leiden war als unsere. Sind wir Menschen nicht wunderlich?

Mittwoch
Beinahe zehn unfruchtbare Jahre – unfruchtbar sowohl für mich als auch für Haste, denn nirgends wird Turner erwähnt, während er (abgesehen von der Geburt seines Sohnes) nichts als Schulden und Mißerfolg zu vermelden hat –, endlich, 1813, dies:

> 15. Februar. Als ich um die Ecke der Queen Anne Street bog, Calcott getroffen, der anscheinend gerade aus dem ersten Haus herauskam. An der Tür ein Schild: »Benjamin Young, Zahnarzt«, also zog ich ihn ein wenig auf: »Wie! Haben Sie sich endlich an Sir George die Zähne ausgebissen?«
>
> Er ließ ein Lächeln sehen, das diesen Namen kaum verdiente, und sagte: »Das kommt der Wahrheit näher, als Sie wissen können. Nein, ich komme gerade von Turner. Und er wies auf die Tür direkt neben der ersten, von der ich geglaubt hatte, daß sie zum Zahnarzt führe. »Das ist der Eingang zu seiner Galerie.«
>
> »Ich dachte, die sei in dem Haus in der Harley Street.«
>
> »Er ist hierher umgezogen, und er hat diese Tür neben dem Haus des Zahnarztes machen lassen, damit man die Galerie leichter erreichen kann. Was er bitter nötig hat im Moment, denn wenn er Käufer für seine Arbeiten finden will, dann hier.«
>
> Ich fragte ihn nach dem Grund; und er antwortete: »Wegen Sir George Beaumont. Er wütet so unerbittlich gegen uns – gegen Turner, der uns angeblich alle verführt, und gegen mich, weil ich mich verführen lasse. Er versucht alle davon abzubringen,

unsere Arbeiten zu kaufen. Ergebnis: Schon lange hat keiner von uns mehr etwas auf der Akademieausstellung verkauft. Letztes Jahr hat er mich auf der Vernissage geschnitten, was Lord Brownlow davon abgeschreckt hat, eine meiner Landschaften zu kaufen. Und selbst Turner hatte trotz seiner Reputation Schwierigkeiten, einen guten Platz für sein *Hannibal überquert die Alpen* zu bekommen.«
»Das hat aber nichts mit Sir George zu tun«, erwiderte ich.
»Sondern damit, daß die Hängekommission aus kleinlichen gehässigen Intriganten besteht, die von niedrigen Eifersüchteleien und Ränken zerfressen sind.«
Calcott antwortete nicht – das tun sie nie, sie schmollen bloß, denn der Gedanke, an irgend etwas könnte die Akademie selbst schuld haben und nicht die Mäzene und Kunstliebhaber, verletzt ihren Stolz. Er hob die Schultern und sagte steif: »Wie auch immer, ich bin fest entschlossen, dieses Jahr nichts einzureichen, und Turner genauso.« Und dann ist er voller Verdruß gegangen.
Vielleicht hätte ich nicht so reden sollen, aber ich kann ein solches Unrecht nicht einfach hinnehmen. Was ist denn die Aufgabe einer Einrichtung wie der Royal Academy, wenn nicht, Talente zu suchen, wo immer sie zu finden sind, und sie zum Ruhm der Kunst und der Größe des Landes zu fördern? Und was tut sie statt dessen? Sie benimmt sich wie eine geschlossene Gesellschaft, deren einzige Aufgabe darin besteht, die eigenen Mitglieder zu unterstützen (sofern man nicht zu sehr damit beschäftigt ist, sich gegenseitig das Leben schwer zu machen), indem sie etwa einen aus ihren Reihen auf den Stuhl der Professur für Perspektive hievt, sich dann aber nicht darum kümmert, ob er auch seinen Pflichten nachkommt. Auf diese Weise bleiben Männer von Genie außen vor und nagen am Hungertuch, während weitaus unwürdigere die Positionen besetzen, die rechtmäßig ihnen zustehen sollten.
Dieser letzte Absatz hat mich sehr verwundert, war er doch im Ton so ganz anders als das Vorherige; Haste schien auf einmal

kein Tagebuch mehr zu schreiben, sondern eher ein Traktat. So war ich nicht sehr überrascht, als ich den Eintrag vom 11. November desselben Jahres las: »Heute meine Satire über die Akademie begonnen«; und drei Monate später: »Heute wurde meine Satire veröffentlicht. Gott steh ihr bei, daß sie trifft.« Er schrieb unter Pseudonym, erstaunlich umsichtig für Haste, und verkündete als sein Ziel »eine gründliche Reform dieser korrupten Einrichtung«. Ich hoffe, er hat sich nicht geschadet damit; aber ich kenne ihn mittlerweile gut genug, um das Schlimmste zu befürchten.

Donnerstag
Ein Brief von Mrs. Kingsett. Ihre Mutter ist vor drei Tagen gestorben. Ein schwerer Schlag für sie und, das muß ich sagen, eine furchtbare Enttäuschung für mich. Ich habe den Kopf voller Namen, die ich bei Haste gefunden haben – Calcott, Beaumont, Perrin –, schon beim Lesen habe ich mich an der Vorstellung geweidet, mit jemandem reden zu können, der sie gekannt hat. Und das wäre natürlich etwas ganz anderes gewesen als das, was sie mir von Turner selbst erzählt hat.
Doch ich sollte nicht so viel Mitleid mit mir selbst haben, wenn es andere gibt, die es weit eher verdienen. Mrs. Kingsett selbst gibt mir ein gutes Beispiel, denn sogar in ihrem Kummer denkt sie an mich (was ich sehr anrührend finde) und an meinen doch so viel kleineren Verlust. Sie lädt mich für nächste Woche ein, einen Blick in Lady Meesdens Briefe und Papiere zu werfen, bevor sie in alle Winde zerstreut oder vernichtet sind. Ich werde hingehen und bin ihr sehr dankbar.
Den ganzen Nachmittag und Abend über Haste gesessen. Bin nun im Jahr 1827 angekommen. Nichts von Turner – und auch sonst nichts mehr, außer fortgesetztem Unglück, noch verschlimmert, wenn gelegentlich ein Quentchen Lob oder die Aussicht auf einen Auftrag ihm ein wenig Auftrieb gab und ihn hinterher noch tiefer ins Unglück stürzte. Natürlich wird er als Autor der Schmähschrift gegen die Akademie enttarnt und zieht

sich mit einem Schlag die Feindschaft nahezu aller zu, die seiner Karriere förderlich sein könnten. Während die Jahre verstreichen und ein großspuriger Plan nach dem anderen scheitert, sieht er mehr und mehr »eine ausgedehnte Verschwörung« am Werk und seine tapfere Aufrichtigkeit bei deren Anprangerung als den Grund für all seine Mißhelligkeiten.

Doch gibt es zwei Kleinigkeiten von Interesse, die vielleicht das seltsame Verhalten seines Sohnes ein wenig erklären können. Am 15. Mai 1814 schreibt er:

Besuch von einem jungen Künstler namens Eastlake. Er ist fast noch ein Kind, besitzt aber schon mehr Verstand und Urteilskraft als mancher, der doppelt so alt ist. Er kam erst kürzlich aus Paris zurück, und als er vor meinem *Cäsar* stand, konnte ich förmlich sehen, was ihm durch den Kopf ging: »Endlich! – Ein englisches Historienbild, das es wert ist, neben einem italienischen oder französischen zu hängen!«

Und am 1. Juni 1828:

Mein Gott! Wie leicht lassen sich doch sogar scheinbar noble Geister korrumpieren! Eastlake kam vorbei, um mir »seinen Respekt zu bezeugen« – so hat er sich ausgedrückt –, bevor er wieder nach Italien ging. Seine wahre Einstellung zeigte sich, als ich ihn bat, sich für meine Sache einzusetzen. Denn obwohl er zugab, die Akademie sei »alles andere als perfekt«, drang er doch in mich, von öffentlichen Attacken abzusehen, weil »es nutzlos ist, ohne Not jemanden zu beleidigen«. »Wie!« rief ich. »Ist denn der heilige Begriff der Kunst nichts! Und der Krieg, der zu ihrer Verteidigung geführt werden muß, ›nutzlos‹!?«

Als er merkte, daß er mich nicht überzeugen konnte, verabschiedete er sich rasch, ohne ein Wort zu meinem *Pilatus* zu sagen. Es ist wohl nicht günstig, die Kraft *meines* Werkes zu loben, wenn man gerade frisch zum außerordentlichen Mitglied der Royal Academy gewählt worden und darauf hofft, Vollmitglied zu werden.

Ach, der arme Kerl.

Freitag
Es ist nach acht Uhr abends, und ich habe soeben den letzten Band Haste zugeklappt. Ich wußte, daß ich nichts mehr zu Turner finden würde, denn in seinen letzten Jahren verbrauchte Haste seine gesamte Zeit und Energie ausschließlich für die immer umfangreicheren Berichte über seine Mißgeschicke – wie er in Schuldhaft genommen wurde; seine verzweifelten Hilfsgesuche; die Ablehnung, auf die er stieß, und die zunehmende öffentliche Demütigung. Ich fühle mich, als hätte ich die letzten Tage an einem Krankenlager gesessen und hilflos dem Verfall eines lieben, aber auch schwierigen Freundes beigewohnt, den zuletzt der Tod zu sich genommen hat.

Er ist von mir gegangen, doch zwei Einträge aus dem Jahr 1837 verfolgen mich:

> *11. Januar.* Arthur zu mir gebeten und ihm das Versprechen abgenommen, daß er, was immer mir auch geschehen möge, für das kämpfen wird, was recht ist, und meinem Namen das Ansehen zu sichern, das ihm nach vierzigjährigem, unermüdlichem Kampf zukommt. Er war wieder wie ein kleiner Junge, weinte und bettelte, ich solle an ihn und seine Mutter denken, und um ihretwillen keine unüberlegten Dinge tun. Um elf ist er gegangen, und er hat geschworen, am Morgen wiederzukommen und, sofern er könne, die Hoffnung oder Zusicherung auf Linderung der Not zu bringen.
>
> Gott helfe mir, diese Nacht zu überstehen.
>
> *12. Januar.* Ich bin nun fest entschlossen. Bisher hat der Gedanke an meine arme Familie meine Hand gelähmt – doch nun bin ich überzeugt, sie kann, wenn der erste Schmerz einmal überwunden ist, ohne diese große Last, die sie so niedergedrückt hat, besser leben.
>
> Gott vergebe mir. Amen.

Ich mag mir gar nicht vorstellen, was dann passiert ist, aber ich muß unablässig daran denken.

Samstag
Ich befürchtete, der arme Haste würde mir Alpträume bereiten, aber dann war ich, wie so oft, überrascht von der Richtung, die mein Geist im Schlaf einschlug. Das einzige Detail aus seinem Tagebuch, das seinen Weg in meine Träume fand, war etwas, das mir ganz unbedeutend erschienen war und das ich schon beinahe vergessen hatte.
Ich befand mich auf einer Straße und sah zwei Türen vor mir. Die eine war der Eingang zu einer Zahnarztpraxis; von der anderen wußte ich, daß sie zu Turners Galerie führte, obgleich sie kein Schild trug. Während ich noch zögerte, ob ich sie öffnen sollte, ging die Tür von alleine auf, und ich trat ein. Ich hatte keine Angst – ich wunderte mich lediglich, wie Turner es angestellt hatte, mich einzulassen, ohne selbst in Erscheinung zu treten.
Der Vorraum war dunkel und vollkommen kahl. Ich erwartete eine Tür und dahinter die Galerie; statt dessen stieß ich auf eine Treppe, die mich in ein dunkles Untergeschoß führte. Ich stieg hinab, und auch dabei empfand ich keine Angst, doch irritierte mich zunehmend das Bewußtsein, daß Turner hier irgendwo steckte und sich nicht zeigen wollte.
Unten befand sich ein grober, steinerner Bogen, hinter dem eine Art Höhle oder Grotte in den nackten Fels gehauen war. Von oben fiel mattes weißes Licht herein, und der Glimmer des Granits funkelte wie Sterne am Nachthimmel, was der Höhle eine unheimliche und zugleich sehr anziehende Schönheit verlieh. Sie schien mir zunächst nur die Größe eines Kellers zu haben, was aber, wie ich rasch feststellte, eine Täuschung war, denn als ich ans Ende gekommen zu sein glaubte, entdeckte ich eine kleine Öffnung zur Linken, hinter der es weiterging. Als ich mich bückte, um hindurchzugehen, löste sich flatternd und schemenhaft wie eine Fledermaus die Gestalt eines Mannes aus den Schatten. Gleich einem aufgeschreckten Tier, das sich ein anderes Versteck sucht, war sie sofort verschwunden. Obwohl ich die Person kaum gesehen hatte, wußte ich doch, wer es war: nicht Turner, sondern Walter. Meine Irritation schlug in Verärgerung

um: Er war vor mir hier gewesen und hatte mir nichts davon erzählt.

Schließlich – nach wie vielen Wendungen und Kehren kann ich nicht mehr sagen; der Durchgang wurde mit jedem Schritt enger und dunkler – erblickte ich vor mir einen trüben gelblichen Schein und fand mich bald darauf in einem achteckigen Raum wieder. An jeder der acht Wände hing ein Bild, doch obwohl sie in den mir vertrauten Turnerschen Gold- und Orange- und Rottönen leuchteten, erkannte ich sie nicht –, bis ich zum siebenten kam: *Die Bucht von Baiae.*

Endlich! Dachte ich. *Nun werde ich alles verstehen!* Ich trat ganz dicht heran und betrachtete das Bild aufmerksam. Es war genau so, wie ich es in Erinnerung hatte. Da waren das Meer, die sanften Hügel und der große Baum; hier die Schlange und das Kaninchen und die schädelartige Ruine. Und da waren die Gestalten von –

Ich hielt plötzlich inne; denn während Apoll zweifelsfrei zu erkennen war, konnte ich die Sibylle nirgends entdecken.

Ich erwachte, wütender denn je, und wurde das unangenehme Gefühl nicht los, daß sich Turner wie Walter über mich lustig machten und ich ihnen noch Vorschub leistete, indem ich etwas nicht sah, das mir doch vor Augen stand. Es war da, wie ein Wort, das man ganz sicher kennt, dessen Laut schon halbgeformt in der Luft liegt, dessen Rhythmus man fast zu hören glaubt und das sich einem doch entzieht. Obwohl es erst kurz nach vier war, entschloß ich mich aufzustehen und zu versuchen, herauszufinden, was es war.

Es war zu kalt, um am Tisch zu sitzen, also nahm ich mein Tagebuch und meine Notizen mit ins Bett. Zuerst dachte ich über das Bild nach, las meine erste Beschreibung, die ich nach meinem Besuch in Marlborough House angefertigt hatte, und suchte nach der Bedeutung der fehlenden Figur; doch so sehr ich mich auch bemühte, ich konnte sie nicht finden. Schließlich stellte ich das Problem zurück und wandte meine Aufmerksamkeit erneut der Queen Anne Street zu.

Warum hatte ich gerade von ihr geträumt? War es bloßer Zufall – oder war es, wie ich immer noch deutlich zu empfinden glaubte, selbst jetzt, wo ich ganz wach war, der Schlüssel zu einem Rätsel? In der Realität muß die Galerie natürlich ganz anders gewesen sein – im Erdgeschoß oder im ersten Stock, und sicher hatte sie auch Fenster. Gab es einen Grund dafür, daß ich sie mir in einem Untergeschoß vorstellte? Oder hatte ich da nur etwas vermischt, wie es in Träumen häufig der Fall ist – Sandycombe Lodge und Walters dortiges Erlebnis? Das würde meinen Ärger und meine Enttäuschung erklären: Denn mein Unbehagen an Walter war in dem Augenblick aufgekommen, als er mir – zum ersten Mal – wie ein Fremder erschienen war und mich nicht ins Vertrauen gezogen hatte. (Und, um ganz aufrichtig zu sein, es war auch der Tag, an dem ich zum ersten Mal Gefühle in mir entdeckte, die ich *ihm* nicht anvertrauen konnte.)

Ich fand die Notizen meines Gesprächs mit Miss Fletcher und legte sie neben den Bericht, den Haste von seinem Treffen mit Calcott gegeben hatte. Bei einer ersten Durchsicht konnte ich nur eine Verbindung entdecken: die Tatsache, daß – laut Miss Fletcher – Turners Vater jeden Tag von Twickenham zur Queen Anne Street gefahren war, um sich um die Galerie zu kümmern.

Sollte das von Bedeutung sein? Ich konnte es mir nicht vorstellen. Ich las es noch einmal und wollte es schon aufgeben, als mir die Daten auffielen.

Laut Miss Fletcher war Turner 1813 in Sandycombe Lodge eingezogen. Haste gab an, Turner habe 1813 erst seit kurzem in der Queen Anne Street gewohnt.

Er hatte also fast zur gleichen Zeit zwei Häuser bezogen.

Und da, mit einem plötzlichen Ruck, wie Steine, die sich von einer Uferböschung lösen, wurde mir klar, daß dies kein Zufall gewesen war, sondern sich in einen größeren Zusammenhang fügte. Als Turner starb, hatte er da nicht in Chelsea gewohnt, die Wohnung in der Queen Anne Street jedoch behalten und sich bemüht, den Eindruck zu erwecken, er lebe hier? Und hatte er nicht als junger Mann – wenn man Farrant, dem griesgrämigen Graveur, Glauben schenken konnte – ein Haus in der Harley Street unterhalten und ein zweites in der Norton Street, zu dem er sich in aller Heimlichkeit schlich?

Natürlich gibt es Familien, die ein Haus in der Stadt haben, in dem sie während der Saison wohnen, und ein zweites auf dem Land; aber Turner hatte keine Familie (wenn man von seinem Vater absieht), und das war nicht seine Lebensweise. Die meiste Zeit hatte er zwei Adressen in der Stadt – nur Sandycombe Lodge könnte man mit einigem Recht als Landhaus bezeichnen.

Und wie stand es mit Frauen? Kommt es nicht oft vor, daß ein Mann seine Geliebte in einer eigenen Wohnung unterbringt? Könnte das nicht die Erklärung sein?

Vielleicht für die Norton Street. Und möglicherweise für Chelsea, wenn es auch schwerfällt, sich Mrs. Booth in der Rolle einer Geliebten vorzustellen, selbst wenn man bedenkt, daß weder sie noch Turner einen Ehepartner hatte. Sicher aber nicht für Twickenham; hier, daran ließ die Aussage von Miss Fletcher keinen Zweifel, hatten nur Turner und sein alter Vater gewohnt.

Der Eindruck war nicht von der Hand zu weisen, daß diese Neigung, an zwei Orten zu wohnen, nicht nur eine Reaktion auf besondere momentane Lebensumstände war, sondern einem tieferen Antrieb entsprang.

Doch worum mochte es sich dabei handeln? Ein Bedürfnis, sich mit dem Nimbus des Rätselhaften zu umgeben – vor den Menschen zu verbergen, wer er wirklich war?

Zu weit hergeholt? Aber da war die Geschichte von Sir Charles über Turners Reise nach Belgien. Ließe sich sein damaliges Verhalten nicht gut auf diese Weise erklären?

Ich weiß nicht, ob es wichtig ist oder was es überhaupt zu bedeuten hat, aber ich empfinde doch eine gewisse Befriedigung darüber, überhaupt etwas herausgefunden zu haben.

Sonntag
Heute morgen in der Kirche für Haste gebetet, für seinen armen Sohn und für Lady Meesden. Diesmal gab es nichts, das die Reinheit meiner Beweggründe befleckt haben könnte.

Dienstag
Gestern abend war ich zu müde, um überhaupt daran zu denken, Tagebuch zu schreiben, daher gilt dieser Eintrag auch für den gestrigen Tag. Ein Tag, das muß ich sagen, wie ich ihn gewiß nicht noch einmal erleben möchte, denn er brachte mir nichts als Verdruß, Enttäuschung und Unannehmlichkeiten – doch ich muß ihn noch einmal lebendig werden lassen, wenn ich die Einzelheiten nicht vergessen will.

Die Kingsetts wohnen in einem jener großen, neuen stuckverzierten Häuser mit ausladendem Portikus nördlich des Hyde Park, die aussehen, als seien sie aus Zuckerguß und würden sich bei den ersten Regentropfen auflösen. Draußen ist alles wie mit dem Lineal gezogen und blendend weiß; drinnen dagegen nichts als Draperien und Düsternis, dazu Diener mit versteinerten Mienen, die auf Zehenspitzen so leise umherschleichen, daß man meinen könnte, sie fürchteten, ein lautes Geräusch könne Lady Meesden von den Toten auferwecken und eine unverzeihliche Verletzung der Etikette darstellen. Als schließlich Mrs. Kingsett erschien und mich in ganz normaler Lautstärke ansprach, machte es einen ganz ungebührlich lauten Eindruck auf mich.

»Ich freue mich, Sie wiederzusehen, Miss Halcombe«, sagte sie schlicht, als wir uns die Hand gaben. Ihre Augen hatten graue Schatten, ihre Lider waren geschwollen und ihr schwarzes Kleid verlieh ihr eine kränkliche Blässe, doch gelang es ihr, ein klein wenig zu lächeln und einen Schimmer echter Wärme hineinzulegen, ja sogar so etwas wie Erleichterung, wenn ich mir auch in diesem Augenblick nicht vorstellen konnte, worüber.

»Das ist sehr freundlich von Ihnen«, sagte ich.
Sie schüttelte den Kopf, als ob selbst eine derart schwache An-

spielung auf ihren Kummer sie in Gefahr brächte, die Haltung zu verlieren, und legte mir die Hand auf den Arm.
»Erst wußte ich nicht, wohin mit Ihnen«, sagte sie und führte mich in die Halle zurück. »Aber dann dachte ich, in der Bibliothek fühlen Sie sich bestimmt am wohlsten.«
Das war ein Irrtum, wie mir in dem Augenblick klar wurde, als wir über die Schwelle traten: Dies war fremdes Terrain. Die Atmosphäre war eisig (denn der Kamin hatte zwar die Größe eines griechischen Tempelchens, doch hätte das kümmerliche Häufchen Kohlen, das darin lag, nicht einmal eine Schlafkammer erwärmen können) und erstickend, man konnte kaum atmen in dem schalen Zigarrenrauch, der wie ein marmorner Schleier vor dem Fenster hing, dessen Gardinen halb zugezogen waren. In der Mitte stand ein quadratischer Tisch mit einem Tuch aus Serge, darauf verstreut Zeitungen, Zigarrenkistchen und eine aufgeschlagene Nummer des *Punch*. An den Wänden gab es tatsächlich Bücher, so steif, förmlich und unbenutzt aufgereiht, daß es den Eindruck machte, als seien sie in der Welt dieses Herrenclubs nicht weniger fremd als ich und stünden hier nur zu Dekorationszwecken oder vielleicht als Vorwand, diesen Raum des Hauses weiterhin »Bibliothek« zu nennen, wo er doch in Wahrheit längst ein Rauchsalon geworden war.
Vielleicht bemerkte Mrs. Kingsett mein Zögern, denn sie sagte beinahe entschuldigend:
»Es ist nicht ideal, fürchte ich, aber Sie verstehen sicher, unter den gegenwärtigen Umständen ist es nicht einfach, alles so ...«
»Natürlich«, antwortete ich. »Aber störe ich denn nicht Ihren Mann?«
»Er hat darauf bestanden«, sagte sie so leise, daß es mich aufschreckte wie das Zischen einer Schlange. Ich schaute sie an: Ihre Kiefermuskeln waren angespannt, und mit einer Hand hielt sie das Gelenk der anderen so krampfhaft umschlossen, als wolle sie sich selbst Halt geben. Doch dann faßte sie sich und sagte lauter:
»Ich bin sicher, Sie werden hier zurechtkommen.«
Sie führte mich zum anderen Ende des Raums, wo vor dem Fen-

ster ein kleiner Tisch und ein Stuhl aufgestellt waren. Dahinter brannte bereits eine Stehlampe, und auf dem Fußboden daneben standen zwei tiefe Schubladen, die man einfach aus einer großen Kommode herausgezogen hatte. Beim Nähertreten bemerkte ich, daß Mrs. Kingsett zurückblieb, und als ich mich umwandte, sah ich, daß sie stehengeblieben war und den Blick auf den Fußboden richtete, als ob sie befürchte, der bloße Anblick der Korrespondenz ihrer Mutter bereite ihr zu große Schmerzen.
»Ich habe nicht versucht, sie zu ordnen«, sagte sie.
»Soll ich das vielleicht tun?« fragte ich. »Ich könnte sie wenigstens chronologisch sortieren.«
»Das wäre sehr freundlich«, sagte sie matt. »Aber es ist eher Zeitverschwendung für Sie. Mauritius meint, wir sollten sie einfach verbrennen.«
»Oh, nein!« entfuhr es mir unwillkürlich. Ich hätte natürlich hierzu keinerlei Meinung äußern sollen, denn das war eine reine Familienangelegenheit; trotzdem entsetzte mich die Vorstellung einer solchen mutwilligen Zerstörung nicht weniger als die Tatsache, daß eine so geistreiche Frau sich offenbar gezwungen sah – wie die Resignation in ihrer Stimme erkennen ließ –, etwas derartiges zu akzeptieren, nur weil es der Wille ihres Mannes war. Dabei lag es erst drei Monate zurück, daß wir uns in Marlborough House getroffen hatten, und damals hatte es den Anschein gehabt, als ob sie die Führung innehatte und er gezwungen war, sich ihren Wünschen anzupassen – wie widerwillig auch immer. Hatte der Tod ihrer Mutter Mrs. Kingsett nicht nur großen Kummer gebracht, sondern auf eine Weise, die ich nicht verstand, auch das Kräfteverhältnis des Ehepaares zugunsten ihres Mannes verschoben?
»Jedenfalls hoffe ich, daß Sie Ihnen von Nutzen sind«, sagte sie mit kraftloser Stimme und wandte sich zur Tür, als hätte ich wieder ein heikles Thema berührt und als wolle sie sich so rasch wie möglich zurückziehen. »Falls Sie irgend etwas brauchen, läuten Sie.« Und mit einer mechanischen Geste zur Klingelschnur neben dem Kamin verschwand sie.

Ich setzte mich. Mit einemmal fühlte ich mich auf beängstigende Weise ausgeliefert, wie ein Mädchen in einem Märchen, das in die Burg eines Riesen geraten ist und jeden Augenblick seine Rückkehr befürchten muß. So unbegründet es schien – hatte nicht er selbst den Vorschlag gemacht, wie seine Frau sagte? –, ich konnte mich nicht von der Vorstellung befreien, daß es ihn sehr verärgern würde, mich hier anzutreffen, noch dazu, wenn er mich über die Korrespondenz seiner Schwiegermutter gebeugt fand. Es verging eine volle Minute, bis ich mir ein Herz faßte, in die Schublade griff, die mir am nächsten stand (immer noch mit dem unangenehmen Gefühl, etwas Unrechtes zu tun) und ein dickes Bündel Briefe herausnahm.

Im nächsten Augenblick fiel die Ängstlichkeit von mir ab – genauer, sie war mit einemmal gedämpft, wie Zahnschmerz, wenn man sich ablenkt und dringlichere Empfindungen in den Vordergrund treten –, denn was ich da in der Hand hatte, war ein Brief von Leigh Hunt; und ein anderer von Lord Alvanley; und weitere von Leuten, deren Namen ich noch nie gehört hatte, die aber sicherlich genauso bedeutend waren; und eine Einladung zur Krönung von König William. Dazwischen fand sich allerlei Banales wie in jedem Nachlaß: Briefe von Rechtsanwälten, Quittungen, eine zusammengefaltete Seite aus der *Times*, auf der ich nichts Interessantes entdecken konnte. Dadurch kamen die Edelsteine erst richtig zur Geltung und erstrahlten in ihrem vollen Glanz.

Mir prickelte es in den Fingerspitzen wie einem Kind, das auf dem Jahrmarkt in einen Glückstopf greift, als ich zum zweiten Mal in den Haufen langte und unter den losen Blättern, die obenauf lagen, einige fest verschnürte Bündel ertastete. Das, so war anzunehmen, mußte das sein, was Lady Meesden als ihre größten Schätze angesehen hatte. Zitternd zog ich eines davon heraus und legte es vor mich auf den Tisch.

Es war mit einer verblaßten roten Schnur umwickelt, wie man sie für offizielle Dokumente verwendet, und bestand aus etwa vierzig Briefen, die alle dieselbe Handschrift trugen. Der jüngste, der obenauf lag, war mit 1823 datiert; der älteste, ganz unten, stammte aus dem Jahr 1802. Die dazwischen folgten in ungleichmäßigen Abständen, jedoch gehäuft in ganz bestimmten Jahren: 1804, 1806, 1809, 1811. Es überrascht mich jetzt, daß ich dieser unregelmäßigen Verteilung zunächst keine weitere Beachtung schenkte und mich nicht fragte, was sie bedeuten mochte; aber ich war wohl zu sehr damit beschäftigt, die Identität des Absenders herauszufinden. Die Mehrzahl der Briefe war einfach mit »Caro« unterzeichnet; doch unter den letzten fand ich zwei oder drei, auf denen der Name »Caroline Bibby« zu lesen war – und einen, aus dem Jahr 1803, der mit den Worten endete: »Ich kann Dir gar nicht sagen, mit welcher Ungeduld ich die nächste Woche erwarte, wenn ich endlich nicht mehr nur mit *Deine treue Freundin*, sondern mit *Deine dich liebende Schwester* unterzeichnen darf.« Ich fand jedoch keinen Hinweis darauf, auf welches Ereignis in der kommenden Woche sich das bezog. Doch aus dem Ausdruck und erwartungsfrohen Ton des Briefes konnte ich nur schließen, daß es sich um Lady Meesdens Hochzeit gehandelt haben muß und daß Caroline Bibby Lord Meesdens Schwester war.

Ich nahm mein Notizbuch heraus, legte meinen Bleistift daneben und zog den ersten Brief heraus. Es war mein fester Vorsatz gewesen, die Blätter nur zu überfliegen und bloß bei den Passagen zu verweilen, die einen direkten Bezug zu Turner hatten, aber schon nach kurzer Zeit erlag ich der Versuchung, jedes Wort begierig zu lesen. Hier endlich wehte der frische Wind, den ich bei Haste zu finden gehofft hatte. Von Ausritten im Park und Bootsausflügen in Greenwich war da die Rede, von ausgelassenen Frühstücken und Bällen; von Soireen mit französischen Emigranten, von alternden Stutzern und adligen Bankrotteuren, von halbseidenen Beaus, eingezwängt in so enge Hosen, daß sie sich kaum setzen konnten und die nur verlegen davonhumpeln konnten, wenn man sie wegen ihres Aufzugs kritisierte oder sie lächerlich machte – all das auf die einfühlsamste Weise, geradeheraus und mit Charme erzählt. Im Laufe eines einzigen Tages spielt

Caro (die ich von Anfang an für mich mit diesem Namen benannte und die ich mir bald als *meine* Freundin vorstellte, welche all dies zu *meinem* Amüsement geschrieben hatte!) Whist mit einer Gräfin, die sich nur für Hunde und Glücksspiel interessiert und nie zu Bett geht, weshalb sie schläft, wo immer sie gerade eingenickt ist, so daß die Diener sie morgens immer erst suchen müssen; sie besucht einen alten Mann, der Rouge auf den Wangen und Diamanten in seiner Perücke trägt, Schnupftabakdosen sammelt und sie zu überreden versucht, ihn am Abend in seiner Garçonnière zu besuchen; und schließlich wird sie auf dem Weg zum Theater in Westminster vom steinewerfenden Pöbel angehalten, weil man ihre Kutsche für die von Lord Castlereagh hält, und als man den Irrtum entdeckt, schreibt man ihr mit Kreide »Freiheit« an die Türen. Und bei alledem bleibt sie ganz natürlich, zeigt sich nie schockiert und läßt sich in ihrer guten Laune nicht erschüttern.

Ich hatte gerade begonnen, ihren Bericht von einem Abend in Almack's Ballsaal zu lesen, und mich so sehr darin vertieft, daß ich völlig vergessen hatte, wo ich mich befand und was ich hier eigentlich tat, als ich mir plötzlich bewußt wurde, daß ich nicht allein war. Ich sah auf: Mr. Kingsett stand in der Tür. Sein Gesicht konnte ich nicht deutlich sehen, denn meine Augen hatten sich auf das helle Licht der Leselampe eingestellt und konnten sich der Dunkelheit jenseits ihres Scheins nicht so schnell anpassen, doch war seine Haltung – stocksteif, eine Hand auf der Türklinke – die eines Mannes, der geglaubt hatte, einen leeren Raum zu betreten und nun verwundert feststellt, daß doch jemand darin ist. Ich wiederholte mir, daß er, sofern seine Frau mich nicht belogen hatte, doch erwartet haben mußte, mich hier anzutreffen, und daher sagte ich so unbekümmert wie möglich:

»Guten Tag.«

Er antwortete nicht, sondern starrte mich nur paar Sekunden lang an, schloß dann die Tür hinter sich, nahm sich eine Zeitung vom Tisch und setzte sich in einen Sessel beim Kamin. Seiner

Haltung nach las er, aber es war dafür eindeutig schon zu dunkel.

»Sie verderben sich die Augen, Mr. Kingsett«, sagte ich in fröhlichem, aber nicht allzu vertraulichem Tonfall, wie ich hoffte. »Warum läuten Sie nicht und lassen die Lampen anzünden?«

Wieder gab er keine Antwort; also setzte ich hinzu:

»Oder möchten Sie, daß ich das für Sie tue?«

Nun *muß* er mir aber antworten, dachte ich – aber er gab weiter vor, zu lesen und zeigte mit keiner Regung, daß er mich gehört hatte.

Ich war entschlossen, mich nicht einschüchtern zu lassen, und gab mir Mühe, meine Arbeit fortzusetzen; aber die Anwesenheit von Mr. Kingsett irritierte mich, und ich fühlte mich durch sein Verhalten so sehr mißachtet, daß ich mich kaum konzentrieren konnte. Mit einem Schlag befand ich mich wieder in der Realität, und die Welt von Caro, die mir eben noch als eine romantische Version der meinen erschienen war, wie ein besonders bezauberndes Theaterstück, war nur noch fremd und verwirrend. Mehr als einmal mußte ich am Ende eines Satzes feststellen, daß ich kaum ein Wort begriffen hatte, und wieder von vorne beginnen.

Auf diese Weise hatte ich mich durch einige wenige Briefe gekämpft und fragte mich schon, ob es überhaupt sinnvoll sei, weiterzumachen, als mein Auge beim Wenden eines Blattes auf die Worte »Turners Galerie« fiel. Ich schaute ein zweites Mal hin, um sicherzugehen, daß ich mich nicht geirrt hatte. Nun packte mich wieder die Erregung, und ich schrieb in mein Notizbuch:

Alles in allem, meine Liebe, kannst Du Dich glücklich schätzen, *dort* und nicht *hier* zu sein. Das einzig berichtenswerte *évènement*, um das es mir leid tut, daß Du es versäumt hast – denn Du hättest sicher Deinen Spaß gehabt –, war die glanzvolle Eröffnung von Turners Galerie. Noch nie habe ich so viele herrliche Bilder eines einzigen Malers an einem Ort gesehen. Die Wirkung beim Eintreten war etwa so, wie wenn man alle Mitglieder einer ausnehmend wohlgestalteten Familie, von der man bislang nur zwei Tanten und einen jüngeren Sohn gesehen hat, in einem einzigen Raum versammelt vor sich hat. Und da war auch das *grand génie* selbst, der Stammvater, der stumm umherflatterte wie ein Vogel und den Gästen seine Lieblinge vorstellte.

Sur ce sujet-là – mit Bestürzung erfuhr ich von Mr. Perrin, den wir trafen, als wir gerade gehen wollten, daß Turners Mutter vor noch nicht einer Woche im Bethlem Hospital gestorben ist. Turner ist ja bekanntlich sehr schweigsam (außer, wie ich von Dir weiß, wenn er etwas tiefer ins Glas geschaut hat), aber im nachhinein schien es mir, als sei er noch stiller als sonst gewesen. Doch hätte man aus seinem Benehmen und seiner Erscheinung niemals erahnen können, daß er gerade einen so schmerzlichen Verlust erlitten hat.

Als ich geendet hatte, blätterte ich zurück, um mir auch das Datum zu notieren – 21. April 1804 –, und legte dann meinen Bleistift weg, um weiterzulesen. In diesem Moment bemerkte ich im Augenwinkel eine Bewegung, und als ich mich leicht umwandte, sah ich, wie sich Mr. Kingsett aus seinem Sessel erhob. Ich hoffte inständig, er würde gehen, doch statt dessen nahm er sich eine Zigarre aus dem Kistchen auf dem Tisch, zündete sie an und steuerte dann direkt auf mich zu. Ich tat, als bemerke ich ihn nicht und würde meine Arbeit fortsetzen; aber als er direkt neben mir stehenblieb, konnte ich ihn nicht mehr länger ignorieren und schaute zu ihm auf.

Er hatte mir halb den Rücken zugewandt, eine Hand in der Tasche, die andere hielt nachlässig die Zigarre, als wolle er einfach mal einen Blick aus dem Fenster werfen und merke gar nicht, daß er nur sechs Zoll von einem anderen Menschen entfernt stehe. Was nun: Es schien absurd, weiterhin so zu tun, als sei er nicht da, aber wenn ich ihn nun ansprach und er sich wieder weigerte, mich zur Kenntnis zu nehmen, würde das meine Verlegenheit nur noch steigern. Erst als mir die Augen vom Qualm seiner Zigarre zu brennen begannen, entschloß ich mich dazu, etwas zu sagen: Stumm zu bleiben hätte bedeutet, stillschweigend seine Verletzung der gesellschaftlichen Anstandsregeln zu akzeptieren und mich damit selbst außerhalb ihres Schutzbereiches zu stellen.

»Soll ich mich woanders hinsetzen?« sagte ich. »Ich bin ihnen hier wohl im Weg.«

Nun wandte er sich mir zu und sah mich mit einem ungläubigem Groll an, als hätte ich etwas ungeheuer Beleidigendes gesagt. Dann, ohne ein Wort, näherte er sein Gesicht dem meinen – so nahe, daß ich den Hals verrenken mußte, damit sich unsere Wangen nicht berührten – und begann aufmerksam zu lesen, was ich in mein Notizbuch geschrieben hatte.

Einen Moment lang glaubte ich zu träumen: Ein derart befremdliches Verhalten, in der Bibliothek eines Hauses, in das ich als Gast gekommen war, hatte ich nicht nur noch nie erlebt, es war mir vollkommen unerklärlich. Zuerst fragte ich mich noch, ob er vielleicht betrunken war, aber er stank zwar nach Tabak, doch sein Atem roch nicht im geringsten nach Wein, und seine Rücksichtslosigkeit war nicht von der nachlässigen Grobheit des Betrunkenen, sondern erschien mir kalt und genau berechnet. Und gerade das war so erschreckend: Den Teufel Trunkenheit kennt man zumindest, und man kann in gewisser Weise voraussagen, wie er sich verhält und welches Unheil er anrichtet; aber wenn ein nüchterner Mann sich ein derart beleidigendes Verhalten herausnahm, dann war nicht auszudenken, wozu er sonst noch in der Lage war.

Das ist schlimmer, dachte ich, als es bei Haste war, denn hier habe ich keine Möglichkeit zu entfliehen und auch nichts, worüber ich verhandeln könnte, und niemand würde mir helfen, wenn er mich weiter beleidigte. Und diese Erkenntnis ließ mich kühn werden, denn ich wußte mit absoluter Gewißheit, daß ich nun Entschlossenheit demonstrieren mußte, wollte ich nicht alle Hoffnung verlieren, daß er sich zurückhielt.

Ich nahm mein Notizbuch und klappte es zu.

Er atmete tief ein, sagte aber nichts und sah mich nicht an. Die Hand, in der er die Zigarre hielt, zitterte leicht, und ein Aschezy-

linder fiel auf den Briefstapel. Er führte die Zigarre wieder zum Mund und streckte dann ohne Hast die Hand nach dem Notizbuch aus.
Ich kam ihm zuvor und legte meine Hand darauf.
Nun sah er mir zum ersten Mal ins Gesicht. Ich hielt seinem Blick stand. Sicher, eigentlich hätte ich Angst haben müssen, aber als ich seine Schweinenase und seinen schwächlichen Mund und den Ausdruck in seinen Augen sah – sehr klar einerseits, aber auch verwirrt und unsicher –, da wußte ich, daß ich den stärkeren Willen hatte. Nach einer Weile wandte er sich ab und ging hinaus. Er versuchte, sein Gesicht zu wahren, indem er eine Pose müder Gleichgültigkeit an den Tag legte: *Egal – Ihr Notizbuch ist die Mühe nicht wert.*
Doch ich wußte, mein Sieg konnte nur von kurzer Dauer sein. Noch immer hatte ich keine Ahnung, was ihn zu diesem Verhalten bewog, doch war es unwahrscheinlich, daß er so einfach das Feld räumen würde, nachdem er mir gegenüber so massiv Stellung bezogen hatte. Er überlegte es sich bestimmt zweimal, bevor er mich noch einmal offen angriff, aber er würde keine Gelegenheit ungenutzt lassen, mich zu kränken, wenn ich mich nicht dagegen wehren konnte. Wahrscheinlich würde er abwarten, bis ich weg war, um die Papiere wegschaffen oder vernichten zu lassen, wenn er nicht einfach die Diener anwies, mich nicht mehr einzulassen. Ich überlegte kurz, ob ich nicht Mrs. Kingsett bitten sollte, mir zu erlauben, die Korrespondenz mitzunehmen, wie ich es mit dem Tagebuch von Haste gemacht hatte; doch war nicht anzunehmen, daß ihr Mann dies zulassen würde, nachdem er darauf bestanden hatte, daß die Briefe und ich in diesem Raum bleiben sollten, obwohl meine Anwesenheit ihn so eindeutig erzürnte. Und wenn ich sie ermutigte, sich ihm zu widersetzen, machte ich die Sache für sie noch schlimmer und vergrößerte nur noch ihren Kummer.
Einen Augenblick lang verlor ich Turner und Walter ganz aus dem Sinn und konnte nur noch an meinen Kampf mit Mr. Kingsett denken und daran, wie unerträglich mir eine Niederlage

wäre (die Heftigkeit meiner Gefühle in diesem Punkt überraschte mich). Und auf einmal wußte ich, was zu tun war: Ich mußte so lange wie möglich hierbleiben und mich einfach nicht vom Fleck rühren, bis ich fertig war.

Meine Uhr zeigte kurz nach drei. Ich warf einen Blick auf die beiden Schubladen und versuchte abzuschätzen, wie lange es dauern würde, sie durchzuarbeiten. Auch bei flüchtiger Lektüre würde ich für jede zwei Stunden benötigen. Dazu zwei weitere Stunden – vielleicht etwas mehr, etwas weniger, je nachdem, was genau ich finden würde –, um alle wichtigen Stellen herauszuschreiben. Das hieße also bis nach neun Uhr. Die Kingsetts speisten sicher gegen sieben zu Abend und erwarteten, daß ich bis dahin gegangen wäre; aber wenn Mr. Kingsett die guten Sitten mißachten konnte, dann konnte ich es auch – und ich nahm mir fest vor, nicht eher zu weichen, als bis Mrs. Kingsett persönlich mich zum Gehen aufforderte oder man mich mit Gewalt hinausschaffte.

Zeit, über diesen Plan nachzudenken, hatte ich nicht, ich mußte ihn einfach ohne jede Verzögerung in die Tat umsetzen. Ich überflog die übrigen Briefe von Caro – schmerzlich bewußt, auf welches Vergnügen ich bei solch zielstrebiger Suche verzichten mußte –, und als ich keine weitere Erwähnung Turners fand, band ich sie wieder zusammen, legte sie beiseite und griff zum nächsten Bündel. Diesmal konnte ich nicht nur die Identität des Schreibers nicht herausbekommen, sondern auch kaum ein Wort lesen, so krakelig und kryptisch war die Handschrift. Anhand von Buchstaben in Wörtern, die sich mir erschlossen hatten, versuchte ich die Bedeutung der Sätze zu entziffern, aber bald mußte ich einsehen, daß ich mir solchen Luxus nicht leisten konnte, also raffte ich die Briefe zusammen, um sie wieder mit ihrem Band zu umwickeln.

Da fiel mir auf, daß die meisten sich im Datum nur wenige Tage von den Briefen Caros unterschieden. Beinahe im selben Moment verstand ich auch, warum: Man hatte ihr nur dann ausführlich geschrieben, wenn sie – oder sie und ihr Mann – nicht zu Hause waren. Der Inhalt dieser Schubladen war, wie das Negativ

einer Photographie oder wie der versteinerte Fußabdruck einer ausgestorbenen Tierart, es war die Spur, die ihre Abwesenheit hinterlassen hatte.
Diese Erkenntnis trieb mir fast die Tränen der Enttäuschung in die Augen, denn wenn dies die ganze Hinterlassenschaft von Lady Meesden war, wieviel mehr hätte ich von ihr erfahren, wenn ich die Weitsicht gehabt hätte, zwei Monate früher zu kommen und mit ihr persönlich zu sprechen? Und dank Mr. Kingsett konnte ich nicht einmal dies voll ausnutzen, sondern war gezwungen, alles in halsbrecherischem Tempo zu überfliegen und mir nur die allerwichtigsten Stellen herauszupicken.
Einen Augenblick lang fühlte ich mich der Verzweiflung nahe, doch dann nahm ich mich zusammen und machte mich an die Arbeit.

Die nächsten Stunden sind in meiner Erinnerung in eins verschmolzen – nichts als Tinte, Papier und Staub, wunde Finger und müde Augen –, beinahe jede Sekunde könnte beispielhaft für den ganzen Rest stehen.
Allerdings mit einer Ausnahme. Ich war gerade mit der ersten Schublade fertiggeworden und hatte mir ein Bündel aus der zweiten genommen (das letzte, wie sich herausstellen sollte), als ich Mr. und Mrs. Kingsett in der Halle reden hörte. Was sie sagten, konnte ich nicht verstehen, doch lag in ihren Stimmen eine unterdrückte Dringlichkeit, die, so konnte man sich gut vorstellen, jede Sekunde alle Fesseln abwerfen und in wütendes Geschrei ausarten konnte. Wie die Dinge lagen, konnte ich mir nur vorstellen, daß ich der Gegenstand ihrer Auseinandersetzung war und daß jeden Moment einer von ihnen oder sie beide hereinplatzen und mich zwingen würde aufzuhören, daher riß ich mich zusammen und machte weiter.
Das war gar nicht so schwer, wie man hätte meinen können, denn etwas an dem neuen Bündel fesselte augenblicklich meine Aufmerksamkeit. Es wurde von einem brüchig gewordenen schwarzen Trauerband zusammengehalten – eine Auszeichnung,

die sonst nur noch den wenigen Briefen ihres Mannes zugekommen war –, und unter den Knoten hatte jemand (vermutlich Lady Meesden selbst) ein Kärtchen mit dem Namen »O'Donnell« gesteckt. Obenauf fand sich das eingerissene und fleckige Manuskript eines kurzen Theaterstückes mit dem Titel *Der Mann von Geschmack*, und erstaunt stellte ich fest, daß unter den *Dramatis personae* ein »Mr. Over-Turner« auftauchte. Darunter lagen vielleicht fünfzehn längere Briefe, alle von derselben strengen und klaren Hand geschrieben. Der erste stammte, wie ich mit einer Erregung feststellte, die auch die gegenwärtigen Umstände nicht ganz zu dämpfen vermochten, aus dem Jahr 1799 und war damit das älteste Zeugnis, das ich bislang entdeckt hatte. Er begann: »Meine allerliebste Kit« und endete mit »Dein Dich liebender Richard«.
Ich zögerte, allerdings, wie ich zugeben muß, nur einen Augenblick: Hätte Lady Meesden daran gelegen, daß niemand diese Briefe zu Gesicht bekam, so hätte sie sie auch nicht aufgehoben; und weder ihr noch ihrem Liebhaber konnte es weh tun, wenn ich sie mir jetzt anschaute. Doch noch bevor ich mehr als einen Satz gelesen hatte, ging die Tür auf und Mrs. Kingsett kam herein. Als sie in den Lichtschein der Lampe trat, sah ich, daß ihre rotgeränderten Augen feucht schimmerten und sie sich die Nase mit einem Taschentuch tupfte.
»Wir essen gleich zu Abend«, sagte sie. Ihre Stimme klang rauh, und sie war nicht mehr in der Lage, ein Lächeln auch nur zu versuchen. »Möchten Sie uns nicht Gesellschaft leisten?«
»Vielen Dank«, antwortete ich, »aber ich glaube, ich habe Ihnen und Ihrem Mann schon genügend Umstände bereitet.«
Sie machte keine Anstalten, mich zu überreden. »Aber es ist schon spät. Sie müssen müde sein.«
»Ein wenig. Aber ich bin bald fertig.«
»Wäre es nicht besser, Sie würden morgen wiederkommen?«
Ihre Stimme begann unheilvoll zu zittern. Sie schien einem Nervenzusammenbruch nahe. Um dies abzuwenden, lachte ich und antwortete ihr so fröhlich wie möglich:

»Zwei Stündchen. Und dann, das verspreche ich Ihnen, sind sie mich für immer los.«
Sie starrte mich an, als sei sie am Ende ihrer Kräfte und wisse nicht mehr, was sie nun tun sollte. Dann wechselte ihr Ausdruck von Verzweiflung zu schierer Angst, und wie unter dem Zwang einer unsichtbaren Kraft wandte sie den Blick zur Tür. In dieser Geste glaubte ich die Erklärung für das Verhalten ihres Mannes zu erkennen.
Er strafte sie. Strafte sie dafür, daß sie sich ein Leben geschaffen hatte, an dem er keinen Anteil hatte und in das sie sich erfolgreich vor ihm zurückzog. Ihre völlige Gleichgültigkeit ihm gegenüber hatte ihm das Gefühl gegeben, ein Nichts zu sein, das nicht einmal in der Lage war, sie zu verwunden, und das in seinem eigenen Haus. Nun hatte das Schicksal eingegriffen und ihr den Schlag versetzt, zu dem er nicht fähig gewesen war. Sie war getroffen, sie war verletzlich und ihres wichtigsten Bündnispartners beraubt. Dies war seine Chance zur Rache, und er ergriff sie nur zu gern. Deshalb hatte er darauf bestanden, daß ich in der Bibliothek arbeiten sollte, und sich mir gegenüber so verhalten. Er demütigte sie, indem er mich demütigte: indem er meine Machtlosigkeit demonstrierte, legte er ihre Ohnmacht bloß.
Ich sah die Flecken und Tränenspuren auf ihren bleichen Wangen, sah, wie sie krampfhaft die Hände rang und ihre Mundwinkel zuckten, und hätte beinahe nachgegeben. Hätte sie sich mir noch einmal zugewandt und einen letzten Versuch gemacht, mich zu überreden, ich hätte sofort alles zusammengeräumt. Doch sie war am Ende und verließ wortlos den Raum.
Das war ein Glück für mich.

Ich habe alles so hastig und ohne jede Ordnung niedergeschrieben, daß ich selbst kaum überblicke, was ich nun tatsächlich herausbekommen habe. Heute war ich zu erschöpft, um mir alles noch einmal durchzulesen; besser gesagt, ich fühlte mich zu schwach, denn ich befürchte, daß sich am Ende all meine Funde als wertlos erweisen könnten und die Mühen, sie zu erlangen,

sich folglich als Zeitverschwendung herausstellen werden. Und das wäre schwer zu ertragen, wenn ich bedenke, was es mich gekostet hat – und wieviel mehr noch ich damit der armen Mrs. Kingsett zugemutet habe.
Morgen werde ich sicher mehr Kraft haben.

XXXIII

AUSZUG EINES BRIEFES VON LORD MEESDEN AN
KITTY DRIVER, 2. OKTOBER 1802

Beaucoup de monde à Paris – wobei Du *coup* und *de* getrost weglassen kannst, denn es ist die gesamte *beau monde*, die hier ist oder hier war: Fox, Lansdowne, Morpeth, Gräfinnen gleich dutzendweise, Lady Conygham und Lady Holland und noch viele mehr. Und sie alle finde ich nur furchtbar langweilig, besitzen sie doch nicht die einzige Qualität, die mein Interesse erregen kann – *Du* zu sein.

Um mich von meinem *Du*-losen Zustand abzulenken (ich schwöre, kein Pferd hat jemals mehr nach seinem Reiter verlangt), ging ich gestern in den Louvre. Es war nicht weniger öde als ein Abend in der Gesellschaft, und aus genau demselben Grund – wie groß auch immer ihr Talent sein mag, Tizian, Rembrandt und Raffael haben nie das eine Gesicht gemalt, nach dessen Anblick allein es mich in der Welt verlangt.

Dort sah ich Deinen Freund Turner, wie er um einen Poussin herumschlich und fieberhaft Hieroglyphen in ein Notizbuch kritzelte. Als er mich erblickte, fuhr er zusammen und hätte bestimmt Reißaus genommen, wenn ich nicht direkt auf ihn zugegangen wäre und ihn gefragt hätte, wann er nach England zurückzukehren gedenke. Eigentlich hatte ich ihm diesen Brief anvertrauen wollen (oder seinen ungeborenen Zwilling, den ich dann geschrieben hätte, beginnend mit dem Satz: »Dies sende ich Dir durch Mr. Turner«), aber es hatte ihn offenbar so sehr verdrossen, erkannt worden zu sein, daß ich von diesem Plan Abstand nahm. Als ich mich von ihm verabschiedete, sagte ich:

»Wissen Sie, Mr. Turner, Sie sind der einzige Mensch in Paris, den ich beneide.«
»Wieso?« fragte er grantig und mißtrauisch.
»Weil Sie Mrs. Driver vor mir sehen werden.«

XXXIV

AUSZUG EINES BRIEFES VON LORD MEESDEN AN
KITTY DRIVER, 15. MAI 1803

Copley berichtet mir, daß seine lästigen Landsleute dem König erneut Schwierigkeiten machen – aber nachdem sie nun die Kolonien gewonnen haben, geben sie sich nicht damit zufrieden, dort Unruhe zu stiften, sondern tragen den Krieg nach Hause, in die Royal Academy. West, der Präsident aus Philadelphia (ich beginne Männer zu fürchten, die nach Himmelsrichtungen benannt sind – *North* hat uns Amerika verloren; *West* bringt uns den Aufstand nach Hause; welches Unheil werden wohl die Herren *South* und *East* anrichten, wenn sie denn eines Tages auf den Plan treten?), hat zu den Waffen gegriffen und verlangt, daß der Akademierat nur noch seiner eigenen Generalversammlung Rechenschaft schuldig sein soll, nicht mehr der Krone. Ich kann wenig Sinn darin erkennen, daß in der *Royal* Academy der König nichts mehr gelten soll und nur noch als Prügelknabe herzuhalten hat, an dem mittelmäßige Maler den Ärger über ihren ausbleibenden Erfolg ablassen; doch Copley fürchtet, daß die Demokraten den Sieg davontragen werden.
Unter den schlimmsten Brandstiftern ist offenbar auch Dein Freund Turner, der wie ein leibhaftiger Robespierre gegen die Royalisten intrigiert und seine Wut und seinen Widerwillen ihnen gegenüber bei kaum einer Gelegenheit zurückhalten kann. Meinst Du wirklich, wir sollten ihn zu unserer Hochzeit einladen? Es könnte damit enden, daß er die Pächter gegen uns aufhetzt, die Kirche in ein Volksgericht verwandelt und die Unabhängigkeit unserer Körper von unseren Köpfen erklärt.

XXXV
AUSZUG EINES BRIEFES VON LORD MEESDEN AN LADY MEESDEN, 2. FEBRUAR 1809

Turner hat sich, wie es scheint, wieder einmal mit einer Entschuldigung seiner Pflichten als Professor für Perspektive entledigt. Ich kenne keine Frau, die einen Mann, der sich ein Jahr nach der Eheschließung immer noch weigert, ins Ehebett zu steigen, so leicht ziehen ließe; doch die Akademie hat mit keinem Wort Rechtsanwälte, Ärzte oder Scheidung erwähnt, sondern nur spröde gelächelt und gesagt, es sei alles in bester Ordnung, wenn er nur im nächsten Jahr beginne.

XXXVI
AUSZUG EINES BRIEFES VON LORD MEESDEN AN LADY MEESDEN, 22. JANUAR 1810

Die schmachtende Braut wartet noch immer. Turner bringt vor, er habe Kopfschmerzen und könne seine Vorlesungen erst im nächsten Jahr beginnen.

XXXVII
AUSZUG EINES BRIEFES VON LORD MEESDEN AN LADY MEESDEN, 1. FEBRUAR 1811

Muß zum Ende kommen & Perkins rufen, um mich für heute abend herauszuputzen – doch zuvor noch eine lustige Neuigkeit: Die Ehe ist endlich vollzogen! Turner hat seinen ersten Auftritt als Professor für Perspektive gehabt! – & Larkin (den ich bei den B.s getroffen habe) berichtet mir, es sei derzeit die vergnüglichste Veranstaltung in ganz London – er wedelt sehr komisch mit allerlei Papieren und Zeichnungen herum, mit denen er etwas veranschaulichen will &c. – Sätze, die zuversichtlich in einer Richtung beginnen & dann eine andere einschlagen & sich nach und nach in eine Sackgasse manövrieren, währenddessen sowohl Turner als auch seine Zuhörer längst nicht mehr wissen, worum es geht, außer daß es nichts mit Perspektive zu tun hat. Keine Farce, keine Komödie kann da mithalten, sagt Larkin – die Akademie könnte Eintrittskarten zu einer Guinee das Stück verkaufen & müßte noch Leute wegschicken.

XXXVIII
AUSZUG EINES BRIEFES DER HON. MISS LYDIA BOLT AN LADY MEESDEN, 1. SEPTEMBER 1827

A propos, liebste Mama, Mr. Turner ist hier, und er ist ganz anders, als ich ihn mir vorgestellt habe – weder schroff noch eigenbrötlerisch, sondern charmant in einer etwas scheuen Art, ein wenig wie ein Vögelchen, und er weiß beinahe zu jedem Thema etwas Interessantes zu sagen, ob es sich um den *Knappen Harold* oder um die Reflexion des Lichts auf nassen Federn handelt. Er traf mich im Garten, als ich gerade versuchte, das Meer und Portsmouth zu zeichnen. Es machte mich sehr verlegen, daß ausgerechnet er sich das Bild ansah, aber er war sehr freundlich und gab sich die größte Mühe, mir zu helfen, ohne die geringste entmutigende oder kritische Bemerkung zu machen.
Übrigens hat er eine unserer *conversazziones* gemalt. Stell Dir einen Watteau vor, der in den Regen gekommen ist, bevor er trocken war, genauso sieht es aus.

XXXIX
AUSZUG EINES BRIEFES VON CYNTHIA [LADY?] ABBOTT AN LADY MEESDEN, 13. APRIL 1813

Ich wünschte, Du wärst gestern abend hier gewesen – wir waren zum Dinner bei den Nuthampsteads' –, das Dinner selbst nicht der Rede wert, doch sonst ging es sehr lustig zu – der junge Mr. Smiley, *qui veut devenir artiste*, wie er sagt, unterhielt uns prächtig mit einer Parodie auf Turner und seine Vorlesungen an der Akademie. Seine Serviette wurde zu Turners Manuskript, das er dann »verlor« und unter meinem Stuhl wiederfand – einer der Tischdiener mußte Turners Assistenten vorstellen (an den sich Turner offenbar stets wendet, statt seine Zuhörer anzuschauen), und seine Worte, sofern sie denn verständlich waren, gaben Turners verworrene Redeweise und seine miserable Aussprache aufs genaueste wider. Ich kann mich nicht an alles erinnern, aber von einer Orange sagte er, sie habe eine »sperroide Form« – der (halbkreisförmige) Bogen eines Fensters wurde von ihm als »halbellipsisch« bezeichnet – und die »jungen Herrsch'ften« der Akademie tat er »ermahnen, die Ku-hunst der Landschaftsmalerei auf die poet'schen Zipfel der Historienmalerei zu führn, zum Ru-hume Englands und des Empire«. Noch manches mehr brachte er in dieser Art vor, aber vieles habe ich leider nicht mitbekommen, *de trop rire*.

XL

AUSZUG AUS *DER MANN VON GESCHMACK*, 2. AKT, 2. SZENE,
EINER PRIVAT AUFGEFÜHRTEN FARCE VON
RICHARD O'DONNELL [1810?]

[Tom Wilde sieht Lucy Luckwell im Theater und verliebt sich in sie. Er folgt ihr zum Haus ihres Vormunds, des Kunstkenners LORD DABBLE, wo er sich als Künstler vorstellt und anbietet, Lucys Porträt zu malen. Statt jedoch, wie er gehofft hat, mit Lucy allein sein zu können, wird er ständig von Malern und Kunstliebhabern gestört, die ihm Ratschläge erteilen.]
Auftritt SPEED.
SPEED: Nein, nein, nein, nein, nein.
TOM: Wie, was ist jetzt wieder falsch?
SPEED: Es ist zu klein.

LUCY: Aber nein, Mr. Speed, ganz bestimmt nicht!
SPEED: Und können Sie sie nicht als Boadicea kleiden oder als Britannia? Porträts sind keinen Pfifferling wert, wenn man ihnen keine *Würde* verleiht, wie Sir Ocular gesagt hat. *Historienmalerei*, das bringt was ein. Warten Sie. Ich hole eine Krone und eine Leiter.

Ab.

TOM: Liebe Miss Luckwell!
LUCY: Lieber Mr. Wilde!
TOM: Liebe Lucy!

Nimmt ihre Hand.

LUCY: Oh! Oh! Oh!
TOM: Ich fürchte, ich muß Ihnen ein Geständnis machen.
LUCY: Oh, bitte, nur zu! Alles, was Sie, lieber, lieber, Mr. Wilde, mir anvertrauen, ist mir teuer!
TOM: Nun denn, ich bin gar kein...

Auftritt Over-Turner *und* Cold-Cut *Sie bleiben wie angenagelt stehen und starren auf das Bild.*

TOM: Nun?
COLD-CUT: *(sieht zu Over-Turner hinüber)* Hm hm hm hm hm.
OVER-TURNER: Mehr gelb.
COLD-CUT: In der Tat, Gelb würde dem Bild sehr bekommen.
OVER-TURNER: Und eine sengende Sonne.
COLD-CUT: Eine Sonne! Natürlich!
OVER-TURNER: Wo bleibt das Seeungeheuer?
COLD-CUT: Genau was ich auch gerade vorschlagen wollte.
OVER-TURNER: Geben Sie mal die Farben her.

Tom reicht ihm die Palette.

OVER-TURNER: Cold-Cut, schreiben Sie schon mal die Rechnung. Frisch ans Werk.

Er rührt die Farben wild mit dem Pinsel durcheinander.
Auftritt SIR GILES BOOMER *und* Mr. Measure.

SIR GILES: Nein! Nein! Nein! Nein! Nein!
TOM: Was ist denn nun schon wieder?

SIR GILES: Holla! Halt! Das ist Verführung!
TOM: *(beiseite)* Wie, bin ich entdeckt?
SIR GILES: Mr. Wilde, Sie dürfen sich nicht zu solch unnatürlichen Verfehlungen hinreißen lassen!
TOM: Eine Verfehlung mag es sein, Sir Giles, doch nichts, was mit Miss Luckwell zu tun hat, kann als unnatürlich angesehen werden.
SIR GILES: Lassen Sie mal sehen. Measure, mein Claude-Glas!
    Measure reicht ihm sein Claude-Glas. Sir Giles, langsam
    rückwärts schreitend, betrachtet damit das Bild.
OVER-TURNER: Claude? Er verkennt genau wie Sir Ocular, daß der Geschmack das Genie zugrunde richten kann, alles ist genau bemessen, nichts ist erlaubt, wenn das, was immer war, zum Ideal erhoben wird.
SIR GILES: Ihr Bild ist gut, Mr. Wilde, sehr gut – nur etwas brauner könnte es sein, besonders die Haut und die Zähne, denn die Natur, wissen Sie, ist maßlos braun, wie uns die alten Meister gelehrt haben, auch wenn es dem gemeinen Auge entgehen mag. Aber alles in allem würde ich sagen – vermeiden Sie die Exzesse des Over-Turnerismus, und bald sind Sie die große Hoffnung der englischen Schule!
TOM: Aber, wie ich gerade Miss Luckwell zu erklären versuchte ...
SPEED: *(hinter der Bühne)* Und ich dachte, *ich* sei die große Hoffnung der Englischen Schule!
    Auftritt SPEED, *trägt eine Leiter, mit der er versehentlich*
    Sir Giles am Kopf stößt, worauf dieser zu Boden geht.
SIR GILES: Das war letztes Jahr.

XLI
AUSZUG AUS EINEM BRIEF VON RICHARD O'DONNELL AN
KITTY DRIVER, 4. SEPTEMBER 1799

Auch William Turner ist hier. Kennst Du ihn? Jedenfalls kennt er *Dich* – er hat Dich in allen Stücken gesehen und zählt sicherlich zu Deinen größten Bewunderern, auch wenn er das nie offen zugeben würde. Ich hoffe, ich habe keinen Grund zur Eifersucht, es ist nicht angenehm für einen Mann, wenn ihn ein Zwerg aussticht. Als ich ihn zuletzt sah, '92, malte er noch Theaterkulissen, doch nun scheint er der kommende Maler zu sein. Mr. Beckford hat ihn beauftragt, seinen Landsitz zu aquarellieren.
Und warum, wirst Du Dich sicher fragen, bin *ich* in Fonthill? Weil Mr. Beckford dringend Mönche benötigt; und da er sich keine echten beschaffen kann (woran sein zur Schau getragener Atheismus und sein Hang zu Lustknaben schuld sind), soll ihm nun ein papistischer irischer Theaterdirektor ein paar nachgemachte verschaffen. Jeden Morgen versammle ich die »Knäblein«, wie Mr. Beckford sie nennt, in einer weiten, noch unfertigen Halle und richte sie zum Singen ab und bringe ihnen bei, was eine Prozession ist, bis mir der Geduldsfaden reißt – was oft genug geschieht, sind sie doch die unbegabtesten Schüler, die man sich denken kann, und mehr ihrer Rehaugen als ihrer schauspielerischen Begabung wegen ausgesucht worden.
Und wozu Mönche?, sagst Du jetzt (nein, Du flüsterst es, Du Schlimme, ich kann es hören) – wozu, nun, um sein Haus zu füllen, das, wenn es fertig ist, den größten gotischen Palast der Welt vorstellen soll – 350 Fuß lang und mit einem Turm höher als die Spitze der Kathedrale von Salisbury. Für nächstes Jahr plant er eine *grande ouverture*, an der er Tag und Nacht arbeitet. Woher er allerdings die Gäste nehmen will, weiß ich noch nicht, denn er ist für seine Grillen so bekannt, daß kein respektables Mitglied der Gesellschaft den Fuß hierher setzen wird. Gestern abend, nach dem Essen, beobachtete ich aus meinem Fenster eine Szene, so lächerlich, wie ich noch keine gesehen habe: Im flackernden

Schein der Fackeln liefen die Arbeiter wild durcheinander; dazwischen schlich Beckford umher, gekleidet wie ein Abt, und der arme Wyatt, der Architekt, umschwirrte ihn wie ein ängstlicher Novize; und dahinter Turner, der in die Schatten eintauchte, als wären sie sein natürliches Zuhause, um dann wie ein kleiner Kobold hervorzuspringen und so schnell zu zeichnen, daß seine Hand nur als undeutlicher Fleck zu sehen war. Ich hätte laut auflachen können, hätte ich nicht daran denken müssen, daß dieses Denkmal des Irrsinns auf den geschundenen Rücken jener unglücklichen Neger in den Kolonien errichtet wird, von denen all der Reichtum Beckfords kommt.

XLII
AUSZUG AUS EINEM BRIEF VON RICHARD O'DONNELL AN LADY MEESDEN, 4. SEPTEMBER 1829

Jollet ist ein guter Mann – er kann zwar nicht viel für mich tun, aber er macht es mir so bequem wie möglich, obwohl er weiß, daß er dafür in dieser Welt keine Bezahlung erwarten darf.
Daß Deine Zeit gekommen ist, spürt man daran, daß die Dinge sich vor Deinen Augen zusammenfügen. Heute überkam mich die Laune, noch einmal das Meer zu sehen, und der Sohn von Mme. Sylvestre schob mich im Rollstuhl zum Hafen. Ich beobachtete die Ankunft einiger englischer Passagiere – einer kam mir bekannt vor –, ein kleiner, rotgesichtiger Bursche in einem langen Rock, eingewickelt in einen Schal, der entschlossen ausschritt und offenbar nicht zum Vergnügen hier war. Eine Schrecksekunde lang dachte ich, das muß ein Gläubiger sein, der mich bis hierher verfolgt, ehe es zu spät ist. Doch da erkannte ich ihn.
»Turner«, rief ich.
Er sah mich nicht, oder er tat wenigstens so, und ging einfach weiter.
Es ist bestimmt dreißig Jahre her, seit ich Dir das letzte Mal von Turner geschrieben habe.

Sterben ist nicht so einfach. Wenn Du erfährst, daß es mit mir zu Ende ist, warte ein wenig, ich komme wieder.

XLIII

AUS DEM TAGEBUCH VON MARIAN HALCOMBE,
NOVEMBER 185-

Mittwoch
Bin gerade meine Notizen durchgegangen und nun weniger entmutigt als befürchtet. Habe das deutliche Gefühl, Fortschritte gemacht zu haben. Aber welche, um genau zu sein?
Zunächst – Bestätigung einiger Dinge, die ich schon wußte:

– Turners Mutter starb tatsächlich im Irrenhaus, wie mir Amelia Bennett und Sir Charles erzählt haben. Und nun kenne ich auch das Datum: April 1804.
– Turner erlitt tatsächlich Schmähungen von Sir George Beaumont und anderen Kunstliebhabern – Hastes Tagebücher und O'Donnells Theaterstück (Turner/Overturner, Boomer/Beaumont) bestätigen sich hier gegenseitig.
– Er war tatsächlich geizig oder wurde zumindest dafür gehalten. (»Cold-Cut, schreiben Sie schon mal die Rechnung.« Und Sir Charles' Bemerkung, er habe »mit den paar Pfund gegeizt«, die das Aufsetzen eines ordentlichen Testaments erfordert hätte.)
– Er reiste viel und schätzte es nicht besonders, wenn man ihn erkannte oder wußte, wo er sich befand – ein Charakterzug, der nicht nur durch Sir Charles bezeugt ist, sondern auch durch Meesden und O'Donnell.
Solche Übereinstimmungen geben mir Zuversicht – sie bilden ein bescheidenes Fundament, auf dem sich aufbauen läßt.
Was habe ich sonst noch?
Zu meiner nicht geringen Überraschung bekomme ich allmählich das Gefühl, ihn ein wenig zu kennen. Wo zuvor alles dunkel war, sehe ich nun unerwartet einen Lichtschimmer.

Nehmen wir zum Beispiel seine Vorliebe fürs Versteckspiel. Da diese bereits in den ältesten erhaltenen Briefen beschrieben wird, reichen die Wurzeln dieses Charakterzugs wahrscheinlich bis in seine frühe Jugend zurück – über die ich immer noch so gut wie gar nichts weiß (außer daß er Kulissenmaler war) und wohl auch kaum noch etwas erfahren werde. Aber läßt sich das nicht wenigstens teilweise dadurch erklären, daß man ihn (wie aus den Briefen an Lady Meesden hervorgeht) als lächerliche Figur wahrnahm und er sich bewußt war, daß man sich über ihn lustig machte, wo immer er sich gab, wie er wirklich war, sei es wegen seines Aufzugs, seines Kaufmannsgebarens oder seines Unvermögens, sich sprachlich auszudrücken?

Mit der Zeit wird ihm zunehmend klarer geworden sein, daß seine Eigenheiten sich nicht nur ungünstig auf seine gesellschaftlichen Beziehungen auswirkten, sondern auch seine Karriere beeinträchtigten. Warum zum Beispiel war Charles Eastlake (der, obwohl ein fähiger Mann, nicht ein Viertel des künstlerischen Talents von Turner besitzt) zum Ritter geschlagen und zum Präsidenten der Royal Academy gewählt worden, während Turner nie eine formelle Ehrung erhalten hatte? Das kann nur daran liegen, daß die Herkunft und nicht das Talent über den gesellschaftlichen Erfolg entscheidet.

Dies alles hätte in jedermann einen Hang zur Heimlichtuerei und zum Versteckspiel heranzüchten können – um wieviel mehr aber in jemandem, der so verletzlich und so scheu war wie Turner.

Auch sein angeblicher Geiz wird verständlicher, wenn man sich die Welt anschaut, in der er arbeitete. Künstler zu sein, das war zu Beginn unseres Jahrhunderts ein waghalsiges Unternehmen, wie sich am Beispiel des armen Haste zeigt, das Turner ständig vor Augen gehabt haben mußte. Ruhm und Vermögen konnten durch die Laune eines einzigen einflußreichen Kunstliebhabers jederzeit zunichte werden. Nur wenn man es schaffte, sich unabhängig zu machen, konnte man darauf hoffen, einem Mann wie Sir George Beaumont zu trotzen und dem Ruf seines eigenen

Genius zu folgen – und eine solche Unabhängigkeit war nur zu erreichen, wenn man äußerst sparsam und weder sich selbst noch anderen gegenüber allzu großzügig war.

Es bereitet unbestreitbar Befriedigung, wenn man die Motive eines Verhaltens verstehen lernt, das einem zuvor unerklärlich oder sogar verrückt erschienen ist. Aber ich darf nicht selbstzufrieden werden – immer noch gibt es vieles, das ich noch nicht einmal zu verstehen begonnen habe.

Und was ist mit den Bildern?

Donnerstag

Ein wunderbarer Tag – doch seine Früchte sind so verlockend und zugleich ungreifbar, daß ich kaum wage, darüber zu schreiben, aus Furcht, sie könnten sich als reine Hirngespinste erweisen und sich vor meinen Augen in nichts auflösen.

Ich hatte vorgehabt, noch einmal herauszuschreiben, was ich bis jetzt zusammengetragen habe, um es Walter zu schicken (denn nach meinen jüngsten Abenteuern kann ich mich nicht mehr damit zufriedengeben, nur die Kopistin zu spielen, sondern habe begonnen, meine eigenen Nachforschungen über Turner anzustellen; und mich von meinen Notizbüchern zu trennen wäre für mich nun nichts anderes, wie wenn ein Detektiv ein Beweisstück weggäbe); doch wurde ich von diesem Vorhaben durch zwei Briefe abgehalten. Der erste stammt von Hastes Sohn. Er erinnerte mich daran, daß ich nun die Tagebücher seines Vaters länger als zehn Tage gehabt hätte und verlangte mit einer kalten Wut, die wie ein Eisregen auf mich herabprasselte, zu wissen, wann er die Ehre habe, mit ihrer Rückgabe rechnen zu dürfen. Ich hatte unsere Abmachung zwar keineswegs vergessen, aber mir in der Begeisterung über Lady Meesdens Briefe eingeredet, mich nicht so genau daran halten zu müssen, weil es auf ein paar Tage wohl nicht ankäme. Ich hätte es besser wissen müssen, wie mir nun schmerzlich klar wurde – diese Gedankenlosigkeit hatte seinen Verdächtigungen neue Nahrung gegeben, so daß er sich nun noch verbitterter und bedrängter fühlte als zuvor. So be-

schloß ich, ihm gleich nach dem Frühstück einen Besuch abzustatten und ihn um Entschuldigung zu bitten.
Der zweite Brief war von Mrs. Kingsett:
> Meine liebe Miss Halcombe,
> dies fand ich heute auf dem Schreibtisch meiner Mutter, und ich dachte, es könnte Sie interessieren.
> Mit herzlichen Grüßen
> Lydia Kingsett

Meine erste Reaktion war weniger Neugier als Erleichterung – denn wenn sie auch die Ereignisse des Montags mit keinem Wort erwähnte, bewies doch die bloße Tatsache des Briefes, daß ihr Mann sie noch nicht (wie von mir befürchtet) gebrochen hatte und sie mir die Hartnäckigkeit nicht nachtrug, mit der ich so unbedacht ihre schwierige Lage verschlimmert hatte. Ihre Nachricht schien mir Balsam für Mr. Hastes Zorn zu sein, der mich immer noch schmerzte; und ich las sie einige Male durch, bevor ich das Blatt Papier auffaltete, das sie mitgeschickt hatte:

> *Hammersmith, Oliver Buildings 1,*
> *15. September 185-*
>
> Liebste Kitty,
> Pastete und Fasan sind beide in ausgezeichnetem Zustand hier angekommen – und wir haben es nicht versäumt, auf Deine Gesundheit zu trinken, als wir uns darüber hermachten!
> Wie lieb Du zu mir bist! Nicht ein Mal in sechzig Jahren hast Du meinen Geburtstag vergessen. Es scheint mir fast ein Wunder, daß Du Dich nach so langer Zeit noch an Deinen Romeo erinnerst.
> Ich denke oft und gerne an unsere gemeinsamen Tage in der Drury Lane und in Dublin zurück. Ich möchte nicht sagen, daß sie die glücklichsten meines Lebens waren, denn – Gott sei's gedankt – die meisten Tage meines Lebens waren glücklich; doch ich schwöre, ich habe nie eine schönere Frau gekannt, als Du es damals warst, und auch nie eine aufrichtigere Freundin gehabt.

Möge Gott immer seine schützende Hand über Dich halten,
James Padmore

Im ersten Moment wunderte ich mich ehrlich gesagt darüber, daß Mrs. Kingsett mir das geschickt hatte (ich muß heute morgen besonders begriffsstutzig gewesen sein, wenn ich mir auch schmeichle, mich seitdem gebessert zu haben!); erst als ich beim zweiten Durchlesen bei den Worten »Drury Lane« angelangt war, dämmerte es mir. Wie eine große Welle kam es über mich, wirbelte mich herum und ließ mich aufgeregt und schwindelig und mit einem flauen Gefühl im Magen zurück. Endlich hatte ich das, was ich schon nicht mehr zu finden gehofft hatte: jemanden, der die Welt von Turners Jugendzeit gekannt hatte. Doch in den beiden kurzen Monaten, die vergangen waren, seit dieser Brief geschrieben worden war, hatten Krankheit und Tod mir immerhin schon seine Empfängerin geraubt. Vielleicht war auch der Absender inzwischen gestorben oder zu krank, um mir Auskunft zu geben. Unverzüglich kritzelte ich eine kurze Nachricht für Mr. Padmore, in der ich ihm mitteilte, daß ich ihn gern morgen besuchen würde; eine noch kürzere schickte ich an Mrs. Kingsett, der ich für ihre Hilfe dankte. Dann beauftragte ich Davidson, beide Briefe zur Post zu bringen, und machte mich mit Hastes Tagebüchern auf zur Cawley Street.

Im Rückblick erscheint es mir seltsam, was mir in der Droschke alles durch den Kopf ging. Meine Gedanken drehten sich ganz um Mr. Haste: ob er wohl zu Hause wäre; ob ich, falls er da wäre, einen höflichen Empfang erwarten konnte oder mich auf Beschimpfungen und Beleidigungen gefaßt machen mußte; und ob ich mich im letzteren Fall so weit demütigen sollte, mich zu entschuldigen (was ihn milder stimmen, ihn aber auch noch zorniger machen konnte; denn je schuldbewußter ich auftrat, desto mehr konnte er glauben, daß ihm schlimmes Unrecht widerfahren sei), oder ob ich mich nicht vielleicht lieber leicht überrascht zeigen sollte, daß er von einer solchen Kleinigkeit so viel Aufhebens machte.

Wie sich dann herausstellte – wie jämmerlich ist doch unsere Überzeugung, wir könnten die Zukunft voraussehen und uns auf sie vorbereiten! –, war gar nichts Besonderes an dem Verhalten von Mr. Haste, und das wichtigste Ergebnis meines Besuchs hatte überhaupt nichts mit ihm zu tun.

Er war tatsächlich zu Hause und hatte, vielleicht in Erwartung meines Besuchs, sogar das kleine Entgegenkommen aufgebracht, den Türklopfer einzufetten, so daß ich mich bemerkbar machen konnte, ohne erst einen Passanten zu nötigen, mir beizustehen. Ich hörte ihn die Treppe herabpoltern und durch die Halle stürmen, daß ich schon befürchtete, ihn im Zustand äußersten, unbezähmbaren Zorns anzutreffen. Doch falls das so war, mit mir hatte es jedenfalls nichts zu tun; denn er stutzte, als sei er überrascht, mich zu sehen, und schaute dann sogleich die Straße hinauf und hinunter, wo er ganz offenbar nach jemand anderem Ausschau hielt. Das konnten aber nicht die Gerichtsvollzieher sein, denn sein Ausdruck war nicht verdrossen und trotzig, sondern eher gespannt und ungeduldig.

»Es tut mir leid, daß ich nicht früher kommen konnte«, sagte ich. »Es hat länger gedauert, als ich erwartet hatte. Es gab so viele interessante Stellen, und ihr Vater konnte so gut schreiben.«

Ich hatte gehofft, ihm mit dieser Erklärung ein wenig zu schmeicheln, doch ohne Erfolg. Er nickte nur brummig und streckte mechanisch die Hände nach den Büchern aus, während seine Augen weiter die Straße absuchten. Seine Finger waren voller Tinte, und auch auf seinem Hemd endeckte ich einige kleine Flecke.

»Ich würde mich freuen, wenn Sie noch zehn Schilling annehmen würden, als kleine Entschädigung«, sagte ich.

Er nickte wieder und streckte mir, weiter an mir vorbeispähend, die Hand hin.

Als ich in meinem Ridikül kramte, fesselte etwas meine Aufmerksamkeit, das ich nur im Augenwinkel wahrnahm. Es war bloß ein dreieckiges Loch in einer gesplitterten Diele, im Licht

des Nachmittags nur schwer zu erkennen; aber es rief plötzlich eine starke Erinnerung in mir wach. Dies war der kahle Flur aus meinem Traum; und einen kurzen, lebhaften Moment lang sah ich ihn noch einmal nicht als den Weg, der zu Hastes Dachstube führte, sondern als den Eingang jener unterirdischen Grotte mit dem glitzernden Glimmer, in der das Geheimnis von Turners Gemälden zu finden sein mußte.
»Was ist hier drunter?« fragte ich und gab ihm einen halben Sovereign.
»Hm?«
»Ein Untergeschoß? Ein Keller?«
Er nickte zerstreut.
Ich spähte in den mit Gerümpel verstellten Raum hinunter. Die Fenster waren grau und milchig vor Schmutz, eine zerbrochene Scheibe notdürftig mit einem Brett vernagelt. Ein Gewirr beinahe blattlosen Efeus zog sich über die Mauern und drückte sich so kräftig in jede Lücke und jeden Riß, daß die Ziegelsteine nach innen gepreßt wurden und zu springen begannen. Halb konnte man schon die Ruine erahnen, die hier vielleicht in fünfzig oder hundert oder zweihundert Jahren stehen würde.
Hinter mir hörte ich rasche Schritte, und dann sagte jemand außer Atem: »Tut mir leid. Tut mir wirklich leid.« Ich wandte mich um und sah einen untersetzten Mann auf uns zueilen. Er war so kahl wie Haste und trug eine Reisetasche, aus der Papiere hervorquollen. Haste ließ ihn ein und schloß dann ohne ein Wort oder einen Blick in meine Richtung die Tür.
Aber ich war nicht beleidigt, dafür war ich viel zu guter Stimmung. Ich glaubte mit einemmal verstanden zu haben, was mir an der *Bucht von Baiae* so seltsam vorgekommen war.

Ich hatte den Kutscher angewiesen zu warten, für den Fall, daß ich rasch den Rückzug antreten mußte; nun bat ich ihn, mich so schnell wie möglich zum Marlborough House zu bringen. Die Fahrt war ein Alptraum – ich wußte nicht mehr, wann die Ausstellung schloß, und fürchtete, ich könnte zu spät kommen und das Bild an diesem Tag nicht mehr sehen; doch jedesmal, wenn wir aus dem Gedränge herauskamen und ein wenig an Geschwindigkeit zulegten, gerieten wir auch gleich wieder in die nächste Stockung, in der wir für eine noch längere Ewigkeit festsaßen. So kam es mir zumindest vor. Als wir uns dem Trafalgar Square näherten, wurde das Gewirr der Omnibusse, Kutschen und Pferde so dicht und undurchdringlich, daß ich glaubte, zu Fuß schneller voran zu kommen. Ich entlohnte den Kutscher, stieg aus und stürzte mich ins Gedränge.

Das erwies sich als gute Idee. Indem ich mich wechselweise gegen die Menschenflut stemmte und mich dann wieder von ihr weitertragen ließ, erreichte ich in weniger als zehn Minuten die Pall Mall. Die Galerie hatte noch geöffnet, das Gemälde befand sich dort, wo ich es in Erinnerung hatte. Und als ich endlich mit sanftem Drängen und mich nach links und rechts entschuldigend die Menschenmauer vor dem Bild durchbrochen hatte und es ganz vor mir sah, da wußte ich augenblicklich, ich hatte recht.

Es war so offensichtlich, daß ich mich wunderte, warum ich es nicht schon früher gemerkt hatte. *Die Bucht von Baiae* ist nicht ein Bild, es sind zwei. Bei meinem ersten Besuch war es mir so vorgekommen, als ob die Figuren des Apoll und der Sibylle nicht so recht ins Bild passen wollten – fast, als wären sie aus einer anderen Szene ausgeschnitten worden. Als ich mir das Bild nun zum zweiten Mal ansah, erkannte ich, daß es genau so war. Turner zeigt uns die beiden am Beginn der Geschichte, als Sibylle, noch jung und schön, gerade ihr Wunsch erfüllt worden ist. Sie läßt die Sandkörner durch ihre Hand rieseln und zählt die Jahre des Lebens, das vor ihr liegt; aber die Landschaft mit der halb im Verborgenen lauernden Schlange, den umgestürzten Säulen und den schädelartigen Mauerbögen zeigt das unentrinnbare Ende: Niedergang und Verfall, der auch ihr nicht erspart bleiben wird.

Ein Brief von Walter als ich nach Hause kam. Warum hat er meine Nachricht noch nicht erhalten? Ich kann ihm jetzt nicht schreiben.

Freitag
Es ist schon spät, aber das ist egal. Ich fühle mich wie ein General, der auf einer Welle des Erfolgs reitet und spürt, daß er auf die Entscheidungsschlacht zusteuern muß, bevor sich sein Glück wendet.
Zuerst: Mr. Padmore. Gott sei dank! – Er ist noch am Leben, wohlauf und im Vollbesitz seiner geistigen Kräfte – zumindest war er das noch vor drei Stunden. Und nicht nur das – er hat mir mehr erzählt, als ich erhoffen konnte.
Vom Namen her hatte ich mir Oliver Buildings als schmutziges, stinkendes Mietshaus vorgestellt; es stellte sich aber als eine Siedlung einstöckiger Armenhäuser heraus. Sie waren aus rotem Backstein und zogen sich an drei Seiten um einen Rasenplatz, der auf der vierten Seite von einem Zaun und einem schmiedeeisernen Tor abgeschlossen wurde.
Das Herz schlug mir bis zum Hals, als ich an die Tür von Haus Nummer 1 klopfte, und ich fürchtete, nicht normal sprechen zu können; doch es lag etwas so Beschwichtigendes und Beruhigendes in seinem »Nur herein!«, daß ich mich augenblicklich entspannte. Dafür gab es, wie ich mir durchaus bewußt war, keinen vernünftigen Grund: Es war nicht sicher, daß der Sprecher tatsächlich Mr. Padmore war. Er konnte inzwischen schon gestorben, seine Wohnung bereits neu vergeben sein; und doch entnahm ich den beiden kleinen Worten zuversichtlich, daß er es war und daß wir Freunde werden würden.
Ich trat in einen freundlichen Raum ein, der sich über die ganze Tiefe des kleinen Hauses erstreckte und der gleichzeitig als Wohnzimmer, Küche und Bibliothek zu dienen schien. Das Feuer brannte in einer Art offenem Herd mit einem kleinen Backofen an der Seite. Er war bis zum Rand mit glühenden Kohlen gefüllt, und die Luft war drückend wie in einem Treibhaus. Links gab es einen Bücherschrank und rechts einen Küchenschrank mit massivem rot-goldenem Porzellan, das im Licht des rückwärtigen Fensters schimmerte. In der Mitte des Zimmers stand ein Tisch mit einem sauberen weißen Tuch. Neben Tassen und einer Zuk-

kerdose lag dort ein Stapel Papiere, unter denen ich meinen Brief erkannte. Um den Tisch herum standen einige nicht zusammengehörende Eichen- und Walnußstühle. In einem davon – einem schweren, altmodischen Stück mit kräftigen Armlehnen und schiefen Beinen, das aussah, als wäre es für den habgierigen Gutsherrn aus einer Novelle von Fielding angefertigt worden – saß ein sehr alter Mann, der so dürr war, daß er kaum die Hälfte der Sitzfläche einnahm. Er hatte mich offenbar erwartet, denn er fragte sogleich:
»Miss Halcombe?«
Er versuchte aufzustehen, aber als er sich in eine halb sitzende Position erhoben hatte, verließen ihn die Kräfte. Es sah so unglücklich aus, wie er da mit vorgestrecktem Kopf die gedrechselten Enden der Armlehnen fest umklammerte, daß ich ihn sofort bat, sich doch wieder zu setzen, was er mit einem dankbaren Lächeln auch tat.
»Der Geist ist willig«, sagte er. »Aber die Gelenke – sie wollen nicht mehr so richtig.« Er streckte mir die Hand entgegen. »Guten Tag.«
»Guten Tag.« Seine Finger waren so zart und fleischlos wie eine Vogelkralle. Die Natur, entschlossen, nichts mehr an einen Körper zu verschwenden, der schon so dicht am Grabe stand, schien bei ihm alles auf ihre elementarsten Funktionen reduziert zu haben.
»Ich freue mich sehr, daß Sie gekommen sind«, sagte er. Er zog ein sauberes rotes Taschentuch hervor und hielt es mir hin. »Wären Sie so gut, das neben der Tür ins Fenster zu hängen?«
»Selbstverständlich«, sagte ich, bemüht, es so klingen zu lassen, als sei dies die natürlichste Sache der Welt und als hätte ich genau dies erwartet. Doch er hatte meine Verwunderung wohl bemerkt, denn als ich es ihm aus der Hand nahm, erklärte er:
»Das ist unser *billet* für den Tee.«
Ich hängte es an den Fensterknauf, wo es wie eine schlaffe Fahne wenig eindrucksvoll herabhing; doch er schien zufrieden, denn er nickte und sagte:

»Danke. Setzen Sie sich doch.«
Ich nahm neben ihm Platz – und beinahe hätte ich laut aufgeschrien. Jetzt, da ich ihn mir näher betrachten konnte, sah ich, daß er nicht einfach nur alt war, er war ganz unvorstellbar alt. Ich hätte es bestimmt schon vorher bemerkt, wenn er sich nicht, sicher mir zu Ehren, so sehr herausgeputzt hätte. Der schmucke blaue Rock mit den Messingknöpfen ließ ihn wesentlich jünger wirken, bis man bemerkte, wie verloren sein Körper in den großen leeren Falten um Brust und Schultern hing. Sein spärliches Haar, fein und glänzend wie gesponnenes Silber, war sorgfältig über den Scheitel drapiert, um die fleckige Haut darunter zu verbergen. Am meisten sprang mir aber das zarte Rouge auf seinen Wangen ins Auge, das mich im ersten Moment regelrecht schokkierte – bis ich die Güte in seinen Augen las und verstand, daß er sich nicht aus Eitelkeit so herausgeputzt hatte, sondern aus dem liebenswürdigen Bemühen, mit seinen beschränkten Mitteln so angenehm wie möglich zu wirken. (Ein Zyniker könnte behaupten, das sei dasselbe; aber das Ziel der Eitelkeit ist es doch, Bewunderung zu erregen, während er bloß seinem Gast einen angenehmen Anblick bieten wollte.)
Ich machte mich auf eine lange Einleitung aus Anekdoten und nichtigen Erinnerungen gefaßt, wie sie alte Leuten, die allein leben, meist unvermeidlich vorbringen; aber als wolle er die gute Meinung, die ich bereits von ihm gefaßt hatte, bestätigen, sagte er sogleich:
»Mein Gedächtnis ist noch ziemlich gut, Ma'am, wenigstens was früher betrifft; aber ich werde schnell müde, fürchte ich – sehr schnell. Also machen Sie keine großen Umstände – fragen Sie einfach, was Sie wissen möchten.« Er lachte. »Sonst bin ich schon eingeschlafen, wenn wir zum Wesentlichen kommen.«
»Nun, vielen Dank. Ich fragte mich, ob Sie mir vielleicht etwas über Covent Garden erzählen können? Aus der Zeit, als Sie jung waren?«
»Covent Garden – oh, ja, natürlich! Stellen Sie sich vor – ein Junge von gerade einmal achtzehn Jahren, der nichts von der

Welt gesehen hat als Hampshire und Margate – und plötzlich ist er in London und erhält Zutritt zum größten Theater des Landes. Alles was Rang und Namen hatte war da versammelt. Charles Bannister. Mrs. Gibbs.« Er schüttelte den Kopf, immer noch voller Verwunderung über sein Glück. »Ich war ganz trunken, Miss Halcombe. Wie es dort roch! Selbst heute noch – bloß ein paar Sägespäne, ein wenig Farbe, der Qualm von ein paar Lampen – kein Gaslicht, die guten alten Öllampen, warm und rußig – und schon fängt es hier an zu kribbeln.« Er wies auf seinen Magen und kicherte.

Ich hatte natürlich nicht das Theater gemeint, sondern mehr das Viertel, wollte aber nicht so unhöflich sein, das geradeheraus zu sagen.

»Haben Sie in der Nähe gewohnt?« fragte ich.

»Zuerst bei meinem Bruder in Holborn. Aber dann hatte ich eine eigene Wohnung in der Maiden Lane.«

»In der Maiden Lane?« sagte ich, bemüht, mir meine Erregung nicht anmerken zu lassen. »Wer hat denn da sonst noch so gewohnt?«

»Nun, lassen Sie mich mal nachdenken.« Er runzelte angestrengt die Stirn. »Unten gab es einen deutschen Musiker, wie hieß er noch gleich? – Herr, Herr... ich komme nicht drauf – und ein Mann, der Flöten machte, und Potter, der Knochenflicker, und – Schussel, so hieß er, Herr Schussel. Er lebte mit einer Irin zusammen, sie waren nicht verheiratet, Mrs. Malone...«

»Und wen gab es sonst noch in der Straße?« fragte ich.

»Oh, wir waren eine ziemlich bunte Gesellschaft, alles in allem. Schauspieler und Schauspielerinnen; ein Stukkateur; ein Dichter; ein Architekt; zwei oder drei Kneipenwirte; ein Kutschenmacher; Ladenbesitzer; einige schöne... schöne« – er zögerte, und das Rouge auf seinen Wangen wurde ein klein wenig durch natürliche Farbe verstärkt – »schöne Mädchen, Sie verstehen?«

»Sie meinen...?«

Er nickte. »Eine ganze Menge sogar.«

»Und können Sie sich auch an die Läden erinnern?«

Er holte tief Luft und ließ einen unsicheren Seufzer hören.
»Miss Halcombe«, sagte er mit nachsichtigem Lächeln, das seinen Worten den Ernst nehmen sollte. »Ich komme mir vor, als würden Sie ein Frage-und-Antwort-Spiel mit mir veranstalten, und ich komme nicht dahinter, was Sie im Sinn haben. Ich bitte Sie, um Ihrer selbst willen – seien Sie ganz offen zu mir.«
Und das war ich. Einige Sekunden zögerte ich und stotterte noch herum; aber dann hörte ich mich so flüssig und ohne Umschweife über Turner und Walter und meine eigenen Nachforschungen sprechen, daß es mich selbst verwunderte – denn mit niemandem hatte ich seit dem Tag unseres Besuchs in Sandycombe Lodge so freimütig gesprochen, und ich verstand selbst nicht, warum ich ausgerechnet ihm gegenüber so offen sein konnte. Und ich weiß es immer noch nicht, außer vielleicht, daß ich mich von der Wachheit und der Sympathie in seinem Gesicht dazu verführen ließ – und vielleicht auch durch das Wissen, daß ein hinfälliger alter Mann in einem Hammersmith'schen Armenhaus mich wohl kaum hinters Licht führen würde.
Ich war gerade fertig, als eine kleine, dickliche Frau ohne anzuklopfen eintrat. Sie trug ein graues Kleid und eine zerknitterte Haube. In der Hand hielt sie eine weiße Schürze, die sie sich umband, während sie sich noch gegen die Tür lehnte, um sie zu schließen.
»Das ist Betty«, sagte Mr. Padmore voller Zuneigung. Er sah mich an und deutete auf das Taschentuch im Fenster. »Wir brauchen nur das Signal zu geben, und schon erbarmt sie sich. Betty« – er wandte sich zu ihr –, »das ist Miss Halcombe. Miss Halcombe, Mrs. Chambers.«
»Guten Tag«, sagte sie fröhlich und streckte mir die Hand entgegen. Sie war ungefähr siebzig mit einem herzförmigen Gesicht, das einst sehr anziehend gewesen sein mochte, doch nun wettergegerbt und ungepflegt wirkte – als hätte sie sich einfach keine Mühe mehr gegeben, nachdem ihre Schönheit einmal zu verblassen begonnen hatte. Ihr Verhalten hatte nichts Unterwürfiges und auch nichts Unverschämtes, woraus ich schloß, daß sie

keine Bediente war; aber wenn sie zu Mr. Padmores Familie gehört hätte, dann hätte er sie mir doch ganz anders vorstellen müssen.

»Ich wohne da drüben«, sagte sie wie zur Erklärung und zeigte aus dem Fenster.

»Aha.«

Sie bemerkte meine Verwunderung und fuhr fort:

»Bei den Frauen.« Sie nahm einen Kessel vom Herd und füllte ihn aus einem emaillierten Wasserkrug. »In einer Truppe sorgt einer für den anderen.«

»Einer Truppe?« fragte ich.

Sie nickte und setzte den Kessel aufs Feuer.

»Wollen Sie damit sagen, daß hier nur Schauspieler und Schauspielerinnen wohnen?« Diese Vorstellung bereitete mir ein seltsames Vergnügen, und ich mußte lächeln.

»Ehemalige Schauspieler«, sagte sie. »Oder wenn sie wollen: heruntergekommene.« Sie lachte, und nach kurzer Zeit stimmte Mr. Padmore ein.

»Sonst wären wir nicht in der Obhut der Bühnenwohlfahrt«, sagte sie und nahm eine Teebüchse vom Kamin.

Mr. Padmore folgte so hingebungsvoll ihren Verrichtungen, daß ich fürchtete, ich hätte seine Aufmerksamkeit verloren, aber als ich mir schon überlegte, wie ich ihn wieder auf unser Thema zurückbringen konnte, sagte er:

»Nein, ich habe Sie nicht vergessen.« Er schloß die Augen und sammelte eine Weile stumm seine Gedanken. Dann schaute er mich wieder an und meinte:

»Sie haben Glück: Ich kann mich ziemlich deutlich an den Barbierladen erinnern.«

Ich stieß unwillkürlich einen kleinen Freudenschrei aus, mit dem ich nicht nur mich selbst überraschte, sondern auch Mrs. Chambers erschreckte, der beinahe die Teekanne aus der Hand gefallen wäre; Mr. Padmore jedoch lächelte nur und nickte.

»Ja, allerdings«, fuhr er fort. »Einige der älteren Männer gingen zu Turner oder ließen ihn zu sich kommen; und ich dachte, das

könne mir auch nicht schaden. Also habe ich ihm meine Perükken gebracht, bis mir auffiel, daß die jungen Burschen keine mehr trugen; da habe ich mir die Haare wachsen lassen und statt dessen das da hingetragen.« Er schüttelte den Kopf. »Ich wünschte, ich könnte selbst malen, Miss Halcombe, dann würde ich es Ihnen zeigen. Zur Straße hin gab es ein langes, schmales Fenster, voller grinsender Puppenköpfe mit Kurz- und Lockenperücken, aber von der Straße aus kam man nicht hinein – man betrat den Laden über eine Seitentür in einem Hof –, den Namen habe ich vergessen, fürchte ich ...«
»Hand Court?«
»Ja, so hieß er.« Er schloß wieder die Augen und begann einen unsichtbaren Plan in die Luft zu zeichnen. »Ein schmaler Flur – Treppen nach oben und unten – der Laden in einem kleinen dunklen Raum zur Linken. Reihen blauer Flaschen an der Wand – da ein Tisch, mit Tüchern, Rasiermessern und einer Schüssel – da eine Apparatur mit Spiralen, zum Kräuseln, nehme ich an – und überall Puderquasten, Brennscheren und Haarnadeln und Lederröllchen für Locken und der Himmel weiß was noch alles. Und der Geruch. Versengtes Haar. Seife. Pomade.« Seine Nasenflügel bebten, als versuchten sie, einen lange vergessenen Duft aufzufangen. »Und Puder. Ja.« Er öffnete plötzlich die Augen. »Kennen Sie den Geruch von Perückenpuder, Miss Halcombe?«
Ich schüttelte den Kopf.
»Nicht unangenehm. Kitzelt in der Nase. Und über allem lag ein unbeschreiblicher Lärm, wenigstens wenn ich da war. Drinnen wie draußen. Kochendes Wasser. Unablässiges Geklapper.« Er lachte.
»Und unablässiges Geplapper. Oh, was für ein Geplapper.«
»Dann war also Mr. Turner sehr schwatzhaft?«
Er neigte den Kopf zur Seite und rieb sich am Ohrläppchen, als ob das sein Gedächtnis anregen könnte. Nach einer Weile sagte er:
»Stellen Sie sich vor, daran kann ich mich nicht erinnern. Aber

irgend jemand muß dort sehr geschwätzig gewesen sein, denn es hat ununterbrochen jemand gesprochen. So scheint es mir zumindest, wenn ich jetzt daran zurückdenke.« Er lächelte wie ein Reisender, der kurz angehalten hat und sich im Zurückschauen darüber wundert, wie weit er schon gekommen ist. »An Gesprächsthemen hat es uns nicht gefehlt – die Siedler in Amerika, die *sans-culottes* in Frankreich. Auch nicht an Männern mit Einfluß, mit denen sich zu diskutieren lohnte.« Er beugte sich ein wenig in meine Richtung, als wolle er mir ein Geheimnis anvertrauen. »Einmal sah ich einen würdigen Herrn herauskommen, der die weißeste Perücke trug, die ich je gesehen habe; und Mr. Barrington, der mich begleitete, meinte, das sei der persönliche Seelsorger des Prince of Wales.«

»Tatsächlich?« sagte ich. Heutzutage ist es kaum vorstellbar, daß jemand in solcher Stellung ein derart schäbiges Etablissement in der Maiden Lane aufsuchen würde (selbst wenn er nicht befürchten müßte, erkannt zu werden), wo es ihm passieren könnte, sich mit den Schultern an armen Schauspielern und Händlern zu reiben.

Mr. Padmore nickte feierlich. »Und Dr. Monro, der den König...«

»Der Irrenarzt!« rief ich in Erinnerung an Mrs. Bennett aus.

Er nickte und strahlte – nicht, weil er meine Kenntnisse bewunderte, sondern eher aus Befriedigung darüber, daß seine Welt noch nicht völlig untergegangen war und man sich an einen Mann, der zu seiner Zeit berühmt gewesen war, auch noch in der meinen erinnerte.

»Wußten Sie«, fragte ich, »daß er einer von Turners ersten Förderern war?«

Er schüttelte den Kopf. »Aber es überrascht mich nicht, er war ein bekannter Sammler und ein bißchen selbst ein Künstler. Er muß die Zeichnungen des Jungen im Laden gesehen haben, Mr. Turner heftete sie ins Fenster und um die Tür, man konnte sie für zwei Shilling das Stück kaufen. Er war auch, wußten Sie das...«

Aber in diesem Augenblick stellte uns Mrs. Chambers den Tee hin; er hörte auf zu reden und beobachtete aufmerksam, wie sie uns einschenkte.

»So, bitte schön«, sagte sie, als sie fertig war. »Es war mir ein Vergnügen, Sie kennenzulernen, Miss Halcombe.« Sie nahm das Taschentuch vom Fenster und reichte es mir. »Vielleicht könnten Sie so gut sein, das noch einmal aufzuhängen, wenn Sie gehen, dann komme ich und räume auf.«

»Schönen Dank, Betty«, murmelte Mr. Padmore, als sie ging. »Sie ist so ... sie ist so ...« Auf einmal begann er zu blinzeln, und dann senkten sich seine Augenlider ganz herab und der Kopf sank ihm auf die Brust.

»Sie sagten gerade...«, setzte ich mit lauter Stimme an; aber er rührte sich nicht.

Die Vorstellung, daß nun der Schlaf dort siegen sollte, wo es der Tod nicht geschafft hatte, und mir zuletzt doch noch eine wichtige Information rauben würde, versetzte mich in eine Art Panik. Ohne zu überlegen, sprang ich auf und tippte ihm auf die Schulter. Das reichte, Gott sei Dank. Er fuhr zusammen, öffnete die Augen und sah zu mir auf. Einen Moment lang schien er nicht zu wissen, wen er vor sich hatte, doch dann sagte er:

»Ah, Miss Halcombe, Miss Halcombe, verzeihen Sie mir. Wollen wir weitermachen?«

»Gerne«, sagte ich, und Tränen stiegen mir in die Augen.

Er lachte entschuldigend. »Ich werde langsam wunderlich, fürchte ich. Ich habe völlig vergessen, wo...«

»Dr. Monro.«

»Ach ja, genau. Er war ein großer Kunstliebhaber...«

»Ja«, sagte ich, unfähig, meine Ungeduld zu unterdrücken. »Aber sie wollten mir gerade etwas anderes über ihn erzählen.«

»So?« Er runzelte nachdenklich die Stirn. »Er behandelte den König, als er...«

»Das weiß ich!« Ich versuchte, meinen Ausruf durch ein Lachen abzumildern, aber er schien doch bestürzt und versank in verlegenes Schweigen.

Ich nahm mir fest vor, ihn nicht noch einmal zu unterbrechen, und ich wurde belohnt, denn nach ein paar Sekunden sagte er:
»Und das Hospital?«
»Welches Hospital?«
»Ich muß es doch erwähnt haben. Oder dachte ich, Sie wüßten davon? Das Bethlem Hospital.«
»Was war damit?«
»Nun, Dr. Monro arbeitete dort. Er war der Leiter oder Arzt oder so etwas.«
Ich wußte, seine Worte waren von großer Wichtigkeit – sie würden einen Kreis schließen, der bislang unvollendet war –, doch ich war zu sehr damit beschäftigt, alles zu notieren, als daß ich ihre volle Tragweite erfaßt hätte. Schließlich erlöste mich Mr. Padmore. Nachdem er etwa eine halbe Minute aus dem Fenster gesehen hatte, sagte er stockend, als habe er selbst es eben erst in seiner Bedeutung erfaßt:
»Wissen Sie, das war schon ein merkwürdiger Zufall; Mrs. Turner ist ja auch verrückt geworden und kam schließlich in seine Obhut.«
Mein Mund wurde ganz trocken vor Aufregung, und ich zwang mich erst zu einem Schluck Tee, bevor ich ihn fragte:
»Erinnern Sie sich denn an sie?«
»Kaum. Ich glaube, man hat sie ein wenig versteckt; nach allem, was man hörte, soll sie ein unberechenbares Temperament gehabt haben, sie hätte vielleicht die Kunden verschreckt. Einmal... Einmal...« Er hielt inne und verzog das Gesicht, sichtlich damit kämpfend, in seiner Erinnerung die Bruchstücke von etwas zusammenzukramen, das sich vor beinahe siebzig Jahren ereignet hatte. Schließlich nickte er, als ob er es endlich in der richtigen Reihenfolge zusammengesetzt hätte, und sagte:
»Die Familie wohnte, glaube ich, in einem Keller oder Untergeschoß. Eines Tages habe ich von dort ein markerschütterndes Schreien und Heulen vernommen. Mr. Turner richtete gerade meine Locken oder so etwas – er war ein flinker, lustiger kleiner Bursche, der immer auf den Zehenspitzen umhersprang; zuerst

hat er nur gelacht und versucht, es zu ignorieren. Aber dann kam der Junge hochgestürzt, totenbleich, und rannte auf die Straße hinaus; Turner entschuldigte sich und ging hinunter, um sie zu beruhigen.«

»Wann war das?«

Er hob die Augenbrauen und die Schultern. »Neunundachtzig. Neunzig. Einundneunzig. Ich glaube, ich habe nie mehr etwas von ihr gesehen oder gehört. Aber ein, zwei Jahre später erzählte mir Turner, sein Sohn habe jetzt ein eigenes Malzimmer am anderen Ende des Hofes, und ich erinnere mich, daß ich damals dachte, das sei bestimmt, um von der Mutter wegzukommen.« Er schwieg und stieß einen Seufzer aus. »Ach! Bethlem Hospital, Miss Halcombe. Das war nicht schön. Heute geht es dort menschlicher zu, glaube ich, aber damals war es die Hölle – das kann ich bezeugen, ich bin einmal dagewesen, um einen unglücklichen Freund zu besuchen, der sich später erhängt hat. Im Winter wurde er eingesperrt wie ein Stück Vieh, mit nichts als einer Strohmatratze; im Sommer traktierte man ihn mit Einläufen, Aderlässen und Kaltwasserbädern.« Er schüttelte wieder den Kopf, als wäre er zu keinem anderen Protest fähig. Tränen traten ihm in die Augen, und mit gebrochener Stimme sagte er: »Unser Erlöser hat Dämonen ausgetrieben, aber nicht, indem er die Unglücklichen, die von ihnen besessen waren, zur Ader ließ oder halb ertränkte.«

»Tut mir leid«, sagte ich. »Ich wollte Sie nicht traurig machen.«

Er schüttelte wieder den Kopf und fing an, lautlos zu weinen.

»Lassen Sie uns von etwas anderem reden«, sagte ich. »Vom Theater. Von Lady Meesden.«

Er nickte; aber dann fielen ihm so unvermittelt wie zuvor die Augen zu, und sein Kinn sank ihm auf die Brust; und auf einmal verschwand jegliche Spannung aus seinem Gesicht, und er wurde ganz still. Hätte man nicht gesehen, wie er atmete, so hätte man meinen können, er habe nun endlich die beinahe unsichtbare Linie überschritten, die ihn noch vom Tod trennte.

Ich versuchte kein zweites Mal, ihn zu wecken. Nachdem ich das Taschentuch ins Fenster gehängt hatte, ging ich.

Während der ganzen Rückfahrt nach Kensington kämpfte ich mit mir. Sollte ich oder sollte ich nicht? Es war spät – ich war müde – ich hatte schon genug getan für diesen Tag. Und doch ließ mir meine Neugierde keine Ruhe. Kurz vor der Brompton Grove ließ ich schließlich doch halten und wies den Kutscher an, mich zur Maiden Lane zu fahren.
Ich bereute diesen Entschluß bereits, als wir in die Straße einbogen. Es hatte zu regnen begonnen, und die Räder holperten über Haufen verrottender Blätter, die vom Marktplatz hier heruntergespült worden waren. Sie erfüllten die Luft mit einem fauligen Geruch, den ich selbst durch die geschlossenen Fenster wahrnahm. Horden von Kindern starrten uns mit ausdruckslosen Gesichtern nach. Zwei Trunkenbolde mittleren Alters, mit Augen stumpf und wäßrig wie Austern, begafften uns von den Stufen einer Schenke namens Cider Cellar und zeigten mit Fingern auf uns. Da mir nur zu klar war, wie hilflos ich wäre, wenn ich aussteigen würde, schraubte ich meine Ambitionen rasch zurück und sagte mir, es würde ausreichen, den Laden von der Droschke aus in Augenschein zu nehmen.
Aber da ich von Walter wußte, daß es mittlerweile kein Barbierladen mehr war, bestand meine einzige Hoffnung darin, herauszufinden, welcher der Höfe in dieser Straße der Hand Court war – doch das wollte mir nicht gelingen, so sehr ich mich auch bemühte. Einige waren gänzlich unbeschildert, und bei den anderen war der Name so verwittert oder verdreckt, daß ich ihn von der Kutsche aus nicht entziffern konnte. Als wir am anderen Ende der Straße angekommen waren, befahl ich dem Kutscher, zu wenden und bei einem Pfandleiher zu halten, den ich im Vorbeifahren bemerkt hatte. Hier glaubte ich unbelästigt eintreten und eine verständige Antwort erhalten zu können (denn wie zweifelhaft auch immer die Motive waren, die man mir gewiß unterstellen würde, sie wären hier nur allzu ver-

ständlich und würden keine unerwünschte Aufmerksamkeit erregen).
Kaum hatte ich die Tür hinter mir geschlossen, als ein Mädchen von dreizehn oder vierzehn Jahren aus dem Hintergrund des Ladens auftauchte. Sie hatte große braune Augen und ein hübsches blasses Gesicht, das sich bereits in Berechnung und Mißtrauen zu verhärten begann. Sie schaute mich unfreundlich und ohne ein Wort an.
»Kannst du mir vielleicht sagen, wo der Hand Court ist?« fragte ich.
Sie wies mit dem Daumen zu einem schmalen Torbogen auf der gegenüberliegenden Straßenseite.
»Danke«, sagte ich.
»Wollen Sie die alte Jenny sehen?« sagte sie, als ich vor der Tür stand. »Für'n halben Shilling bring ich Sie hin.«
»Nein, danke«, antwortete ich (der Gedanke, diese zwielichtige Welt hier zu verlassen, um in die übelriechende Dunkelheit des Hofes einzutauchen, erfüllte mich mit Entsetzen.) »Aber hier ein Sixpence für Deine Mühe.«
Sie nahm das Geld wortlos entgegen und sah mir finster nach, so als ob sie fürchtete, ich hätte sie irgendwie hereingelegt und sie dazu gebracht, etwas unter Wert preiszugeben.
Ich bat den Kutscher zu warten und überquerte die Straße, den Mantel fest zusammenhaltend, um mich so gut es ging gegen den alles durchdringenden Nieselregen zu schützen. Den Eingang zum Hof bildete ein einfacher klassischer Rundbogen mit einem großen Schlußstein; durch das Eisengitter konnte ich im trüben Schein des Lampenlichts, das aus Türen und Fenstern fiel, Grüppchen von Leuten ausmachen, die sich unterhielten. Es war nicht schwer zu erkennen, wo der Barbierladen gewesen war – hatte nicht Mr. Padmore gesagt, er sei links vom Flur gewesen, was hieß, daß es das Gebäude links vom Tordurchgang gewesen sein mußte –, aber das »lange schmale« Fenster, von dem er gesprochen hatte, gab es nicht mehr, es war durch ein großes, modernes, doppeltes Schiebefenster er-

setzt worden, das sich über die ganze Breite des Gebäudes erstreckte.
Was aber meine Aufmerksamkeit fesselte, war das, was ich darunter sah. Dort befand sich im rechten Winkel zu einem ins Pflaster eingelassenen Gitter ein elliptisches Fenster, das zum Untergeschoß gehörte. Es war gefängnisartig mit Eisenstäben gesichert.
Die Ähnlichkeit war nicht zu übersehen.
Sandycombe Lodge.
Die Bucht von Baiae.

Donnerstag
Sechs Tage – beinahe eine Woche – seit ich zuletzt mein Tagebuch geöffnet habe. Sechs Tage lang in einem abgedunkelten Raum und Mrs. Davidson, die beinahe die ganze Zeit an meinem Bett gewacht hat. Sechs Tage mit klappernden Zähnen dagelegen, mit einem Durst, der nicht zu stillen war, und mit wirren Träumen – von denen mir beinahe nichts erinnerlich ist, außer daß mich die Vorstellung plagte, nur eine ganz dünne Bettdecke zu haben, deretwegen ich nicht nur unter Eiseskälte litt, sondern die mir auch ein unangenehm taubes Gefühl im Mund verschaffte und mir das Gefühl gab, sittlich verkommen zu sein. Es war, als hätte der Teufel seine Finger im Spiel.
Ich hätte nicht in die Maiden Lane fahren sollen. Das sagte Dr. Hampson. Sich an einer solchen Brutstätte dem Regen auszusetzen, wenn man schon von tagelangem Lesen und Schreiben und durchwachten Nächten geschwächt ist, das sei mehr als Leichtsinn. Das Fieber hätte tödlich enden können. Alles in allem könne ich noch von Glück reden und solle es mir eine Lehre sein lassen.
Ich bemühe mich, seinen Anweisungen zu folgen, und bete dankbar zu Gott. Doch viel weniger als an das neugeschenkte Leben denke ich an die verlorene Woche und wie leicht ich das alles hätte vermeiden können.
Heute war ich endlich in der Lage, Walter zu schreiben. Ich ent-

schuldigte mich, nicht von allen meinen Abenteuern berichten zu können, da ich mich dafür noch zu schwach fühlen würde. Das stimmt tatsächlich; aber ich kann nicht leugnen, daß ich auch eine kaum erklärbare Abneigung empfinde, ihm alles zu erzählen. Bin ich nur kleingeistig und selbstsüchtig, oder werde ich offener sein, sobald ich mir meiner eigenen Schlußfolgerungen erst einmal sicher bin?

Dienstag
Am Sonntag habe ich zwei Stunden gearbeitet – gestern vier – heute sechs. Dr. Hampson würde das sicher nicht billigen, aber ich muß meine Gedanken niederschreiben, solange sie noch frisch sind.
Es wird immer ein Geheimnis um Turner bleiben. Und doch habe ich das Gefühl, der Wahrheit nähergekommen zu sein, als ich das noch vor einem Monat überhaupt hoffen konnte.
Was folgt, sind nur Mutmaßungen; aber bringen sie nicht Sinn in das, was wir bisher wissen?

Seine frühesten Erinnerungen sind die an ein dunkles Untergeschoß und an eine verrückte, unberechenbare Frau, vor der er sich fürchtete. Sie konnte ihm nicht die Liebe und Geborgenheit geben, wie sie jedes Kind von seiner Mutter ersehnt – und doch fühlte er sich machtlos ihr gegenüber und konnte ihr nicht entfliehen.
War es da ein Wunder, daß er ein Leben lang vertraulichen Umgang mied? Oder daß er in seinen späteren Jahren Frauen nicht als lebendige Wesen mit all der wunderbaren Schönheit und Vielfalt malte, wie er sie in Landschaften finden konnte, sondern eher als bleiche, steife Objekte – Leichname oder Puppen oder die Perückenköpfe, wie er sie im Schaufenster seines Vaters gesehen hatte und die ihm nichts antun konnten?
Kein Wunder auch, daß Untergeschosse ihm unheimlich waren (man bedenke, wie all die Geschichten über Drachen und Ungeheuer und ihre Behausungen auf seine kindliche Einbildungs-

kraft gewirkt haben müssen!) und in seinem Werk immer mit Bedrohung und Untergang verbunden sind. Vielleicht hat er deshalb beim Entwurf seines eigenen Hauses dafür gesorgt, daß der Zugang zum Untergeschoß im Verborgenen lag. Das sollte möglicherweise diesen beunruhigenden Bereich von den lichtdurchfluteten Räumlichkeiten abtrennen, in denen er lebte und arbeitete. (Ist es das, was Walter sah, als wir in Sandycombe Lodge waren? Nahm er wirklich an, daß Turner ein beschämendes Geheimnis zu verbergen suche, und nicht die schmerzliche Erinnerung an seine Kindheit?)

Auch Turners Neigung zu Geheimnissen und Versteckspielen hat, glaube ich, hierin ihren Grund. Wenn er als Junge zu Hause war – oder auch woanders und seine Mutter davon wußte –, konnte in jedem Augenblick ein Wirbelsturm über seine zerbrechliche Welt hinwegfegen und sie zerstören. Daher entschied er sich so früh dafür, ans andere Ende des Hand Court zu ziehen und dann – sobald es ihm möglich war – in die Harley Street. Daher legte er so großen Wert auf seine Privatsphäre und wurde böse, wenn man ihn störte. Daher vielleicht auch seine Reiselust und die Neigung zu einem einsiedlerischen Leben, die man ihm nachsagte, sein ständiger Wechsel zwischen zwei oder drei Wohnorten. Er war so unstet, daß oft nicht einmal die ihm nahestehenden Menschen genau wußten, wo er sich gerade befand.

Aber wie steht es mit den Bildern? Versetzt mich das, was ich erfahren habe, in die Lage, mehr über sie auszusagen?

Ich glaube ja. Denn steht nicht am Anfang all dieser Stürme und Schiffbrüche und Lawinen der Wahnsinn seiner Mutter? (Könnte man nicht vielleicht in den verblutenden Sonnen und triefenden Seeungeheuern einen gequälten Widerschein des schrecklichen Schicksals seiner Mutter sehen?)

Die Stürme, die er zu Hause nicht bezähmen konnte, versuchte er in seinen Bildern darzustellen – und zu bändigen. Das mag weit hergeholt scheinen; aber ist das nicht ein ganz natürlicher Impuls?

Gleichzeitig gab ihm die Malerei die Herrschaft über eine andere

Welt: Ein herrliches, sonnendurchflutetes Eden, in dem er, zumindest zeitweise, Zuflucht finden konnte. Doch »mitten im Leben sind wir im Tod«. Ist dies nicht die Bedeutung der *Bucht von Baiae* und all der anderen von Ruinen durchzogenen Landschaften? Flieh und arbeite und verstecke dich, so gut du kannst, früher oder später werden dich die Ausbrüche eines verwirrten Geistes und einer zerstörerischen Natur oder auch nur das unaufhaltsame Fortschreiten der Zeit und der Verfall doch finden und vernichten.

Wir wissen, daß er Freunde hatte – Männer und Frauen, die ihn so zu nehmen verstanden, wie er war, und die ihm ein wenig von der häuslichen Geborgenheit und Sicherheit geben konnten, die er in seinem eigenen Heim nicht zu finden vermochte. Diese Menschen lösten in ihm die vielleicht stärksten menschlichen Gefühle aus – Gefühle der Dankbarkeit und Zuneigung, die so tief waren, daß sie in vielen Fällen (dem Vater von Amelia Bennett; Walter Fawkes; Lord Egremont) sogar den Tod überdauert zu haben scheinen.
Doch wie stand es um seine Familie?
Seine *Kunst* war seine Familie – ein Ersatz für die menschliche Familie, die er (abgesehen von seinem Vater) als Kind nie gehabt hatte und zu der er als Erwachsener nie gekommen war. Hatte nicht Amelia Bennett berichtet, er habe von seinen Bildern als seinen »Kindern« gesprochen und um sie getrauert, wenn sie von ihm gingen? Hatte nicht Caro Bibby bei ihrer Beschreibung seiner Galerie dieses Wort benutzt? War es nicht vielleicht die Intensität seiner Elterngefühle, die ihn dazu trieb, Farrant, den unglücklichen Kupferstecher, mit dieser für ihn sonst ganz uncharakteristischen Härte zu behandeln? Schließlich kann jede Mutter zur Furie werden, wenn sie ihre Kinder bedroht glaubt. Sogar die sanfte Laura, da bin ich mir sicher, wäre bereit zu töten, wenn es sein müßte, um Florrie und den kleinen Walter zu schützen.
Die Theorie bleibt auch schlüssig, wenn wir sie auf die Royal

Academy übertragen. Seine Anteilnahme an ihren Angelegenheiten und Traditionen und der tiefe (wenn auch exzentrische) Ernst, mit dem er seinen Lehrverpflichtungen nachging, zeugen davon, daß er sich ihr durch weit festere Bande als das reine Selbstinteresse verpflichtet fühlte – so als ob die Maler weit mehr als seine Eltern und Onkel und Vettern die Gemeinschaft bildeten, die ihn am meisten geprägt hatte und die ihm die höchste Loyalität abverlangte.

Wir wissen, daß er sich davor scheute, andere Künstler zu kritisieren – ob er sie nun mochte oder nicht und ganz gleich, was er von ihrem Werk hielt –, und es damit auch ablehnte, ihnen den Schmerz zuzufügen, den er selbst hatte erleiden müssen. Ist diese geradezu selbstlose Zurückhaltung – keine Kleinigkeit in der klatschsüchtigen, intriganten Treibhausatmosphäre der Akademie – nicht ein weiterer Beleg dafür, daß er seine Malerkollegen eher als Verwandte betrachtete (wie die verdrießliche Tante, über die wir alle schimpfen, die wir um des Zusammenhalts der Familie willen aber doch ertragen) denn als seine Rivalen?

Wem vererben wir unseren Besitz? Unserer Familie.

Hatte nicht Sir Charles gesagt, daß Turners Testament seine »Kinder« dem Staat vermachte und sein Vermögen seinen in Not geratenen »Brüdern«, den Künstlern?

Solche Verzweiflung. Solche Einsamkeit. Solche Bitterkeit. Solche Hingabe. Solcher Geiz. Solche Großzügigkeit.

Solche Hoffnung, man möge ihn am Ende verstehen.

Einen solchen Mann am Ende seiner Tage aufzunehmen, mit Geduld und Freundlichkeit und Hingabe sein Mißtrauen zu überwinden, in das dunkle Dickicht einzudringen, das über sein Herz gewachsen ist und die darin eingeschlossene Liebe zu befreien – das ist keine geringe Leistung.

Armer Turner.

Seine arme Mutter.

Gute Mrs. Booth.

Mittwoch
Ein Vormittag voller Müßiggang. Bin noch müde von gestern. Heute nachmittag kam Elizabeth Eastlake vorbei, um sich nach meiner Gesundheit zu erkundigen. Im Geiste war ich noch ganz bei Turner; und ich brannte so sehr darauf, meine Schlußfolgerungen auf die Probe zu stellen, daß ich sie ohne darüber nachzudenken beim Tee vor ihr auszubreiten begann. Als mir klar wurde, wie töricht ich mich benahm, war es schon zu spät; also stotterte ich weiter, verzweifelt hoffend, ich könnte irgendwie die Falle vermeiden, die ich mir selbst ausgelegt hatte.
Doch kaum war ich fertig, da schnappte sie schon zu. Ohne mit einer Silbe zu sagen, was sie von meiner Darlegung hielt, fragte sie:
»Ist das nun Ihre Sicht der Dinge oder die Ihres Bruders?«
»Unser beider Sicht.« Ich hatte mir rasch überlegt, daß diese Antwort noch das kleinere Übel sei. »Aber hauptsächlich stammt sie natürlich von ihm.«
In Wirklichkeit hat Walter von dieser Theorie noch nicht einmal erfahren; und – wie ich mir mit großem Unbehagen bewußt bin – es könnte durchaus sein, daß er sie sich nicht zu eigen machen will, wenn er davon hört. Aber die einzige Alternative wäre gewesen, sie voll und ganz als die meine auszugeben und so zu riskieren, daß die zentrale These des Buchs – wenn er sie denn überhaupt akzeptiert – mehr meine als seine wäre, was seinem Stolz einen vernichtenden Schlag versetzen würde.
Ich bin allerdings nicht sicher, daß sie mir geglaubt hat; sie sah mir eindringlich forschend ins Gesicht und sagte dann mit sarkastischem Unterton:
»Nun, da hat er ja große Fortschritte gemacht, seit wir uns das letzte Mal sprachen. Erstaunlich, wenn man bedenkt, daß er nur in Cumberland herumgesessen und nachgedacht hat. Muß wohl an der guten Luft dort liegen.« Sie lächelte. »Wie auch immer, sprechen Sie ihm meine Glückwünsche aus, und sagen Sie ihm, das sei genau das, worauf ich gehofft hatte. Vielleicht können Sie beide nächste Woche einmal zu uns zum Essen

kommen, dann können wir weiter über seine Ideen diskutieren?«
Es läßt sich nicht vermeiden – wir müssen hingehen, und er muß einen guten Eindruck machen; andernfalls wird Lady Eastlake das Vertrauen in ihn verlieren, und das ganze Unternehmen gerät genau in dem Augenblick in Gefahr, in dem wir endlich Fortschritte machen.
Sobald sie gegangen war, setzte ich mich hin und schrieb ihm, er solle zurückkommen.

Ein kleiner, aber beunruhigender Nachtrag. Davidson war mit dem Brief zur Post unterwegs, und ich unterwarf mich Dr. Hampsons Rat und legte mich nach dieser Anstrengung ein wenig zur Ruhe, als ich hörte, wie es an der Tür läutete. Es war schon sehr spät für einen Besuch, aber ich stand trotzdem auf und bereitete mich darauf vor, jemanden zu empfangen. Kurze Zeit später kam Mrs. Davidson herein und machte sich am Feuer zu schaffen.
»Wer war denn da eben an der Haustür?« fragte ich.
»Eine Frau, Miss.«
Ich wartete, daß sie weitersprach, aber sie machte nur viel unnötigen Lärm mit dem Schürhaken. Schließlich sagte ich:
»Was für eine Frau denn?«
Sie zögerte und schluckte vernehmlich. »Nicht, was Sie respektabel nennen würden, Miss. Und aufgeregt.«
»Was wollte sie denn?«
»Sie wollte Mr. Hartright sprechen«, sagte sie, so leise, daß ich es kaum hören konnte.
»Aus welchem Grund?«
»Das wollte sie nicht sagen, Miss.« Sie drehte sich zu mir um, und unsere Blicke kreuzten sich kurz, als ob sie hoffte, ich würde die Mißbilligung darin erkennen und es ihr so ersparen, sie in Worte zu fassen. »Nur Mr. Hartright selbst.«
»Ist sie noch da?« fragte ich und machte einen Schritt auf die Tür zu. »Ich schau sie mir mal an.«

»Ich habe sie weggeschickt, Miss. Ich fand es nicht nötig, sie damit zu beunruhigen.«
Aber ich bin beunruhigt. Ich kann nicht dagegen an. Noch sechs Monate zuvor hätte ich einfach angenommen, daß es sich um irgendein armes Wesen handle, dem Walter geholfen hatte, und nicht mehr daran gedacht. Aber jetzt...
Doch es hat keinen Sinn, darüber zu brüten. Wir müssen dieses Buch zu Ende bringen und es los werden – und ich hoffe, wir schaffen das, ohne dauernden Schaden an unserem Leben zu nehmen.

Drittes Buch

XLIV
INHALTSNOTIZ EINES BRIEFES VON WALTER HARTRIGHT AN MR. ELIJAH NISBET, 1. DEZEMBER 185-

1. Vielleicht erinnern Sie sich noch: Wir machten Bekanntschaft in der Nähe von Leeds, als die Lokomotive ausfiel.
2. Luden mich freundlicherweise ein, Sie zu besuchen und mir Ihre Turners zu zeigen.
3. Werde nächste Woche auf dem Weg nach London durch Birmingham kommen. Darf ich dann auf Ihre Einladung zurückkommen?

XLV
BRIEF VON WALTER HARTRIGHT AN MARIAN HALCOMBE, 1. DEZEMBER 185-

Limmeridge,
Freitag

Liebe Marian,
Du bist wunderbar! So erstaunliche Fortschritte in weniger als zwei Monaten!
Leider werde ich nicht rechtzeitig zurück sein können, um Montagabend an dem Dinner teilzunehmen. Ich weiß, daß Dich dies in eine schwierige Situation bringt, und das tut mir leid; aber da ich so lange nichts von Dir gehört habe (betrachte dies bitte nicht als Kritik – ich verstehe, daß Du mir unmöglich schreiben konntest, da Du doch so beschäftigt warst), hatte ich natürlich keine Ahnung, was Du herausgefunden hast, und keinen Schimmer, daß Du Pläne gemacht hast, die auch mich betreffen. Ich habe daher unabhängig von Dir selbständig weitergeforscht und muß, fürchte ich, auf dem Weg in die Stadt in Birmingham Zwischenstation machen. Wäre es denn nicht möglich, das Treffen mit den Eastlakes um ein paar Tage zu verschieben?
Alles Liebe von Deinem treuen Bruder

Walter

XLVI

BRIEF VON WALTER HARTRIGHT AN LAURA HARTRIGHT,
4. DEZEMBER 185-

Weiß der Himmel wo,
Montag

Meine innig Geliebte,
siehst Du! Ich halte mein Versprechen! Wenn auch zugegebenermaßen unter erheblichen Schwierigkeiten. Denn der Zug schaukelt von einer Seite zu anderen wie ein Schiff auf See, und ich kann nur in der halben Sekunde etwas zu Papier bringen, wenn er sich genau in der Mitte befindet. Aber jetzt oder nie, denn wenn wir erst in Willenhall ankommen (es kann nicht mehr lange dauern), muß ich schnurstracks zum Gasthaus und von da aus zu Mr. Nisbet. Verzeih mir daher, daß der Brief so kurz geraten ist. Morgen mehr, das verspreche ich.
Mach Dir unterdessen keine Sorgen um mich. Es geht mir gut. Ich habe nichts vergessen. Ich liebe Dich.

Walter

XLVII

AUS DEM TAGEBUCH VON WALTER HARTRIGHT,
4. DEZEMBER 185-

Alles andere kann warten bis zu meinem Brief, aber dies hier würde sie, glaube ich, zu sehr in Aufregung versetzen.
Als Nisbet, der hinausgegangen war, um nach dem Ärmsten zu sehen, zurückkam, stand ihm das Entsetzen ins Gesicht geschrieben – sein rußverschmiertes Gesicht war kreidebleich, die linke Hand umklammerte haltsuchend sein rechtes Handgelenk. Er sah aus dem Fenster auf das Höllenspektakel, gab sich einen Ruck, zuckte mit den Schultern und wandte sich dann mir zu.
»Der Preis des Fortschritts«, sagte er. »Alles hat seinen Preis.« Er

nickte, als hätten ihn diese Glaubenssätze wiederaufgerichtet. »Turner hat das gewußt. Möchten Sie ein Glas Wein, Mr. Hartright?«

XLVIII
BRIEF VON WALTER HARTRIGHT AN LAURA HARTRIGHT,
5. DEZEMBER 185-

Kurz hinter Rugby,
Dienstag

Meine innig Geliebte,
die North-Western Railway ist Gott sei Dank zu Briefeschreibern freundlicher als die Birmingham-Derby-Linie. Mein Schreibkasten bleibt (die meiste Zeit jedenfalls) freiwillig ruhig auf meinen Knien liegen; der Bleistift erlaubt sich nur gelegentliche Schlenker übers Papier; und mein Ellbogen kann sich sogar ungehindert bewegen, denn der Platz neben mir ist leer. Abgesehen von der Kälte sitze ich hier alles in allem so bequem wie in meinem Arbeitszimmer zu Hause. Hier also endlich ein richtiger Brief.

Ich hatte immer geglaubt, die Bezeichnung »Schwarzes Land« sei eine dichterische Übertreibung, aber sie ist eine nicht weniger nüchterne und wörtliche Beschreibung wie »Kanalstraße« oder »Bahnhofstraße«. Die Erde ist schwarz von Kohle und Schlacke, die Luft rauchgeschwängert, und sogar die Bäume und Grashalme sind schwarz von Ruß und nur noch stellenweise grün, gleichsam um uns eine Vorstellung von ihrem früheren Zustand zu geben – wie wenn man in der Tristheit eines Armenhauses unerwartet jemanden ein buntes Taschentuch herausziehen sieht. Mr. Nisbet, so stellt sich heraus, ist Eisenhüttenbesitzer; und obwohl sein Haus – ein Alptraum aus gotischen Türmchen und Fenstern im Tudorstil, nur eine halbe Meile von der Eisenhütte entfernt – kaum zehn Jahre alt ist, ist es bereits derart rußverschmutzt, daß man nur noch an den Mörtelfugen sehen kann, daß es aus Backstein und nicht aus Naturstein gebaut ist.

Eine Frau mittleren Alters öffnete mir und führte mich in eine riesige achteckige Halle. Die Wände waren leer, bis auf ein paar düstere Porträts und ein Bild Nisbets und seiner Familie auf dem monumentalen Kaminsims. In der Mitte stand ein riesiger Tisch, wie geschaffen für König Artus und seine Tafelrunde, sonst aber war der Raum spärlich möbliert; die Wände entlang standen ein paar Stühle, und vor dem Feuer, das in dem großen steingemauerten Kamin knisterte, waren im Halbrund drei Ohrensessel gruppiert. Aus den kreisförmig angeordneten kleinen Fenstern im Turm darüber sickerte trübes Licht herein, das dem Raum die erhabene Feierlichkeit einer Kirche verlieh.

»Ich werde Sie melden«, sagte die Frau.

Aber sie war erst drei Schritte weit gekommen, als Nisbet selbst hereinkam. Er debattierte lebhaft mit einem anderen Mann, den ich aufgrund seiner schweren Stiefel und seines kohleverschmierten braunen Anzugs für seinen Werksleiter halten mußte. Nisbet war rot im Gesicht und wedelte wiederholt nachdrücklich mit einem Bündel Papieren, während sein Begleiter mit ernster Miene seinen Worten lauschte, den Kopf gesenkt und gelegentlich nickend. Dabei irrte sein Blick rastlos in der Halle umher. Schließlich fiel er natürlich auch auf mich und blieb an mir hängen; woraufhin Nisbet zu sprechen aufhörte und zu mir hinsah, neugierig, was es dort gab.

»Ah, Mr. Hartright«, rief er. »Ich bin gleich bei Ihnen.« Er wandte sich wieder dem Mann im braunen Anzug zu. »Sagen Sie ihm, er soll an seine Frau denken, Harkness. Er soll fragen, was sie denkt. Er muß begreifen – sie alle müssen begreifen –, daß ich so etwas nicht dulde.«

Harkness errötete und senkte den Blick. Ich dachte erst, er würde widersprechen; aber dann nickte er kurz und eilte mit Riesenschritten zur Tür, so daß die Frau laufen mußte, um ihn einzuholen.

»Nun«, sagte Nisbet und schüttelte mir mechanisch die Hand. »Wie geht es Ihnen?« Er sah mich dabei aber nicht an, sondern ließ seinen Blick in der Halle umherschweifen, als mache er eine

Bestandsaufnahme des Inventars. Dann setzte er sich ans Feuer und winkte mir mit einer lässigen Geste, neben ihm Platz zu nehmen. »Vorerst bleiben wir am besten hier«, sagte er. »Mein Schwiegervater hält in der Bibliothek ein Nickerchen, und ich möchte ihn nicht stören.«

Er sprach zwar freundlich, aber ohne die leiseste Entschuldigung; ja er wahrte nicht einmal den Schein, nach meinen Wünschen zu fragen, sondern ging ganz selbstverständlich davon aus, daß ich mich den seinen zu fügen hatte. Auch war ich mir durchaus bewußt, daß er mich auf befremdliche Weise ansah und meine Beine und Hände und die Rückseite meines Stuhles mit der Ungeniertheit eines Bauern musterte, der ein zum Kauf angebotenes Pferd begutachtet. Mit leichter Verwunderung lehnte er sich sodann zurück und sagte:

»Haben Sie es fertig?«

»Wie bitte?«

»Die Lokomotive.«

»Die Loko- ?« begann ich. Und dann erinnnerte ich mich an die Umstände unserer ersten Begegnung, und mir ging auf, daß er auf meine Zeichnung der liegengebliebenen Dampflok anspielte.

»Nein«, sagte ich, ohne nachzudenken. »Ich hatte anderes zu tun.«

»Ja?« sagte er ungeduldig. Sein Blick begann erneut den Bereich rund um meinen Stuhl abzusuchen.

Und auf einmal verstand ich: Er suchte nach einer Mappe. Er hatte angenommen, ich sei ein Künstler, und ich hatte ihm nicht widersprochen; und nun nahm er an, ich sei gekommen, ihm etwas zu verkaufen. Daher die beiläufige Art, die er mir gegenüber an den Tag legte – eine Behandlung, die ich, wie mir plötzlich bewußt wurde, zuletzt als junger Mann erfahren hatte, als ich mich um die Stelle eines Zeichenlehrers bewarb: Man hielt mich zwar für etwas Besseres als einen Händler, schätzte mich aber ganz gewiß weniger als einen Gast.

Wie konnte ich die Sache richtigstellen, ohne daß es für ihn und mich peinlich wurde? Nüchtern und ohne viel Aufhebens? Hu-

morvoll und über ein so dummes Mißverständnis herzlich lachend? Ich überlegte noch, als er fortfuhr:
»Etwas anderes in der Art? Lokomotiven? Maschinen?«
»Nein«, sagte ich. »Im Augenblick nicht.«
»Dann können Sie mir also gar nichts zeigen?«
Ich schüttelte den Kopf. »Ich bin nur gekommen, um Ihre Turners zu sehen, wozu Sie mich freundlicherweise eingeladen haben.«
Es sollte nicht vorwurfsvoll klingen, aber er muß es so aufgefaßt haben, denn sofort sagte er:
»O ja, natürlich! Natürlich!« Er nickte und lächelte. »Verzeihen Sie, wenn ich Ihr Anliegen falsch verstanden habe, aber Männer Ihrer Profession lassen sich, wie ich schon feststellen konnte, selten eine Gelegenheit entgehen, ihre Waren anzupreisen.«
Vielleicht hätte ich ihm an dieser Stelle sagen sollen, was der eigentliche Sinn und Zweck meines Besuches war, aber da ich soeben eine versteckte Absicht geleugnet hatte, wollte ich nicht sogleich mit einer anderen herausrücken; daher lachte ich bloß und sagte:
»Turner auch?«
»Als ich ihn kennenlernte, war er schon ein alter Mann«, antwortete er. »Da hatte er es nicht mehr nötig, den Verkäufer zu spielen. Aber selbst dann noch hing er an seinem Geld.« Er runzelte die Stirn und schob die Unterlippe vor, als treffe er ein ausgefeiltes Urteil oder rufe sich etwas Unangenehmes in Erinnerung. »Um die Wahrheit zu sagen, er war ein ganz schöner Geizkragen.«
»Tatsächlich?« sagte ich so unschuldig, als hätte ich noch nie dergleichen gehört.
Er nickte. »Er trennte sich nur dann von einem Penny, wenn es gar nicht anders ging, und einen Sixpence gab er nicht einmal dann aus, wenn er dadurch einen Shilling sparen konnte. Das...« Er unterbrach sich, widerstrebend, wie ich fand. »Aber was rede ich da. Sie wollen doch sicher nichts über ihn als Person hören. Sie wollen seine Bilder sehen.«
»Nein, bitte«, sagte ich. »Er ist so etwas wie mein Vorbild.«

Sofort sprach er weiter wie ein Automat, der nur einen Schubs brauchte, um wieder anzuspringen.
»Die Galerie in der Queen Anne Street war ein unvergeßlicher Anblick. Ich habe Arbeiter, die ihr Haus besser in Schuß halten.« Er schüttelte ungläubig den Kopf. »Einmal kam ich dort vorbei, als es anfing zu regnen, und ich dachte, da kannst du dich unterstellen; aber als ich die Treppe hinaufging, mußte ich meinen Schirm aufgespannt lassen, so naß war es. Er regnete durch die zerbrochenen Oberlichter, am Boden stand das Wasser in Pfützen, es tropfte auf die Gemälde. Die Wandtapete – ein roter Stoff – schälte sich. Da war ein Gemälde mit einer großartigen klassischen Szene – Karthago, glaube ich –, und als ich näher kam, sah ich, daß der Himmel überall Risse hatte wie Eis, wenn es zu brechen beginnt, und an anderen Stellen blätterte die Farbe ab. Ein Bild wurde als Tür benutzt, vor einer zerbrochenen Fensterscheibe, wo die Katzen ein- und ausgingen.«
»Die Katzen?«
»O ja, überall gab es Katzen. Ein erbärmlicher Gestank. Sie gehörten der Haushälterin, eine Hexe, bei deren Anblick man Alpträume bekam.«
»Sie meinen Mrs. Booth?«
»Nein, Danby hieß sie. Hannah Danby.« Er machte eine Handbewegung, als wickelte er sich eine Binde um den Kopf. »Ihr Gesicht war so entstellt, daß sie es bedeckt halten mußte.«
Ich hätte am liebsten laut losgelacht, als ich alle diese schauerlichen Einzelheiten hörte; aber er wirkte todernst, als er fortfuhr:
»Die Katzen waren vermutlich die einzigen Kreaturen, die ihre Nähe ertrugen. Und sie belohnte sie damit, daß sie sie laufen und schlafen ließ, wo sie wollten. Sie durften ihre Krallen an den Bilderrahmen wetzen und die Besucher belästigen. Eines dieser Viecher sprang mir so unversehens auf den Rücken, daß mir der Regenschirm aus der Hand fiel, und der Krach lockte weitere Katzen an, die mir um die Beine strichen.«
Er hatte wohl endlich bemerkt, wie schwer es mir fiel, ernst zu

bleiben, denn er lächelte seinerseits und sagte: »Und wenn es nicht die Katzen waren, kam Turner selbst aus seinem Atelier geschlichen und überraschte einen.«

Er gluckste in sich hinein, was ich als Erlaubnis verstand, endlich ebenfalls lachen zu dürfen; und wir brachen in ein schallendes Gelächter aus und stachelten uns gegenseitig an, bis wir den eigentlichen Anlaß unserer Erheiterung vergessen hatten. Nach einer Weile hörte er jedoch abrupt auf und meinte:

»Aber ich sollte mich nicht über ihn lustig machen. Ich hätte nicht so leben können wie er, aber dann hätte ich auch nicht so malen können wie er. Und trotz aller seiner Schrullen war es sehr angenehm, mit ihm Geschäfte zu machen. Er war stets absolut korrekt; wenn man einen Preis oder einen Zeitpunkt mit ihm vereinbart hatte, hielt er sich strikt daran.« Er machte eine Pause und überlegte kurz. Dann hob er den Zeigefinger, weil ihm offenbar noch etwas eingefallen war. »Noch etwas. Er war der einzige mir bekannte Maler, der mit Sachverstand über mein Fachgebiet sprechen konnte. Über die verschiedenen Kohlesorten bei der Verhüttung. Die Konstruktion einer neuen Pumpmaschine. Er war von diesen Dingen fasziniert. Und er besaß einen unerschütterlichen Glauben an den industriellen Fortschritt unserer Nation. Wie Sie an ...«

Plötzlich unterbrach er sich und legte den Kopf schräg. Zunächst konnte ich mir nicht erklären, was ihn aus dem Konzept gebracht haben mochte. Dann hörte ich es selbst: ein Tumult aus Rufen und Schreien und klirrendem Metall, etwas weiter entfernt, aber unmöglich zu überhören – wie der Lärm einer näherrückenden Armee.

Nisbet atmete hörbar ein und sprang auf. »Entschuldigen Sie«, sagte er leise und lief los. Aber nach wenigen Schritten verlangsamte er sein Tempo und zwang sich zur Ruhe.

»Kommen Sie«, rief er mir mit einem grimmigen Lächeln zu. »Dad ist jetzt bestimmt wach.«

Er führte mich aus der Halle hinaus in ein quadratisches Zimmer auf der Rückseite des Hauses. Es war offensichtlich als Biblio-

thek gedacht, wirkte aber mehr wie ein kleines Museum oder eine Galerie, denn die Hälfte der Regale war nicht mit Büchern ausgefüllt, sondern mit architektonischen oder mechanischen Modellen, und die Wände waren von oben bis unten mit Gemälden bedeckt. Ein älterer Herr in hohen Stiefeln und einer pflaumenblauen Reitjacke saß am Kamin und machte große Augen wie jemand, der soeben aus dem Schlaf aufgeschreckt wurde.
»Was ist los?« fragte er Nisbet.
Der schüttelte brüsk den Kopf und ging auf das Fenster zu. Die Vorhänge waren zugezogen, aber er riß sie auf und sah hinaus.
Erinnerst Du Dich an die Darstellung des Pandämoniums in der Ausgabe des *Verlorenen Paradieses*, die ich von meinem Vater habe? Wenn nicht, findest Du sie in meinem Arbeitszimmer, dann bekommst Du eine Vorstellung davon, was für ein Anblick sich uns jetzt bot. Mein erster Gedanke war: Die Erde brennt. Denn hinter einem Saum kahler Bäume am Ende des Gartens sah ich zunächst nur ein Flammenmeer, schwarze Rauchfahnen und einen gelblichen Dampf, der sich am Boden entlangschlängelte, als sei er zu träge, sich in die Luft zu erheben. Als sich meine Augen an das Dämmerlicht draußen gewöhnt hatten, erkannte ich jedoch riesige schwarze Aufschüttungen, die Umrisse hoher Schornsteine und Maschinen mit riesigen Rädern zum Befördern der Kohle; Hütten, Häuser und Ställe waren ohne Sinn für Ordnung und Schönheit überall verstreut wie Stecknadeln auf einem Nadelkissen.
Mittendrin drei, vier lodernde Schmelzöfen, umgeben von einem Gewirr von Gleisen, auf denen Loren standen, die wahrscheinlich mit nichts Furchterregenderem als Kalksteinblöcken beladen waren, aber den Eindruck machten, als beförderten sie die Seelen der Verdammten in die Hölle (ein Eindruck, der durch das rhythmische Stampfen der Maschinen noch verstärkt wurde, das feierlich und unheilverkündend wie ein Todesmarsch klang). Aus allen Richtungen schienen Männer darauf zuzueilen, die schrien, Werkzeuge und Eimer fallen ließen und gestikulierten, alles wild durcheinander. Sie versammelten sich in einer im-

mer größer werdenden Traube um etwas oder jemanden am Boden.

»Verdammt!« hörte ich Nisbet zwischen den Zähnen hervorstoßen.

»Schon wieder ein Unfall?« sagte der alte Mann. Er saß immer noch in seinem Stuhl, den Kopf uns zugewandt, als hätte er Angst, der Wahrheit selbst ins Auge zu sehen.

»Sieht so aus«, sagte Nisbet ausdruckslos.

»Oh, Eli!« sagte der Alte und schüttelte den Kopf. Er sah sehr blaß aus. Eine weiße Haarsträhne fiel ihm ins Gesicht, aber es schien ihn nicht zu stören.

Nisbet sah auf seine Hände hinunter und spreizte geistesabwesend die Finger. Dann wandte er sich mit einem spröden Lächeln mir zu und sagte, sichtlich um Normalität bemüht:

»Wie Sie sehen, Mr. Hartright, habe ich nicht viel für Schriftsteller und Buchhändler getan.« Er zeigte auf die halbleeren Regale und dann auf die zwischen ihnen hängenden Gemälde. »Aber Ihre Zunft hat keinen Grund, sich über mich zu beklagen.«

Es waren mindestens dreißig Bilder, Ölgemälde und Aquarelle, Stiche und Zeichnungen jeder Größe, Form und Stilart. Das einzig Verbindende war offensichtlich ihr Sujet: Alle stellten irgendeine Maschine oder einen industriellen Vorgang dar.

»Sie sehen, was ich für einen Geschmack habe«, sagte Nisbet und versuchte, sich humorvoll zu geben. »Es ist der Geschmack eines Mannes, der Anteile an zwei Eisenbahngesellschaften und einer Schiffahrtslinie besitzt.«

»Eli«, sagte der Alte, noch bevor ich etwas erwidern konnte. »Willst du nicht nachsehen, was los ist?«

»Ich werde nicht wie ein Weib herumrennen«, erwiderte Nisbet leise. Er kniff die Augen zusammen und blickte wieder aus dem Fenster. »Der Ofenmeister ist da. Der Vorarbeiter ist da. Und Harkness ist auch da. Sie wissen, wo sie mich finden können, wenn sie mich brauchen.« Er wandte sich wieder mir zu, faßte mich am Ellenbogen und führte mich zu einem Gemälde über dem Kamin. »Hier. Da hängt ein Turner.«

Es war ein großes Seestück: eine vom Wind aufgewühlte graue See und ein Dampfschiff, das gegen den Sturm ankämpft. Selbst an Turners Standards gemessen war alles extrem ungenau – die Wellen nur ein paar dicke Strudel auf strahlend weißem Untergrund, das Schiff ein verschwommener schwarzer Fleck, dessen deutlichstes Charakteristikum noch der aus dem Schornstein quellende Rauch war. Und doch war die Wirkung so lebhaft, daß der Betrachter spürte, wie das Deck unter seinen Füßen schwankte und ihm die Gischt ins Gesicht spritzte. Man roch förmlich den heißen, scharfen Qualm der Kohlen, und in den Ohren dröhnte das Stampfen des Räderwerks und das Hämmern der Maschine.
»Wie finden Sie es?« fragte Nisbet.
»Großartig.«
»Ist das Ihre ehrliche Meinung?«
»Ja«, sagte ich, überrascht von seiner Unverblümtheit.
»Damit stehen Sie im Gegensatz zu meiner gesamten Nachbarschaft. Einschließlich meines Schwiegervaters.« Er wandte sich an den alten Mann. »Das ist Mr. Hartright, Dad. Mr. Hartright, Sam Bligh.«
»Guten Tag«, sagte der Alte. Er reichte mir seine zittrige Hand.
»Mr. Hartright ist Künstler, Dad«, sagte Nisbet. Er deutete auf den Turner. »Sag ihm, was du davon hältst.«
Mr. Bligh versuchte zu lächeln. »Er hat den Schaum gemalt, den er vor dem Mund hatte«, sagte er wie ein Kind, das aufgefordert wird, vor Besuchern eine erheiternde Bemerkung zu wiederholen.
»Und du könntest ebensogut ... ?« soufflierte Nisbet.
»Ich könnte ebensogut in die Waschküche gehen und die Schaumblasen im Waschkessel betrachten.«
»Sehen Sie«, lachte Nisbet. »Dagegen habe ich anzukämpfen. Und seine Tochter ist auch nicht viel besser. Sie findet ...«
Ich habe nicht erfahren, was Mrs. Nisbet findet; denn in diesem Augenblick stürmte der Mann im braunen Anzug herein, ohne anzuklopfen. Er war außer Atem; sein Haar war klatsch-

naß und zerzaust, sein gerötetes Gesicht schmutzig und auf seinen Ärmeln waren Brandspuren.

»Was ist denn?« fuhr ihn Nisbet an.

Harkness warf mir einen verstohlenen Blick zu. »Ich denke, Sie sollten kommen, Sir«, sagte er leise.

»Was ist denn passiert?« brüllte Nisbet. Er war kreidebleich und zitterte, und er spie die Worte mit solcher Wut aus, daß er sich mit dem Handrücken die Spucke vom Mund abwischen mußte.

Ich mußte mich beherrschen, um mich nicht einzumischen. Denn der arme Harkness hatte gewiß etwas Furchtbares erlebt, und Nisbets Verhalten erinnerte an jene römischen Tyrannen, die den Überbringer schlechter Nachrichten töten ließen. Aber Harkness schien ungerührt, als hätte er sein Herz gegen eine schreckliche Katastrophe verbarrikadiert, und ließ sich durch einen simplen Wutanfall nicht einschüchtern.

»Sir«, sagte er, während er den Rücken straffte und seinem Arbeitgeber ruhig in die Augen sah. »Ich hab ihm ausgerichtet, was Sie gesagt haben. Und er meinte, er sei ein freier Mann, und wenn Sie ihn hier nicht haben wollen, gäbe es andere Möglichkeiten. Und ist davongestürmt.«

»Ist das alles?« sagte Nisbet und seine Augen leuchteten auf wie die eines Verurteilten, der plötzlich die Chance auf eine Begnadigung erkennt.

Harkness schüttelte den Kopf. »Vor der Hochofentür stand ein Karren, der ihm den Weg verstellte. Er sah ihn nicht richtig, weil es dunkel war und er getrunken hatte. Er muß gedacht haben, der Karren ist beladen, denn er packte ihn mit voller Kraft, um die Ladung hineinzukippen. Aber der Karren war leer, und durch den Schwung stürzte er selbst mit in den Ofen.«

»Oh«, wimmerte der Alte, drehte den Kopf zur Seite und schlug die Hände vors Gesicht. Nisbet zuckte mit keiner Wimper, aber er erbleichte, und sein Gesicht straffte sich, als wäre ihm die unangenehme Botschaft regelrecht unter die Haut gefahren.

»Zwei Männer haben ihn fast sofort wieder herausgezogen«, sagte Harkness. »Aber es geht ihm schlecht, sehr schlecht.«

»Hat man den Arzt geholt?« fragte Nisbet.
»Natürlich«, sagte Harkness. »Aber...« Er senkte hilflos die Augen.
»Was ist mit seiner Frau?«
Harkness schüttelte den Kopf.
»Gib ihr fünf Pfund und sag ihr, ich besuche sie morgen«, sagte Nisbet und drängte ihn zur Tür. Er folgte ihm, hielt dann aber inne und sagte zu seinem Schwiegervater: »Dad, kümmere du dich bitte um Mr. Hartright.«
Aber so sehr er sich auch bemühte, der arme Mr. Bligh schaffte es nicht, den Gastgeber zu spielen. Er fragte mich zwar, woher ich käme und wohin ich ginge und machte ein paar halbherzige Bemerkungen über die Bilder, aber dann gab er auf und trat ans Fenster, wo er mit auf dem Rücken verschränkten Armen stehenblieb – wie ein alt gewordener Napoleon, der auf das Schlachtfeld von Waterloo blickt. Insgeheim erleichtert (denn ich hatte selbst keine große Lust, Konversation zu machen) begab ich mich ans andere Ende des Raumes und vertrieb mir die Zeit mit den anderen Turners. Sie waren unbestreitbar großartig – das Innere einer Gießerei mit einem atemberaubenden Kontrast von Hell und Dunkel; ein dahinrasender Eisenbahnzug in einem Schleier aus Rauch und Regen –, aber die Dramatik der Bilder erschien mir schal und leblos, verglichen mit der Tragödie, die sich draußen abspielte. Und nach einer Weile trat ich neben Mr. Bligh ans Fenster und sah hinaus.
Der Aufruhr am Hochofen schien sich gelegt zu haben, die herbeigestürmte Menschenmenge hatte sich zu einer langen Reihe geordnet und stand dunkel und unbeweglich da wie eine Mauer. Soeben teilte sie sich, und vier puppenhafte Gestalten traten heraus, die etwas trugen, das aussah wie ein Haufen Decken auf einer behelfsmäßigen Trage. Sie bewegten sich mit gleichmäßigen Schritten, gemächlich und ohne Eile, auf einen mit Pferden bespannten Karren am Rand der Menschenmenge zu. Entweder war das Opfer außer Gefahr, oder – wie ich befürchtete – es war ihm nicht mehr zu helfen.

Ich sah weg, aber als Bligh neben mir mitleidig aufstöhnte, wandte ich mich um. Erst nach einer Weile konnte ich ausmachen, was er gesehen hatte: eine Frau, die über den holprigen Boden mehr stolperte als rannte und sich vor der behelfsmäßigen Trage niederwarf, was die Männer zwang stehenzubleiben. Sie schlug sich an die Brust, warf die Arme in die Luft, erhob sich sodann und führte einen merkwürdigen Tanz der Verzweiflung auf, indem sie mit den Füßen aufstampfte und den Kopf von einer Seite auf die andere warf. Uns erschien dies nur als ein stummes Gebärdenspiel, denn wir waren zu weit entfernt, als daß wir ihr Jammern und Schluchzen hätten hören können. Aber (anders, als man meinen möchte) wurde dadurch der Anblick noch unerträglicher; denn er verstärkte das Gefühl der Ohnmacht und Ratlosigkeit und veranschaulichte die entsetzliche Einsamkeit des menschlichen Leidens.

Aber genug – ich will Dich und mich nicht quälen. Es muß genügen, wenn ich sage, daß ich das Gefühl hatte, ich müsse die Augen abwenden, und dennoch wußte, daß ich dem Anblick standhalten mußte. Einen Moment lang war ich angesichts dieses Dilemmas wie gelähmt; dann plötzlich wurde mir klar, daß diese schreckliche Szene vielleicht erträglicher wurde, wenn ich sie zeichnete. Ich konnte meinen Mitmenschen nicht tatkräftig helfen, aber indem ich Zeugnis von ihrem Leid ablegte, konnte ich es auf eine geheimnisvolle, unscheinbare Weise doch mit ihnen teilen und ihm einen Sinn verleihen.

Mein Notizbuch war für diesen Zweck zu klein; daher wandte ich mich an Mr. Bligh und sagte:

»Könnte ich etwas Papier haben?«

Ich glaube, er war ebenfalls froh, etwas tun zu können; denn er ging, ohne zu zögern, zum Schreibtisch in der Ecke und brachte mir fünf, sechs Blätter. Als er sah, mit welcher Geschwindigkeit ich arbeitete, eilte er, mehr zu holen, und blieb aufmerksam neben mir stehen, falls ich Nachschub benötigte, wie ein Assistent, der einem Musiker die Noten umblättert.

Ich weiß nicht, wie lange ich so dastand oder wie viele Zeichnun-

gen ich anfertigte, aber als Nisbet zurückkam, zeichnete ich immer noch. Er wirkte erschüttert, aber nach einer Weile hatte er sich so weit erholt, daß er sich seiner Pflichten als Gastgeber erinnerte und mir ein Glas Wein anbot, das ich nur allzu gern annahm. Als er es mir reichte, fiel sein Blick auf meine Zeichnungen, die er in die Hand nahm und eine Weile schweigend betrachtete. Schließlich reichte er sie mir zurück und sagte:
»Schicken Sie mir einen Entwurf des Gemäldes, wenn es soweit ist. Auch die Lokomotive. Ich wäre an einem Kauf interessiert.«
Meine Güte! Wir sind fast da! Innige Grüße an Dich und die Kinder,

Walter

XLIX
BRIEF VON LAURA HARTRIGHT AN WALTER HARTRIGHT, 7. DEZEMBER 185-

Limmeridge,
Donnerstag

Mein Liebster,
Dein Brief hat mich wirklich in Angst und Schrecken versetzt. So ein furchtbarer Unfall! Der unglückselige Mann und seine arme Frau! Ich darf gar nicht daran denken.
Bitte, Liebster, sei vorsichtig.
Deine Dich liebende Gattin

Laura

L
AUS DEM TAGEBUCH VON WALTER HARTRIGHT, 10. DEZEMBER 185-

Heute die Leinwände vorbereitet. Meine Zeichnungen durchgesehen. Ein paar vorläufige Aquarellentwürfe gemacht.
Aber ich finde nicht die Ruhe.

Es ist irgendwie beunruhigend, wieder in London zu sein. Manchmal – meistens – habe ich das Gefühl, ich selbst zu sein. Dann wieder nehme ich die Welt mit den Augen eines anderen wahr, mit den Augen eines Menschen, den ich für immer abgeschüttelt zu haben glaubte, der aber anscheinend hier auf mich gewartet hat und mit meiner Rückkehr wieder zu Kräften gekommen ist.

Vielleicht ist es nur verletzter Stolz. Ich habe das Gefühl, ich bin wie ein abgerichtetes Tier hierherbestellt worden und muß vor Lady Eastlake meine Kunststückchen vorführen und Marians Ansichten als die meinigen ausgeben.

Ich muß mich wieder auf das Bild konzentrieren. Wenn ich *dieses* Werk vollende, werde ich mehr über Turner wissen, als sie je wissen können.

LI

AUS DEM TAGEBUCH VON MARIAN HALCOMBE,
13. DEZEMBER 185-

Gott sei Dank. Meine Gebete sind erhört worden.

Wie leicht verlieren wir den Sinn für das rechte Maß. Hätte ich vor zwölf Stunden gewußt, unter welchen Umständen ich dies schreiben würde, hätte es mich sehr beunruhigt. Aber nun ist mein Herz voll Dankbarkeit, denn ich erkenne, daß das, was ich verloren habe, nichts ist verglichen mit dem, was ich verloren zu haben glaubte und was mir auf wunderbare Weise wiedergeschenkt worden ist.

Jetzt aber muß ich halten, was ich versprochen habe, und mich an die Arbeit machen.

Von dieser Seite des Abgrunds aus ist es schwer, in der Frau, die gestern abend am Fitzroy Square ankam, mich selbst zu erkennen. Ich sehe mit unbeteiligtem Blick (wie eine Fremde) die Frau, der Walter aus der Kutsche half, die erwartungsvoll auf die Eingangstür blickte und dann eine geschlagene Minute oder noch länger ihr Kleid glattstrich, ihre Haube zurechtrückte und ihre

Rockschöße hob, damit sie nicht schmutzig würden – als wäre ein Fältchen, eine widerspenstige Haarsträhne oder ein schmutziger Rockzipfel das Schlimmste, was ihr passieren könnte. Eine solch belanglose Darbietung hat etwas Verachtenswertes, und doch rührt sie mich auch, denn ich weiß, was sie in ihrer fröhlichen Unbeschwertheit nicht einmal ahnt: daß ihrer Eitelkeit eine wohlverdiente Strafe zuteil werden wird.

Elizabeth Eastlakes Einladung hatte ich entnommen, daß außer uns niemand erwartet wurde; daher war ich überrascht, als ich beim Betreten des Salons sah, daß bereits zwei weitere Gäste eingetroffen waren. Auf den ersten Blick konnte man sie für ein älteres Ehepaar halten; sie hatten beide graues Haar und stellten ein ungekünsteltes, nüchternes Verhalten zur Schau, das sie als Teil der noblen und nicht der modischen Fraktion des Eastlakeschen Bekanntenkreises auswies. Aber aus der Art, wie sie dastanden – sie lebhaft plaudernd, er sich förmlich zu ihr herunterneigend, mit der gespannten Aufmerksamkeit eines Menschen, der schlecht hört, es aber nicht zugeben will –, konnte man schließen, daß sie sich nicht besonders gut kannten; und als sie sich uns zuwandten, um uns vorgestellt zu werden, sah ich, daß sie bestimmt zwanzig Jahre älter war als er. Ihr lebhafter Geist hatte ihr jedoch offensichtlich die Bewegungen und die Erscheinung einer sehr viel jüngeren Frau bewahrt. Er dagegen (einem merkwürdigen Gesetz der Komplementarität folgend) war zwar erst um die Fünfzig, schien aber dem Alter zuzueilen, so schnell ihn seine steifen Gliedmaßen tragen konnten.

»Mrs. Somerville«, sagte Sir Charles. »Ich glaube nicht, daß Sie Miss Halcombe kennen.«

Ich freilich kannte ihren Namen (es ist unmöglich, zehn Minuten mit einem Blaustrumpf wie Elizabeth Eastlake zu verbringen, ohne ihren Namen zumindest einmal gehört zu haben) und war mir beim Händeschütteln sehr wohl bewußt, was für eine Ehre es war, ihre Bekanntschaft zu machen. Und doch konnte ich die Enttäuschung nicht verhehlen, daß uns die Eastlakes nicht für wert befunden hatten, einen Abend allein mit ihnen zu verbrin-

gen, sondern unsere Einladung lediglich als eine gesellschaftliche Verpflichtung betrachteten, der Genüge getan werden mußte.
»Mrs. Somerville, Mr. Hartright«, murmelte Sir Charles. »Miss Halcombe, Mr. Cussons.«
Im nächsten Augenblick aber wich meine Enttäuschung regelrechter Bestürzung; denn als ich mich Mr. Cussons zuwandte, sah ich aus den Augenwinkeln noch ein Paar eintreffen. Zunächst traute ich meinen Augen nicht; aber ein zweiter Blick bestätigte mir:
Es waren Mr. und Mrs. Kingsett.
Ich weiß nicht, ob Mr. Cussons mein erschrockenes Gesicht bemerkte, denn seine Miene war absolut undurchdringlich. Er war groß, ein vornehmer Herr mit einer hohen Stirn, schütterem Haar und dem wachsam ernsten Blick eines Raubvogels.
»Guten Abend«, sagte ich.
»Guten Abend.«
Währenddessen war ich mir des unaufhaltsamen Näherkommens der Kingsetts quälend bewußt und überlegte fieberhaft, wie ich mich ihnen gegenüber verhalten sollte; aber da es nicht möglich war, Mr. Cussons einfach stehen zu lassen, ohne unhöflich zu erscheinen, harrte ich bei ihm aus und wartete darauf, daß er etwas sagen würde. Er aber schien sich dazu nicht bemüßigt zu fühlen, sondern starrte mich bloß weiterhin an – aufmerksam zwar, aber vollkommen desinteressiert, so daß ich das Gefühl hatte, er sah mich gar nicht wirklich an, sondern paßte nur auf, daß nicht etwa eine Maus oder ein Kaninchen aus der Deckung hervorschoß und über den Teppich huschte. Nach fünfzehn Sekunden fand ich, daß es genug war; ein Mann muß seinen Anspruch auf die Aufmerksamkeit einer Frau innerhalb einer angemessenen Zeitspanne unter Beweis stellen, will er sie sich nicht verscherzen. Ich murmelte also eine Entschuldigung, schickte mich in das Unvermeidliche und wandte mich Lydia Kingsett zu.
Ich sah auf Anhieb, daß sich die Dinge seit unserer letzten Begegnung nicht zum Besseren gewendet hatten. Sie sah erschöpfter

aus als je zuvor, und ihre Hände waren eiskalt, als sie die meinigen ergriff. Trotzdem schien sie hocherfreut, mich zu sehen, und brachte sogar ein schmales Lächeln zustande, als sie mit mitleiderregendem Eifer sagte:
»Miss Halcombe, Miss Halcombe, ich bin so ...«
Aber dann traf sie der Blick ihres Mannes, und sie hielt abrupt inne.
»Sie sind was?« sagte ich lachend und versuchte, meiner Stimme einen ungezwungen-vertraulichen Ton zu geben und sie zu ermuntern. »Kommen Sie, sagen Sie es mir.«
Sie murmelte etwas, schüttelte den Kopf und sah zu Boden. Ich faßte sie am Handgelenk und beugte mich nah zu ihr wie zu einem Kind, das getröstet werden will.
»Hmm?«
Aber noch immer sagte sie nichts. In der peinlichen Pause, die jetzt folgte, spürte ich den Blick ihres Mannes im Rücken, heiß wie ein loderndes Feuer. Er forderte mich geradezu heraus, mich umzudrehen und zu sehen, was ihr den Mund verschloß. Ich versuchte zu widerstehen, aber dann obsiegte die Neugier.
Es war unerfreulich genug, ihn wiederzusehen – wie wenn einem plötzlich ein fauliger, fast schon vergessener Geruch in die Nase steigt. Aber viel schlimmer noch war sein anzüglicher Blick, der so offensichtlich beleidigend war, daß ich überzeugt war, einer der Herren müsse die Szene beobachtet haben und zu meiner Verteidigung herbeieilen. Doch Mr. Cussons betrachtete die Welt noch immer von seinem Beobachtungsposten aus, und Walter und Sir Charles waren ins Gespräch vertieft; daher blieb mir keine andere Wahl, als Mr. Kingsett selbst in die Schranken zu weisen, indem ich ihn fest und finster ansah.
Zu meiner Verwunderung reagierte er darauf, indem er die Zunge herausstreckte und mit dem Zeigefinger gemächlich darüberstrich – eine Geste unzweideutiger moralischer Verderbtheit –, während er mich gleichzeitig schamlos angrinste. Wenn das jemand beobachtet hatte (und ich hoffe inständig, daß dies nicht der Fall war), hätte er es als Zeichen einer intimen Beziehung ver-

stehen müssen, und obwohl ich mir nichts hatte zuschulden kommen lassen, errötete ich vor Empörung.

Einen Augenblick war ich wie erstarrt; dann aber, als ich sah, daß er Anstalten machte, auf mich zuzugehen und mir die Hand entgegenzustrecken, deren Finger er soeben abgeleckt hatte, ergriff ich die Flucht. Zum Glück unterhielt sich Lady Eastlake gerade mit Walter, und ich genierte mich nicht, sie zu stören und Lady Eastlake beiseite zu ziehen.

»Ich flehe Sie an«, sagte ich. »Bitten Sie Mr. Kingsett nicht, mich zum Dinner hinunterzuführen.«

»Warum?« fragte sie überrascht und mit einem verstohlenen Blick in seine Richtung.

»Das erzähle ich Ihnen später«, flüsterte ich ungeduldig, denn er hatte bereits den Kurs geändert und schritt zielstrebig auf uns zu.

Sie nickte, und als Frau von Welt, die sie ist, drehte sie sich um, um Mr. Kingsett abzufangen und mir die Flucht zu ermöglichen. Ich weiß nicht, was sie zu ihm sagte, aber als sie wenige Minuten später Sir Charles etwas zuflüsterte und dann leise aus dem Zimmer schlüpfte (vermutlich, um die Tischkärtchen umzustellen), machte er keinen weiteren Versuch, sich mir zu nähern.

Ich stand in einer Ecke und beglückwünschte mich. So hatte ich mir das nicht vorgestellt; es mochte ein langweiliger und nutzloser Abend werden, aber das Schlimmste hatte ich abgewendet.

Das dachte ich jedenfalls.

Mr. Kingsett blieb mir zwar erspart; aber in jeder anderen Hinsicht war das Dinner so grauenhaft, wie ich befürchtet hatte. Der Preis, den ich für meine Rettung zu bezahlen hatte war, daß ich neben Mr. Cussons plaziert wurde, der fast das gesamte Mahl hindurch genauso wenig wie zuvor geneigt schien, ein Wort zu sprechen. Mit belanglosen Bemerkungen bemühte ich mich einige Male, das Schweigen zu brechen, aber das war ebenso sinnlos wie Kieselsteinchen gegen eine Burgmauer zu werfen; er schien die menschliche Kommunikation als eine unnötige Zerstreuung anzusehen und knurrte nur finster, wenn ich etwas sagte, als hätte ich ihn bei einem wichtigen Geschäftstermin mit seiner Suppe gestört.

Sir Charles saß zu meiner Rechten und war ausgesprochen zuvorkommend; aber er war größtenteils davon in Anspruch genommen, Mrs. Somerville vor Mr. Kingsett zu retten, der der neuen Tischordnung zufolge zwischen ihr und Lady Eastlake saß. Kingsett war fast ebenso wortkarg wie Mr. Cussons, wenngleich nicht aus Reserviertheit, sondern aus beleidigter Verdrießlichkeit. Wenn überhaupt ein Gespräch in Gang kam, drehte es sich um Photographie, Prismen und optische Effekte; und da er aus Unwissenheit selbst nichts dazu beisteuern konnte (das Thema ging buchstäblich über seinen Horizont hinaus; denn Elizabeth Eastlake ist mindestens drei Zoll größer als er), tat er alles, um das Gespräch im Keim zu ersticken. Wenn einer seiner Tischnachbarn etwas sagte, seufzte er, ruckte auf seinem Stuhl hin und her, klapperte mit Messer und Gabel, sah geistesabwesend ins Leere oder tat so, als höre er zu, aber mit einem dümmlichen aufgesetzten Grinsen, das zu sagen schien: *Das ist doch alles Unsinn* und *Darauf werde ich nicht reinfallen*. Seine Hauptbeschäftigung aber, zu der er die kleinste Gelegenheit nutzte, bestand darin, seine Frau zu terrorisieren, indem er sie mit so unverhohlener Abscheu und einer Verachtung anblickte, daß die Ärmste vor Kummer und Angst wie gelähmt war und auf Walters wiederholte Versuche, sie auf andere Gedanken zu bringen, nur mit Gestammel reagieren konnte. Ich kann meine Erleichterung nicht verhehlen, daß sie und nicht ich das Objekt der unbarmherzigen Quälerei ihres Mannes war; und doch empfand ich auch Wut und Hilflosigkeit, als würde man mich zwingen, einem ungleichen Kampf beizuwohnen, und gleichzeitig aller Möglichkeiten berauben, dem Opfer beizustehen.

Und ein weiterer, wie ich zugeben muß, weniger edler Gedanke beschäftigte mich: Wie sollte ich dieses Desaster Walter erklären? Er war ungezwungen und fröhlich, niemand konnte auf den Gedanken kommen, er habe das Gefühl, irgend etwas stimme nicht oder er fühle sich in dieser geselligen Runde unwohl; aber ein paarmal bemerkte ich, wie er mich vom anderen Ende des Tisches neugierig ansah, als wolle er sagen: *Warum hast du mich bloß wegen so etwas nach London zurückbestellt?* Darauf hätte ich keine Antwort gewußt, als offen zuzugeben, daß ich Lady Eastlakes Begeisterung für meine Ideen und ihre persönliche Wertschätzung überbewertet hatte. Vor sechs Monaten hätte ich dies ohne Schwierigkeiten eingestanden, ja ich hätte mich beeilt, es zu tun, wohl wissend, daß Walter mich besänftigen und mich in meiner gekränkten Eigenliebe trösten würde. Aber mittlerweile war zwischen uns eine Kluft entstanden, die dies unmöglich machte.

Nur ein einziges Mal steuerte das Gespräch in die erhoffte Richtung. Mrs. Somerville unterhielt sich mit Sir Charles über Italien, als ihr plötzlich auffiel, daß seit fünf Minuten niemand mit mir ein Wort gewechselt hatte, und sie sich meiner erbarmte:

»Kennen Sie Italien, Miss Halcombe?«

»Leider nicht besonders gut.«

»Das sollten Sie aber. Ich bin gezwungen, dort zu leben, der Gesundheit meines Mannes wegen. Aber ich kann nicht sagen, daß das ein großes Opfer ist.«

Sie lachte, und Sir Charles lächelte und nickte zustimmend.

»Die Architektur«, fuhr sie fort. »Die Landschaft.« Sie schüttelte den Kopf, als übersteige eine solch erhabene Schönheit ihre Fähigkeit, sie mit Worten zu beschreiben. »Und dieses Licht. Wirklich außerordentlich.«

»Das war bestimmt auch der Grund«, packte ich die Gelegenheit beim Schopf, »warum Turner sich so dorthingezogen fühlte.«

»O ja. Ich habe oft mit ihm darüber gesprochen.«

Sie hielt inne und beschäftigte sich mit ihrem Teller; und bevor sie fortfahren konnte, sagte Sir Charles freundlich:

»Und Sie, Mr. Cussons, Sie lieben Italien doch auch, oder?«

Mr. Cusson starrte ihn an, die Stirn hochgezogen, den Kopf zur Seite geneigt.

»Verzeihen Sie?«

»Sie lieben doch Italien?«
Mr. Cussons lehnte sich zurück, ließ den Blick schweifen und machte es sich auf seinem Beobachtungsposten bequem. Er hatte sein Kaninchen entdeckt. Jetzt stieß er herab.
»Keineswegs!« donnerte er mit der überlauten Stimme eines Schwerhörigen. »Schmutzig. Korrupt. Verwahrlost ist nicht das richtige Wort.«
Und dann erzählte er eine nicht endenwollende Anekdote darüber, wie er einmal geschäftlich nach Neapel reisen mußte (etwas anderes hätte ihn niemals bewogen, einen Fuß an diesen Ort zu setzen); wie er dort einen Botticelli, eine *Jungfrau mit Kind*, erworben hatte, von dessen wahrem Wert der verschlagene Bauer, der ihm das Bild verkauft hatte, keine Ahnung hatte; und daß er beabsichtige, dieses Gemälde und all seine anderen der National Gallery zu vermachen, was dann »Cussons-Sammlung« genannt werden sollte.
Damit war zumindest die Frage beantwortet, die mich schon den ganzen Abend beschäftigte: Warum die Eastlakes einen so sauertöpfischen und ungeselligen Menschen zum Dinner eingeladen hatten. Aber als er mit seiner Geschichte geendet hatte, war Turner ganz aus dem Blickfeld geraten.

Am Ende eines solches Mahls hätten andere Gastgeberinnen sich entweder hinter vorgehaltener Hand bei den anderen Damen entschuldigt, während sie sich zurückzogen, oder strahlend so getan, als wäre alles in Ordnung. Elizabeth Eastlake tat keins von beiden; das überraschte mich (nach einer solchen Tortur hatten wir, wie ich fand, ein Anrecht auf ihr Mitgefühl), bis ich bemerkte: Es war keine Gedankenlosigkeit, sondern Rücksichtnahme; denn das eine wie das andere hätte Mrs. Kingsetts Pein nur noch vermehrt: entweder wäre ihr Mann im Beisein anderer bloßgestellt worden, oder sie wäre gezwungen gewesen, Normalität zu heucheln und höflich Konversation zu machen, wofür sie viel zu aufgeregt war. Lady Eastlake begleitete ihre Freundin nach oben (und selbst da war Mrs. Kingsett einem Zusammenbruch so nahe, daß sie sich wie eine alte Frau am Treppengeländer festhalten mußte) und geleitete sie in eine ruhige Ecke im Boudoir, bevor sie zu Mrs. Somerville und mir in den Salon zurückkehrte.

»Meine arme Marian«, sagte sie. »Sie hatten sich bestimmt alles ganz anders vorgestellt.«

»Oh, nein, nein«, sagte ich und wunderte mich über meine Verlogenheit. »Es war sehr nett.«

»Lügen Sie nicht«, sagte sie lautlos. Dabei gab sie mir gespielt vorwurfsvoll einen Klaps (worauf Mrs. Somerville neben mir leise lachte). »Haben Sie Ihre Aufzeichnungen mitgebracht?«

»Ja, also...«

Ihr Blick fiel auf mein Ridikül; und sie muß die Ausbuchtung, die mein Notizbuch darin erzeugte, bemerkt haben, denn sie nickte.

»Nur weil Sie mich darum gebeten hatten...«, begann ich.

Sie zog ein reumütiges Gesicht. »Ich weiß.«

»Aber es ist nicht wichtig. Es kann...«

»Es tut mir so leid, meine Liebe.« Impulsiv ergriff sie meinen Ellbogen, dann wandte sie sich zu Mrs. Somerville. »Ich muß Sie jetzt leider sich selbst überlassen.« Sie warf einen diskreten Blick hinüber zu Mrs. Kingsett. »Sie verstehen...«

»Aber natürlich.«

Sie neigte dankbar den Kopf und begab sich dann hinüber ins Boudoir mit der ruhigen Zielstrebigkeit eines Arztes, der zu seinem Patienten geht.

»Ich würde sagen, das schaffen wir schon, Miss Halcombe, meinen Sie nicht?« sagte Mrs. Somerville. Sie setzte sich aufs Sofa und klopfte mit der flachen Hand auf die Sitzfläche neben sich. »Kommen Sie. Bitte. Leider höre ich nicht mehr so gut.«

Ich setzte mich neben sie. Sie lächelte verschwörerisch.

»Denken Sie nur, was die Herren auszuhalten haben«, sagte sie und betonte dabei das Wort *Herren*, wie um zu sagen: *Zumindest dies bleibt uns erspart.*

Ich lachte. Jetzt, so dachte ich, war endlich die Gelegenheit,

etwas von dem verlorenen Abend wettzumachen. Ich wollte das Gespräch auf Turner lenken, aber sie nahm mir die Mühe ab.
»Und worum, wenn ich fragen darf, geht es in Ihren Aufzeichnungen?«
Ich erklärte es ihr kurz.
»Die Eastlakes sind immer so beschäftigt«, sagte sie in dem sanften Ton desjenigen, der versucht, das Verhalten eines Freundes zu entschuldigen. »Sie bemühen sich tapfer, sich um alles zu kümmern, wirklich, aber...« Sie schüttelte den Kopf. »Aber ich würde mich freuen, Ihre Gedanken zu hören, wenn Sie mir davon erzählen wollen.«
Nicht ohne Beklommenheit holte ich mein Notizbuch heraus. Ich begann mit meinen (oder vielmehr, da ich die Fiktion aufrechterhalten mußte, daß dies Walters Ideen nicht minder als die meinigen waren, »unseren«) frühesten Entdeckungen; und zunächst reagierte sie sehr aufgeschlossen. Als ich von Turners Beziehungen zur Kunstwelt des Regency erzählte und weshalb er vermutlich deshalb so vorsichtig mit Geld umgegangen war, nickte sie zustimmend und murmelte: »Ja, ja, wie wahr.« Meine Erklärung seines Charakters – seine Empfindlichkeit gegenüber Kritik, seine Scham über sein merkwürdiges Aussehen und seine derbe Redeweise – schienen ihr noch mehr zu gefallen; und sie klatschte vor Vergnügen in die Hände, als ich den Schluß zog: »Kein Wunder also, daß er sich den Blicken der Welt entzog und zuließ, daß man ihn für einen Geizhals und Narren hielt, wenn man ihn nur in Ruhe ließ.«
»Ausgezeichnet, Miss Halcombe!« rief sie aus. »Darf ich fragen: Ist das Ihre Formulierung oder die Ihres Bruders?«
»Wie bitte?«
»›Den Blicken der Welt entzog‹?«
»Meine, glaube ich«, sagte ich. »Ich fürchte aber, es ist kein sehr bedeutendes Bild.«
»Ganz und gar nicht«, sagte sie. »Es ist äußerst zutreffend. Die aufmerksamen Blicke. Die kalten Blicke. Die kritischen Blicke.«
Ich muß ein verständnisloses Gesicht gemacht haben, denn sie

lächelte und deutete auf ihr Auge, um zu unterstreichen, was sie meinte. »Davor hatte er Angst. Aber es hat ihn auch fasziniert.«
Was genau sie meinte, war mir nicht ganz deutlich; aber plötzlich kamen mir die gespensterhaften Umrisse einer von Turners puppenhaften Figuren in Erinnerung wie ein Lesezeichen in einem Buch, das eine Stelle markieren soll, die weitere Beschäftigung lohnt.

»Und er kannte sich sehr gut aus. Abgesehen von Wissenschaftlern habe ich selten jemanden kennengelernt, der ein derart ausgeprägtes Interesse für Optik und für die Theorie von Licht und Farbe hatte und deren Grundprinzipien so klar erfaßte. Bei Rogers sah man ihn tief...«

»Roger?« fragte ich, aber noch ehe sie antworten konnte, merkte ich, daß ich mich verhört hatte.

»Oh, Sie meinen Rogers. Den Bankier«, sagte ich und erinnerte mich, daß Lady Eastlake mehr als einmal von ihm erzählt hatte.

»Ich glaube, er wäre der Nachwelt lieber als Dichter in Erinnerung geblieben«, sagte sie mit einem wehmütigen Lächeln. »Wir trafen uns regelmäßig bei ihm. Mein Mann und ich; Herschel, Faraday, Babbage, Tom Moore, Campbell. Und Turner konnte mit jedem von uns über sein Fachgebiet sprechen, und zwar mit großem Sachverstand.«

»Wirklich?« fragte ich erstaunt; denn es stand in vollkommenem Gegensatz zu dem Eindruck, den ich aus Lady Meesdens Briefen gewonnen hatte.

Sie nickte. »Die meisten großen Männer, die ich kannte – und Turner war zweifellos ein großer Mann –, besaßen diese Fähigkeit. Und ich frage mich daher, ob Genie nicht weniger eine hochentwickelte Spezialbegabung als vielmehr eine allgemeine geistige Fähigkeit beschreibt, die in jedem Bereich mit gleichem Erfolg zur Geltung kommen kann. Turner hätte gewiß auch ein großer Wissenschaftler oder Ingenieur werden können, wenn er gewollt hätte. Wie auch immer...«

»Aber was ist dann mit denjenigen, die sagen, er habe sich kaum ausdrücken können?«

Sie zuckte die Achseln. »Wenn er bei offiziellen Anlässen sprach, war er vielleicht schwer zu verstehen. Nicht aber, wenn er entspannt und unter Freunden war.« Sie hielt inne, als sei ihr plötzlich etwas eingefallen. »Die sich darüber beschwerten, waren Dummköpfe, die es nicht so weit gebracht hatten wie er. Ich erinnere mich an eine *conversazione*, bei der ich von einem Mann in Beschlag genommen wurde, der ununterbrochen über Aktien und Getreidepreise redete. Da kam Turner auf mich zu und zog ein gelbes Taschentuch aus der Manteltasche. ›Nun, Mrs. Somerville‹, sagte er« – (und zu meiner Überraschung verfiel sie dabei in ein derbes Cockney-Englisch, mit dem sie offensichtlich Turner nachahmen wollte) – »›was, würden Sie sagen, ist das?‹
›Na, ein Taschentuch natürlich.‹
Er ließ es in seiner Tasche verschwinden. ›Und wo ist es jetzt?‹
›In Ihrem Mantel.‹
›Und welche Farbe hat es?‹
›Gelb.‹
›Sind Sie sicher?‹
Natürlich mußte ich lachen – ich ahnte, worauf er hinauswollte –, aber ich sagte: ›Aber natürlich.‹
Er drohte mir mit dem Finger und schüttelte den Kopf. ›Das Bewußtsein für das Trügerische unseres Urteilssinns ist eine der wichtigsten Erkenntnisse aus dem Studium der Natur, die uns lehrt, daß wir keinen Gegenstand an seinem wahren Ort sehen. Daß die Farben nur eine Folge der Wirkung der Materie auf das Licht sind und das Licht keine eigenständige Existenz besitzt.‹
Ich brauche Ihnen nicht zu sagen, Miss Halcombe, daß mein stumpfsinniger Begleiter währenddessen von einem Bein aufs andere trat und die Augen verdrehte. Schließlich konnte er nicht länger an sich halten.
›Wenn Sie mir gestatten‹, sagte er, ›das ist absoluter Blödsinn.‹
›Wirklich?‹ erwiderte Turner. ›Dann sollten Sie Mrs. Somervilles Buch lesen.‹«
Sie lachte schelmisch, als wäre ich in den kleinen Wortwechsel zwischen ihr und Turner eingeweiht und gehörte nicht vielmehr

(wie ich mir beschämt eingestehen mußte) in dieselbe Kategorie wie der Herr, der von Aktien und Getreidepreisen gesprochen hatte.

»Tut mir leid...«, stotterte ich. »Ich...«

»Das war ein beinahe wörtliches Zitat aus *On the Connection of the Physical Sciences*.«

»Ich fürchte, ich habe es nicht ganz verstanden...«, sagte ich. »Könnten Sie mir vielleicht erklären...?«

»Ich sprach von den Grenzen der wissenschaftlichen Methode«, antwortete sie, »was Turner, glaube ich, sehr beschäftigte. Wenn er es auch auf die leichte Schulter nahm.«

»Weil...? Weil...?« sagte ich, in der Hoffnung, sie würde weitersprechen, ohne daß ich etwas sagen mußte.

»Weil das Denken – die Vernunft also – uns nur ein Stück weit bringt«, sagte sie schließlich. »Wir stoßen schon bald an ihre Grenzen. Ich für meinen Teil kann das Feld getrost dem Glauben überlassen. Die Schönheit und die Geschlossenheit dessen, was wir dank der Mathematik wissen, reicht aus, um mich von... von...« Sie suchte nach Worten. »Von der Einheit und Allwissenheit Gottes zu überzeugen. Aber Turner, vermute ich, hatte diesen Trost nicht.«

»War er denn nicht gläubig?«

»Darüber haben wir nie gesprochen«, antwortete sie knapp. »Aber ich glaube, er sah eher das Chaos und die Zerstörung der Natur als deren Schönheit, oder vielmehr, er sah beides zusammen, als Ausdruck ein und derselben schrecklichen Gewalt. Und unser Unvermögen, das zu erfassen, betrachtete er als die beschämende Bestätigung unserer grundsätzlichen Ohnmacht.«

»Das ist sehr interessant«, sagte ich. Und ich fing an, ihr meine Vermutungen über Turners Kindheit darzulegen – die Geisteskrankheit seiner Mutter; seine Angst vor Stürmen in der Welt der Natur und des Menschen. Sie paßten haargenau zu dem, was sie mir soeben erläutert hatte. Zu meiner Überraschung und Enttäuschung aber sah sie mich mit einem Ausdruck wachsenden Unmuts an. Als ich fertig war, sagte sie:

»Verzeihen Sie, wenn ich altmodisch bin, Miss Halcombe, aber ich finde, ein Biograph sollte sich auf die nachprüfbaren Tatsachen und die Erinnerungen derer beschränken, die den Porträtierten kannten.« Ihr Ton war gemäßigt, aber zwei kleine Flecken auf ihren Wangen verrieten ihren Ärger. »Das ist, scheint mir, nur eine Spekulation, die jeglicher Grundlage entbehrt.«
Ich setzte zu einer Verteidigung an, kam aber nicht dazu, denn in diesem Augenblick traten die Herren ein.

Ich weiß nicht mehr genau, was im folgenden geschah und in welcher Reihenfolge; es (so erscheint es mir jedenfalls im nachhinein) war ein Augenblick, in dem die Welt des wachen Bewußtseins plötzlich dem Alptraum weicht und sich der wirren Logik des Traums unterwirft. Ich weiß noch, daß Mr. Kingsett, sehr betrunken, über die Matte vor dem Kamin stolperte; daß Lady Eastlake aus dem Boudoir kam und sagte: »Ich hoffe, meine Herren, daß Sie uns zu unterhalten wissen; denn wir sind in einer etwas trüben Stimmung«; und daß Mrs. Kingsett wie ein Gespenst hinter ihr im Türrahmen stand.
Dann nehmen wir alle Platz, und einer der Herren erzählt von einem neuen amerikanischen Medium namens Mrs. Mast, die unter den eleganten Damen der Londoner Gesellschaft viel Geld verdient hat. »Sie macht das nicht mit Klopfzeichen oder Tischerücken wie die anderen, sondern spricht mit der Stimme der Toten.« Lady Eastlake lacht – »die Leute sind doch gar zu leichtgläubig« –, aber Sir Charles erwähnt eine Mrs. Soundso, die schwört, ihr toter Sohn habe mir ihr gesprochen. »Was ist schlimm daran?« sagt er. »Wenn es ihr Trost schenkt.«
Lady Eastlake schnaubt verächtlich.
Mr. Kingsett sieht seine Frau an und sagt:
»Wir hätten für Mrs. Mast eine Dauerbeschäftigung, meine Liebe, nicht wahr? Sie könnte mit deiner Mutter in Kontakt treten. Es würde deine Stimmung enorm bessern, wenn du ihre Klagen über mich hören würdest.«
Ein wildes Durcheinander ist die Folge; mißbilligende Laute;

Mrs. Kingsett weint; Mr. Kingsett sagt, seine Frau fühle sich nicht wohl und müsse nach Hause; Walter und ich bieten gleichzeitig an, sie zu begleiten (denn die Vorstellung, daß sie allein zusammen in einer Kutsche sitzen, ist unerträglich); Mr. Kingsett sagt, das sei ganz und gar nicht nötig; Lady Eastlake dankt uns und drängt uns mitzufahren.
Die Straße draußen: Man hilft Mrs. Kingsett in die Eastlakesche Kutsche. Dann legt mir ihr Mann – als hätte er mich noch nicht genug gekränkt – plötzlich den Arm um die Taille und sagt (warum?): »Bitte, Miss Halcombe, wir schaffen es wirklich allein.«
Und dann, als ich mich wieder gefangen habe und einen Fuß auf das Trittbrett setze, passiert es: Wie aus dem Nichts taucht eine Gestalt auf – ich spüre nur, wie etwas Warmes, Dunkles mir ganz nah kommt, den Geruch von Gin und schmutzigen Kleidern, dann ein Zerren an meinen Handgelenk, und mein Ridikül ist weg.
Schnelle Schritte. Die Schritte zweier Personen. Walter ruft: »Haltet den Dieb!« und verschwindet hinter ihm um die Ecke des Platzes.

Ich weinte. Ich zitterte. Ich konnte mich nicht beruhigen. Elizabeth Eastlake war sehr freundlich, blieb bei mir sitzen und sagte, ich könne die ganze Nacht bleiben; aber als Walter nach einer Stunde noch immer nicht zurück war, dankte ich ihr und fuhr heim in die Brompton Grove, in der Hoffnung, ihn dort anzutreffen.
Er war nicht da.
Ich konnte nicht schlafen. Ich saß an meinem Sekretär und wartete – wie in der Nacht nach unserem Besuch in Sandycombe Lodge – auf das Geräusch des Schlüssels im Schloß.
Vergeblich.
Ich versuchte, mir nicht auszumalen, was ihm passiert sein könnte, aber sein Bild stand mir beständig vor Augen – ich sah ihn verletzt, grausam ermordet oder nach einem schrecklichen Un-

fall irgendwo hilflos daliegen. Auch der fürchterliche Gedanke, daß ich in gewisser Weise daran schuld war, ließ mich nicht los.
Wenn ich doch besser aufgepaßt hätte. Vorsichtiger gewesen wäre. Ihn Elizabeth Eastlake niemals vorgestellt hätte.
Ich wußte, das Beste wäre, mich abzulenken, indem ich Tagebuch schrieb, aber es war mir nicht möglich.
Ich betete: *Bring ihn mir zurück, und ich werde ein guter Mensch sein. Dafür sorgen, daß wieder ein normales Leben möglich wird; ich werde mit Freude danach leben und mich nie wieder über Mühe, Pflichterfüllung und Enttäuschung beklagen.*

Kurz vor dem Morgengrauen muß ich dann doch eingeschlafen sein. Ein Geräusch im Garten weckte mich. Ich schaute hinaus und sah Licht in seinem Atelierfenster.
Nicht eine Sekunde kam mir der Gedanke, daß es ein Einbrecher sein könnte. Ich lief die Treppe hinunter, stürmte hinaus und riß die Tür auf.
Walter stand vor einem großen, schwarz und rot verschmierten Bild. Er war unrasiert, sein Gesicht übel zugerichtet, sein Haar zerzaust, die Augen blutunterlaufen und unnatürlich glänzend. Im ersten Moment schien er mich nicht zu erkennen. Dann sagte er leise:
»Du solltest schlafen.«
»Wie könnte ich schlafen! Wenn ich nicht weiß, wo du bist!«
Weinend nahm ich ihn in die Arme. Er setzte seine Palette ab und strich mir übers Haar wie einem Kind.
»Ich habe dein Ridikül«, sagte er. »Da. Auf dem Tisch.«
»Das ist unwichtig! Was ist dir passiert?«
»Ich habe mich verirrt, das ist alles«, sagte er leise. »Ich erzähl es dir später. Geh jetzt schlafen, bitte.«
Ich war unfähig zu sagen, was ich fühlte. Ich drehte mich um und kehrte in mein Zimmer zurück.

LII
AUS DEM PRIVATEN NOTIZBUCH VON WALTER HARTRIGHT, 13. DEZEMBER 185-

Ich habe die Grenze überschritten. Heute. Am 13. Dezember. Kurz nach ein Uhr nachts.
Wir glauben, Herr über uns selbst zu sein, aber etwas treibt und drängt uns unserem Schicksal entgegen.

Ich war der Meinung, ich hätte es mit einem normalen Dieb zu tun. Ich folgte ihm über den Platz, die Carburton Street hinunter und über den Portland Place. Was dachte ich mir dabei? Nichts – nur daß ich tat, was ich tun mußte.
Und daß das Glück oder Gott auf meiner Seite sei. Denn immer wenn ich glaubte, ich hätte den Dieb aus den Augen verloren, entdeckte ich ihn wieder.
Wir liefen die Queen Anne Street entlang, und an ihrem Ende verschwand meine Jagdbeute (mein Lotse?) in einem kleinen schlecht beleuchteten Hof. Ich ging ihm nach, entdeckte ihn aber nicht sofort, und da es keinen anderen Ausgang gab als den engen Durchgang, durch den wir gekommen waren, nahm ich an, er sei in einem der Mietshäuser verschwunden, wo ich keine Chance hatte, ihn zu finden. Aber dann vernahm ich ein ungeduldiges Rütteln, und als ich mich in die Richtung wandte, aus der das Geräusch kam, konnte ich mit Mühe seine Gestalt im Dunkeln ausmachen. Er kämpfte verzweifelt mit einem Riegel, als wolle er in dieses Gebäude entkommen, finde aber die Tür versperrt. Als ich auf ihn zuschoß, blickte er mich über die Schulter an.
Sein Blick hätte mich warnen sollen. Er drückte keine Angst aus, wie man hätte erwarten können, sondern Befriedigung, ja beinahe Triumph.
Aber ich hatte keine Zeit, darüber nachzudenken. Ich drängte ihn schroff gegen die Wand, packte das Ridikül und steckte es in meine Tasche, weil ich befürchtete, er würde versuchen, es mir wieder zu entreißen.

Dann hörte ich, wie die Tür geöffnet wurde, ich vernahm Schritte und heisere, schnelle Atemzüge. Ich wollte mich umdrehen, wurde aber gestoßen und verlor das Gleichgewicht. Bevor ich wieder auf die Beine kommen konnte, waren mir schon die Hände auf dem Rücken gefesselt. Jemand stülpte mir eine Kapuze über den Kopf und flüsterte mir zu:
»Kommen Sie, Sir.«
Rechts und links von mir ging ein Mann, hinter mir ein dritter. Sie drängten mich hinaus zur Straße. Den schmalen Durchgang mußten wir im Gänsemarsch passieren. Draußen hielten sie kurz inne. Ich hörte das Getrappel und das Schnauben eines Pferdes, ersticktes Gemurmel und das Geräusch einer sich öffnenden Tür, dann wurde ich hochgehoben und in eine Kutsche verfrachtet.
Nur einer der Männer, dessen war ich mir ziemlich sicher, begleitete mich; aber in meinem hilflosen Zustand konnte ich nicht einmal hoffen, mit einem einzigen fertigzuwerden; als die Kutsche losfuhr, zwang ich mich daher, Ruhe zu bewahren und auf eine günstigere Gelegenheit zur Flucht zu warten. Es war nicht leicht, nicht nur weil ich – wie konnte es anders sein – verwirrt und orientierungslos war, sondern auch, weil meine auf dem Rücken gefesselten Hände es mir schwer machten, aufrecht zu sitzen; bei jeder Straßenbiegung und jedem Schlagloch wurde ich hin- und hergeworfen. Aber ich war entschlossen, nicht zu protestieren oder überhaupt ein Wort zu sprechen, bevor mein Entführer etwas gesagt hatte; denn sonst hätte ich die einzige Waffe vergeudet, die ich besaß.
Er sah die Sache wohl ebenso; denn wiederholt hörte ich, wie er tief Luft holte oder mit der Zunge schnalzte, als wolle er etwas sagen, sich dann aber eines Besseren besann und schwieg. Zunächst dachte ich, er wolle mich auf diese Weise zermürben, dann kam ich zu dem Schluß, daß er selbst alles andere als ruhig war – und beides machte mich nur noch entschlossener.
Ich hatte also genügend Zeit zu überlegen, wer er sein mochte und warum er so weit gegangen war, mich zu entführen. Das Naheliegendste war, daß sie mich ausrauben wollten, aber das

hätten er und seine Kumpane doch mit Leichtigkeit schon in dem kleinen Hof machen können. Ich konnte mir niemanden vorstellen, der einen Grund gehabt hätte, mich umzubringen, und im übrigen war die Kutsche zu diesem Zweck eine ganz und gar unnötige Vorkehrung. Daher konnte ich nur schlußfolgern, daß sie mich für jemanden anderen hielten und daß sich dieser Irrtum früher oder später aufklären würde, falls es mir nicht vorher gelänge zu entkommen.

Wir waren etwa zehn Minuten gefahren, als ich durch einen besonders heftigen Stoß zu Boden geschleudert wurde. Ich schlug aufs Gesicht (konnte ich doch die Hände nicht schützend hochheben) und verrenkte mir die Schulter. Worauf mein Begleiter endlich sein Schweigen brach und rief:

»Haben Sie sich weh getan, Sir?«

Trotz meiner Schmerzen und meiner Benommenheit empfand ich doch einen gewissen Triumph, den Zweikampf der Willenskraft gewonnen zu haben. Ich antwortete nicht, was seine Unruhe noch steigerte.

»Hier«, sagte er und half mir auf meinen Sitz. Seine Hände zitterten, und sein Atem stank nach Fusel. Er legte mir zwei Finger an die Kehle. Ich spürte etwas Hartes und Scharfes zwischen ihnen.

»Das ist ein Nagel«, sagte er. »Verstanden?«

Anscheinend sah er wegen der Kapuze nicht, daß ich nickte, denn er versetzte mir einen sanften Stich und wiederholte:

»Verstanden?«

»Ja.«

»Gut. Ich werde jetzt Ihre Hände losbinden und vor Ihnen wieder zusammenbinden, damit Sie aufrecht sitzen können. Aber keine Dummheiten, sonst kriegen Sie das hier zu spüren« – wieder ein sanfter Stich –, »das schwöre ich Ihnen. Verstanden?«

»Ja.«

Aber so drohend seine Worte auch klangen, er sprach sie mit einer Zaghaftigkeit, die verriet, daß er sich seiner Sache alles andere als sicher war. Einen Augenblick war ich in Versuchung, meine freien Hände zu benutzen, um ihn zu überwältigen. Dann

aber überlegte ich, daß er ja sehen konnte und ich nicht; und daß selbst ein Betrunkener und Unentschlossener in diesem Fall den Mut aufgebracht hätte, mich niederzustechen, bevor ich mir die Kapuze vom Kopf ziehen konnte. Daher beschloß ich, weiterhin unterwürfig, einen günstigeren Moment abzuwarten, und ließ ihn sein Werk verrichten. Mit erstaunlichem Geschick und blitzschnell löste er den Strick und band mir die Hände vor dem Körper zusammen – mit einer solchen Routine, daß ich annehmen mußte, er sei ein Seemann oder sei früher einer gewesen. Als er fertig war, lehnte er sich zurück und sagte:
»Tut mir leid, Sir, aber es gab keine andere Möglichkeit, Sie zu ihr zu bringen.«
Seine Stimme war jetzt wie verwandelt; sie klang traurig und beinahe freundlich.
»Zu wem?«
»Zu meiner Frau, Sir. Sie hat Ihnen etwas zu sagen. Sie war bei Ihnen zu Hause, wurde aber abgewiesen.«
»Bei mir zu Hause!« rief ich, sah ich doch endlich die Möglichkeit, ihm zu beweisen, daß ich nicht derjenige war, für den er mich hielt. »Und wo soll das sein?«
»Bromptom Grove, Sir. Das hat sie jedenfalls gesagt.«
Ich war sprachlos. Ich erinnerte mich nicht, jemanden abgewiesen zu haben. Und ich konnte mir gar nicht vorstellen, wer mich aufgesucht haben könnte. Die Prostituierte, der ich in den Marston Rooms begegnet war? Es stimmte, ich hatte sie abrupt verlassen, aber ich hatte sie doch bezahlt, und daher hatte sie keinen Grund, sich zu beklagen, außer daß sie sich vor Lust ebenso verzehrt hatte wie ich – eine Vorstellung, die ich im selben Augenblick als lächerlich verwarf. Außerdem: Wie hätte sie wissen können, wo ich wohnte?
Dann erinnerte ich mich an das Pfandleihhaus in der Maiden Lane. Vielleicht hatte ich in der Tasche meines Mantels unwissentlich einen Zettel mit meiner Adresse hinterlassen. Aber warum sollte sie mich sprechen wollen? Und warum hatte sie so lange gewartet?

Als ich keine Erklärung fand, wuchs meine Unruhe, und ich sagte:
»Warum will Ihre Frau mit mir sprechen?«
»Das wird sie Ihnen selbst sagen.«
Wäre ich weiter in ihn gedrungen, hätte ihm das gezeigt, daß ich Angst hatte, daher hielt ich den Mund. Ich sagte nichts mehr.

Ich hatte schon längst die Orientierung verloren; da ich nichts sah, konnte ich nur versuchen, aus dem, was ich hörte, zu schließen, wohin wir fuhren. Ein paarmal erkannte ich das gleichmäßige Stampfen und Platschen von Dampfbooten, was mir sagte, daß wir uns unweit der Themse befanden; aber keines der anderen Geräusche, die ich ausmachen konnte – das Rumpeln vorbeifahrender Kutschen, das Grölen von Betrunkenen, das Bellen eines Hundes –, war eindeutig genug, um mir brauchbare Aufschlüsse zu geben, abgesehen davon, daß ich annehmen konnte, immer noch in der Stadt zu sein. Ich war mir allerdings einer allmählichen Veränderung der *Qualität* dessen bewußt, was ich hörte; denn alles – selbst das Rumpeln unserer Wagenräder und das Klappern der Pferdehufe – schien leiser zu werden, als würde man uns in eine Decke wickeln und von der Welt um uns herum abkoppeln. Gleichzeitig wurde die Luft regloser und kälter; meine gefesselten Hände waren schon ganz taub; ich sehnte mich nach den Handschuhen und dem Fläschchen Branntwein in meiner Manteltasche (auch wenn ich mich niemals soweit erniedrigt hätte, darum zu bitten). Aus all dem schloß ich, daß es schneite.
Und ich hatte recht. Denn als wir schließlich ankamen und mir mein Entführer aus der Kutsche half – weiß der Himmel, wieviel Zeit vergangen war –, roch ich den Schnee durch die Kapuze hindurch und spürte ihn unter meinen Füßen. Ich hörte, wie er dem Kutscher etwas zumurmelte, dann packte er mich am Arm und führte mich über das unebene Kopfsteinpflaster, darauf achtend, daß ich nicht ausrutschte. Hinter uns hörte ich die Kutsche davonfahren – und mein Mut sank, denn mit ihr schwand all

meine Hoffnung, daß es nur ein kurzes Gespräch werden würde und daß sie die Absicht hatten, mich anschließend gleich wieder nach Hause zu bringen.

Wir näherten uns anscheinend einer Schenke, denn plötzlich drang unmißverständlich Gesang und heiseres Gelächter an mein Ohr. Aber wir blieben stehen, bevor wir sie erreicht hatten, und ich vernahm das leise Klopfen an eine Fensterscheibe, und kurz danach öffnete sich eine Tür. Eine Frauenstimme, so leise, daß ich die Worte kaum verstand, sagte:

»Ist er das?«

Eine Antwort vernahm ich nicht, aber wenig später wurde ich in einen Flur ohne Teppich und dann anscheinend in ein Wohnzimmer geführt, wo mich die behagliche Wärme eines Kaminfeuers umfing. Ich hörte das Rascheln eines Kleides, als eine Frau auf mich zukam und kurz meine Finger drückte – die merkwürdige Andeutung des Händeschüttelns, mit dem sie mich begrüßt hätte, wenn meine Hände nicht gefesselt gewesen wären –, als handelte es sich um einen ganz normalen geselligen Anlaß.

»Ich bin die Gastgeberin«, sagte sie. Sie sprach mit leiser Stimme und mit einem leichten irischen Akzent; ich wußte augenblicklich, daß ich ihr noch nie im Leben begegnet war. »Mary mein Name, wenn Sie wollen. Bitte, setzen Sie sich.«

Der Mann half mir in einen bequemen Sessel neben dem Kamin. Ich hörte, wie sie mir gegenüber Platz nahm.

»Tut mir leid, daß ich Ihnen die Kapuze nicht abnehmen kann«, sagte sie. »Aber das Risiko ist zu groß.«

Ich wollte fragen: *welches Risiko?*, aber ich hatte das Gefühl, mich in das Gespräch einzuschalten, würde den Eindruck erwekken, als ergebe ich mich in die Situation und billigte sie damit.

»Aber ich werde mich nicht entschuldigen«, fuhr sie fort. »Sie wollen etwas, und ich kann es Ihnen geben.« Sie machte eine effektvolle Pause: »Die Wahrheit über Turner, hab ich recht?«

Ich schwieg noch immer. Sie seufzte wie eine Mutter, die ihrem trotzigen Kind zuredet – und sofort fühlte ich mich ein bißchen so. Schließlich wiederholte sie:

»Hab ich recht?«

»Was haben Sie damit zu tun?« sagte ich so beiläufig wie möglich.

»Ich kannte ihn«, sagte sie. »Er kam häufig hierher.«

»Und was heißt: ›hierher‹?«

»Eine Pension«, erwiderte sie einsilbig. »Die meisten Pensionsgäste sind Frauen von Seeleuten.«

»Und er hat sich als ›Turner‹ vorgestellt?« fragte ich, augenblicklich mißtrauisch, denn jedem, der ihn tatsächlich gekannt hatte, wäre klar gewesen, daß ein solcher Leichtsinn gar nicht zu ihm paßte.

»Nein. Ich hatte keine Ahnung, wer er war, bis der Pächter vom Ship and Bladebone ihn eines Tages zufällig hier sah und meinte: ›Du wirst nie erraten, wer das ist.‹«

»Und woher wußte *er* es?«

»Turner war sein Vermieter.«

»Was! Sie meinen, ihm gehörte die Schenke?« rief ich. Insgeheim mußte ich mir jedoch eingestehen, daß die Unwahrscheinlichkeit dieser Behauptung ihr eine gewisse Glaubwürdigkeit verlieh, denn so etwas kann niemand erfinden.

»So hat es mir Mr. Hodgson jedenfalls gesagt«, antwortete sie abwehrend.

In diesem Augenblick – als hätte die Erwähnung einer Schenke ihn erst auf die Idee gebracht – murmelte der Mann plötzlich:

»Ich glaub, ich geh eben mal auf einen Schluck nach nebenan.«

Er sprach in dem ausweichenden, beiläufigen Ton eines Menschen, der fürchtet, man könne ihn aufhalten, und der auf diese Weise versucht, der Aufmerksamkeit zu entgehen; die Frau schien ihn nicht weiter zu beachten. Als er sich aber davonstehlen wollte, sagte sie mit tödlicher Ruhe:

»Was, hast du immer noch Angst?«

»Darf ein Mann nicht mal ein Gläschen trinken?« versuchte er sie zu überzeugen.

»Bei einem Glas wird es nicht bleiben, und dann kannst du nicht mehr gerade stehen«, erwiderte sie.

»Ich hab ihn schließlich hergebracht oder etwa nicht?«
»Später«, sagte sie in nachgiebigem Ton.
»Ach, komm!« sagte er. »Er wird schon nicht abhauen!«
»Gleich. Wenn er oben ist.«
Mich überkam eine Gänsehaut, und in mir stritten Angst, Zorn und Aufregung.
»Er hatte so seine eigene Art, Turner«, sagte sie. »Seine eigenen Vorlieben.«
»Was für Vorlieben?« fragte ich.
»Sie werden gleich eine seiner Frauen kennenlernen«, sagte sie. »Sie wird es Ihnen zeigen.«
Zeigen, nicht sagen. Mein Mund war wie ausgetrocknet. Ich sagte: »Kann ich einen Schluck Wasser haben?«
»Oben«, sagte sie. »Gleich. Zuerst möchte ich Ihnen von ihr erzählen. Von der armen Lucy. Sie ist nicht besonders hell im Kopf, und alles, was sie besaß, hat sie versoffen, denn sie trinkt gern. Deshalb behalten wir sie hier drin, und ich gebe ihr Geld, wenn ihr Freund, der Matrose, ihr welches schickt; sonst würde sie alles vertrinken und sich anschließend umbringen. Aber Sie können ihr vertrauen. Sie wird sie nicht anlügen. Verstehen Sie?«
»Ja.«
»Dann kommen Sie.«
Sie ging voraus, der Mann lief hinter mir her und schob mich auf den Flur hinaus und die Treppe hinauf. Als wir oben ankamen, blieben wir kurz stehen, und ich hörte, wie die Frau eine Tür aufschloß und öffnete.
»Also, Lu«, sagte sie sanft. »Du weißt, was von dir erwartet wird.«
Keine Antwort. Aber die Frau schien zufrieden, denn ich wurde im nächsten Augenblick hineingestoßen. Auf einmal schien durch meine Kapuze ein helleres Licht. Es roch nach billigem Parfüm und nach Kohle – und dann plötzlich vernahm ich ein schrilles Quieken, das halb überrascht und halb belustigt klang. Ich fürchtete um meine Sicherheit, denn die Situation hatte etwas Unkontrollierbares, Wahnwitziges.

»Wir kommen bald wieder und holen Sie ab«, flüsterte die Frau nah an meinem Ohr. Dann hörte ich, wie die Tür hinter mir geschlossen und der Schlüssel umgedreht wurde.
Das Quieken setzte sich noch eine Weile fort, verebbte dann aber zu einem Kichern, wie ein Wassertopf den man vom Feuer nimmt, und bald war es nur noch ein atemloses, perlendes Glucksen. Dann hörte – oder besser, spürte – ich, wie sie sich mir näherte; ich roch ihren nach Veilchen und Lakritze duftenden Atem und das Eau de Cologne auf ihrer Haut; und dahinter erahnte ich wie ein halbvergessenes Geheimnis den üblen Geruch tierischer Brunft. Sie sagte nichts; aber als sie meine eiskalten Finger berührte, zuckte sie zusammen, führte sie an ihre Lippen und hauchte sie an, um sie zu erwärmen, bevor sie begann, mir die Hände loszubinden. Als sie umständlich den Knoten löste, ging mir durch den Kopf, daß wir uns zwar noch nie begegnet waren – einander noch nie ins Gesicht geblickt oder sprechen gehört hatten –, ich ihr aber dennoch näher war als jemals einer Frau in meinem Leben, seit ich erwachsen war, ausgenommen Laura.
Endlich gelang es ihr, meine Hände zu befreien, dann zog sie mir blitzschnell die Kapuze vom Kopf. Ich blinzelte, denn sogar das Licht der Gaslampe reichte aus, um mich nach so langer Zeit im Dunkel zu blenden. Doch dann sah ich sie immer deutlicher vor mir: zuerst ihren gedrungenen, füllingen Körper in einem ausgeschnittenen blauen Kleid; dann ein breites, blasses Gesicht, vom Alkohol oder vor Erschöpfung aufgedunsen; tiefliegende blaue Augen und einen breiten roten Mund; dichte braune Löckchen, nachlässig hochgesteckt. Ihre eine Hand lag auf dem Bett, das keineswegs so schäbig war, wie ich erwartet hatte, sondern ein Himmelbett mit einem schmuddeligen Chintzvorhang. Sie bemerkte, daß ich darauf blickte, und verzog mit gänzlich unkoketter Aufrichtigkeit den Mund, schüttelte dann den Kopf und lachte, als grübelte sie immer noch über meine Anwesenheit nach.
»Hast du was zu trinken dabei?« sagte sie langsam und undeutlich.
Ich hatte zwar etwas, war aber unschlüssig, ob ich es zugeben

sollte. Es erschien mir knauserig, es zu leugnen; aber hatte die Frau unten nicht gesagt, sie sei eine Trinkerin und müsse vom Alkohol ferngehalten werden? Sie deutete mein Zögern richtig, denn im nächsten Augenblick sagte sie: »Du hast was, stimmt's?« Dann durchsuchte sie meine Taschen mit der hektischen Zielstrebigkeit eines Hundes, der einen Knochen ausbuddelt. Als sie Marians Ridikül herauszog, hielt sie es einen Augenblick hoch wie das Beweisstück in einem Prozeß und lachte: »Du bist ja ein ganz Schlauer.« Dann warf sie es achtlos zur Seite und durchstöberte meinen Mantel weiter. Binnen Sekunden hatte sie die Taschenflasche gefunden, den Verschluß aufgeschraubt und sie ausgetrunken. Sie fuhr mit der Zunge über die kleine Öffnung, damit ja kein Tropfen verlorenging.
»Mehr nicht?« fragte sie, noch ehe sie Luft geholt hatte.
»Das reicht«, sagte ich und merkte sogleich, daß ich einen unangenehm hochnäsigen Ton angeschlagen hatte.
Sie sah mich neugierig und mit unstetem Blick an.
»Wie heißt du?«
»Hat man Ihnen das nicht gesagt?«
Sie schien überrascht, daß ich fragte, und schüttelte so nachdrücklich den Kopf, daß ihr schwindlig wurde und sie abrupt innehielt.
»Jenkinson«, sagte ich.
Sie sog hörbar die Luft ein, dann verschwand die Verwirrung auf ihrem Gesicht.
»Ah, ich verstehe«, sagte sie. »Du willst dasselbe wie er.«
Sie hob die Kapuze und den Strick vom Boden auf und ließ beides vor meinen Augen hin- und herpendeln. Ich verstand nicht, was sie meinte, und starrte sie nur blöde an.
»Hier«, sagte sie ungeduldig. »Nimm schon.«
Ich tat es und stand mit dem Strick und der Kapuze in der Hand hilflos da. Sie ging zur gegenüberliegenden Wand, wo ein runder Spiegel in einem Rosenholzrahmen über einem kleinen Stuhl hing. Dann begann sie langsam und ohne ein Wort, die Haken ihres Kleides zu lösen.

Ich war wie gelähmt. Ich glaubte, in Ohnmacht zu fallen. Und dennoch weigerte sich ein Teil von mir – jener Walter Hartright, den die Welt kannte und der zu sein ich bis vor zwei Monaten geglaubt hatte – einzugestehen, daß dies sinnliche Begierde war, sondern hielt hartnäckig an der Vorstellung fest, daß ich zu einem ganz und gar ehrbaren Zweck hier sei – wie ein Matrose, der sich im Schiffbruch an eine jämmerliche Planke seines zerschellten Schiffes klammert, in der Hoffnung auf Rettung. Ich wandte den Blick nicht von ihr, als sie ihr Kleid zu Boden fallen ließ und herausstieg – ich konnte nicht; aber ich versuchte, mir einzureden (Gott! welcher Wahn!), daß ich sie nur deshalb betrachtete, um festzustellen, wie alt sie war. Denn ihre breiten Hüften und Schenkel und die etwas schlaffe Haut ihrer Arme ließ mich schätzen, daß sie zwischen dreißig und fünfunddreißig Jahre alt war. Obwohl es mir schwerfiel, ein Wort herauszubringen, sagte ich:
»Wie alt waren Sie, als Turner hierherkam?«
Sie drehte sich zwar nicht zu mir um, sah mich aber im Spiegel an.
»Hm?«
»Der andere Mr. Jenkinson.«
»Oh, zwölf oder dreizehn, beim ersten Mal. Danach war er regelmäßig hier.«
»Wie lange?«
Sie zuckte die Achseln. »Fünf, sechs Jahre?«
»Und wie alt sind Sie jetzt?«
Sie kicherte, dann löste sie ihr Haar und schüttelte den Kopf, so daß es locker auf ihren Rücken fiel. »Du willst also reden oder was?«
Ich versuchte, etwas zu sagen.
Ich brachte nichts heraus.
Sie schnürte ihr Korsett auf und nahm es weg wie ein Bildhauer eine Form; dann streifte sie sich das Hemd über den Kopf und legte beides auf den Stuhl. Sie trug jetzt nur noch ein Paar schmuddelige Strümpfe. Sie zog an einem der Strumpfbänder.

»Anlassen oder ausziehen?« Als ich nicht antwortete, wiederholte sie die Geste. »Hm?«
»Was hat...? Was hat *er*...?«
»Ach, das war ihm egal. Auf die Beine kam es ihm nicht an. Anlassen oder ausziehen?«
»Ausziehen.«
Sie bückte sich und zog die Strümpfe so selbstverständlich aus, als hätte ich sie gebeten, ein Teetablett fortzutragen.
»Da«, sagte sie und warf sie auf den Stuhl. Dabei sah ich, wie ihre schweren Brüste wippten und erhaschte einen Blick auf das Gekräusel der dunklen Haare unterhalb ihres Bauchs. Sie schien vollkommen unbefangen, als empfände sie in ihrer Nacktheit keine Scham, aber auch keinen Stolz.
Aber für mich...
Für mich war es ein Wunder.
Ich hatte noch nie zuvor einer Frau beim Entkleiden zugesehen.
Sie legte sich aufs Bett, bewegte den Kopf von einer Seite zur anderen, wiegte die Hüften und spreizte die Beine.
»Los«, sagte sie.
Und dann erkannte ich das Ausmaß meines Wahns. Des Wahns, zu glauben, ich könne das Leben eines anderen erkennen, mir das Leben eines anderen vorstellen, ohne die Grenze zu überschreiten, es selbst zu leben.
Den Wahn, mein Schicksal zu leugnen.
Denn das hatte ich mir nicht selbst gewählt. Ich hatte Widerstand geleistet, wie ich seit Monaten Widerstand leistete. Aber das Schicksal hatte mich besiegt und mich hierhergeführt.
Niemand, den ich kannte, hatte mich gesehen.
Diese Frau kannte meinen Namen nicht.
Ich war frei.
Sie beobachtete, wie ich näher kam, aber dann verdeckte sie ihr Gesicht mit ihrer Hand. Ich saß neben ihr, unschlüssig, was ich tun sollte.
»Zieh sie mir über«, sagte sie.

Sie nahm den Arm von ihrem Gesicht, hielt aber die Augen geschlossen.

»Zieh sie mir über«, wiederholte sie.

Ich streifte ihr die Kapuze über. Sie breitete die Arme aus wie der Gekreuzigte und tastete dann blind, bis ihre Hände rechts und links an den Bettpfosten lagen.

Was das bedeuten sollte, war klar. Ich band ihre eine Hand mit dem Strick fest. Sie murrte nicht. Für die andere Hand nahm ich einen ihrer Strümpfe.

Ich blickte sie an. Sie konnte mich nicht anblicken. Sie hatte keine Augen.

Diese Fülle. Dieser Ozean aus üppigem nacktem Fleisch, weiß wie Milch und wohlig glatt, bis auf die Stellen, wo sich das Korsett eingeschnitten und wie ein Stempel abgedrückt hatte.

Das war nicht meine Frau. Keine Frau, die ich kannte. Nur Frau.

Ich zog mich langsam aus, ohne sie dabei aus den Augen zu lassen. Warum hätte ich mich beeilen sollen? Ich mußte sie nicht verführen oder überreden oder um Erlaubnis fragen. Sie konnte mir nicht entkommen. Ich hatte sie vollkommen in meiner Gewalt.

Als ich in sie eindrang, seufzte sie, dann entrang sich ihr ein unwillkürlicher Schrei.

Und als ich fertig war, erschauderte sie und flüsterte:

»Sie sind mehr Mann, als er es war. Möchten Sie's noch mal machen? Oder binden Sie mich los?

Sie schlief ein, ich nicht. Ich war niemals wacher gewesen. Ich stand auf und horchte an der Tür. Ich hörte nur ein entferntes Schnarchen. Mein Entführer hatte wohl in der Schenke zuviel getrunken und war eingenickt.

Ich trat ans Fenster. Die Wolken waren verschwunden, und der Mond war aufgegangen. Vor mir lag ein steiles Dach und darunter ein Anbau oder ein Schuppen, von dem aus ich, wie ich glaubte, mit Leichtigkeit hinunter auf die Straße sprin-

gen konnte. Über allem lag eine dichte Schneedecke, die, so hoffte ich, meinen Fall abbremsen und die Geräusche dämpfen würde.
Ich hatte keine Angst. Ich wußte, ich brauchte mich nur meinem Schicksal anzuvertrauen.
Lautlos kleidete ich mich an, legte einen Sovereign auf das Kopfkissen und öffnete das Fenster. Es war zu klein, als daß ich in voller Bekleidung hindurchgepaßt hätte; ich mußte meinen Mantel ausziehen und hinunterwerfen. Er blieb zuerst an einer beschädigten Dachrinne hängen, dann aber befreite er sich durch sein eigenes Gewicht und fiel auf das untere Dach. Zum Glück – denn als ich darauf landete, spürte ich einen scharfen, stechenden Schmerz und entdeckte, daß unter dem Schnee das Dach mit Glasscherben übersät war, vermutlich, um Buben am Hinaufklettern zu hindern. Mein Mantel war zerrissen, aber das Ridikül und meine Taschenflasche waren unversehrt. Ich selbst trug nur ein paar Kratzer davon.
Vertraue dich deinem Schicksal an, und es wird dir nichts geschehen.
Ich ließ mich hinunterfallen und fand mich in einem Gäßchen hinter einer Häuserreihe wieder. An seinem Ende standen baufällige Häuser, deren Umrisse sich im Mondlicht abzeichneten. Ich ging darauf zu und kam zu einer schäbigen Straße mit Kaianlagen, Schenken und Lagerhäusern. Ich hatte keine Ahnung, wo ich mich befand oder welchen Weg ich nehmen sollte; aber linker Hand erschien es mir etwas heller und offener zu sein, also schlug ich diese Richtung ein. Und wieder meinte es das Schicksal gut mit mir; denn kurze Zeit später gelangte ich auf eine Hauptstraße und fand sofort eine Droschke.
Der Kutscher zögerte, als er den Zustand meiner Kleider sah, aber mein Geld zerstreute seine Zweifel.
»Wie heißt diese Straße?« erkundigte ich mich und deutete auf den Weg, den ich gekommen war.
»New Gravel Lane, Sir.«
Also war ich in Wapping gewesen, wohin Turner immer gegan-

gen war. Ich habe die Freiheit kennengelernt, die er sich nahm.
Ich habe an seiner Macht teilgehabt.

LIII

BRIEF VON LAURA HARTRIGHT AN WALTER HARTRIGHT,
4. DEZEMBER 185-

*Limmeridge,
Donnerstag*

Mein liebster Walter,
Du ungezogener Bengel! Hast Du nicht versprochen, jeden Tag
zu schreiben? Oder hat Dir das Dinner bei Sir Charles Eastlake
den Kopf verdreht, so daß Du Deine arme Familie ganz vergessen hast?
Uns geht es gut, wir vermissen Dich nur sehr. Wenn doch schon
Weihnachten wäre, das uns das schönste Geschenk bringen
wird.

In Liebe, Deine Gattin
Laura

LIV

AUS DEM TAGEBUCH VON MARIAN HALCOMBE,
14. DEZEMBER 185-

Ein merkwürdiger Nachtrag zu gestern; ich war zu müde und
nervös, um es noch aufzuschreiben, bevor ich zu Bett ging.
Ich habe fast den ganzen Tag damit verbracht, Tagebuch zu
schreiben und mich auszuruhen. Da ich nicht gehört hatte, daß
Walter ins Haus gekommen war, ging ich gegen sechs Uhr in sein
Atelier, um zu fragen, ob er zum Abendessen herüberkäme. Ich
habe ihn offenbar überrascht, denn er war selbst ins Schreiben
vertieft, hörte aber auf, sobald er mich kommen hörte, und
stellte sich vor den Tisch, als müsse er etwas vor mir verstecken.

Sein Blick war noch wilder, und er sah noch zerzauster aus als am Morgen; er hatte offensichtlich weder geschlafen noch seit dem Morgen die Kleider gewechselt.
»Fühlst du dich nicht gut?« fragte ich.
Er schüttelte den Kopf. Dabei fiel das Licht auf seine Wangen, und ich sah, daß die Prellung zu einer häßlichen Schwellung geworden war.
»Du bist ja verletzt!« rief ich und trat unwillkürlich einen Schritt auf ihn zu.
Er schüttelte wieder den Kopf und streckte abwehrend die Hände aus. Vielleicht war es nur Rücksichtnahme auf mich, denn er roch abscheulich und wollte mir vielleicht nur den abgestandenen fischig süßen Geruch ersparen, der an ihm haftete und mir noch in der Nase ist, während ich diese Zeilen schreibe; aber etwas an der Art, wie er zurückzuckte, und sein kalter Blick vermittelten mir den Eindruck, daß es ihm nicht darum ging, mich zu schützen, sondern sich selbst.
Natürlich kränkte mich das. Aber schlimmer, noch viel schlimmer: Ich ertappte mich plötzlich dabei, wie ich die Entfernung zwischen dem Atelier und dem Haus maß und überlegte, ob Davidson mich wohl hören würde, wenn ich um Hilfe riefe. In den letzten Monaten hatte ich mich an das Gefühl gewöhnt, Walter nicht voll und ganz vertrauen zu können und nicht mehr zu wissen, was in seinem Kopf vorging. Aber noch nie hatte ich in seiner Nähe um meine eigene Sicherheit gefürchtet.
Was befürchtete ich denn, daß er tun könnte?
Ich bringe es nicht über mich, es niederzuschreiben oder es auch nur zu denken.
Mein Urteilsvermögen muß von Angst getrübt gewesen sein, von zu wenig Schlaf und von einer Nacht entsetzlicher Phantasien.
Als ich zurückwich, griff er hinter sich und stellte sich dann schnell vor das Gemälde, das ich heute morgen gesehen hatte. Er wollte wohl verhindern, daß mein Blick darauf fiel; aber damit erreichte er nur, daß meine Aufmerksamkeit erst recht darauf gelenkt wurde, denn es war viel zu groß, als daß er es hätte verstek-

ken können. Es war ganz anders als alles, was Walter jemals gemalt hatte, ohne die gewohnte Sorgfalt, den Liebreiz und den Sinn fürs Detail. Es sah aus, als habe er die Farbe auf die Leinwand geschleudert, wo sie in großen Lachen und Tropfen, dick wie Eiszapfen, haftengeblieben war, als bestünde die Aufgabe des Künstlers einzig und allein darin, die Farbe aus dem Topf herauszubekommen, und als müsse er sich dann nicht mehr darum kümmern, weiter mit ihr zu arbeiten. Ich kann nur vermuten, daß es ihm darum ging, einen Turnerschen Effekt zu erzielen, denn in der Mitte befand sich ein ungleichmäßiger roter Fleck, umgeben von Schwarz, aber ohne die Klarheit und Brillanz Turners. Das Rot war nicht rot genug, das Schwarz nicht schwarz genug; die Farben flossen an den Rändern ineinander und ließen keinen natürlichen Gegenstand oder Effekt erkennen.
Aber etwas daran erinnerte mich an ein anderes Bild. Nicht der Stil, nicht die Frage nach dem Gegenstand, sondern die schiere Größe. Und daß etwas daran nicht stimmte.
Was war es bloß?
Und dann fiel es mir wieder ein. Der riesige *Lear* des armen Haste.
Walter muß meine Reaktion bemerkt haben, denn er fuhr mich an: »Es ist nicht fertig!« Und ohne mir die Möglichkeit einer Antwort zu geben:
»Was willst du?« Er sprach in einem Ton, daß man hätte meinen können, ich sei ein ungezogenes Kind, dem man gesagt hatte, es dürfe auf keinen Fall den Papa stören.
»Ich habe mein Ridikül vergessen«, sagte ich hastig – das entsprach der Wahrheit, auch wenn ich in diesem Augenblick nicht daran gedacht hatte.
Er nickte zum Tisch hin, wo es lag. Ich nahm es und merkte sofort, daß es zu leicht war.
»Wo ist mein Notizbuch?«
Er zuckte die Achseln. »Das weiß ich nicht.«
Ich öffnete es und sah hinein. Sonst fehlte nichts. Ich nahm mein

Portemonnaie heraus. Zwei Souvereigns und etwas Wechselgeld. Genau wie ich es in Erinnerung hatte.
»Ist es vielleicht herausgefallen?«
Er schüttelte den Kopf.
»Bist du sicher?«
»Der Dieb hatte die Schnur um sein Handgelenk gewickelt.« Er zeigte es ungeduldig mit einer Drehbewegung seines eigenen Handgelenks. Ich bemerkte, daß es rot und wundgerieben war, hütete mich aber, danach zu fragen. »Und danach war es in meiner Tasche.«
»Und als du es ihm abgenommen hast?«
Er schüttelte erneut den Kopf. »Du mußt es bei den Eastlakes liegengelassen haben.«
»Nein.«
»Ganz bestimmt!« Seine Heftigkeit schien ihn selbst zu erschrecken, denn er versuchte, sich zu beruhigen, bevor er in gemäßigterem Ton fortfuhr:
»Es könnte doch gut sein, daß du es dort vergessen hast, oder? In Anbetracht der Umstände.«
»Möglicherweise«, sagte ich und ging auf die Tür zu; ich sah ein, daß es keinen Sinn hatte weiterzudiskutieren. »Ich werde Elizabeth Eastlake schreiben.«
Und das werde ich tun. Aber es fällt mir immer noch schwer zu glauben, daß ich dort mein Notizbuch habe liegenlassen, trotz all des Durcheinanders dort – denn normalerweise weiß ich immer, wo es ist, ob ich daran denke oder nicht, genauso wie ich weiß, wo meine Hände sind.

Walter kam nicht zum Abendessen.

LV
AUS DEM PRIVATEN NOTIZBUCH VON WALTER HARTRIGHT, 14. DEZEMBER 185-

Um zu leben wie Turner, bräuchte man ein Untergeschoß. Daran habe ich nicht gedacht, als ich das Atelier entworfen habe. Infolgedessen hat mich Marian auch heute beim Schreiben überrascht und sah den *Unfall in der Eisenhütte*, bevor das Bild fertig war.

Was das Bild betrifft, kann ich nicht viel tun, außer, sie von weiteren Besuchen abschrecken. Aber was das Notizbuch betrifft, gibt es ein einfaches Mittel. Ich werde mir morgen eine Kassette kaufen.

LVI
BRIEF VON LADY EASTLAKE AN MARIAN HALCOMBE, 15. DEZEMBER 185-

Fitzroy Square 7,
Freitag

Meine liebe Marian,
danke für Ihren Brief. Ich bin so froh, daß Ihnen Ihr Bruder das Ridikül wiedergebracht hat. Das hat mir wieder ein wenig mehr Vertrauen in das sichere Urteil Fortunas, wenn nicht in ihre Tugend zurückgegeben. Denn hätte sie Ihnen nach all den anderen Katastrophen des Abends auch noch das angetan, würde ich sie böswilliger Übertreibung schuldig sprechen und ihre Gesellschaft ganz meiden. Ist der Schuft, der es gestohlen hat, entkommen, oder konnte Mr. Hartright ihn der Polizei übergeben?

Von Ihren Notizbuch leider keine Spur. Ich habe selbst im Salon nachgesehen und die Dienstboten gefragt, ohne Erfolg; aber wir suchen weiter, und wenn der Flüchtling gefunden ist, werde ich ihn in Ketten legen und Ihnen von einer bewaffneten Eskorte überstellen lassen.

Wir müssen – wir werden – uns bald sehen und nachholen, was wir am Dienstag so völlig versäumt haben; aber das wird, fürchte ich, erst nach Weihnachten möglich sein.

In Eile,
herzliche Grüße,
Ihre Eliz. Eastlake

LVII
AUS DEM PRIVATEN NOTIZBUCH VON WALTER HARTRIGHT, 15. DEZEMBER 185-

Ich bin wie eine Dampfmaschine. Von solch widerstreitenden Kräften angetrieben, daß ich fürchte, die Nieten werden zerspringen, und ich werde in alle Richtungen explodieren.
Aber wenn ich durchhalte, wird es ein großes Buch werden. Nicht das Leben eines Künstlers, sondern – erstmals – sein Seelenleben.
Man wird mich fragen, woher ich das weiß.
Ich werde schweigen.
Sie werden die Antwort in meiner Malerei lesen. *Chiaroscuro*.

LVIII
BRIEF VON LAURA HARTRIGHT AN WALTER HARTRIGHT, 16. DEZEMBER 185-

Limmeridge,
Samstag

Mein liebster Walter,
noch immer keine Nachricht von Dir. Ist etwas passiert?
Ich dachte, alles wäre wieder gut zwischen uns, aber jetzt fürchte ich, dem ist nicht so.
Bitte, schreibe bald.

In Liebe, Deine Gattin
Laura

LIX
AUS DEM PRIVATEN NOTIZBUCH VON WALTER HARTRIGHT, 17. DEZEMBER 185-

Sonntag

Eine schreckliche Nacht. Von Laura geträumt. Sie weinte. Sie sagte: *Wenn du das gewollt hättest, hättest du es nur zu sagen brauchen.* Sie meinte die Kapuze und den Strick.
Ein weiterer Brief von ihr heute morgen. Habe ihn nicht geöffnet. Habe auch ihren vorigen Brief nicht geöffnet.
Versuchte, mich mit Nisbets Worten zu beruhigen: »Alles hat seinen Preis. Turner wußte das.«
Aber was, wenn der Preis zu hoch ist?
Das Schlimmste ist, daß ich mit niemandem sprechen kann. Heute nachmittag habe ich in meiner Verzweiflung Travis besucht. Er ist ein weltgewandter Mann, dachte ich. Aber seine Frau sagte, er sei im Athenaeum. Für das Athenaeum war ich nicht gekleidet.
Verbrachte den Abend damit, am *Unfall* weiterzumalen. Es war noch immer nicht das, was ich wollte; schließlich hatte ich es satt und zog mich in mein Zimmer zurück. Aber ich gebe mich nicht geschlagen.
Wenn ich etwas gelernt habe, dann, daß Sieg oder Niederlage eine Frage des Willens ist. Morgen werde ich weitermalen und dem Bild das abringen, was ich im Kopf habe.

LX
BRIEF VON LAURA HARTRIGHT AN WALTER HARTRIGHT, 18. DEZEMBER 185-

*Limmeridge,
Montag*

Mein liebster Walter,
warum antwortest Du mir nicht? Ich sehe vor lauter Tränen kaum mehr das Papier.

Vergiß nicht, in welcher Lage ich mich befinde.
Bitte.

Deine Dich liebende Gattin
Laura

LXI

AUS DEM PRIVATEN NOTIZBUCH VON WALTER HARTRIGHT, 18.-20. DEZEMBER 185-

Montag

Es ist ein Ungeheuer, aber ich muß mich ihm stellen.
Travis kam gegen drei. Bis dahin kam ich gut voran.
»Kate hat gesagt, du warst gestern da«, sagte er. Eine hochgezogene Augenbraue schien zu fragen: *Warum?*
Ich konnte es ihm nicht sofort sagen. »Ja.«
Er drängte mich nicht, sondern pfiff durch die Zähne und sah sich im Atelier um. Dabei nickte er anerkennend. Dann fiel sein Blick auf den *Unfall*. Er sagte nichts, grinste mich aber vielsagend an, was mich ärgerte.
»Es ist noch nicht fertig«, sagte ich erbost. Ich bin es zunehmend müde, das erklären zu müssen.
»Nein«, sagte er gedehnt. Er setzte nicht hinzu: *Das sehe ich*, hätte es genausogut sagen können. »Dann wandelst du also immer noch auf Turners Spuren?«
»Ja«, sagte ich, wischte mir die Hände ab und drängte ihn von dem Bild weg. »Ich schreibe seine Lebensgeschichte.«
»Tatsächlich?« Er schürzte die Lippen und rollte den Gedanken im Mund herum, als wäre er ein Schluck Wein, über dessen Qualität er ein Urteil abgeben solle. »Gute Idee«, sagte er schließlich – in einer Art, die zu sagen schien: *Jedenfalls besser, als zu versuchen, so zu malen wie er.*
Seine herablassende Art war unerträglich; aber ich beherrschte meine Wut, ja es gelang mir sogar, den aufmerksamen Gastgeber zu spielen, ihm einen Stuhl anzubieten und mich zu ihm zu setzen.

»Und was hast du herausgefunden?« fragte er.

»Eine Menge. Wußtest du beispielsweise, daß er regelmäßig ein Bordell in Wapping aufsuchte? Wo er die Mädchen festband und sie ihr Gesicht verhüllen ließ?«

Seine Antwort versetzte mich in Erstaunen. Ich hatte Überraschung erwartet – Ungläubigkeit – einen Ausruf wie *Du meine Güte! Woher weißt du das?*; und dann die ungeheure Erleichterung, es ihm endlich erzählen zu können. Aber er gluckste nur in sich hinein und meinte:

»O ja! Ich habe diese Geschichten gehört!«

»Wirklich?«

Er nickte und grinste hochmütig wie ein Schuljunge, der sich über die Naivität eines Klassenkameraden amüsiert.

»Und du glaubst es nicht?«

Er zuckte die Achseln. »Ich weiß es wirklich nicht. Und es ist mir auch egal.« Er holte ein Zigarrenetui aus seiner Tasche und öffnete es. »Es ist überhaupt nicht mein Geschmack. Je wilder und freier, desto besser, wenn du mich fragst.« Er lachte. »Eine Zigarre?«

»Danke.«

»Kann sein. Wir sind alle ein bißchen sonderbar, nicht? Und Turner war sonderbarer als die meisten.« Er gab uns beiden Feuer und blies nachdenklich das Streichholz aus. »Aber möglich ist doch auch, daß es Leute gibt, die wollen, daß *wir* es glauben.«

Ich bekam beinahe einen Erstickungsanfall.

»Zu stark für dich?« fragte er.

»Wer soll wollen, daß wir das glauben?«

»Ach, da könnte ich dir hundert Namen nennen. Viele, die einen Titel tragen. Die meisten einflußreiche Persönlichkeiten.« Er zuckte wieder die Schultern, als lohnte es nicht, weiter darüber nachzudenken. »Und was noch?«

»Warte!« Ich hob die Hand, damit er schwieg und ich meine Gedanken ordnen konnte. Das war keine einfache Aufgabe: Denn plötzlich stürzten alle möglichen Zweifel und Befürchtungen auf mich ein, die ich bisher hatte abwehren können.

Hatten meine Entführer tatsächlich dieses ganze Risiko und all diese Mühe auf sich genommen, damit ich die Wahrheit erfuhr? Hätten sie nicht schon die Kosten einer Droschke abgeschreckt?

War es nicht sehr viel wahrscheinlicher, daß jemand sie dafür bezahlt hatte?

Und dann fiel mir Farrant ein. Und Hargreaves, der Mann, den ich mit ihm zusammen kennengelernt hatte. *Geschichten über Turner stehen im Moment hoch im Kurs. Es gibt einen Gentleman, der gutes Geld dafür bezahlt.*

Ich sagte:

»Warum?«

»Was: warum?«

»Warum sollten Sie...?«

»Na, wegen des Testaments natürlich.«

»Turners Testament, meinst du?«

»An meinem wären sie ganz bestimmt nicht interessiert«, murmelte er. »Und« – dabei blickte er sich um und lächelte matt – »verzeih mir, aber an deinem wohl eher auch nicht.«

Ich biß die Zähne zusammen. »Und was ist damit?«

»Das weißt du nicht?« sagte er, als wäre es die vorrangige Aufgabe eines Biographen, das herauszufinden.

»Na ja, es ist natürlich...«, begann ich und versuchte mich krampfhaft daran zu erinnern, was mir Marian von ihrem Gespräch bei den Eastlakes berichtet hatte. »Natürlich weiß ich, daß es irgendwelche Unklarheiten gibt. Daß er zu geizig war, um einen fähigen Notar zu bezahlen, der ihm seinen letzten Willen aufsetzte.«

»Und wer ist deine Quelle dafür?« grinste Travis. »Sir Charles Eastlake?«

Ich hätte ihn schlagen können. »Zum Teil«, sagte ich. »Wieso? Ist er denn nicht vertrauenswürdig?«

Er zuckte die Schultern. »Er hat ganz gewiß ein Interesse, diese Sicht der Dinge in Umlauf zu bringen.« Er hielt inne, und als hätte er beschlossen, er habe mich lange genug an der Nase herumgeführt, steckte er die Zigarre zwischen die Zähne und beugte sich bedeutungsvoll nach vorne.

»Sieh mal«, sagte er und nahm das Zigarrenetui in die Hand. »Das hier ist Turners Vermögen. Häuser, Geld und so weiter. Ja?«

Ich nickte. Er nahm die Streichholzschachtel in die andere Hand.

»Und das hier sind seine Gemälde. Manche unvollendet. Manche unverkauft. Aber auch viele seiner berühmtesten Werke, die er im Laufe der Jahre systematisch zurückgekauft hatte, oft zu exorbitanten Preisen.« Er öffnete die Streichholzschachtel und verstreute Streichhölzer über den Tisch. »Siehst du. Es gibt Hunderte davon. Tausende, wenn man die Zeichnungen mitrechnet. Und nun« – er klopfte an das Zigarrenetui – »vermacht er das hier bis auf ein paar kleinere Vermächtnisse einer wohltätigen Stiftung. Damit Armenhäuser für alte und erfolglose Künstler gebaut werden können. Das dagegen« – er zeigte auf die Streichhölzchen – »vermacht er dem Staat. Unter der Bedingung, daß binnen zehn Jahren nach seinem Tod eine ›Turner Gallery‹ gebaut wird, wo die Bilder untergebracht werden. Kannst du mir folgen?«

»Es ist eine ungeheure Herausforderung für einen Menschen mit meinen beschränkten geistigen Kräften. Aber ich denke schon.«

Der kleine Seitenhieb hatte getroffen. Er lächelte und nickte, und wenn ich nicht irre, errötete er leicht.

»Aber die Familie – Vettern und Basen und was weiß ich, mit denen Turner seit Jahren nichts mehr zu tun hatte – ficht das Testament an. Zunächst behaupten sie, Turner sei unzurechnungsfähig gewesen. Als sie damit nicht durchkommen, legen sie Berufung beim Kanzleigericht ein mit der Begründung, es sei unmöglich, das Testament richtig auszulegen. Nach drei Jahren kommt es zu einem Vergleich. Turners Wunsch nach einer wohltätigen Stiftung wird unter Berufung auf einen Formfehler ignoriert. Die Verwandten bekommen das hier.« Er hob das Zigarrenetui hoch. »Und der Staat bekommt das.« Er trommelte mit

den Fingern auf die Streichhölzer und verstreute sie über den Tisch. »Nur will sich der Staat nicht die Mühe machen, seine Bedingung zu erfüllen.«
»Und warum nicht?«
»Was glaubst du, warum? Geld. Stell dir nur vor, was für eine unaussprechliche Qual es für einen der Minister Ihrer Majestät wäre, im Parlament aufzustehen und 25 000 Pfund für Kunst zu verlangen! Aber Eastlake ist entschlossen, die Bilder trotzdem nicht herzugeben.«
»Wie kann er?«
»Indem er zu der schamlosesten Spitzfindigkeit greift. Sein Argument lautet – und er hatte die Kühnheit, dies einem ehemaligen Lord Chancellor gegenüber zu äußern! –: Nachdem Turners Testament für ungültig erklärt worden sei, gehöre der National Gallery Turners gesamtes Werk, ohne daß sie an irgendwelche Bedingungen gebunden wäre.«
»Aber er hat die Bilder doch nur aufgrund des Testaments überhaupt bekommen!«
»Genau. Und darauf verwies der ehemalige Lord Chancellor auch. Eastlake befindet sich also in einer heiklen Situation.«
Ich nickte. »Aber ich sehe nicht, inwiefern es ihm nützen würde, Turner zu verunglimpfen.«
»Wirklich nicht?« Er schob zerstreut die Streichhölzer wieder zu einem Haufen zusammen. »Also. Stell dir einmal vor, es ginge nicht um Turner, sondern um den Herzog von Wellington. Er hat dem Staat eine großzügige Stiftung vermacht, aber die Regierung weigert sich, seine Bedingungen zu erfüllen. Was wäre die Folge?«
»Ein öffentlicher Aufschrei der Entrüstung.«
»Ja. Debatten im Parlament. Ein paar Rücktritte. Artikel in der *Times*. Schande. Entehrung der Nation. Das Wort eines Engländers...
»Ja«, sagte ich; er hatte vollkommen recht. »Weiter.«
»Turner dagegen war nur ein Maler, und jeder patriotische Engländer weiß, daß ein Maler sehr viel weniger wert ist als ein Sol-

dat. Aber immerhin war er, darin sind sich alle einig, unser *größter* Maler. Was also soll der arme Eastlake machen? Wie soll er diesen Drahtseilakt bewältigen?«

Er ließ mir Zeit zu antworten; aber ich war innerlich so aufgewühlt, daß ich meine Gedanken nicht zusammenbrachte.

»Welche Sicht auf Turner würde seinen Zwecken wohl am besten dienen?« fragte er.

Und auf einmal war es mir klar.

»Das mit Fehlern behaftete Genie!«

Er nickte. »Wenn kein Genie, warum dann die ganze Mühe, seine Sammlung zu behalten? Und wenn nicht mit Fehlern behaftet, wie könnten wir es dann rechtfertigen, uns über sein Testament hinwegzusetzen? Sir Charles ist schließlich, wie jedermann weiß, ein Gentleman, der niemals etwas Schändliches tun würde. Daher muß Turner selbst der schwarze Peter zugeschoben werden.«

»Das Problem«, platzte ich heraus, »ist nicht unser Geiz, sondern seiner!«

»Genau. Und nicht nur sein Geiz. Der Mann war ein verkommenes Individuum« – hier verfiel er in ein melodramatisches Flüstern –, »ja, er war verrückt. Daher können wir getrost seine Wünsche mißachten. Ist dies, recht besehen, nicht sogar unsere Pflicht im Interesse der öffentlichen Moral?«

Seine Stimme klang so erbarmungslos wie die von Sir Charles und traf dessen sanfte Melancholie und fromme Gequältheit angesichts der Torheit der Welt so genau, daß ich lachen mußte. Aber dabei hatte ich dennoch das Gefühl, ins Bodenlose zu fallen, als ob eine Decke, die ich für stabil gehalten hatte, plötzlich unter meinem Gewicht nachgab.

»Ergo«, sagte Travis, »haben Sir Charles, seine Kuratoren und der Staat ein handfestes Interesse an dem, was du in deinem Buch schreibst. Wenn du Turner...«

»Ja, ja«, sagte ich.

Er lehnte sich mit einem selbstgefälligen Lächeln zurück und machte eine Geste mit der Hand: *Voilà*.

Ich brachte kaum ein Wort heraus. Solange er da war, konnte ich keinen klaren Gedanken fassen. Ich saß stumm da, während er mir von Sir William Butteridge erzählte, der von seiner ohnmächtigen Mamsell hingerissen war; von Lacy Eastlakes Auftrag für ein Fresko; von den wohlmeinenden Rezensionen seines Werks, auf die er selbstverständlich überhaupt keinen Wert legt – konnte man sich etwas Dümmeres vorstellen, als »der englische Botticelli« genannt zu werden? Als der Vorrat seiner Triumphe erschöpft war und er von mir nichts weiter dafür bekommen hatte als ein gelegentliches Kopfnicken und ein »Gut gemacht, freut mich für dich«, gab er schließlich auf und ging.

Seither
Seither kämpfen widerstreitende Gedanken in mir.
Zunächst erschien es mir unleugbar: Ich hatte mich ganz schön übertölpeln lassen. Sogar mein Bild sprach gegen mich. Es schien finster auf mich herabzublicken und mir meine Torheit und meinen Hochmut zum Vorwurf zu machen. In meinem Selbstekel konnte ich meinen Blick nicht davon abwenden.
Aber wie ich so am Rand tiefster Verzweiflung verharrte, kamen mir doch Zweifel. Da war zunächst Farrant. Ich hatte seinen Worten nicht naiv vertraut: Ich hatte ihn auf geschickte Weise auf die Probe gestellt und ihn für glaubwürdig befunden. Er hatte mich nicht getäuscht, dessen war ich mir sicher.
Und dann die Geschichte mit der Hure. Sie war durch nichts belegt, aber dennoch glaubwürdig. Paßte sie denn nicht zu Hargreaves' Behauptung, Turner hätte *in irgendeiner Matrosenspelunke am Fluß dem Laster gefrönt*? Hatte Gudgeon nicht gesagt, Turner hätte bisweilen den Namen »Jenkinson« benutzt? Und paßte nicht die Verwendung einer Kapuze zu einem Mann, der so peinlich darauf bedacht war, nicht erkannt zu werden, und der unfähig war, andere zu porträtieren?
Und was, wenn jemand anderer die Informanten ermuntert oder sogar bezahlt hatte? Dadurch wurde das, was sie mir gesagt hatten, doch nicht notgedrungen unwahr.

Zwei Stunden oder länger stritt ich mit mir, kämpfte, focht. Zuerst gewann die eine Seite, dann die andere die Oberhand; schließlich war mein Geist erschöpft, und ich konnte überhaupt nichts mehr klar erkennen.
Aber ich muß es wissen.

Dienstag
Es ist ein Ungeheuer.
Das habe ich gestern geschrieben.
Aber da hatte ich nur undeutlich seinen Kopf wahrgenommen. Ich war nicht in die Finsternis eingedrungen und hatte nicht die furchtbare Masse seines Körpers ausgemacht.
Aber was für ein Ungeheuer ist es?

Heute morgen versuchte ich, am *Unfall* zu arbeiten, aber ich konnte mich nicht konzentrieren. Kaum hatte ich eine Figur entworfen oder mich darangemacht, die Glut des Ofens darzustellen, da drängten sich auch schon wieder ein Wort oder ein Satz von Travis in meine Gedanken, und sogleich rang ich wieder mit dem Rätsel, das er mir aufgegeben hatte. Ich wußte, es war hoffnungslos – ich konnte es ohne zusätzliche Informationen nicht lösen –, und doch konnte ich es nicht lassen. Schließlich sah ich ein, daß ich so nur meine Zeit vergeudete, schickte mich in das Unvermeidliche, gab das Malen auf und wandte meine ganze Aufmerksamkeit Turner zu.
Aber was konnte ich tun? Es hatte keinen Sinn, noch einmal die Frau in Wapping aufzusuchen (vorausgesetzt, daß ich sie überhaupt finden würde), auch Farrant nicht. Sie würden mir nicht sagen, wer sie bezahlt hatte, wenn es denn so war. Und falls es jemand von Sir Charles' Format gewesen war, würden sie es ohnehin nicht wissen. Es war undenkbar, daß so jemand versäumt hätte, sich über Mittelsmänner abzusichern.
Was ich vor allem brauchte, war ein Komplize: jemand, dem ich vertrauen konnte – der mir sagte, ob meine Zweifel und Verdächtigungen vernünftig klangen – der mir bei der Ausarbeitung

und Durchführung einer Strategie half. Es lag natürlich nahe, mich an Marian zu wenden; und einen irrwitzigen Augenblick lang schoß mir der Gedanke durch den Kopf, ihr tatsächlich alles zu erzählen und mich ganz ihrer Gnade auszuliefern. Doch eine halbe Sekunde Überlegung genügte, um mich von der Unmöglichkeit dieser Idee zu überzeugen. Ich mußte – wie schmerzlich es auch war – akzeptieren, daß unser unbeschwertes Verhältnis für immer zerstört war und daß ich ohne sie handeln mußte – denn die Ereignisse der letzten Tage haben eine Barriere zwischen uns errichtet, die nie mehr überwunden werden kann.
Also wieder Travis? Nein – er würde darin bloß eine weitere Gelegenheit wittern, seine Überlegenheit zu demonstrieren. Und außerdem konnte ich mich nicht darauf verlassen, daß er der Versuchung widerstand, seinen Freunden im Athenaeum alles auszuplaudern.
Ruskin? Einen Moment überlegte ich mir das ernsthaft. Aber es wäre zu demütigend, wenn ich ihm die geringe Meinung, die er von mir hatte, auch noch dadurch bestätigen müßte, daß ich ihn um Hilfe bat. Und würde ein Mann, der stets so unerträglich vage und ausweichend war, überhaupt bereit oder in der Lage sein, mir eine klare Antwort zu geben?
Am Ende kam ich zu dem Schluß, daß mir nur eine Möglichkeit blieb. Nach dem Essen würde ich zu Lady Eastlake gehen.

Trotz der Kälte und den tückischen Schneeresten auf den Wegen ging ich zu Fuß. Die Konventionen der Höflichkeit, die mir immer ganz natürlich gewesen waren, erschienen mir mit einemmal hinderlich und künstlich, so als wäre ich innerhalb von weniger als einer Woche zum Fremden geworden. Ich mußte mich erst wieder in sie hineindenken und mir innerlich aufsagen, was ich vorbringen wollte. Selbst unter den günstigsten Bedingungen – und es waren bei weitem nicht die günstigsten – stand mir eine sehr schwierige Unterredung bevor, die großen Takt, Einfühlungsvermögen und geistige Beweglichkeit erforderte. Irgendwie mußte ich ihr klarmachen, daß hier möglicherweise ein

Komplott im Gange sei, durfte ihr aber weder die Gründe für meinen Verdacht offenbaren noch den vermuteten Anstifter nennen. Ich legte mir einen kleinen Vorrat an Formulierungen zurecht: *delikate Angelegenheit – Sie werden verstehen – muß vertraulich behandelt werden – fühlte mich verpflichtet, Sie in Kenntnis zu setzen.* Sicher würde ihre Antwort genauso unbestimmt ausfallen; doch würde ich aus ihrem Verhalten und ihrem Gesichtsausdruck (reagiert sie verärgert oder abweisend? Errötet oder erbleicht sie?) abschätzen können, ob sie ein Komplott für möglich hielt oder nicht – und wenn, ob sie ihren Mann darin verwickelt sah.

All diese Vorüberlegungen waren umsonst. Lady Eastlake war nicht zu Hause. Ich war die Eingangstreppe schon halb hinabgeschritten, als mir eine Idee kam:

»Stokes«, sagte ich und wandte mich um. »Hat meine Schwester vielleicht letzte Woche ihr Notizbuch hier vergessen? Ein kleines – ungefähr so groß – und in rotes Saffianleder gebunden?«

Er überlegte einen Augenblick. »Ich bin mir nicht sicher, Sir, aber vielleicht habe ich es gesehen. Wenn Sie einen Augenblick warten würden?«

Er war in einer halben Minute zurück.

»Dieses hier, Sir?«

Er hielt Marians Notizbuch in der Hand.

»Vielen Dank, Stokes! Da wird Miss Halcombe aber froh sein. Wo war es denn?«

Für einen Moment vergaß er die Ehrerbietung des Dienstboten. Mit einem Lächeln sagte er:

»Wo das meiste in Lady Eastlakes Boudoir zu finden ist. Unter einem Stapel von Papieren.«

Unter einem Stapel von Papieren.
Den ganzen Weg zur Brompton Grove zurück überlegte ich, was das wohl bedeuten mochte.

Vielleicht war die Erklärung ganz harmlos. Lady Eastlake hatte es im Wohnzimmer gefunden – in ihr Boudoir mitgenommen,

damit es nicht wegkam –, etwas daraufgelegt und es dann vergessen. Schließlich ist es nur ein kleiner Gegenstand, und sie ist eine vielbeschäftigte Frau.
Aber als Marian ihr den Brief schrieb, hätte sie sich doch daran erinnern müssen?
Also noch einmal. Vielleicht hatte es ein Dienstbote gefunden und ins Boudoir gelegt, in der begreiflichen Annahme, es gehöre Lady Eastlake. Dort geriet es in den unordentlichen Haufen auf dem Tisch und verschwand schließlich unter anderen Sachen. Lady Eastlake bemerkte es nicht einmal.
Durchaus eine Möglichkeit.
Aber ebenso möglich war, daß sie wußte, daß es sich dort befand. Warum hatte sie es dann aber Marian nicht zurückgegeben? Und sich vielleicht sogar, wenn auch nicht sehr erfolgreich, bemüht, es zu verstecken?
Ich kam zu keinem Schluß. Als ich zu Hause ankam, klemmte ich einen Stuhl vor die Tür des Ateliers, setzte mich hin und schlug das Notizbuch auf.
Anfangs wurde ich nicht schlau daraus. Es schien nichts zu enthalten als Marians Notizen über Turner – was die Leute ihr gesagt hatten oder Fakten, die sie aus Tagebüchern und Briefen herausgeschrieben hatte. Aber dann, gegen Ende, fand ich eine ausführliche Zusammenfassung ihrer Schlußfolgerungen. Sie hatte so oft neu angesetzt und manches durchgestrichen, daß es kaum lesbar war, aber ich konnte genug entziffern, um das Skelett der Charakterstudie von Turner zu erkennen, die sie mir nach Cumberland geschickt hatte. Acht Worte waren es, die meine Aufmerksamkeit ganz besonders fesselten:
Armer Turner.
Seine arme Mutter.
Gute Mrs. Booth.
Armer Turner. *Gute* Mrs. Booth. Wenn Travis recht hatte, waren das keine Urteile, die bei Sir Charles Begeisterung hervorrufen würden. Zuviel Sympathie. Zuviel Verständnis.
Und dann ein ganzer Schwall von Gedanken, einer ungeheuer-

licher als der andere, die kreischend und übereinander purzelnd in meinen Kopf stürzten wie Ratten, die man aus einem Käfig herausläßt.

Was, wenn Lady Eastlake von dem Komplott wußte, vielleicht sogar dazugehörte?

Was, wenn *sie* die treibende Kraft war? Was, wenn sie, in dem Wissen um die Prinzipientreue ihres Mannes, beschlossen hat, das zu tun, was ihm seine Skrupel nie erlauben würden? Ist sie ihm nicht zutiefst ergeben und wacht eifersüchtig über seine Interessen?

Sie erfährt also von Marians Ansichten (die sie natürlich auch für die meinen hält) und ist aufs höchste beunruhigt. Als ihr der Zufall das Notizbuch in die Hand spielt, entscheidet sie, es zu behalten, um sich ein Bild davon zu machen, wie Marian ihre Thesen begründet, und ihnen so wirksamer begegnen zu können.

Aber vielleicht war sie ja auch entschlossen genug gewesen, nichts dem Zufall zu überlassen. Bislang war ich davon ausgegangen, daß Marians Ridikül nur gestohlen worden war, um einen Köder zu haben, mit dem man mich an einen Ort locken konnte, wo man mich leicht überwältigen konnte. Aber vielleicht hatte das alles noch einem weiteren Zweck gedient. Marian hat mehrfach beteuert, daß sie das Notizbuch nicht zurückgelassen hat; mehr als einmal ist mir der Dieb aus dem Blick geraten, und bei diesen Gelegenheiten hätte er es einem Komplizen zustecken können.

An diesem Punkt ließ das Gekreisch der Ratten einen Augenblick nach. Da gab es einen Widerspruch. Weder Lady Eastlake noch einer ihrer Vertrauten konnte meinen Entführer, seine Frau oder sonst jemand dort gekannt haben; und während man sich leicht vorstellen konnte, daß Sir Charles seinen Einfluß und seine Verbindungen genutzt hatte, um diese Leute ausfindig zu machen und sich ihre Komplizenschaft zu erkaufen, so konnte man sich doch nicht vorstellen, wie es Lady Eastlake gelungen sein sollte, ohne sich dem Risiko auszusetzen, erkannt zu werden. Wem hätte sie vertrauen können, in ihrem Namen zu handeln, wer…?

Da tauchte eine neue Ratte auf:
Was, wenn es Mr. Kingsett war?
Vielleicht waren er und seine Frau an diesem Abend deshalb gekommen; und aus diesem Grund könnte Lady Eastlake auch sein befremdliches Verhalten toleriert haben.
Vielleicht hat er deshalb Marian in dem Augenblick, bevor der Dieb auftauchte, berührt und gesagt *Bitte, Miss Halcombe* – damit der wußte, welches Ridikül er nehmen sollte.
Mir wird schwindlig. Ich hatte gehofft, eine Lösung zu finden. Nun ist meine Verwirrung größer als zuvor.
Davidson hat mir gerade wieder einen Brief von Laura gebracht. Ich habe ihn zu all den anderen gelegt. Ich kann mich dem nicht stellen.
Solche Ablenkungen sind nicht gut für mich. Sie halten mich von meiner Arbeit ab. Ich muß sie aus meinem Kopf verbannen und den Pinsel in die Hand nehmen.

Mittwoch
Vielleicht ist das Ungeheuer das, was ich sehe, wenn ich in den Spiegel schaue.
Letzte Nacht habe ich zwei Stunden lang versucht zu malen, aber ohne Erfolg.
Ich ging zu Bett, konnte aber nicht einschlafen. Ich fühlte mich wie von allen Seiten eingeschlossen. Wehrlos. So, als wären mir aller Wille und alle Energie abhanden gekommen.
Ich dachte: *Du mußt etwas unternehmen, um auf die Beine zu kommen.*
Also kleidete ich mich an und ging hinaus. Ich fühlte mich allein und unbeobachtet, aber angesichts dessen, was folgte, frage ich mich jetzt, ob ich nicht doch beobachtet wurde.
Es ging kein Wind, aber die Kälte schnitt mir den Atem ab. Mantel, Haut und Fleisch durchdrang sie wie nichts und griff meine Knochen an, als läge ich bereits im Grab.
Aber der Tod ist wenigstens eine sichere Sache. Besser, man trägt den Tod in sich als gar nichts.

Zuerst dachte ich an die Marston Rooms. Dort fand ich vielleicht meine nach Moschus duftende Hure und nahm mir, wofür ich bezahlt hatte.

Doch als ich mich den Lichtern und dem Gedränge am Haymarket näherte, wurde ich unsicher. Es war nicht so sehr die Angst, gesehen zu werden, die mich zögern ließ – ich konnte mir nicht vorstellen, daß mich jemand in meinem gegenwärtigen Zustand erkennen würde, und es war mir im Grunde auch egal –, sondern der Widerwille gegen das abscheuliche Spiel der Verstellung und der Höflichkeit. Sie würde nicht einfach sagen: *Fick mich für fünf Kröten*. Am Piccadilly waren noch Formen zu wahren: Schlüpfrige Blicke, Gekicher, schelmische Kommentare, Getränke und Kellner, man tauschte die Namen aus, tat so, als würde man sich füreinander interessieren. Der bloße Gedanke daran erfüllte mich mit Überdruß und beinahe mit Widerwillen.

Ohne lange nachzudenken, wandte ich mich wieder nach Süden und ging dann in östlicher Richtung über den Trafalgar Square. Die breiten Fassaden der Nationalgalerie und der Akademie sahen so düster aus wie Mausoleen und schienen ebensowenig bereit, ihre Geheimnisse zu enthüllen. Im Vorübergehen hob ich Sir Charles zum Gruß den Hut und bog dann in die Duncannon Street ein. Zehn Minuten später war ich in der Maiden Lane.

Sicher konnte ich mir nicht sein, denn die wenigen schwächlichen Gaslaternen durchbrachen kaum die Dunkelheit, aber soweit ich es überblicken konnte, war die Straße menschenleer. Langsam, sehr langsam suchte ich mir meinen Weg über Haufen gefrorenen Unrats und hielt nach links und rechts Ausschau nach einem Lebenszeichen: einer Bewegung, einem Lichtschimmer hinter einem der verschlossenen Fenster.

Nichts. Das Tor zum Hand Court war zu. Der Laden des Pfandleihers geschlossen und dunkel.

Also langsamer. Noch langsamer. Gib dem Schicksal Zeit, es wird dich finden.

Plötzlich war da hinter mir ein Geräusch. Mein Herz schlug so laut, das Blut rauschte mir in den Ohren, daß ich nicht hören

konnte, was es war. Ich wandte mich um, aber es war nichts zu sehen. Wahrscheinlich eine Katze oder eine Ratte, versuchte ich mich zu beruhigen.
Ich setzte meinen Weg fort. Und dann – diesmal ganz deutlich – hörte ich Schritte hinter mir; und als ich mich umwandte, sagte eine junge Stimme, halb flüsternd:
»Suchen Sie etwas?«
Ich bin nicht wirklich sicher, ob es dasselbe Mädchen war, aber ich nehme es an. Sie war nun wie eine Frau gekleidet, und ihre Lippen waren geschminkt; aber ich sah den Glanz in ihren großen braunen Augen, und ihre Wangen waren immer noch so weiß und unbefleckt wie die einer Porzellanpuppe.
»Was suchst du denn, Schätzchen?«
Sie schien mich nicht wiederzuerkennen, aber das ist kein Wunder: Das Licht war schwach, und die verstrichenen Wochen hatten mich nicht weniger verändert als sie. Ich sagte nichts, sondern hielt ihr einfach fünf Shilling hin. Sie mußte näher treten und blinzeln, um die Münzen zu erkennen; aber als sie sah, wieviel es war, lachte sie vor Freude leise auf.
»Gut.« Sie nahm das Geld und ließ es in eine Tasche gleiten. Dann drückte sie sich an mich und schlang die Arme um mich – ungestüm und unerfahren wie ein Kind, das seinem Onkel für ein Geschenk dankt.
»Wie heißt du?«
Sie spürte wohl, wie ich mich verkrampfte und mich ihr zu entziehen versuchte, denn sie sagte:
»Was ist los?«
Ich schüttelte den Kopf. Sie sah mir in die Augen und runzelte ein wenig die Stirn, überlegend, was ich wollte.
»Ist schon in Ordnung«, sagte sie. »Du brauchst nichts zu sagen.« Sie schaute sich um, ob uns niemand beobachtete, hob dann ihren Rock und legte meine Hand auf ihre Scham. Bei der kalten Berührung meiner Finger zuckte sie unwillkürlich zusammen. Dann wandte sie sich ohne ein weiteres Wort um und führte mich ein Stück die Straße hinunter, durch einen Seitenein-

gang des Pfandleihers in einen kleinen Hof und von da in einen dunklen Raum im Erdgeschoß.
Ich konnte nichts sehen; und selbst wenn, ich könnte mich jetzt an nichts mehr erinnern, außer an das babylonische Stimmengewirr in meinem Kopf:
Wie kannst du so etwas tun?
Ist sie nicht auch eine Hure, genau wie die andere?
Sie ist noch ein Kind, und du hast sie dir ausgesucht.
Alles hat seinen Preis.
Warum sollte sie ihn bezahlen?
Sie ist so begierig darauf wie ich. Und nachdem wir schon so weit gekommen sind, würde ich sie nur verunsichern, wenn ich mich jetzt davonmachte. Was macht einmal mehr oder weniger schon einen Unterschied für sie?
Welchen Unterschied macht es für dich?
Ich muß frei werden. Ist es nicht natürlich – nur ein Stück Fleisch in einem anderen? Und außerdem, hat Turner nicht das gleiche getan?
Wirklich?
Ich fürchtete, dieses endlose Hin und Her würde mich so zermürben, so daß ich am Ende noch versagte; und das hätte sehr wohl passieren können, wenn sie nur ein Wort gesprochen oder mich durch die kleinste Geste daran erinnert hätte, daß wir zwei Menschen waren und nicht bloß die unpersönliche, mechanische Verbindung komplementärer Organe.
Aber sie war klug und hatte rasch verstanden, was sie zu tun hatte. Sie stand mit dem Rücken zu mir, beugte sich nach vorn und stützte sich mit den Händen an der Wand ab, fast regungslos, ohne einen Laut oder Seufzer. Als ich fertig war, führte sie mich wortlos zur Tür, schob mich sanft hinaus und schloß sie hinter mir.

Auf dem Heimweg schwiegen die Stimmen. In meinem Kopf herrschte Leere, und ich spürte nicht einmal mehr die Kälte. Selbst der Tod hatte mich verlassen.

Bis ich in die Brompton Grove bog. Einen Augenblick lang witterte ich nur wie ein Tier, daß etwas anders war, daß es etwas Unerwartetes gab. Dann sah ich es: Vor dem Haus stand eine schwarze Kutsche. Ihre Fenster waren verhangen wie bei einer Beerdigung. Auf dem Bock, mit dem Rücken zu mir, kauerte ein Kutscher mit einem hohen Hut, so dicht in Decken eingepackt, daß er unförmig und regungslos wie ein Schneemann aussah. Die Pferde waren im Dämmerschein nicht auszumachen, lediglich ihren dampfenden Atem konnte ich in der stillen Luft sehen.

Ich mußte sogleich an Laura denken – an die Kinder – und an Marian. Meine Treulosigkeit hatte einen von ihnen das Leben gekostet oder sie krank gemacht. Bei diesem entsetzlichen Gedanken blieb ich schlagartig stehen. Ich mußte gegen den Drang ankämpfen, nicht einfach wegzulaufen. Doch dann faßte ich mich. Das war die Stimme der Schwäche und des Aberglaubens. Dr. Hampson wäre mit der Droschke gekommen. Und wenn jemand gestorben wäre, dann wäre ein Telegramm gekommen, aber nicht eine Kutsche mitten in der Nacht.

Ich setzte mich wieder in Bewegung und versuchte mir einzureden, daß der Mann einfach seine Pferde in der Brompton Grove ausruhen ließ und daß es überhaupt nichts mit mir zu tun hatte. Ich glaubte schon fast daran, als ich an der Kutsche vorbeiging. Aber plötzlich flog die Tür auf und versperrte mir den Weg.

»Mr. Hartright?«

Es war eine hohe, gebrechliche Männerstimme, die ich nicht kannte. Ich spähte in die Kutsche, konnte aber nichts sehen.

»Mr. Hartright, bitte, steigen Sie ein. Ich habe Ihnen etwas zu sagen.«

»Können Sie mir das nicht hier draußen erzählen?«

Ein leiser, trockener Laut war zu hören, der ebensogut ein Hüsteln als ein Lachen gewesen sein könnte.

»Die Kälte würde mich umbringen.« Er schwieg, als wäre ihm die Luft ausgegangen und als müsse er erst neuen Atem schöpfen.

»Es wird Ihnen nichts geschehen, ich gebe Ihnen mein Wort. Was

könnte ich Ihnen schon antun, selbst wenn ich wollte? Ein kräftiger Mann wie Sie könnte mich ausblasen wie eine Kerze.«
Ich zögerte, doch nur einen Augenblick. Falls er mich entführen wollte, warum versuchte er es dann nicht einfach mit Gewalt wie jene, die mich überfallen hatten? Und selbst wenn das seine Absicht war, konnte ich dadurch nicht vielleicht etwas von Wert erfahren? Einige Stunden Freiheitsverlust wären ein geringer Preis, wenn es mir helfen könnte, meine Ungewißheit zu beenden.
»Gut«, sagte ich und stieg ein.
Im schwachen Schein des Lichts, das von der Straße hereinfiel, machte ich in einer Ecke ein Bündel aus Decken, Schals und Muffs aus. Ich hätte gar nicht gesehen, daß darunter ein Mann saß, wären nicht die Augen gewesen, die einen Moment lang in dem schmalen Spalt zwischen der Pelzkappe und dem hochgeschlagenen Mantelkragen aufflackerten und sofort wieder erloschen. Sie waren beinahe wie Schatten, unkörperlich, so eingesunken, als wollten sie in den Schädel zurückkriechen; doch vermittelten sie in dem Sekundenbruchteil, in dem sich unsere Blicke trafen, einen Ausdruck unendlicher Trauer.
»Setzen Sie sich, bitte, und schließen Sie die Tür.«
Ich folgte ihm. Nun war es vollkommen finster.
»Danke schön.« Wieder mußte er eine Pause machen. Ich hörte ihn mit mitleiderregendem Pfeifen und Rasseln um Atem ringen. »Mr. Hartright, ich würde gerne mit Ihnen über das Thema Genie sprechen«, fuhr er endlich fort. »Sie arbeiten, soviel ich weiß, an einer Lebensbeschreibung Turners?«
Ich antwortete nicht, sondern wartete lieber ab, wieweit er seine Karten aufdeckte, bevor ich ihn in die meinen blicken ließ.
»Bitte, Mr. Hartright«, keuchte er. »Sie müssen mir ein wenig entgegenkommen. Ich bin ein kranker Mann. Jedes Wort kostet mich ungeheure Kraft. Ich kann es mir nicht leisten, verschwenderisch damit umzugehen.«
»Gut«, antwortete ich.
»Danke schön. Ich hatte die Ehre, ihn zu kennen. Und etwas

zu sehen, das Sie, so glaube ich, von niemandem sonst erfahren können.«
»Warum?« sagte ich. »Wer sind Sie?«
»Nennen Sie mich Simpson. Das wird genügen.«
»Ist das nicht Ihr richtiger Name?«
»Warum sollte ein Name, den ich mir selbst gebe, weniger richtig sein als der, den mir meine Eltern gegeben haben?«
Das ist wahr, dachte ich. *Ist Jenkinson nicht genauso richtig wie Hartright?*
»Jenen mußte ich vor langer Zeit ablegen«, fuhr er fort, »als eine Indiskretion mich zwang, England zu verlassen. Seit dieser Zeit habe ich in Venedig gelebt, und wenn ich einmal hierher zurückkehrte, dann immer unter einem *nom de voyage*.« Er sog die Luft ein, ganz langsam, wie um einen erneuten Hustenanfall zu vermeiden. Als er wieder zu sprechen begann, flüsterte er nur noch.
»Können Sie mich noch hören, Mr. Hartright?«
»Gerade noch.«
»Es ist besser für mich, so zu sprechen, wenn es Ihnen recht ist. Weniger anstrengend. Dann brauche ich nicht so viele Pausen zu machen.«
»Gut.«
»Also«, wisperte er. »Sie werden verstehen, daß ein Mann in meiner Situation immer sehr vorsichtig sein muß. Sich bemüht, alles von seinen Reisegefährten zu erfahren, während er von sich selbst nichts preisgibt. Es könnten Spione sein. Agenten. Hm?«
»Ja.«
»Nun, einmal habe ich die Alpen über den Mont Cenis überquert, und da war ein kleiner Bursche in der Kutsche, der mir sofort verdächtig vorkam. Sagte kein Wort, außer wenn jemand ihn ansprach, und dann war er sehr barsch. Beantwortete nie eine Frage direkt. Hat die meiste Zeit aus dem Fenster gesehen und gezeichnet, als bereite er einen Feldzug vor.«
Er mußte wieder eine Pause einlegen. Ich wunderte mich. Wozu

erzählte er mir das? Glaubte er im Ernst, Geschichten über Turners einzelgängerisches Wesen und sein exzentrisches Verhalten seien mir neu?

»Nun, es hat ein paar Tage gebraucht«, fuhr er fort, »aber ich habe Stück für Stück herausbekommen, wer er war. Die Initialen ›J.M.W.T.‹ auf seinem Koffer. Ein Brief, der in seinem Skizzenbuch steckte. Ein paar Gesprächsfetzen, in die er unvorsichtigerweise einflocht, daß er Lord Egremont und beinahe die ganze Royal Academy kannte.

Wir sind danach noch einige Male zusammen gereist. Ich habe natürlich nie etwas gesagt, und er hat mich nie erkannt – es hätte ihn geärgert, wenn er gewußt hätte, daß ich sein Geheimnis ergründet hatte, während er in meines nicht eindringen konnte.«

»Es ist eigentlich kein Geheimnis«, sagte ich. »Zumindest nicht in seinem Fall.«

Seine Stimme wurde so schwach, daß die Antwort fast nur noch ein gespenstisches Flüstern war:

»Oh, doch! Ein großes Geheimnis, Mr. Hartright. Das Geheimnis des Genies.«

Mir lief ein Schauer über den Rücken, trotz der Kälte.

»Ich habe ihn oft gesehen in Venedig. Manchmal, wenn er sich völlig unbeobachtet glaubte. Und ich kann bezeugen, daß er ein bemerkenswerter Mann war. Man brauchte nur aus dem Fenster zu sehen im Morgengrauen, und da war er und zeichnete. Man nahm sich eine Gondel für die Abendzigarre, und da war er wieder und kritzelte, bis der letzte Strahl der Sonne verschwunden war. Und dann – dann mußte er weg, um sicherzustellen, daß sie am nächsten Tag wieder aufging.«

»*Wieder aufging?*«

Er konnte nicht sofort antworten. Ich ballte die Fäuste, um mich davon abzuhalten, die Worte aus ihm herauszuschütteln. Langsam und mühselig sog er die Luft in seine Lungen.

»Sie wissen, was Sonnenanbeter sind. Ihr Gott muß mit Blut zufriedengestellt werden, andernfalls wird er zornig und kehrt nicht wieder zurück.«

»Blut!«

»Ich meine Mädchen, Mr. Hartright. Das war in weniger traditionellen Kreisen allgemein bekannt. Ich habe selbst beobachtet, wie einmal eines aus dem Kanal gezogen wurde. Man sah die Spuren der Stricke, die man ihr um Hand- und Fußgelenke gebunden hatte, und sie hatte einen Sack über dem Kopf. Sie hatten sie unter Wasser gedrückt, bis sie ertrunken war.«

Einen Augenblick lang konnte ich nicht sprechen. Ich konnte mich nicht rühren. Dann hörte ich mich flüstern:

»Warum erzählen Sie mir das?«

Keine Antwort. Ich wartete. Nach etwa fünfzehn Sekunden spürte ich, wie etwas tastend mein Knie berührte. Ich griff mit der Hand nach unten und spürte seine Finger. Sie waren kalt wie Stein. Als ich sie berührte, bewegten sie sich zitternd auf mein Handgelenk zu.

Ich schreckte zurück, öffnete die Tür und sprang hinaus.

Ich habe das nicht geträumt. Dort, wo die Kutsche stand, liegen Pferdeäpfel.

Kann das wahr sein?
Kann das wirklich wahr sein?

Wer ist Simpson?
Ob Kingsett ihn geschickt hat?

Ob es vielleicht Kingsett selbst gewesen ist?

LXII

BRIEF VON LAURA HARTRIGHT AN WALTER HARTRIGHT, 20. DEZEMBER 185-

Mittwoch

Ich habe letzte Nacht geträumt, Du hättest eine kluge Frau getroffen, die mit Dir von all den Dingen gesprochen hat, über

die ich mit Dir nicht reden kann, und Dich mir weggenommen hat.
Träume haben oft etwas Wahres, meinst Du nicht?

Laura

LXIII
AUS DEM PRIVATEN NOTIZBUCH VON WALTER HARTRIGHT, 21.-22. DEZEMBER 185-

Donnerstag

Schreiben. Ich muß alles aufschreiben.
Dem Chaos eine Ordnung aufzwingen.

Heute habe ich ein Medium aufgesucht.
Als ich dort im Wohnzimmer wartete, konnte ich selbst kaum glauben, daß ich mich an einem solchen Ort befand. Ich schaute aus dem Fenster auf die Menschen, die sich in der Brook Street drängten, und dachte daran, wie einfach ich, selbst in diesem Moment noch, hinauslaufen und mich unter ihnen verlieren könnte.
Aber dann kam das Mädchen wieder. »Mrs. Mast läßt bitten, Sir.«
Sie führte mich in ein kleines Empfangszimmer, das nach hinten hinaus lag. Die Vorhänge waren bereits zugezogen, das Gaslicht brannte. Das Feuer war niedergebrannt, und es lag spürbar Kälte in der Luft.
Zwei Frauen saßen an einem runden Tisch in der Mitte des Zimmers. Eine war dünn und schon älter, hatte ein längliches Gesicht mit einer großen Nase und sah so grau und kantig aus, als wäre sie aus Eisen. Die andere war dicklich und matronenhaft, vielleicht dreißig Jahre jünger, mit rosigen Wangen und hellen Augen.
»Mr. Hartright, Ma'am«, sagte das Mädchen.
»Guten Tag, Mr. Hartright«, sagte die jüngere Frau und streckte

mir ihre Hand mit der Selbstverständlichkeit eines Mannes entgegen. »Ich bin Euphemia Mast.«
»Guten Tag.«
»Meine Mutter.«
»Guten Tag.«
»Sie wird mir assistieren«, sagte Mrs. Mast. »Bitte setzen Sie sich.« Sie klang munter und routiniert und näselte amerikanisch, was sie auch nicht zu unterdrücken versuchte. Als ich meinen Stuhl heranrückte, sage sie:
»Haben Sie schon mal an einer Sitzung teilgenommen, Mr. Hartright?«
»Nicht an einer dieser Art.«
»Und warum, wenn ich fragen darf, sind Sie zu *mir* gekommen?«
»Ich möchte« – war das wirklich ich, der das sagte? – »mit einem Toten sprechen – Kontakt aufnehmen.«
Ich biß mir auf die Zunge. Ich hatte mir fest vorgenommen, nichts über meine Absichten durchblicken zu lassen; denn wenn sie – wie ich immer noch stark annahm – nur eine geschickte Taschenspielerin war, die sich an der Leichtgläubigkeit ihrer Mitmenschen bereicherte, dann konnte sie vielleicht einen überzeugenden »Geist« allein aus dem konstruieren, was ich unvorsichtig über ihn preisgab. Aber dann beruhigte ich mich mit dem Gedanken, daß ihr selbst bei dem geschicktesten Betrug das Geschlecht allein doch nur einen kleinen Vorteil verschaffen konnte.
»Wir sagen nicht, daß sie ›tot‹ sind, sondern daß sie ›hinübergegangen‹ sind«, erklärte sie mit der Selbstverständlichkeit eines Ingenieurs, der darauf hinweist, daß es nicht »Stange«, sondern »Pleuel« heißt. »Ist es jemand, um den sie trauern?«
»In gewisser Weise.«
»Nun, ich werde sehen, was ich tun kann, Mr. Hartright, aber ich hoffe, Sie verstehen, ich kann Ihnen nichts garantieren. Ich bin nur das Medium. Manchen Geistern ist es nicht möglich, von der anderen Seite zu kommunizieren. Andere wollen nicht.« Sie

wurde auf einmal ganz ernst und feierlich. »Es ist sehr wichtig, daß Sie sich das klarmachen, bevor wir anfangen.«
Ich nickte.
»Sie sind ein sehr vernünftiger Mensch, Mr. Hartright« –von der Art, wie sie das sagte, hätte man meinen können, es sei so offensichtlich und unbestreitbar wie die Farbe meiner Augen –, »und vernünftige Menschen erschrecken manchmal über das, was geschieht, wenn ich in Trance verfalle. Also lassen Sie mich erklären. Mein physischer Körper bleibt hier, aber jemand anderes wird ihn kontrollieren. Höchstwahrscheinlich wird es einer meiner Führer von der Anderen Seite sein – Fliehender Hirsch oder Mops. Reden Sie einfach mit ihnen wie mit Freunden. Es wird Ihnen seltsam vorkommen, aber für sie ist das ganz selbstverständlich, das versichere ich Ihnen. Und was mich betrifft: Was immer Sie sehen oder hören, ich werde davon nichts mitbekommen – also denken Sie nicht, etwas sei nicht in Ordnung oder ich bräuchte Hilfe. Lassen Sie die Dinge einfach geschehen, ich werde im richtigen Augenblick zurückkehren.«
Sie wartete auf meine Antwort. Ich zögerte; und dann, weil mein Hiersein keinen Sinn hatte, wenn ich nicht wenigstens so tat, als würde ich an die Wirklichkeit der Geisterwelt glauben, nickte ich.
»Schön. Haben Sie etwas mitgebracht, das ihm gehörte oder das auf irgendeine Weise eine Verbindung zu ihm hat? Das kann manchmal hilfreich sein.«
Ich wußte, daß üblicherweise danach gefragt wird, und hatte mir vorsorglich den alten Pinsel eingesteckt, den Gudgeon mir geschenkt hatte. Aber nun zögerte ich doch. Es war ein Hinweis – ein ziemlich deutlicher Hinweis sogar. Sollte ich es wagen, soviel preiszugeben?
Sie bemerkte mein Zögern und sagte: »Bitte, geben Sie es mir.«
Ich händigte ihr den Pinsel aus, wobei ich mir schwor, nun nichts mehr zu verraten.
»Danke schön.«
Sie hielt ihn in beiden Händen und ließ sanft die Finger über den

Stiel gleiten. Nach wenigen Minuten schloß sie die Augen, als wolle sie sich besser konzentrieren. Die ältere Frau beobachtete sie dabei genau und warf ab und zu einen warnenden Blick in meine Richtung, der wohl bedeutete: *Sagen Sie nichts*. Eine Minute oder etwas länger, und Mrs. Mast sackte in sich zusammen und nickte ein, als befände sie sich auf einer langen Zugfahrt. Das schien ein Zeichen für ihre Mutter, die sich erhob und so leise, daß ich sie kaum hören konnte, durch das Zimmer ging, um die Lampen abzudrehen. Dann setzte sie sich wieder neben ihre Tochter. Das einzige Licht kam nun von den verglimmenden Kohlen im Kamin. Von meinem Platz aus waren die beiden Frauen nur noch undeutlich als Silhouette wahrzunehmen.
Beinahe im selben Augenblick fing Mrs. Mast an zu stammeln. Anfangs kam es wie ein Schwall, sie stöhnte und lallte Worte ohne Sinn, als redete sie im Schlaf; aber dann begann sie heftig zu zucken, und ich hörte Gesprächsfetzen, zwei weibliche Stimmen, die, obwohl sie eindeutig aus dem Mund von Mrs. Mast kamen, überhaupt nicht wie sie klangen.
Du...
Ich...
Der Türke...
Ich helfe...
Nicht sie...
Und dann fiel plötzlich Mrs. Masts Kopf an die Schulter ihrer Mutter. Und eine der Stimmen, nun ganz deutlich, sprach:
»So. Weg ist sie. Hat sowieso nicht gewußt, was du willst. Ich weiß es.«
Es hörte sich an wie ein Mädchen, elf oder zwölf Jahre vielleicht. Kein amerikanischer Akzent. Irgendwo aus dem Norden, dachte ich – Yorkshire oder Lancashire vielleicht –, obwohl manche Worte eine kehlige Undeutlichkeit hatten, die leicht ausländisch klang. Das machte einen so befremdlichen Eindruck, daß mich ein Schauder erfaßte.
»Fangen Sie an«, flüsterte die Alte. »Fragen Sie sie etwas.«

Warum konnte ich nicht sprechen? Wovor hatte ich Angst?
»Los«, zischte sie.
»Wer bist du?« fragte ich.
»Mops«, antwortete die Stimme.
»Und warum sprichst du zu mir?«
»Ich geh. Für sie.«
»Wer ist *sie*?«
»Weißt du doch. Mrs. ... Wie heißt sie noch? Mast. Ich geh und hol sie her für sie. Sie glaubt, 's ist sie oder eine der anderen, aber ich bins nur, immer nur ich.«
»Die Geister holen, meinst du?«
»Ja doch.« Sie klang überrascht, als wundere sie sich, das erklären zu müssen.
Wo hatte ich zuletzt jemanden so sprechen hören?
»Warum bist du dort?«
»Hier, auf dieser Seite?«
»Ja.«
»Na weil ich ertrunken bin.«
Ertrunken.
Da wußte ich es. Die komische Alte in Otley, die mir von der Freundin aus ihrer Kindheit erzählt hatte.
Kalter Schweiß lief mir über den Rücken. Ich sagte:
»Was ist mit dir passiert? Hat dich jemand ...?«
»Ertrunken.« Sie klang ungeduldig, als ob ihr das Thema unangenehm wäre. »Bin ertrunken.«
»Ist Mops dein richtiger Name?« Ich wußte nicht mehr, wie die Freundin geheißen hatte, hoffte aber, mich an den Namen erinnern zu können, wenn ich ihn hörte.
»Mops. Mobs. *Meg.*«
Meg. Da fiel es mir wieder ein: Der Name der Freundin war *Mary* gewesen. Nahe dran – so nah, daß man kaum an Zufall glauben mochte –, aber eben doch nicht derselbe.
»Meg?« fragte ich, um sicherzugehen, daß ich mich verhört nicht hatte.
»Ich bin ein braves Mädchen, wirklich«, sagte sie, als ob sie mich

nicht verstanden hätte. »Ich kann dir helfen. Ich weiß, was du willst.«
Es war zum Verrücktwerden, aber es hatte keinen Sinn weiterzubohren. Ich knirschte mit den Zähnen. »Was will ich denn?«
»Du willst ihn.«
Das klang nach einem Trick, um mich weiter aus der Reserve zu locken, also sagte ich nichts, sondern wartete, daß sie fortfuhr.
»Ich sehe ... Leinwand«, sagte sie schließlich unsicher. »Ich sehe Farbe ...«
Wie jeder, dachte ich, der vorher einen Pinsel gesehen hat.
»Ich seh einen Namen ... den Anfang eines Namens ... ein ›T‹, glaube ich.«
Ich fuhr auf; doch dann sagte ich mir, das sei kein solches Wunder – »T« ist ein so häufiger Buchstabe, und man hat immer eine große Chance, daß zumindest ein Teil eines englischen Namens damit beginnt.
»Hab ich recht?«
»Vielleicht«, sagte ich.
»Oder ist es ... ist es ... ›J‹? Ja, das ist es! ›J‹. Und dann ein ›O‹. Nein, ›E‹.«
Wieder fuhr ich zusammen; und diesmal platzte ich wider Willen heraus: »Jenkinson!«
»Ja«, sagte sie (doch was das war, »sie«, das konnte ich immer noch nicht sagen), »›Jen‹ oder so, gut. Oh, halt mal.«
»Was ist los?«
»Pst!« Stille; dann, verwirrt: »Bist du du oder er?«
»Wie?«
»Dieser ›Jen‹? Dein Name oder seiner?«
Ich brachte kein Wort heraus. Nach einer Weile sagte sie: »Bin verwirrt.«
Und dann schien es mir wieder, als würde sie sich irgendwo in der Ferne mit jemand anderem unterhalten. Aber diesmal war die andere Stimme die eines Mannes, barsch und kurz angebunden.
Es war verrückt, aber so stellte ich mir Turners Stimme vor.

Ich zwang mich, nicht darüber nachzudenken, wo ich mich befand oder was ich tat; nur zu lauschen und mir möglichst einzuprägen, was sie sagten, wie ein Wissenschaftler oder ein Reporter, ganz neutral. Aber so sehr ich mich auch bemühte, ich erfaßte nur Bruchstücke:
Verschwindet
Geschmack
Warum nicht?
Verstehen
»O«?
Windsor
Widerrechtlich
Laut (erlaubt?)
Einen Moment lang war nichts zu hören. Dann wieder die Stimme des Mädchens:
»Du bist nicht gerufen worden.«
Ich konnte sie nun wieder deutlich verstehen, doch der ungehaltene Ton in ihrer Stimme ließ darauf schließen, daß sie immer noch mit jemand anderem sprach.
»Frag ihn«, sagte ich. »Frag ihn...«
»Was?« meinte sie gereizt.
»Frag ihn nach seinem Beruf.«
Pause. Dann:
»M...M...Mal...«
Maler. Doch das hatte ihr wohl wieder der Pinsel gesagt.
»Welches Medium?«
»Mrs. Mrs. Wieheißtsie...«
Ich schüttelte ärgerlich den Kopf. »Was für eine Farbe?«
»Ö...Öl.«
»Und sonst?«
Schweigen.
»Frag ihn nach dem Namen eines seiner Bilder.«
»Meer...Meer...«
»Mehr was?«
»Nein! Meer!«

»Ach so, Meer! Wellen meinst du? Wasser?«
»Ja ... Ja ... Wa ... Wa'er ... Wa'erfarbe.«
Ich sah ein, daß ich die Sache anders angehen mußte, wollte ich nicht den Verstand verlieren. Ich sagte:
»Lu.«
Sie schien darauf zu warten, wie es weiterging. Als ich schwieg, fragte sie:
»Was meinst du?«
»Kannte er eine Frau mit Namen Lu?«
»Hm.« In ihrer Stimme lag Verwunderung, als suche sie den Sinn von etwas zu erraten – ein Ausdruck, der in seltsamem Widerspruch zu der friedlichen Leere von Mrs. Masts Gesicht stand.
»Am Fluß?«
»Ja.«
Dann ein Gemurmel, das ich nicht verstehen konnte, und dann kicherte sie.
»Was ist los?«
»Er sagt *Wa'erloo*.«
Sie lachte wieder. Ich brauchte einen Moment, bevor ich verstand, wieso. Dann ergriff es mich wie ein Krampf – halb Angst, halb Begeisterung: Klang diese Antwort nicht unzweifelhaft nach Turner? Es konnte natürlich auch nur ein Zufall sein; möglicherweise war Mrs. Mast eine außerordentlich talentierte Schwindlerin, die erraten hatte, mit wem ich Kontakt aufnehmen wollte, und die genügend Kenntnisse besaß, um ihren »Geist« ein Wortspiel aus napoleonischer Zeit vorbringen zu lassen und sich wiederholt auf Wasser zu beziehen – doch in diesem Augenblick glaubte ich, daß ich vielleicht wirklich mit ihm kommunizierte.
Dieser Gedanke – diese Hoffnung – ließen mich leichtsinnig werden.
»Ist es wahr – ist es wahr«, sagte ich, einen Moment lang völlig Mrs. Mast und ihre Mutter vergessend, »daß er sie gefesselt und ihr eine Kapuze über den Kopf gestülpt hat?«
Stille.

»Was sagt er?«

»Er sagt nichts.«

Ich wollte betteln, ich wollte um meinen gesunden Menschenverstand flehen. Es kostete mich eine erhebliche Willensanstrengung, es nicht zu tun.

»Vielleicht was zu Sandycombe Lodge?« fragte ich. »Warum hat er das Untergeschoß in dieser Weise gestaltet?«

Schweigen. Ich hole tief Luft.

»Also gut«, sagte ich. »Eine Frage. Nur eine Frage. Was weiß er über einen Mann namens Simpson?«

Keine Antwort. Ich wartete, entschlossen, nichts mehr zu sagen. Unterdessen kam mir ein Bild in den Sinn, so plötzlich und mit solcher Macht, als hielte es mir jemand direkt vor Augen.

Ein Bild von Turner. *Ulysses verspottet Polyphem.*

Doch ich sah nicht bloß die Szene, ich war ein Teil von ihr. Alles drehte sich um mich – die höhnischen Gestalten auf dem Schiff, die Pferde, die die Sonne in den Himmel ziehen, der Riese, der sich im Schmerz die Hand vor sein geblendetes Auge hält.

»Sind Sie da?« flüsterte ich.

Immer noch nichts. Nichts als Stille, die mit jeder Sekunde tiefer und endgültiger zu werden schien.

Ich erinnerte mich daran, daß Mrs. Mast mir zu Beginn eingeschärft hatte, mich nicht zu bewegen oder irgendwie einzugreifen. Aber wie die Minuten verstrichen, fragte ich mich doch, ob alles in Ordnung sei. Und als schließlich die Alte, die bislang ruhig und reglos dagesessen hatte, auf ihrem Stuhl herumrutschte (so schien es zumindest in der Dunkelheit) und ihrer Tochter ins Gesicht sah, war ich überzeugt, daß etwas schiefgegangen sein mußte.

Und da geschah es, ohne Vorwarnung. Weniger als einen halben Meter vor mir konnte ich wieder die Stimme des Mannes hören. Diesmal war es nicht mehr als ein Flüstern, nur vier Worte – aber sie waren unmißverständlich:

»*Laß mich in Ruhe.*«

Ich brachte die Kraft auf, ruhig sitzen zu bleiben, während Mrs. Mast, wie zuvor unter Stöhnen und Stammeln, wieder zu Bewußtsein kam. Ihre Mutter zündete die Lampen an, und die Welt nahm wieder ihre vertrauten Formen und Farben an. Ich schaffte es auch, ihr eine freundliche Antwort zu geben, als sie mich fragte, ob die Séance nützlich gewesen sei. Ich bot ihr Geld an, und als sie mir sagte, sie verlange keine Bezahlung, akzeptiere aber einen Obulus von jenen, denen sie geholfen habe, um ihre Arbeit fortzusetzen und den Trauernden Trost zu spenden, fand ich auch zwei Guineen.
Aber kaum war ich draußen, begann ich zu weinen – ich schluchzte und bebte und zitterte, so daß mir die Passanten seltsame Blicke zuwarfen und mir auswichen.
Ich habe allen Stolz verloren. Morgen werde ich zu Ruskin gehen.

Freitag
Aufschreiben.
Einfach alles aufschreiben.

Ich nehme eine Droschke nach Denmark Hill. »Der junge Mr. Ruskin ist nicht zu Hause. Sie finden ihn bei der Arbeit in der National Gallery.«
Also wieder eine Droschke, zum Trafalgar Square. Ein halbtauber Beamter, der erst so tut, als verstehe er mich nicht. Dann sieht er die Entschlossenheit in meinen Augen und führt mich ins Untergeschoß.
Dort ist es dunkel und feucht und eng. An den Wänden türmen sich die Kisten, immer zwei oder drei übereinander. Im schwachen Schein zweier Gaslampen bemerke ich, daß der Putz dahinter schimmelig und voller feuchter Flecken ist.
Ruskin sitzt an einem Tisch und arbeitet im Schein einer einzigen Öllampe. Vor ihm liegen Stapel von Skizzenbüchern, Hunderte – voller Stockflecken, zerfetzt, löcherig, von Nässe und Mäusen zerfressen. Soeben bindet er eines davon auf. Unserem Eintreten schenkt er keinerlei Beachtung.

»Mr. Hartright«, grummelt der Beamte.
Ruskin hebt den Kopf. Seine blauen Augen strahlen wie immer, aber er sieht blaß und müde aus. Er starrt mir einen Augenblick ins Gesicht – erkennt mich nicht – und sieht dann den Beamten an, als bitte er um eine Erklärung.
Doch der geht schon wieder. Schließt die Tür.
»Die Lebensbeschreibung von Turner«, sage ich. »Wir haben schon einmal darüber gesprochen, vor einigen Monaten.«
»Ach ja, ja, natürlich.« Er erhebt sich halb, beugt sich über den Tisch, berührt meine Hand. »Guten Tag.«
Ich sage nichts, und er drängt mich nicht. Er fällt zurück auf seinen Stuhl, seine Augen sind schon wieder bei der Arbeit.
»Sie sagten damals, ich könne wiederkommen, wenn ich weitergekommen wäre.«
Er nickt, ohne mich anzusehen. Er löst eine Seite aus dem aufgeschlagenen Skizzenbuch, pustet sorgfältig den Staub weg und legt sie auf ein sauberes Schreibpapier. Ich kann nichts erkennen außer einem Kreis in leuchtendem Orange, der sich in Dunkelheit verliert, aber das genügt, um mir einen Stich zu versetzen. Um mich zu beschämen.
»Warum sind sie nicht zu Hause und bereiten das Weihnachtsfest vor wie alle anderen?« sagt er, nimmt das nächste Blatt zur Hand und betrachtet es.
Ich bringe nicht die Energie auf, ihm die Frage zurückzugeben.
»Ich bin verzweifelt.«
Er seufzt. »Ich kann nicht behaupten, daß mich das sonderlich überrascht.«
»Nein. Sie haben mich gewarnt.«
»Habe ich das?«
Es stehen zwei weitere Stühle da. Ich umklammere die Lehne des einen, in der Hoffnung, er werde mich auffordern, Platz zu nehmen.
»Manchmal«, sage ich, »machen wir uns vor, wir seien einer großen Aufgabe gewachsen, die in Wahrheit über unsere Kräfte geht.«

»Soll ich das gesagt haben? Meine Güte.« Er wedelt mit der Hand über den vollbeladenen Tisch und verzieht seinen unschönen Mund zu einem Lächeln. »Wenn Heuchelei eine Todsünde wäre, stünde es schlecht um mich.«
»Es ging tatsächlich über meine Kräfte. Ich brauche Ihre Hilfe.«
Da endlich sieht er mich an. »Ein trauriger Zustand für einen Menschen«, sagt er langsam. »Tut mir wirklich leid für Sie.«
»Was ist die Wahrheit über Turner?«
»Oh, die Wahrheit!« Er schüttelt traurig den Kopf. »Wie wollen Sie die Wahrheit über einen Mann herausfinden, der das Buchstäbliche vermied und nur in Rätseln sprach? Das kann Sie am Ende nur in den Wahnsinn treiben.«
»Ich fürchte, das ist schon geschehen.«
Er sieht mir tief in die Augen und nickt. »Die Wahrheit über Turner«, sagt er, »ist nie auf direktem Wege zu bekommen. Nur über viele Ecken. Seine Bilder liefern natürlich Hinweise, aber man kann sie nie voll und ganz begreifen. Man kann sie nicht einfach in ihre Bestandteile zerlegen oder auf einfache Aussagen zurückführen. Immer gibt es etwas, das darüber hinausgeht und das sich unserem Versuch widersetzt, es in Worte zu fassen.«
Ich fühle mich einer Ohnmacht nahe. Ich sinke auf den Stuhl. Er scheint es nicht zu bemerken.
»Vielleicht ließe sich das gleiche von uns allen sagen. Ich jedenfalls hoffe, man könnte es von mir sagen. Aber die meisten von uns könnte man in einer Art Wandteppich darstellen, dessen Hauptelemente – Ehrlichkeit, Verlogenheit, Klugheit, Dummheit – deutlich sichtbar wären. Bei Turner dagegen ist das Gewebe verfilzt und gefältelt und in sich gewunden. Folgt man einem einzelnen Faden, dann weiß man nie, ob er Teil des Bildes ist, bloß einer Laune des Webers entsprungen ist oder gar eine falsche Spur legen soll, die absichtlich hineingewebt wurde, um uns zu verwirren und in die Irre zu führen.« Er schweigt. Betrachtet seine Finger. Pustet sie sorgfältig vom Kalkstaub frei.
»Sie sind, nehme ich an, mit den *Fallstricken der Hoffnung* vertraut?«

Ein seltsamer Ausdruck, aber nur zu verständlich. »Wenn ich es bislang nicht war, so haben es mich die letzten fünf Monate gelehrt.«

Er kann ein Lächeln nicht unterdrücken. »Ich bezog mich nicht auf Ihre eigenen Erfahrungen, Mr. Hartright, sondern auf Turners lyrisches *magnum opus*.«

»*Die Fallstricke der Hoffnung*?«

Er nickte. »Haben Sie noch nie davon gehört?«

»Nein.«

Er hebt eine seiner buschigen Augenbrauen. Nun bin ich noch weiter in seiner Achtung gesunken, falls das überhaupt möglich ist. Er schließt die Augen, konzentriert sich und deklamiert:

Verrat, List und Betrug – Macht der Salassier,
Setzt' der schon matten Nachhut zu! Dann faßt' der Raub
Die Sieger und Gefang'nen – Saguntums Plünderung
Ward gleichfalls ihre Beute...

»So fängt es an. Die Verse zu *Hannibal überquert die Alpen* aus dem Jahre 1812. Er hatte bereits zuvor Verse als Bildtexte benutzt, aber sie stammten immer von anderen Dichtern, wenn auch manchmal zurechtgestutzt oder falsch zitiert. Die Zuschreibung hier lautete: M.S.P. *Die Fallstricke der Hoffnung*. Das tauchte in der Folge immer wieder mit seinen Bildern auf, jedes Mal mit anderen Versen. Und was denken alle?«

Das liegt zu weit ab von meinen Gedanken, als daß ich sogleich darauf kommen könnte.

Er hilft mir: »Was kann man daraus schließen?«

»Daß... daß... er schreibt an einem Versepos – oder hat eines geschrieben. Ein unveröffentlichtes Versepos. Aus dem er geeignete Passagen als Bildunterschriften zitiert.«

»Genau. Und er muß gewußt haben, daß es diesen Eindruck hervorrief. Aber es war nicht wahr.«

»Gab es denn keins?«

»Kein zusammenhängendes. Er fügte bloß Verszeilen aneinander oder machte Anleihen bei anderen Dichtern, wenn es ihm paßte. Er legte eine falsche Spur, verstehen Sie?« Er hebt einen

Finger und zeichnet den Verlauf dieser Spur auf den unsichtbaren Wandteppich. »Ein Farbtupfer hier – ein Farbtupfer dort –, man denkt, sie gehören zum selben durchlaufenden Faden, aber dem ist nicht so. Alles nur Illusion.«
Ich bringe kaum die Kraft für die Frage auf:
»Können wir uns denn auf gar nichts verlassen?«
Er hebt die Schultern und sieht mich neugierig an, so als ob er mich zum ersten Mal sähe. Schließlich sagt er:
»Was ist Ihr Problem, Mr. Hartright?«
Und ich erzähle es ihm. Ich erzähle ihm von Farrant und Hargreaves – von dem Abend am Fitzroy Square und meiner anschließenden Entführung – von Lucy, der Kapuze und den Fesseln. Ich erzähle ihm von Travis, von Marians Notizbuch und meinem wachsenden Verdacht gegen die Eastlakes (bei deren Erwähnung er ein frostiges Lächeln nicht unterdrücken kann). Und von meiner Begegnung mit Simpson, von meinen Zweifeln, ob es ein Traum war oder nicht, und von der Séance bei Mrs. Mast. Ich sage ihm, daß ich nicht wisse, was ich glauben solle.
Aber ich sage ihm nicht, daß ich bei zwei Huren gewesen bin und geglaubt habe, das mache mich zum Genie.
Er scheint nicht im geringsten überrascht. Er nickt und blickt mich dann schweigend an.
Und ich fühle nur noch die Erleichterung, so viel gesagt zu haben, ohne daß er mich schmähte, mich zurückwies oder mich auslachte. Und die unerträgliche Last dessen, was ich nicht gesagt habe und das mir auf der Seele brennt wie glühende Kohle.
O Gott, wenn ich doch auch das loswerden könnte! Alles gesagt zu haben – auch das von mir enthüllt zu haben, was so dunkel und schrecklich ist, daß nicht einmal ich seine Existenz geahnt habe, und mich endlich wieder akzeptiert zu fühlen –, das wäre die Erlösung. Die einzige, die ich mir im Moment vorstellen kann.
Aber es ist unmöglich. Selbst jetzt, wo ich diese Worte schreibe, weiß ich
O Gott

Schreiben. Schreiben. Festhalten.
Schließlich steht er auf. Er sucht die Kisten ab, findet die, nach der er Ausschau hält, und zieht sie vorsichtig heraus. Er trägt sie zum Tisch, holt einen Schlüssel aus der Tasche und schließt sie auf.
»Er war zweifellos ein Mann, dem tiefe, befremdliche Irrtümer und Fehler zu eigen waren«, sagt er. »Und ich fühle mich zunehmend hilflos, wenn ich sie erklären soll. Außer daß sie alle ihre Ursache in seinem Unglauben und in seiner Verzweiflung hatten. Denn wir leben im Jahrhundert der Verzweiflung; sie hat die großen Geister nicht weniger verdorben als die niedrigsten.«
Er öffnet die Kiste, entnimmt ihr ein weiteres Skizzenbuch und schlägt die letzten Seiten auf. Eine Zeichnung nach der anderen, nichts als Männer und Frauen beim Liebesakt. Nichts ist ganz ausgeführt – hier ein Hintern, da ein erhobenes Bein, eine Hand, die sich in eine nackte Schulter krallt –, und die Gesichter kann man gar nicht erkennen; aber es ist kein Zweifel, was hier dargestellt ist. Es sind keine Bilder von Menschen – nicht einmal von Körpern –, sie stellen nichts als den Geschlechtsakt dar.
»Ja«, sage ich. »Abscheulich. Aber gibt es Beweise dafür, daß er – daß er in der Lage gewesen war zu ... zu ...?«
»Ich bin Kunstkritiker, Mr. Hartright, kein Detektiv. Alles was ich Ihnen sagen kann ist, ich wiederhole mich, daß sich eine dunkle Spur durch Turners Kunst zieht, und sie hat die Düsternis des Todes. Und eine weitere zieht sich durch sein Leben, und die hat die Düsternis Englands.« Er schweigt und schüttelt traurig den Kopf. »Was er für uns getan hätte, wenn er Hilfe und Liebe erfahren hätte, das kann ich mir kaum vorstellen. Aber wir haben ihn verschmäht. Sechsundsiebzig zermürbende Jahre lang haben wir seinen Geist gequält, so wie wir den Geist unserer fähigsten Kinder quälen. Und wir quälen ihn immer noch, jetzt, da er tot ist.«
»Sie meinen das Testament?«
»Ach ja, das Testament. Wir sagen, es sei das Testament, weil es in einem Testament um Geld und das Gesetz geht, das sind Dinge, die wir verstehen können. Sie sind alles, was wir verstehen können. Aber Turner hat in diesem blinden, gequälten Land

etwas Tieferes aufgewühlt – etwas, das wir mit unserem stumpfen sogenannten gesunden Menschenverstand kaum erfassen können. Turner hat unser Ende vorausgesehen, dem sich nur wenige von uns stellen können. Noch schlimmer, er wagte es, das Licht zu lieben – etwas, das keinen Preis hat, was in dem düsteren kleinen Kontor unseres Geistes völlig unbekannt ist und darin auch keinen Platz hat. Und dafür haben wir ihn bestraft. Wessen er sich auch immer schuldig gemacht hat, wir haben ihn dazu getrieben.«
Ich ringe nach Atem. Ich kann nur flüstern:
»*Aber was glauben Sie?*«
»Im einen Augenblick dies, im nächsten das, wie die meisten Menschen. Nur daß ich es akzeptiere, so gut ich eben kann. Sich selbst zu widersprechen bedeutet nicht mehr, als die Komplexität des Lebens anzuerkennen.« Wieder erhebt er sich. »Ich zeige Ihnen etwas.«
Er nimmt die Lampe und führt mich durchs Treppenhaus in einen Raum auf der anderen Seite. Es ist absolut finster, abgesehen von dem sanften Schein der Öllampe. An der Wand lehnt ein Stapel ungerahmter Ölbilder, fünf oder sechs an der Zahl.
»Seine letzten Werke«, sagt Ruskin mit gedämpfter Stimme, als wären wir in eine Kirche eingetreten. »Die letzten Werke unseres größten Genies. Schauen Sie nur, wie wir sie behandeln.« Er fährt mit dem Finger über eines der Bilder und hält ihn mir hin. Er glänzt vor Feuchtigkeit. »Sehen Sie, was sie uns über uns selbst erzählen.«
Er reicht mir die Lampe und zieht ein Bild nach dem anderen hervor, damit ich sie betrachten kann.
~~Nie habe ich so etwas gesehen~~
Schreiben
Nichts. Wirbelndes Nichts. Geschmiere
Strudel. Sie ziehen einen ins Nichts.
Strudel
Nichts
Strudel

LXIV

AUS DEM TAGEBUCH VON MARIAN HALCOMBE, 23.-26. DEZEMBER, 185-

Samstag

Ich werde mich nicht umbringen.
Aber ich weiß jetzt, warum Menschen so etwas tun.
Kein Vernunftgrund ist es, der mich davon abhält.

Heute sollten wir nach Cumberland fahren, um dort mit Laura und der Familie Weihnachten zu verbringen.
Statt dessen

Mitten in der Nacht wachte ich auf, weil meine Tür aufging. Das Feuer im Kamin verbreitete nur noch schwaches Licht. Die Gestalt eines Mannes ging daran vorbei, blieb dann stehen und sah mich an. Es war nur eine dunkle Silhouette, aber ich erkannte ihn sofort – doch ihn an diesem Ort um diese Zeit zu sehen, das war so befremdlich, wie in den Spiegel zu schauen und dort auf ein anderes Gesicht als das eigene zu treffen.
»Walter?« fragte ich.
Er antwortete nicht. Ich dachte, ich träume vielleicht, und griff nach der Streichholzschachtel, um die Lampe anzuzünden. Rasch trat er auf mich zu und legte seine Hand auf meine.
»Nein.«
»Warum?« sagte ich. »Walter, was machst du hier?«
Statt zu antworten, setzte er sich aufs Bett. Er schaute mich nicht an. Nach einer Weile sanken seine Schultern zusammen, er ließ den Kopf hängen und begann zu schluchzen.
»Was ist los?«
Er versuchte zu sprechen, aber er konnte nicht. Ich strich ihm über den Rücken.
»Sag's mir!«
Nach vielleicht einer halben Minute sagte er:
»Alles umsonst.«

»Was?«
»Das Leben.«
»Dein Leben? Oder mein Leben?«
»Je-«, begann er, schnappte nach Luft und brach ab.
»Jetzt aber! So bekommst du nur Schluckauf«, sagte ich in dem liebevollen Tonfall, den ich bei Walter selbst gehört habe, wenn er die Tränen seiner Kinder zum Versiegen bringen wollte. Aber anstatt sich zu beruhigen, fing er erneut zu schluchzen an.
»Es ist nicht umsonst«, sagte ich, rasch die Taktik wechselnd, »ganz bestimmt nicht!« – aber da ich keine Vorstellung davon hatte, was »es« war, kam ich mir so unbeholfen vor wie ein Arzt, der versucht, eine Wunde zu behandeln, die er nicht sehen kann.
Zuerst antwortete Walter nicht; doch dann drehte er sich plötzlich um und legte den Kopf an meine Brust.
Wie ein Kind bei seiner Mutter. Ein Mann bei seiner Frau.
Und wie eine Frau und Mutter tröstete ich ihn. Ohne zu überlegen. Ich drückte seinen Kopf an meine Wange. Ich spielte mit seinem Haar. Ich flüsterte: »Pscht. Ist ja schon gut. Ist ja schon gut.«
Er beruhigte sich. Ich dachte, er wäre vielleicht eingeschlafen; doch dann spürte ich, daß sich seine Arme fester um mich geschlossen hatten und daß er mich zu liebkosen anfing, wie ich nie zuvor liebkost worden bin.
Mein Gott, was habe ich mir nur dabei gedacht? Daß er unfähig sei, mir etwas zuleide zu tun? Daß es normal sei, wenn ein Bruder seine Schwester auf diese Weise berühre?
Die Wahrheit ist, daß ich gar nichts dachte. Ich gehorchte lediglich einem Antrieb aus meinem Inneren, der dort mein ganzes Leben lang geschlummert haben mußte und der nun erwachte und mir sagte, was ich tun sollte. Auch ich liebkoste ihn, wie ich zuvor noch niemanden liebkost habe. Es hatte keinen Anfang, und ich hatte keine klare Vorstellung, wie es enden sollte. Wir waren wie losgelöst – als ob jemand uns aus dieser Welt herausgehoben und uns an einen merkwürdigen Ort gebracht hätte, wo das Tun ohne Folgen war.

Bis Walter an meinen Decken zu zerren begann.
»Nein«, flüsterte ich.
Aber er hörte nicht auf.
»Nein!« sagte ich lauter und versuchte ihn wegzustoßen.
Er war zu stark für mich. Schon waren die Decken fort, und er riß an meinem Nachthemd.
»Walt-!« setzte ich an; aber er zog mir das Nachthemd über Mund und Augen und zwang mir das Wort zwischen die Lippen zurück, wo er es festhielt.
»Liebst du mich denn nicht?« flüsterte er.
Ich hörte seine Stiefel auf den Boden poltern; und dann kämpfte er damit, sich seiner eigenen Kleider zu entledigen. Aber da er nur eine Hand frei hatte, war er langsam und ungeschickt, und schließlich vergaß er sich in seiner Raserei für einen Augenblick und gab mein Gesicht frei.
All die Jahre habe ich ihn meinen Bruder genannt.
Er ist nicht mein Bruder. Er ist...
Er starrte mich an. Starrte auf das, was noch kein Mann gesehen hat. Aber nicht wie ein Mann. Sein Mund war wäßrig. Er keuchte. Ich mußte an eine Katze denken, die sich über ihr Futter hermacht.
Ich hätte noch einmal schreien können, aber was hätte es genutzt? Der einzige, der mir hätte helfen können, war Davidson. Wie hätte er zwischen Walter und mich treten können?
Ich versuchte ihn zu erweichen: »Walter. Bitte.«
Er zerrte mir mein Haar über das Gesicht und preßte es so fest mit seiner Hand, daß ich kaum atmen konnte.
Ich versuchte nicht noch einmal, etwas zu sagen. Ich hatte Angst, er würde mich schlagen.

Ich hatte bislang keine Ahnung, was die Bibel mit *besessen* meint. Ich hatte es immer als primitives Wort für *wahnsinnig* aufgefaßt.
Aber Walter war besessen. Ein Dämon hatte seine wahre Natur unterjocht und die Macht über sein Tun und seinen Willen an

sich gerissen. Ein Dämon, der nicht damit zufrieden war, Unschuld, Vertrauen und Hoffnung zu zerstören, sondern der sich in jede Ritze drängen und das, was er dort fand, verderben mußte.
Nicht nur in Walter, sondern auch in mir.
War dies nicht die höllische Parodie von etwas, an das ich – gegen meinen Willen – selbst gedacht habe? Hatte ich nicht manchmal sogar davon geträumt; und mir nach dem Aufwachen einen Augenblick lang vorgestellt, er läge neben mir?
Ich hatte mich selbst bemitleidet deswegen und meine Torheit verflucht – aber ich hatte mich nicht gehaßt, denn indem ich es still für mich trug, glaubte ich mich auf meine Weise in Übereinstimmung mit unserem Herrn, der uns lehrt, ihm zu folgen und unser Kreuz zu tragen. Wie er mit seinem Tod die Welt errettet hat, so wollte ich durch meinen inneren Tod jene, die ich liebte, vor Schaden bewahren.
Aber selbst dieser Trost ist mir nun genommen. Denn unter all dem Schrecken und Schmerz – ich kann es nicht leugnen – pulsierte auch die Lust. Eine Verhöhnung – eine Umkehrung, wie eine schwarze Messe – der Freude, die ich mir vorgestellt hatte.
Es war also nicht genug, daß Walter mich, seine Frau, seine Kinder und sich selbst betrog.
Ich mußte sie ebenfalls betrügen, sie alle.
Er stieß einen Schrei aus. Es war nicht seine Stimme, es war das verzweifelte Heulen eines Tiers. Und dann lag er da, so steif, daß ich dachte, der Dämon sei aus ihm gefahren und habe ihn empfindungslos oder tot zurückgelassen.
Ich weinte zu sehr, als daß ich hätte sprechen oder um Hilfe rufen können, aber schließlich fand ich doch die Kraft mich zu regen und versuchte, ihn von mir herunterzustoßen.
Augenblicklich, ohne ein Wort, erhob er sich und verließ das Zimmer.

Mein Zeitempfinden ist mir abhanden gekommen. Und das Empfinden für alles andere auch.
Gerade eben hat Mrs. D. geklopft.

»Verzeihung, Miss, aber wir fragten uns...?«
Sie fragten sich was?
Ich schaute auf die Uhr und sah, daß es schon nach elf war.
»Entschuldigung, aber ich fühle mich nicht wohl«, sagte ich.
»Ach du liebe Zeit. Kann ich Ihnen irgend etwas bringen, Miss?«
»Nein. Danke.«
»Soll ich vielleicht Dr. Hampson kommen lassen?«
»Ich glaube, ich ruhe mich einfach ein wenig aus.«
»Gut.« Schritte, die sich entfernten, dann wieder zurückkehrten.
»Hat Mr. Hartright gesagt, er werde früh aus dem Haus gehen, Miss?«
»Nicht daß ich wüßte.«
»Nur weil er heute nicht zum Frühstück heruntergekommen ist. Und Davidson sagt, er sei weder in seinem Schlafzimmer noch im Atelier.«

Ich habe mich gewaschen. Und gewaschen und gewaschen. Aber ich kann nicht in den Spiegel schauen.
Ich kann nicht einmal beten.

Später
Es ist nach halb fünf. Wieder Mrs. D. Ob sie mir wirklich nichts bringen könne? Nein. Ob sie sonst etwas für mich tun könne? Ja – sie sollten meiner Schwester telegraphieren und ihr mitteilen, daß sich unsere Ankunft verzögere. Wird gemacht.
Pause. Dann: Mr. Hartright ist immer noch nicht zurück. Ob sie für ihn das Abendessen richten solle? Ich wisse es nicht.

Ich hoffe nicht.
Soll er doch hungrig bleiben. Möge er wissen, daß er dieses Haus niemals mehr wird betreten können. Und möge er verstehen, daß das, was er getan hat, ihn für immer außerhalb der Gesellschaft, des Schutzes seines Heims, der Liebe seiner Familie und der Achtung seiner Freunde stellt.
Möge er leiden.

Noch später
Mitternacht. Er ist immer noch nicht zurück.
Ich fühle mich, als hätte ich zwei schlaflose Nächte ohne einen dazwischenliegenden Tag verbracht. Und als ob nun eine neue Nacht beginne.
Jede hatte ihre eigene Stimmung. Die erste: Entsetzen. Die zweite: Wut. Die dritte:
Was?
Ich stehe am Rand eines großen Ozeans, der sich erstreckt, so weit das Auge reicht. Selbst wenn ich tausend Jahre leben sollte, werde ich nie am anderen Ufer ankommen.
Trauer.

Ist er irgendwo dort draußen, frierend, verzweifelt und verloren? Entsetzt über das, was er getan hat, und weiß einfach nicht mehr, was er nun tun soll?
Oder ist er vielleicht gar tot?
Noch vor sechs Stunden hätte mir dieser Gedanke Genugtuung bereitet. Vor sechs Stunden hätte ich ihn liebend gern selbst getötet, wenn es mir möglich gewesen wäre.
Zu wissen, daß er seine Strafe erhalten hat. Daß ich nie mehr die Qual erleiden muß, ihn zu sehen oder mit ihm zu reden. Daß ich mich am Ende doch als stärker erwiesen habe als er.
Aber nun muß ich wider Willen an ihn denken, nicht an den Walter der letzten Nacht, sondern an jenen, den ich früher kannte. Oder eher noch an die vielen Walter – in den vergangenen zehn Jahren ist er mir Lehrer, Freund und Vertrauter, Kollege und Bruder gewesen. Und in allen diesen Rollen hätte ich ihm meine Ehre und mein Leben anvertraut, mehr als jedem anderen Mann, den ich je kennengelernt habe.
Was hat ihn dazu getrieben, so zu handeln, wie er es getan hat?
Habe ich selbst Schuld daran?

Sonntag
Ich kann kaum die Feder halten.

Noch nie habe ich solchen Zorn und solche Scham empfunden.

Er ist heute nacht nicht zurückgekehrt. Um neun Uhr heute morgen zwang ich mich in sein Atelier hinunter, weil ich dachte, er könnte vielleicht durch das Gartentor geschlichen und dorthin statt ins Haus gegangen sein.

Aber da war er nicht. Die Luft war kalt und abgestanden. Das große düstere Bild stand immer noch auf seiner Staffelei und sah so unfertig aus wie zuvor. Ich berührte es; die Farbe war noch nicht trocken, aber es hatte sich schon eine Haut auf der Oberfläche gebildet.

Als ich mich abwandte, stieß ich mit dem Fuß gegen einen schweren Gegenstand unter dem Maltisch. Ich konnte nicht sehen, was es war, weil das alte Laken darüber hing, das Walter als Tischtuch benutzt. Ich bückte mich und hob es hoch.

Dort stand, gegen eines der Beine gelehnt, eine kleine, verschlossene Dokumentenkassette.

Ich zog sie hervor. Sie glänzte, war ohne jeden Kratzer und so leicht, daß ich zuerst dachte, sie sei leer. Vielleicht hatte sie Walter neu gekauft und noch keine Gelegenheit gehabt, sie in Gebrauch zu nehmen. Oder den Inhalt geleert und mitgenommen.

Aber als ich sie wieder hinstellte, hörte ich, wie etwas sich darin bewegte und gegen die Wand schlug.

Keine losen Papiere. Dafür klang es zu fest.

Ein Tagebuch?

Ich suchte den Raum nach einem Schlüssel ab. Ich öffnete die Schubladen, schaute in den angeschlagenen Becher, der ihm als Pinselhalter dient und sogar unter die Teppiche. Nichts.

Ich nahm die Kassette mit ins Haus und befahl Davidson, sie aufzubrechen. Zuerst wollte er es nicht tun; aber als ich sagte: »Das Leben von Mr. Hartright hängt vielleicht davon ab«, ging er sofort los, holte einen Schürhaken und machte sich fast mit Begeisterung ans Werk – er hat mittlerweile furchtbare Angst um Walter, auch wenn er es nicht zeigen will, und es erleichterte ihn sichtlich, das Gefühl zu haben, endlich etwas für ihn tun zu kön-

nen. Als er es geschafft hatte, trug ich die Kassette in mein Zimmer und verschloß die Tür hinter mir.
Darinnen lag nur ein gewöhnliches Notizbuch. Ich schlug es irgendwo auf. Die ersten Zeilen, auf die mein Blick fiel, lauteten:
Andere mögen ein Tagebuch lesen. Dies hier darf niemand lesen.
Ein schwacher, aber bitterer Schauer der Rache ergriff mich.
Ich ermahnte mich, ich müsse versuchen, ohne Leidenschaft vorzugehen, wie ein Arzt, der einen Patienten untersucht und der nur das eine Ziel kennt: die Krankheit zu diagnostizieren, die ihn so furchtbar verändert hat.
Aber es gelang mir nicht. Über einige Seiten konnte ich mich zusammennehmen, aber dann stieß ich auf etwas, das mit einem Schlag meine schwache Abwehr dahinraffte und mich weinen und zittern ließ. Als ich zu dem Bericht dessen kam, was nach dem Diebstahl meines Ridiküls geschehen war, mußte ich mich in die Waschschüssel übergeben.
Ich bringe es immer noch nicht über mich, im einzelnen zu schildern, was ich gelesen habe.
Aber ich glaube, ich kann nun zumindest teilweise verstehen, warum er das getan hat.
~~Und ich weiß auch, daß ich eine gewisse Verantw~~

Als ich fertig war, ging ich wieder hinunter ins Atelier. Ich fand das Skalpell, mit dem er seine Bleistifte schärft, stellte mich vor das abscheuliche Bild und zerschlitzte es, bis nur noch ein Gewirr von schmutzigen Streifen übrigblieb.
Dann faßte ich mir ein Herz und schrieb an Laura:
Walter fühlt sich nicht gut.
Muß vorerst in London bleiben.
Rückkehr so bald wie möglich.

Meine arme Schwester.

Später
Nach einem zeitigen Frühstück (nur ein Teller Suppe und etwas Brot; aber genug, um halbwegs auf die Beine zu kommen und Mrs. Davidson zu überzeugen, ich sei stark genug, um aus dem Haus zu gehen) zog ich mich wieder in mein Zimmer zurück und legte ein Trauerkleid an. Vor nichts hatte ich größere Angst, als daß mich jemand in der Menge streifen könnte. Meine Haut war so empfindlich, daß ich fürchtete, mir würde bei der kleinsten Berührung schlecht werden. Schwarz zu tragen, so dachte ich, böte mir Schutz, weil die Leute der Trauer instinktiv ausweichen; und falls ich unvermittelt zu weinen anfangen würde – wie es mir in den letzten beiden Tage öfter passiert ist –, konnte der Schleier meine Tränen erklären und zugleich ein wenig verbergen. Ich wartete auf dem Treppenabsatz, bis ich hörte, wie die Davidsons in die Küche gingen (es wäre unter den gegebenen Umständen über meine Kräfte gegangen, ihnen meinen Aufzug zu erklären), schlich die Treppe hinunter und trat auf die Straße.
Ich hatte keinen Plan: nur die Gewißheit, daß es besser wäre, etwas zu unternehmen – wie fruchtlos es am Ende auch sein mochte –, als tatenlos in meinem Zimmer zu verharren, mit nichts als Walters Notizbuch und meinen quälenden Gedanken. Eigentlich hatte ich in der Hoffnung auf eine Eingebung einen Spaziergang im Park machen wollen; aber kaum war ich vor der Tür, merkte ich, daß es dafür zu kalt und auch zu glatt war. Also ging ich nur bis zum Ende der Straße (wo man mich vom Haus aus nicht mehr sehen konnte) und hielt nach einer Droschke Ausschau.
Es war aber keine zu sehen. Oder besser, zu sehen waren Hunderte, aber es war keine zu bekommen, da sie alle besetzt waren. In beinahe endlosem Strom zogen sie vorüber: Männer, die ihren Geschäften nachgingen; Mütter, die mit Geschenken für ihre Kinder aus den Läden zurückkehrten; Dienstboten, die man in letzter Minute ausgeschickt hatte, um eine Flasche Sherry oder noch ein paar Gläser oder eine Scheibe Fleisch mehr für den morgigen Tag zu kaufen.

Alle hatten eine Aufgabe. Alle hatten ein Ziel. Und ich?
So stand ich etwa eine Viertelstunde da und dachte über diese Frage nach, stampfte mit den Füßen und rieb mir im Muff die Hände aneinander. Ich war drauf und dran, alle Hoffnung aufzugeben, ein Ziel oder auch nur einen Wagen zu finden, als auf der anderen Straßenseite eine Droschke hielt und eine mit Paketen beladene Frau ausstieg. Und auf einmal hatte ich auch eine Antwort.
Ich kämpfte mich über die Straße und rief dem Kutscher zu: »Sind Sie frei?«
Er nickte. »Wohin, Miss?«
»Fitzroy Square. Und dann weiter, wohin ich Ihnen sage.«
Er sah mich einen Moment lang neugierig an und nickte dann wieder.
»Solange Sie Geld haben«, sagte er mit der umstandslosen Selbstsicherheit eines Mannes, der genau weiß, daß er leichter einen anderen Fahrgast findet als ich eine andere Droschke. »Steigen Sie ein.«

Ich hatte natürlich nicht vor, Lady Eastlake zu besuchen. Wo immer Walter auch war, bei ihr gewiß nicht. Und in meinem gegenwärtigen Zustand würde sie mir meine Geheimnisse in zehn Minuten entlocken, während ich ganz bestimmt nicht in ihre eindringen würde.
Aber am Fitzroy Square 7 hatte die Irrfahrt begonnen, und ich empfand plötzlich das Bedürfnis, diesen Ort wiederzusehen – alle Orte, zu denen uns die Nachforschungen nach Turner gebracht hatten. Teilweise (und auch wenn ich mir dessen kaum bewußt war) aus einem primitiven Glauben heraus, ich würde ihn eher dort finden, wo ich ihn schon zuvor gesehen habe – wie ein Kind seine tote Mutter in den Zimmern und an den Plätzen sucht, wo es mit ihr zusammen gewesen ist. Aber teilweise auch, weil ich spürte, daß es mir helfen würde, einen klaren Kopf zu bekommen, wieder die äußere Welt zu sehen, nachdem ich so lange im Chaos meiner eigenen inneren Welt eingeschlossen

war – die feste, unerschütterliche Welt aus Stein und Ziegeln, aus Straßen und Menschenmengen. Und vielleicht würde ich so auch einen Hinweis auf das finden, was Walter nun dachte und wo er sich möglicherweise aufhielt. Und ich glaube – ich hoffe –, ich hatte recht.

Die letzten Tage haben mich mir selbst entfremdet. Wenn ich zuvor einen mir von früher vertrauten Ort aufgesucht habe, dann wußte ich normalerweise, welche Reaktion dies wahrscheinlich in meinem Innern hervorrufen würde – Freude oder Beklommenheit, Trost oder Trauer. Obwohl die Bandbreite meiner Empfindungen nun auf ein kümmerliches Maß zusammengeschrumpft ist, kann ich kaum noch abschätzen, welches Gefühl geweckt wird. Ich hatte angenommen, daß der Anblick von Fitzroy Square 7 mich ängstigen und niederdrücken würde oder sogar meine Entschlußkraft so weit schwächen könnte, daß ich am Ende doch versucht wäre, mich Elizabeth Eastlake anzuvertrauen; aber daß er mich wütend machen würde, damit hatte ich nicht gerechnet.

Alles – die mächtigen Fenster; die sauber gekehrten Stufen; die breite Eingangstür – sah genauso aus wie immer, viel zu erhaben und selbstzufrieden, um überhaupt Notiz von dem Zusammenbruch zu nehmen, der in den zwei Wochen, seit ich das Haus zum letzten Mal gesehen hatte, über mich gekommen war. Das empörte mich wirklich. Ich hatte große Lust, die Scheibe zu zertrümmern – das Holz zu zerschlagen –, die makellosen Wandmalereien zu zerkratzen.

Aber ich stieg nicht aus. Nachdem ich das Haus eine Weile finster und beinahe haßerfüllt angestarrt hatte, befahl ich dem Kutscher, mich zur Queen Anne Street zu bringen. Turners Haus stand immer noch da, aber (im Unterschied zu dem der Eastlakes) schien es seinen Teil vom Leid der Welt abbekommen zu haben. Es sah heruntergekommen aus, und die Fensterscheiben waren von feinem Staub überzogen, der ihnen die glanzlose Undurchsichtigkeit verlieh, wie sie den Augen von Blinden eigen ist.

Ich fragte mich, ob es die Galerie dahinter noch gab – die Galerie, in der einst Calcott und Beaumont und Caro Bibby in Bewunderung geschwelgt und debattiert hatten. Ich konnte nicht anders, ich sah sie vor mir und dachte daran, wie kalt und vergessen sie bereits waren; gerade einmal vierzig Jahre war es her, daß sie leidenschaftlich gelebt hatten und allem, was ihnen teuer gewesen war, mit tiefstem Gefühl begegnet waren – als sei dem Menschen kein längeres Leben beschieden als einem Streichholz, das einige Sekunden aufflackert und sogleich verlischt. Irgendwie verwoben sich ihre Geschichten, Turners Geschichte und die unsrige zu einer Art melancholischem Faden, dem ich zu folgen begann wie Theseus – nur ohne die Hoffnung, das Ungeheuer töten zu können, wenn ich das andere Ende erreichte.

Ich folgte ihm durch den zähen Verkehrsstrom in der Oxford Street und die New Bond Street hinunter, wo die hellerleuchteten Geschäfte mit Stechpalmen- und Efeuzweigen ausgelegt waren und mich mit ihren Versprechungen von Unschuld und Fröhlichkeit locken wollten. Ich folgte ihm über den Piccadilly, wo ich die Marston Rooms sah, und dachte einen Augenblick an die Frau, die Walter dort getroffen hatte, und wie sie sich selbst an einem Tag wie heute herausputzte und ihr Moschus auftrug, um ihrer nächtlichen Arbeit nachzugehen; und dann die St. James' hinunter und in die Pall Mall, vorbei am Marlborough House, wo wir zum ersten Mal die Schönheit von Turners Werken gesehen und ihre furchtbare Macht erlebt hatten.

Ich folgte ihm zum Trafalgar Square, wo er sich in die National Gallery und die Royal Academy hineinwand und einen immer komplizierteren Verlauf nahm – er schlängelte sich durch Sir Charles' Intrigen, Ruskins schreckliches Martyrium und Hastes Verzweiflung; und dann in natürlicher Folge zu Hastes Haus, wo ich die Droschke halten ließ. Die unteren Fenster waren sämtlich vernagelt. Es traf mich wie ein Schlag (wieder überraschte mich die Heftigkeit meiner Gefühle; ich mußte sogar weinen), daß Hastes Sohn den langen Kampf gegen die Gerichtsvollzieher schließlich doch verloren haben sollte. Aber dann sah ich auf und erblickte einen trotzigen Lichtschimmer im Dachgeschoß und freute mich plötzlich wider alle Vernunft.

Ich stieg aus und schaute hinauf zu diesem schwachen, flackernden Licht (kein Gas; nicht einmal eine Lampe; nur eine Kerze), so wie ein vom Sturm gepeitschter Seemann nach einem Leuchtturm in der Ferne Ausschau hält. Hier war ein Mann, dem man beinahe alles genommen hatte, was den meisten Menschen unverzichtbar für ihr Leben scheint, und der doch immer noch den Mut aufbrachte, weiterzukämpfen. Einen Augenblick lang wollte ich hineinstürmen und mich ihm anschließen. Seit unserer letzten Begegnung hatte mich das Leben beinahe auf sein Niveau heruntergebracht – oder sogar noch darunter, denn seine Ehre hatte ihm schließlich niemand geraubt; und nun, so dachte ich plötzlich, könnten wir doch gemeinsame Sache machen. Ein Leben in klösterlicher Einfachheit führen – zusammen an einer großen Sache arbeiten –, könnte nicht das mein Schicksal werden und mir mein Selbstvertrauen wiederschenken?

Der Kutscher muß mein Schluchzen gehört und bemerkt haben, wie ich versuchte, die Tränen zurückzuhalten.

»Etwas nicht in Ordnung, Miss?« fragte er.

Ich schüttelte den Kopf und stieg wieder ein.

»Nach Twickenham«, preßte ich mühsam hervor.

Er starrte mich an. Ich zog meine Geldbörse hervor und schüttelte sie wie eine Rassel.

»So habe ich das nicht gemeint, Miss«, sagte er und nahm wieder seinen Platz ein.

Und so folgten wir dem Faden weiter: nördlich am Park vorbei – nur einen Steinwurf weit an dem Haus vorüber, wo Mr. Kingsett mich beleidigt hatte und wo er sicher immer noch seine Frau quälte – nach Hammersmith, wo Turner einst gewohnt hatte und wo die Straßen nun voller Menschen waren, die zu dem einzigen Festtag im Jahr trotteten, der ihnen vergönnt ist. Trauben aufgeregter Kinder standen dort vor den prächtig erleuchteten Läden der Lebensmittelhändler und starrten mit offenem Mund die Auslagen an – Orangen und Äpfel und Schalen voll goldener und silberner Fische –, die sich bis auf die Straße erstreckten. Und weiter durch Chiswick nach Brentford, vorbei an Amelia Bennetts Haus (es lag völlig dunkel da, weshalb ich mir erst Sorgen machte, bis mir einfiel, daß sie der Gesundheit ihres Mannes wegen die Winter am Meer verbrachten); und schließlich kamen wir nach Twickenham.

Vor Sandycombe Lodge ließ ich halten. Ich betrachtete die Puppenhaustür und die Puppenhausfenster – in einem brannte hell das Gaslicht –, die schlichten weißen Puppenhauswände und das dunkle Buschwerk, das sich von allen Seiten herandrängte. Ich dachte an das, was ich nicht sehen konnte: das Untergeschoß, in dem Walters Wahnsinn begonnen hatte; das vergitterte Fenster, das mich an die *Bucht von Baiae* erinnert und mich (so glaube ich noch immer) zu den Schlupfwinkeln von Turners Geist geführt hatte; und an die stockende Entdeckung meiner eigenen Liebe.

Der Schmerz nahm mir alles: die Worte, die Tränen, die Bewegung. Doch während ich wie gelähmt dasaß, war ich mir bewußt, daß ich mich noch Schlimmerem stellen mußte, wenn ich der Spur bis zum Minotaurus folgen wollte. Wie ein Kind, das seinen Finger überallhin legen kann, außer auf die Stelle, wo es wirklich schmerzt, war ich um das Problem herumgeschlichen, ohne seinen Kern zu berühren.

Und in diesem Augenblick glaubte ich zu wissen, wo ich Walter finden würde.

Wir fuhren den Fluß entlang zurück durch Chelsea – vorbei am Haus von Mrs. Booth (mein Gott! Hatte ich wirklich geglaubt, Walter sei zu zart besaitet, als daß ich ihm erzählen könnte, wie Turner dort gelebt hatte?) und dann nach Hause. Als ich den Kutscher entlohnte, nickte er zu meinem Trauerkleid und sagte:

»Hab's bemerkt, Miss. Tut mir leid. Hab selbst vor ein paar Monaten mein Töchterchen verloren.«

Einem plötzlichen Einfall folgend sage ich:

»Arbeiten Sie morgen?«

Er schüttelte den Kopf.

»Großes Essen, Miss, mit meiner Frau und den Kindern. Hab's versprochen.«
»Natürlich«, sage ich. »Aber später?«
»Na«, sagt er unsicher, »da hätt ich schon ein wenig Zeit.«
»Können Sie mich hier abholen? So früh wie möglich?«
»Einverstanden, Miss.« Er wendete und drehte sich dann noch einmal zu mir um. »Schöne Weihnachten.«

Ich schaffte es, ins Haus zu schlüpfen, ohne daß die Davidsons mich sahen; aber sie müssen mich doch gehört haben, denn ein paar Minuten später klopfte es an meine Tür.
»Brauchen Sie etwas, Miss?«
»Nein danke, Mrs. Davidson.«
Pause. Dann:
»Haben Sie etwas von Mr. Hartright gehört, Miss?«
Ihre Stimme klang gepreßt, wie erstickt von den Ängsten, die sie sich nicht in Worte zu fassen getraute.
»Noch nicht«, antwortete ich. »Aber morgen, hoffe ich.«
Ich bete darum zu Gott.

Montag
Ich habe ein Photo von ihm, das vor einem Jahr aufgenommen worden ist. Der Offenheit des Ausdrucks nach würde man es für das Bild eines ganz anderen Mannes halten. Aber die Gesichtszüge sind noch zu erkennen.
Ich wickelte es in einen Schal, um es mitzunehmen. Während ich wartete, blätterte ich durch die gestrige *Times*. Zwei Leichen aus dem Fluß geborgen. Hastig las ich die Beschreibungen: eine schwangere Frau und ein alter Mann in der Kleidung eines Matrosen. Erleichterung, natürlich. Und doch empfand ich auch so etwas wie Enttäuschung. Der Tod ist zumindest endgültig. Er erspart es einem, sich weiter Sorgen zu machen.
Um vier klopfte es an meiner Tür. Ich ging hinaus. Es war schon dunkel, und dichter Nebel lag über der Straße. Der Kutscher sah mich im Schein der Lampe an und grinste.

»Guten Tag, Miss«, sagte er in gespielter Feierlichkeit und tippte sich an die Mütze. »Schöne Weihnachten wünsche ich Ihnen.«
Ich konnte nicht lachen. Ich konnte nicht einmal lächeln. »Hatten Sie ein schönes Essen?«
Er nickte und tätschelte seinen Bauch. »Bin zufrieden, Danke.«
Mit einer übertriebenen Verbeugung wies er auf die Droschke.
»Wohin geht's, Miss?«
Sein Atem roch nach Bier.
»Maiden Lane.«

Der Laden des Pfandleihers war geschlossen, aber eine erschöpft aussehende Frau wollte gerade durch die Seitentür hinein. Ich rief sie herbei und zeigte ihr das Bild.
»Haben Sie diesen Mann gesehen?«
Sie kniff die Augen zusammen. Nach einer Weile nickte sie.
»Gestern. Frühmorgens. Ich glaub, das war er. Ich erinner mich an ihn, weil er, na ja, er war komisch.«
»Wieso, was hat er getan?«
»Ich mein nicht, wie er sich benommen hat. Ein Gentleman war er schon. Aber komisch eben. ›Ich brauch einen neuen Anzug oder andere Kleider, so billig wie möglich.‹ Und er nimmt einen abgetragenen Rock aus Baumwollsamt und ein altes Hemd und n' paar Hosen aus Wollzeug.«
»Hatte er etwa kein Geld?«
»Glaub nicht, daß es das war. Sie hätten das Zeug sehen sollen, mit dem er reingekommen ist. Sehr edel. Muß was gekostet haben« – sie schüttelte den Kopf – »Was weiß ich.«
»Hat er es hiergelassen?« fragte ich.
Sie nickte.
»Einen Shilling, wenn Sie es mir zeigen.«
Sie schloß die Tür auf.
Es war kein Zweifel. Walters Hut. Walters Anzug. Walters Hemd, an dem ein Knopf fehlte, den er sich in seiner Raserei abgerissen hatte.

Ich bezahlte und ging wieder zu meinem Kutscher zurück.
»New Gravel Lane, Wapping«, sagte ich.

Es war eine endlose Fahrt, die uns Stück für Stück von der Pracht und dem Glanz der Strand in eine Welt von solch elendem Schmutz und solcher Verzweiflung führte, daß daneben sogar die Maiden Lane einen Eindruck von Wohlleben vermittelte.
Und mit jedem Yard war ich mehr überzeugt, daß dies der Weg war, den Walter genommen hatte.
Denn das, was er mir angetan hatte, war ein Akt der Verzweiflung gewesen.
Ich hörte seine Stimme in mir, während wir unseren Weg über die Fleet Street, die Cannon Street und Eastcheap verfolgten, vorbei am Tower und hinein in den brodelnden Rattenkäfig, der dort beginnt:
Dort habe ich geglaubt, mein Schicksal zu finden.
Nur eines bleibt mir jetzt noch, wieder dorthin zu gehen, mich meinem Schicksal zu stellen und mich ihm ganz zu überlassen.
Hier würde ich ihn finden, dessen war ich mir jetzt ganz sicher.
Doch ob tot oder lebendig, das hätte ich nicht zu sagen gewußt.

Nach vielleicht vierzig Minuten hielten wir plötzlich an. Ich sah aus dem Fenster, konnte aber nichts als Nebel und in der Ferne verschwommene Lichter ausmachen.
»Wo sind wir?« fragte ich.
»Auf der Straße nach Ratcliffe. Die New Gravel Lane ist gleich da drüben«, erklärte er heiser und räusperte sich. »Was wollen Sie denn da, Miss?«
»Ich suche meinen Bruder.«
Er stieß einen leisen Pfiff aus. »Der muß ja ganz schön was angestellt haben.«
»Ja«, sagte ich und stieg aus. »Suchen Sie sich etwas, wo die Pferde ausruhen können, und gönnen Sie sich auch etwas.« Ich gab ihm einen Sovereign. Falls mir etwas zustieße, gäbe es viel-

leicht keine Gelegenheit mehr, ihn zu bezahlen. »Und holen Sie mich hier in einer Stunde wieder ab.«
»Sie können da nicht allein hingehen, Miss!« protestierte er. Aber er nahm das Geld. Und dann rief er mir noch nach, aber nicht, um mir zu sagen, ich solle es mir noch einmal überlegen, oder um mir seine Hilfe anzubieten, sondern einfach nur, um ein »Dankeschön!« loszuwerden.

Was hatte ich mir vorgestellt?
Schlammige, schlecht erleuchtete Straßen, halb verlassen. Dies war der Tag im Jahr, den jeder, der eine Familie hatte, zu Hause verbrachte, und höchstens der traurige Abschaum, unter dem ich Walter zu finden hoffte, wäre hier noch anzutreffen.
Aber die Trostlosigkeit, auf die ich dann traf, war von ganz anderer Art. Die Menschen in der New Gravel Lane waren wirklich arm dran – aber statt sich im Schatten zu halten und still und einsam ihr Unglück zu erdulden, schienen sie sich zusammengerottet zu haben, um es öffentlich kundzutun. Schon von weitem konnte man sie hören: Rufe und Schreie; Fetzen von Liedern; das Gekreisch einer gequälten Katze; ein tierisches Gebrüll, das plötzlich aus dem Nebel hervorbrach und dann zu einem unheimlichen Gelächter herabsank. Aus den geöffneten Bierstuben und Schenken quoll ein unablässiger Strom betrunkener Männer und Frauen hervor und stolperte streitsuchend durch die grölende Menge, so laut und rücksichtslos, als wäre dies nur ein gewöhnlicher wilder Samstagabend. Abgesehen davon, daß einige Läden geschlossen hatten und der Trubel etwas Überdrehtes, Fieberhaftes und fast Verzweifeltes an sich hatte, gab es nichts, was hätte vermuten lassen, daß Weihnachten war.
Vielleicht wird so Weihnachten in der Hölle gefeiert.
Ich hatte befürchtet aufzufallen; aber niemand schenkte mir die geringste Beachtung, als ich mich ins Gedränge begab. Schnell wurde mir klar, daß ich zunächst einmal jemanden finden mußte, der mir lange genug seine Aufmerksamkeit schenkte, um ihm überhaupt eine Frage zu stellen; alle schienen voll und ganz

damit beschäftigt, zu grölen und zu singen und auf ihre Weise
großspurig dem Untergang entgegenzugehen. Eine schwindelerregende Prozession von Gesichtern – eingesunkenen und aufgedunsenen, bleichen und vom Alkohol geröteten, mit Schorf und
Narben bedeckten – wirbelte mir aus dem Nebel entgegen und
war sogleich wieder verschwunden. Selbst wenn ich es geschafft
hätte, jemanden anzuhalten, der Menschenstrom hätte uns auseinandergerissen, ehe ich ihm mein Anliegen vorgetragen hätte.
Schließlich sah ich einen dunklen Wald aus Masten und Rahen
aus dem Nebel auftauchen. Ich war also in der Nähe des Flusses.
Hier war die Menge weniger dicht, und ich sah ein Grüppchen
schwatzender Frauen ohne Hüte und Hauben an der Mündung
des Themse-Tunnels. Sie machten auf mich den Eindruck von
Krähen, die auf Aas warten. Als ich näher kam, wandte sich eine
mir zu und schaute mir gleichgültig entgegen. Ich hob die Hand,
um sie anzusprechen.
»Ich suche einen Mann«, sagte ich.
»Tun wir das nicht alle, Schätzchen?« sagte sie.
Die anderen lachten, und ich spürte, wie mir hinter meinem
Schleier das Blut in die Wangen stieg.
»Das ist ein Bild von ihm«, sagte ich und wickelte die Photographie aus.
Die Frau nahm sie und drehte sie im Licht der Straßenlaterne. Sie
stieß einen langen Pfiff aus.
»Nach dem würd ich auch suchen, wenn ich so einen hätt«, sagte
sie. Sie lächelte wehmütig – und alterte im gleichen Augenblick
um zwanzig Jahre, denn sie hatte keine Zähne im Mund.
»Zeig mal her, Lizzie«, sagte eine ihrer Gefährtinnen und trat an
ihre Seite. Sie starrte einen Augenblick auf die Photographie und
sah mich dann mit einem schrägen Blick an.
»Und Sie sind sicher, daß Sie den hier verloren haben?«
»Ja.«
»Also, ich hab ihn nicht gesehen. Würd ich mich dran erinnern.«
Die anderen versammelten sich im Kreis, und das Bild wanderte

langsam von Hand zu Hand. Fast alle schüttelten nur den Kopf; aber eine – eine untersetzte, dunkelhaarige Schlampe in einem zerrissenen Kleid – hielt es so lange in der Hand und schaute es so eindringlich an, daß es schließlich aus Lizzie herausbrach:
»Was ist los, Lu? Ist das der Kerl, der dir versprochen hat, dich zu heiraten?«
Lu! War das nicht der Name gewesen...?
»Welcher denn?« kreischte eine der anderen, und alle brachen in Gelächter aus.
Aber Lu starrte weiter die Photographie an, und ich starrte sie an. Sie könnte die Frau mit der Kapuze sein, dachte ich; aber das Licht war so schwach, und die Einzelheiten von Walters Beschreibung hatte ich so erfolgreich verdrängt, daß ich mir nicht einmal halbwegs sicher sein konnte. Ich beugte mich vor, um ihr Gesicht besser sehen zu können.
»Paß auf Lu, die kratzt dir die Augen aus« rief Lizzie, halb im Spaß. Einen Moment lang war ich perplex; und dann verstand ich, und es versetzte mir einen Schlag, bei dem mir schwindelte: Sie nahm an, daß ich in Lu eine Rivalin sah und drauf und dran war, mich in eifersüchtiger Wut auf sie zu stürzen. Ich versuchte diese Vorstellung als vollkommen lächerlich abzutun, mußte aber zu meinem Schrecken feststellen, daß mir das nicht gelang – hatten doch die letzten Monate die undurchdringliche Mauer niedergerissen, von der ich immer geglaubt hatte, daß sie mich von solchen Frauen trenne. Natürlich waren meine Beziehungen zu Walter ganz anderer Art; aber hatten wir ihn nicht beide von seiner animalischen, dunklen Seite kennengelernt? Und knüpfte das nicht eine intime Verbindung zwischen uns und gab uns beiden – auf dem untersten Niveau – ein ähnliches Recht auf ihn?
»Geben Sie es bitte her«, sagte ich kalt und streckte meine Hand so gebieterisch aus, wie es mir nur möglich war.
Aber sie funkelte mich nur an und preßte das Bild an ihre Brust.
»Komm schon, Lu«, sagte Lizzie. »Gib's ihr. Sie hat doch sonst nichts.«
Lu reagierte immer noch nicht; doch da schaltete sich das

Schicksal ein. Plötzlich schrie jemand: »Haltet den Dieb!«, und fast im gleichen Moment platzte zwischen den Stiefeln und Röcken ein Junge in unsere Gruppe, der gehetzt über die Schulter zurückschaute. Ich sah sein struppiges schmutziges Haar – ein zusammengekniffenes Gesicht, kreidebleich, mit einer großen Wunde auf einer Wange – und dann, als er im Tunnel verschwand, ein paar durchgelaufene Schuhsohlen.

Lizzie nutzte die entstandene Verwirrung, um das Bild an sich zu reißen und es mir zurückzugeben.

»Da hast du's, Schätzchen«, murmelte sie rasch. »Mach dich schnell aus dem Staub. Und viel Glück.«

Ich zögerte keine Sekunde und trat sogleich den Rückzug an. Hinter mir hörte ich Lu fluchen und protestieren; aber bevor sie mir hinterhersetzen konnte, kam ein Jude im schwarzen Kaftan angeschossen, der Verfolger des Jungen. Ein zweites Mal stoben die Frauen wie erschreckte Hühner auseinander, und das ermöglichte mir die Flucht.

An meine Abenteuer während der folgenden halben Stunde habe ich nur vage und unzusammenhängende Erinnerungen. Ein schwarzer Seemann mit einer Pelzmütze, der traurig den Kopf schüttelte, als er das Bild sah, und sagte: »Ich habe kein Geld« – als nähme er an, ich wolle ihm das Bild verkaufen, und bedaure, daß ihm dazu die Mittel fehlten. Drei Matrosen, die keinen Blick darauf werfen wollten und mich mit Flüchen und verächtlichen Bemerkungen beiseite stießen. Ein Mädchen, das mir sagte, es sei sich sicher, daß ihre Tante den Herrn kenne, und mich dann in einen kahlen Raum über einem Schuhgeschäft führte, in dem ein schwerer, süßlicher Geruch hing, der mir Übelkeit verursachte. Ein ostindischer Matrose schlief dort auf dem Boden und eine Frau wiegte sich auf ihren Hacken. Sie war so benebelt, daß sie weder ihre Augen auf die Photographie richten noch meine Fragen beantworten konnte.

Schließlich mußte ich einsehen, daß ich so nur meine Zeit vergeudete und ging wieder zur Landstraße nach Ratcliffe zurück. Ich wußte nicht, ob ich länger oder weniger als eine Stunde

unterwegs gewesen war; die Droschke jedenfalls wartete. Der Kutscher, der im Nebel besorgt Ausschau hielt, schien erleichtert, als er mich sah.
»Nun?« fragte er.
»Nichts.«
»Aber es ist ihnen nichts geschehen?«
Ich schüttelte den Kopf.
»Wohin jetzt? Nach Hause vielleicht?«
»Nein. Zur nächsten Polizeistation.«

Natürlich hatte ich daran schon vorher gedacht – es war sogar mein erster Gedanke gewesen –, aber Angst hatte mich abgehalten. Was, wenn ich hineinging und einen Zettel angeschlagen sah, der vom Fund einer Leiche berichtete, die nur diejenige Walters sein konnte? Was, wenn ein mürrischer Polizist einen Blick auf die Photographie warf und sagte: »Oh, ja, Miss! Den haben wir vor einer knappen Stunde reingekriegt. Sieht aber inzwischen ein bißchen anders aus. Vierundzwanzig Stunden im Fluß können einen Mann ganz schön verändern!« Dies dort zu erfahren, an einem hellerleuchteten öffentlichen Ort, und unter dem gleichgültigen Blick eines müden Beamten!
Doch ich sah nun ein, daß ich keine Wahl hatte. Ich *mußte* es in Erfahrung bringen, so oder so. *Mußte.* Während ich diese Worte schreibe, springt mir die Ironie ins Auge – hatte nicht auch Walter sie verwendet, als er von seiner mißlichen Lage sprach? Doch in diesem Moment war ich zu müde und aufgeregt, um das zu bemerken.
Wir fuhren zurück, nördlich an den Docks vorbei und dann wieder in südöstlicher Richtung. Hier schienen die Straßen leerer zu sein, und ich konnte im Nebel kaum etwas erkennen, bis wir vor der strahlenden Laterne der Polizeistation hielten. Ich stieg aus und öffnete die Tür.
Im Eingang hingen Beschreibungen von Vermißten und Toten, aber ich quälte mich nicht damit, sie durchzulesen. Ich ging direkt in die Amtsstube – ein schmuckloser, weißgestrichener

Raum, der mir, die ich aus der Eiseskälte und Dunkelheit kam, unwahrscheinlich warm und hell vorkam.
Vor dem Schreibtisch standen ein Wachtmeister und zwei Personen, die ich sofort wiedererkannte: der Junge mit der Wunde im Gesicht, der sich vor Angst duckte und zitterte, und sein schwarzgekleideter Verfolger. Dahinter saß der Inspektor des Nachtdienstes: ein hagerer Mann mit schütterem Haar und braungelbem Backenbart, der etwas in ein Protokollbuch eintrug. Als ich näher trat, sah er auf und sagte lustlos:
»Bitte, Miss?«
»Ich suche meinen Bruder.«
Er nickte. Irgendwo von rechts hörte ich ein Hüsteln und das Knarren eines Stuhls. Ich wandte mich ein wenig in diese Richtung und erblickte im Augenwinkel einen weiteren Mann, den ich zuvor nicht bemerkt hatte. Er war untersetzt, hatte eine hohe, gewölbte Stirn und über den Ohren ein Büschel stachliger dunkler Haare. Seinem sauberen, nüchternen Anzug und dem aufgeschlagenen Notizbuch auf seinen Knien nach hätte man ihn für einen erfolgreichen Anwalt halten können. Aber er schien mit dem Jungen und seinem Verfolger nichts zu tun zu haben, und von beiden konnte man sich auch kaum vorstellen, daß sie die Dienste eines solchen Mannes in Anspruch nahmen. Er beobachtete mit unparteiischer Neugier, wie ich das Bild auf den Tisch legte – obwohl es für ihn zu weit weg und zu hoch war, um es überhaupt zu sehen.
Der diensthabende Inspektor zog die Photographie zu sich heran und betrachtete sie wortlos. Er schaute sie so lange an, daß ich schon überzeugt war, er hätte Walter wiedererkannt und überlege sich, wie er mir die schreckliche Nachricht am besten übermitteln könne. Aber schließlich schüttelte er doch den Kopf und schob sie mir wieder hin.
Ich war schon dabei, sie wieder wegzustecken, als der junge Dieb plötzlich ausrief:
»Ich kenn ihn!« Er wollte einen Schritt in meine Richtung tun, doch der Wachtmeister packte ihn an der Schulter und versetzte ihm einen Stoß, bei dem er zu wimmern begann.

»Wie?«, sagte ich.
»Ich kenn ihn«, jammerte der Junge unter Schluchzen. »Ich hab ihn gesehen!«
»Wo?«
»Kann ich Ihnen zeigen!«
Der Wachtmeister zog ihn am Ohr. Der Junge krümmte sich und heulte:
»Loslassen! Loslassen!«
»Bitte...« Ich legte dem Mann eine Hand auf den Arm.
Er schüttelte den Kopf wie jemand, der es leid ist, jemand Unbedarftem wie mir die Schlechtigkeit der Welt zu erklären. »Das ist doch nur ein Trick, Miss.«
»Nein!« schrie der Junge. »Ich hab ihn gesehen! Er wohnt da, wo ich letzte Nacht gepennt habe! Er hat mich erschreckt!«
»Und wo ist das?« erklang eine tiefe, ruhige Stimme. Der Herr, der mir wie ein Rechtsanwalt vorkam, hatte sich unbemerkt erhoben und stand nun neben mir.
»In der Schenke in der Tench Street«, sagte der Junge.
Der Herr nickte und wandte sich zu mir. »Mein Name ist Mayhew, Madam. Ich zeige Ihnen gerne den Weg.« Mit einer kleinen Verbeugung, zuerst zum Inspektor und dann zu dem Jungen, geleitete er mich zur Tür.
In der Droschke sprachen wir kaum ein Wort. Mein Begleiter, der mir, wie ich spürte, durchaus Neugier entgegenbrachte und gern meine Geschichte gehört hätte, war zu rücksichtsvoll, um mich zu fragen; und ich war zu benommen und zu sehr mit meinen eigenen Gedanken und Gefühlen beschäftigt, um überhaupt etwas zu sagen. Ich fürchtete, es könne sich am Ende herausstellen, daß der Junge sich geirrt hatte; und gleichzeitig war ich mir unsicher, ob ich im anderen Fall die Stärke und Energie hatte, zu tun, was getan werden mußte – wenn Walter sich tatsächlich dort befand, wie sollte ich mich ihm gegenüber verhalten? Ob ich überhaupt die Ruhe aufbrachte, ihn von dort wegzulocken und ihn irgendwo hinzubringen, wo er sicher in andere Hände übergeben werden konnte?

Nach ungefähr zehn Minuten bogen wir in ein dunkles, gewundenes Sträßchen ein und hielten vor einem Hofeingang.
Ich erinnere mich, wie ich durch das Tor ging und in einen offenen Hof kam, der mit Schubkarren und Hökerwagen verstellt war. Ich erinnere mich, wie ich eine große, verqualmte Küche betrat, deren Deckenbalken rußgeschwärzt waren, und an ein primitives Gaslicht an der Decke. Abgehärmte Männer lungerten auf den Bänken und an den Tischen herum, die sich die Wand entlang zogen. Ich erinnere mich, wie einer von ihnen rief: »Leute, da ist ja Mr. May'ew!«, woraufhin sich ihre Mienen für wenige Sekunden aufhellten; und mein Begleiter lächelte, als ob ihm diese Aufmerksamkeit zustehe und flüsterte mir ins Ohr: »Ich habe ihnen ihr Weihnachtsessen spendiert.«
Ich erinnere mich, wie er mit dem Mann sprach, der ihn begrüßt hatte. Ich erinnere mich, wie der Mann nickte und eine Lampe nahm, die er mir reichte; wie Mr. Mayhew murmelte: »Gehen Sie ruhig!« und mich mit einer Handbewegung vorwärtsdrängte, als wüßte er, daß ich diese Sache allein bewältigen mußte.
Ich erinnere mich an einen scheunenartigen Raum mit aufgereihten Schlafkojen – nein, er war überfüllt, geradezu verstellt mit Schlafkojen. Ich erinnere mich, wie mir der Gedanke kam: So muß es in einem Sklavenschiff ausgesehen haben. Ich erinnere mich, wie ich in die ersten drei oder vier Kojen sah und mich fragte, ob auf einem Sklavenschiff überhaupt solche Not geherrscht haben konnte.
Und dann erinnere ich mich nur noch an Walter.
Er lag auf dem Rücken auf einer ledernen Decke. In den zwei Tagen, seit ich ihn zum letzten Mal gesehen hatte, war sein Gesicht völlig eingesunken, und unter seinem Stoppelbart war die Haut weiß wie Pergament. Er hatte die Augen geöffnet, schien mich aber nicht zu erkennen. Einen Augenblick dachte ich sogar, er sei tot; doch dann sah ich ihn blinzeln.
»Walter?«
Er gab keine Antwort. Ich trat näher. Da spürte ich, wie mich jemand am Handgelenk packte und sagte:

»Lassen Sie's ihm.«
Ich wandte mich um. Ein kleiner rothaariger Mann mit riesigen Sommersprossen im Gesicht beugte sich aus der benachbarten Schlafkoje.
»Lassen Sie's ihm«, sagte er noch einmal. Seine Nase tropfte, und er wischte mit dem Handrücken darüber. »Er ißt es vielleicht später.«
Ich sah wieder zu Walter und bemerkte einen kleinen Teller neben seinem Bett. Darauf lagen eine unberührte Kartoffel und eine gräuliche Scheibe, Fleisch vielleicht.
»Sie meinen das Essen?«, fragte ich.
Er nickte.
»Ich werde es nicht anrühren«, sagte ich. »Ich bin gekommen, um ihn heimzuholen.«
Der Mann nickte wieder. »Er wird sonst sterben.«
»Wie lange ist er schon hier?«
»Seit gestern«, antwortete der Mann. »Aber gegessen hat er nichts.«
»Und wie ist er hierhergekommen?«
»Ich hab ihn gebracht. Hab ihn auf der Brücke gesehen, wie er auf den Fluß gestarrt hat. Und – ich geb's ehrlich zu – er sah so verloren aus, da hab ich gedacht: *Leichte Beute. Warum nicht mal in seine Taschen schauen?* Also hab ich nach seiner Börse getastet, aber ich konnt sie nicht finden, und wie ich an ihm rumgefummelt hab, hat er mich bemerkt. Aber er hat weder geschrien noch sonst was dagegen gemacht, nur angeschaut hat er mich. Und dabei stand ein Polyp auf der anderen Seite, er hätt mich leicht drankriegen können, aber er hat sich nicht gerührt. Da hab ich gedacht: *Dem muß es ja dreckig gehen.* Und ich sag zu ihm: ›Sie denken doch nicht daran, oder? Schluß zu machen?‹ Aber er hat nicht geantwortet. Also hab ich gesagt: ›Mach das nicht, Kumpel. Komm mit, ich geb Dir zwei Pence für'n Bett, und morgen sieht die Welt anders aus, glaub mir.‹ Und da ist er mir gefolgt, brav wie ein Lämmchen, als ob's ihm ganz egal wär, ob er weiterlebt oder tot ist.«

Er schwieg und wischte sich wieder die Nase ab. Dann sagte er mit einem beinahe liebevollen Blick zu Walter:
»Und ich glaub wirklich, das ist dir ganz egal, was, Kumpel?«
»Danke«, sagte ich.
Ich nahm Walters Hand und zog ihn hoch. Er widersetzte sich nicht im geringsten, weder unterstützte er mich und den Taschendieb, noch leistete er Widerstand, als wir ihn auf die Beine stellten und in die Küche führten.
Ich erinnere mich nicht, Mr. Mayhew beim Hinausgehen noch einmal gesehen zu haben. Ich erinnere mich nicht, überhaupt jemanden gesehen zu haben, bis wir wieder auf der Straße waren. Dort stand der Kutscher neben seiner Droschke, stampfte mit den Füßen und schlug die Hände gegeneinander, um sich warm zu halten. Er machte keine Bemerkung, als er uns erblickte, sondern tippte nur an seine Mütze und sagte: »Guten Abend, Sir«, als wir Walter hineinhalfen – als sei es die natürlichste Sache der Welt, daß mein Bruder in einer Herberge in Wapping übernachte und er schon die ganze Zeit geahnt hätte, daß wir ihn hier aufsammeln würden.
Auf dem Heimweg fand ich schließlich ein paar Worte:
»Du bist krank, Walter. Ich kümmere mich darum, daß du irgendwo hinkommst, wo du wieder gesund wirst. Danach kehren wir nach Limmeridge zurück und setzen unser altes Leben fort. Du kannst zu mir darüber sprechen, was zwischen uns geschehen ist, wenn du willst, aber weder du noch ich dürfen es jemals Laura oder einem anderen Menschen gegenüber erwähnen, und es wird nie mehr geschehen.«
Er sank nur in seinem Sitz zusammen und sah teilnahmslos aus dem Fenster. Erst als wir beinahe zu Hause angekommen waren, wandte er sich einmal zu mir. Dabei zog er sich ganz in seine Ecke zurück, als wolle er mir zeigen, daß er mich keinesfalls zu berühren gedenke, und flüsterte:
»Es tut mir leid. Es tut mir so leid. Du hattest recht. Leere.«
»Was meinst du damit? Was habe ich jemals von Leere gesagt?«

»Meine Leere.«
Ich fürchtete, er spreche im Delirium, und so gab ich vor, nichts gehört zu haben, und antwortete nichts darauf.

Postskriptum

AUS DEM TAGEBUCH VON MARIAN HALCOMBE,
15. JULI 186-

Auf den Tag genau ein Jahr ist es nun her, seit Walter zu uns zurückgekommen ist. Die Ärzte haben uns gewarnt, daß die Besserung nur langsam voranschreiten würde, und so war es auch – unerträglich langsam. Doch Woche für Woche wird er nun kräftiger, und ich mit ihm. Er geht nun entschlossener. Die Kinder weichen ihm nicht mehr ängstlich aus. Er hat sogar wieder begonnen, mit ihnen zu spielen – wenn auch mit einer feierlichen Aufmerksamkeit, als habe er vergessen, wie man das macht, und müsse es erst neu lernen, indem er sie dabei beobachtet. Und als wir vor einigen Tagen in das Kinderzimmer traten und die kleine Amy strahlte, auf ihn zeigte und – zum ersten Mal – »Papa« rief, da hat er beinahe gelächelt.

Was Laura betrifft: Sie wird sich gewiß unablässig fragen, wie er sich so schrecklich verändern konnte, und doch habe ich sie nie klagen oder mich nach dem Grund fragen hören. Vielleicht fürchtet sie sich davor; oder vielleicht liegt es in ihrer Natur, die Dinge so zu akzeptieren, wie sie sind. Ich fürchte, sie ist oft immer noch verletzt und durcheinander; und doch habe ich in den letzten Monaten mehrfach beobachten können, wie ihr vor Freude das Blut in die Wangen stieg, wenn er sich zwang, ihren Blick zu erwidern, wenn er es zuließ, daß sie ihn berührte, oder er mit linkischer Höflichkeit ihr Kleid oder ihre Frisur lobte.

Das Leben hier wird nie mehr »normal« sein – falls wir hier überhaupt je normal gelebt haben. Zwischen uns wird immer ein Schmerz bleiben. Aber mit jedem Tag, der vergeht, wird es mehr wie ein gemeinsamer Schmerz, ähnlich wie ihn Soldaten empfinden mögen, die zusammen eine Schlacht bestritten haben. Und wie der Baß eines Musikstücks vertieft und verdunkelt dieser Schmerz unsere Erfahrung. Wir denken und reden weniger über die Vergangenheit und die Zukunft, dafür mehr über die Gegenwart. Gestern traf ich Walter auf der Terrasse an, wo er den Geruch des Regens und der Erde in sich einsog; und als ich das sah, roch ich es auch und freute mich daran, und wir beide hatten Tränen in den Augen – so seltsam sind die unsichtbaren Bande, die zwischen uns bestehen, und die Botschaften, die sie übermitteln.

Heute morgen habe ich Nachricht von Lydia Kingsett bekommen. Ihr Mann sitzt anscheinend im Gefängnis und wartet auf seinen Prozeß (sie hat nicht gesagt, weswegen; aber welche andere Frau hätte auch nur soviel mitgeteilt?), und bei aller Scham und Peinlichkeit, die sie empfinden muß, scheint es ihr jetzt besser zu gehen. Ihrem Brief lag eine Nummer der *Quarterly Review* bei, und sie wies mich auf einen Artikel von Elizabeth Eastlake hin – »der Sie, falls Sie ihn nicht schon gelesen haben, vielleicht interessiert«. Ich muß zugeben, daß ich mich dazu nicht sofort imstande fühlte und die Zeitschrift erst einmal ungeöffnet liegen ließ.

Und wahrscheinlich hätte ich gar nicht mehr daran gedacht – aber heute nachmittag, als ich gerade in den Garten gehen wollte, hörte ich seltsame Laute aus der Bibliothek. So seltsame Laute, daß ich stehenblieb und eine Weile überlegte, was es war.

Es war Walter. Er lachte.

Ich öffnete die Tür. Er saß am Tisch und las in der *Quarterly*. Als er mich erblickte, stand er auf und reichte mir die Zeitschrift.

Zuerst sah ich nicht, was seine Aufmerksamkeit erregt hatte. Doch dann fand ich es: Eine Rezension von *The Life and Correspondence of J.M.W. Turner* von Walter Thornbury.

Ich versuchte es zu lesen; aber die Buchstaben verschwammen mir vor den Augen.

Bis Walter mich auf den letzten Absatz hinwies:

Hätte Turner einen fähigen Freund gebeten, eine bescheidene Lebensbeschreibung seiner Person zu verfassen, und ihm die nötigen Informationen gegeben, so wäre ihm wohl dieses schlimmste allen postumen Unglücks erspart geblieben – Opfer eines Biographen wie Mr. Thornbury zu werden. Vielleicht wird das Erscheinen dieses Machwerks einen fähigen Schriftsteller auf den Plan rufen, der Turner als Menschen und Künstler versteht, der der Wahrheit über ihn nachgeht und sie uns so erzählt, wie sie erzählt zu werden verdient.

DANKSAGUNG

Ich danke Diana Owen vom National Trust dafür, daß sie mir Bereiche von Petworth House gezeigt hat, die normalerweise dem Publikum verschlossen bleiben, außerdem für die Einblicke, die sie mir in das dortige Leben im 19. Jahrhundert gegeben hat; Philip und Pat Trower sowie Gavin und Venetia Young danke ich für ihre Gastfreundschaft; Pat Hunt und Kate Armitage vom Otley Museum für ihre ausdauernde Hilfe bei Recherchen; Mark Pomeroy, Archivar der Royal Academy, für seinen Rat; und Professor Harold Livermore, der so großzügig ist, sein Haus – Sandycombe Lodge – Besuchern zugänglich zu machen. Dankbar bin ich auch Dominic Power, Andrew Hilton und Peter Lord, die mir in vielen Gesprächen wertvolle Ratschläge gaben. Besonderen Dank schulde ich Nicholas Alfrey von der kunstgeschichtlichen Fakultät der University of Nottingham, der mich nicht nur von seinen beeindruckenden Kenntnissen Turners und seinem literarischen Scharfsinn profitieren ließ, sondern mir auch seine Freundschaft schenkte. Als geduldiger Zuhörer hat er meinen Weg durch die Schwierigkeiten von Turners Werk und Leben begleitet, den Text in verschiedenen Stadien durchgesehen und mir entscheidende – und stets ermutigende – Hinweise gegeben.

Ich kann mich glücklich schätzen, mit Jon Riley einen hervorragenden Lektor zu haben, der mich mit untrüglichem Urteilssinn und Genauigkeit durch den Prozeß des Schreibens und der Überarbeitung begleitet hat. Nicht weniger verdanke ich Derek Johns, meinem hervorragenden Agenten, ohne dessen Weitblick und unterschütterlichen Mut *The Dark Clue* nie verwirklicht worden wäre.

Danken möchte ich außerdem meiner Familie. Jeder hat auf seine Weise einen unverzichtbaren Beitrag zu dem Buch geleistet:

Paula mit ihrer Inspiration und ihrer Unterstützung; Tom mit seinem kenntnisreichen und unermüdlichen Engagement; Kit, die geduldig meine Launen und mein pausenloses Arbeiten ertragen hat; und meine Mutter, die mir mit ihrem umfangreichen Wissen der Sozialgeschichte beistand, unermüdlich für mich recherchiert hat (was mir mindestens sechs Monate Arbeit ersparte) und mir sowohl als Kritikerin wie als moralische Stütze half.
Und schließlich danke ich natürlich auch Wilkie Collins und J. M. W. Turner.

QUELLEN

Dieses Buch ist selbstverständlich ein Roman und kein Sachbuch, deshalb werde ich nicht all die vielen Bücher anführen, die mir beim Schreiben geholfen haben. Angesichts des Themas möchte ich aber darauf hinweisen, daß es (nach meiner Kenntnis) sieben große Turner-Biographien gibt. Ich habe in verschiedenem Maße aus allen geschöpft, am meisten aber bin ich der ersten verpflichtet, Walter Thornburys vielgeschmähtem, doch sehr unterhaltsamem (und, wie ich finde, häufig auch einsichtsvollem) Werk *Life and Correspondance of J. M. W. Turner*. Erwähnen möchte ich außerdem *J. M. W. Turner: A Critical Biography* von Jack Lindsay, dessen psychologische und politische Einblicke mir von unschätzbarem Wert waren; *Turner: A Life* von James Hamilton, ein Buch, das viele Forschungsergebnisse aus neuerer Zeit enthält. Viel verdanke ich auch *J. M. W. Turner: A Wonderful Range of Mind* von John Gage, einem virtuosen und inspirierenden Werk, zwar keine Biographie im strengen Sinne, aber eine wunderbare Einführung in die Beziehungen zwischen Turners Werk und der kulturellen und geistigen Welt seiner Epoche.

William Turner – ein Leben aus der Perspektive seiner Bilder

Von seinen Zeitgenossen entweder gefeiert oder für verrückt erklärt, gilt William Turner heute als der bedeutendste Künstler Großbritanniens. Kein anderer Maler des 19. Jahrhunderts hat die weitere Entwicklung der Kunst stärker geprägt als er – ob Impressionismus, Abstraktion oder Futurismus, Turner hat vieles vorweggenommen, was erst Jahrzehnte nach seinem Tod Furore machen sollte. William Turner (1775-1851), Sohn eines Barbiers, verfolgte seinen Traum von Anerkennung und Wohlstand erfolgreich mit den Mitteln der Kunst. Wohl keiner reiste und zeichnete so viel wie er, bediente einerseits gekonnt den Kunstmarkt und schuf zugleich Werke, von denen der Autor und Sammler William Beckford sagte, Turner »malt, als ob sein Hirn und seine Fantasie auf der Palette mit Seifenlauge und Schaum vermischt wären«.

Boris von Brauchitsch folgt dem exzentrischen Maler in dieser atmosphärisch dichten Biografie auf seinen abenteuerlichen Reisen durch Europa, beobachtet ihn bei seinem Wettstreit mit den Großen der Kunstgeschichte, begleitet ihn beim Kampf für die Ebenbürtigkeit der Landschaftsmalerei und geht so manchem Geheimnis nach, das ihn umgibt.

Boris von Brauchitsch, William Turner. Biografie. 256 Seiten. Auch als eBook erhältlich.

Ein faszinierender Roman über den Maler Edvard Munch und eine einzigartige Biographie

Der erfolgreiche Autor und Musiker Ketil Bjørnstad erzählt die Lebensgeschichte eines außergewöhnlichen Künstlers – die Geschichte seines Kampfes, seiner Stärke und Verletzlichkeit, der Frauen in seinem Leben.
Anhand von Briefen, autobiographischen Schriften und anderen Dokumenten entdeckt Ketil Bjørnstad den Menschen Edvard Munch mit all seinen Stärken und Schwächen, seinen Ängsten und seiner Verzweiflung, aber auch seiner Unbeirrbarkeit.

Edvard Munch (1863-1944) gilt heute als einer der Wegbereiter des Expressionismus in der Malerei der Moderne.

Ketil Bjørnstad, Edvard Munch. Ein Leben für die Kunst.
Roman. Aus dem Norwegischen von Lothar Schneider. insel taschenbuch 4120. 515 Seiten.

Eine Romanbiografie über die »Beyoncé der Kunstgeschichte«

Sie war ein Star – und sie war berüchtigt. Artemisia Gentileschi, geboren 1593 in Rom, fiel schon in jungen Jahren als talentierte Malerin auf. Der erste Schicksalsschlag traf sie, als sie, mit siebzehn von ihrem Lehrer vergewaltigt, nach einem aufsehenerregenden Prozess zwangsverheiratet wurde und Rom verlassen musste. Doch sie überstand noch viele weitere: Vulkanausbrüche, Pleiten und die Pest. Sie etablierte sich als Malerin und wurde als erste Frau überhaupt an der Akademie in Florenz aufgenommen – im Triumph kehrte sie nach Rom zurück. Sie erhielt Aufträge vom Papst und vom Hochadel und unterhielt bis zu ihrem Tod eine eigene Werkstatt. Ihre Bilder waren keine braven Stillleben, keine artigen Porträts – sie zeugen von Kraft und von Rache, von Stolz und von Rebellion. Selbstbewusst forderte sie für ihre Kunst denselben Platz und denselben Preis wie ihr Zeitgenosse Velázquez.

Gabriela Jaskulla folgt dem Weg der einzigartigen Künstlerin von Rom über Florenz und Venedig bis nach London und Neapel und zeichnet das Leben einer mutigen Frau, für die Aufgeben niemals in Frage kam.

Gabriela Jaskulla, Artemisia Gentileschi und Der Zorn der Frauen. Romanbiografie. insel taschenbuch 5049. 393 Seiten. Auch als eBook erhältlich.